计量语言学研究进展 3

丛书总主编　刘海涛

# 汉英句法计量特征

## 基于依存关系的比较研究

章红新　著

ZHEJIANG UNIVERSITY PRESS
浙江大学出版社
·杭州·

**图书在版编目(CIP)数据**

汉英句法计量特征:基于依存关系的比较研究 / 章
红新著. —杭州:浙江大学出版社,2023.11
(计量语言学研究进展 / 刘海涛总主编)

ISBN 978-7-308-23388-0

Ⅰ.①汉… Ⅱ.①章… Ⅲ.①汉语-句法-计量学-
对比研究-英语 Ⅳ.①H146.3②H314.3

中国版本图书馆 CIP 数据核字(2022)第 239516 号

**汉英句法计量特征——基于依存关系的比较研究**

章红新　著

| | | |
|---|---|---|
| 责任编辑 | 田　慧 | |
| 责任校对 | 黄静芬 | |
| 封面设计 | 周　灵 | |
| 出版发行 | 浙江大学出版社 | |
| | (杭州市天目山路 148 号　邮政编码 310007) | |
| | (网址:http://www.zjupress.com) | |
| 排　版 | 浙江大千时代文化传媒有限公司 | |
| 印　刷 | 广东虎彩云印刷有限公司绍兴分公司 | |
| 开　本 | 787mm×1092mm　1/16 | |
| 印　张 | 16.5 | |
| 字　数 | 361 千 | |
| 版 印 次 | 2023 年 11 月第 1 版　2023 年 11 月第 1 次印刷 | |
| 书　号 | ISBN 978-7-308-23388-0 | |
| 定　价 | 78.00 元 | |

# 序　言

2010年9月底,我从位于北京的中国传媒大学调到了位于杭州的浙江大学。时任浙江大学外国语言文化与国际交流学院院长的何莲珍教授希望我能带动一些青年教师搞搞研究,考虑到我当时从事的计量语言学研究比较艰深,外语学科的人一听可能就吓跑了,于是,我们商量,先做一个我也一直在研究的语言规划方向的讲座,看看能不能吸引一些人来。

记得讲座是在10月29日上午做的,当天下午4点多的时候,我收到一封署名为Maria Zhang的简短英文邮件。发邮件的人说,听了我上午的讲座,她很感兴趣,询问我在豆瓣上的"语言规划"豆列地址,并希望我今后能给她们多讲讲有关研究的事情。我当即给她回了信,不到一个小时,我就又收到了她的回复,这次是用汉语写的,她说她是外国语言文化与国际交流学院的一名青年教师,叫章红新,硕士毕业,正准备考博。信中有几句话说得挺不错:"要真的做出一些有更大价值的事情,还是要深入地去做些理论方面的研究……但我自己居然会不知道往哪个方向发展可能最适合自己,最能让自己做些能实现自我价值的事情。"于是,我们就见面聊了聊,我给她提供了一些文献叫她读读看,当然,这些文献不是有关语言规划的,而是有关依存语法和计量语言学的。

由于我当年来得晚,没能挂到2011年的博士招生简章上,所以,章红新是2012年考进来的,值得庆幸的是,那也是浙江大学允许教师在职读博的最后一年。在红新于2012年5月8日发给我的博研计划里面,她提到博士期间打算研究的主要内容是依存距离和语言复杂网络在语体语篇中的计量研究。十年过去了,在此期间,红新已经在国外学术期刊上发表过不少学术论文,内容不仅涉及依存关系的计量,也涉及语篇结构的计量,她关于语篇计量的英文专著也即将在海外知名出版社出版,本书则是她基于依存句法树库所做的一些有关汉英依存关系的对比研究。

作为红新的博士导师,我见证了她从一名普通外语教师转变为一名语言科学家的过程,因此,我愿意在这里就她这本书的内容说两句。

我想先说明为什么当时我们要选择依存句法关系作为研究对象,原因有二。第一,有关短语结构句法的计量研究已有不少,但有关依存句法的计量研究,除了我自己零星写过的几篇文章之外,仍缺乏系统的研究,这与依存句法在计算语言学等应用领域的实际情况极不相符;第二,我们需要从科学的角度来解释我在《依存语法的理论与实践》中提到的与短语结构语法相比,依存语法为什么具有"五更"优势,即更有利于自然语言处理应用、更便于从句法到语义的映射、更宜于处理灵活语序语言、更好的心理现实性及更易于构造面向应用的高精度句法分析程序。

语言是一个人驱复杂适应系统,这就要求我们在探求语言系统运作规律时,尽可能对比多种语言,只有这样才能更好地发现语言的普遍性,才能区别语言的多样性。从这个意义上讲,红新这本书采用真实语料和计量方法来研究汉英两种语言的做法是特别值得夸赞的。

全书分为 5 章。

第 1、2 章为理论基础部分。第 1 章主要介绍了依存语法和与其相关的配价理论。第 2 章介绍了齐普夫定律以及齐普夫用来解释该定律的省力原则。如果语言属性符合齐普夫相关分布,则可以认为它们是语言多样化进程的结果,这为全书奠定了建模(找出语言数据的数学规律性)的基础。

第 3 章说明了研究路线、材料和方法。研究应用了两个新闻依存树库,先将汉语树库分成 6 个子库,再将英语树库拆成 23 个同样规模的子库,再从中随机选择了 6 个。这种采用完全相同规模子库的方法排除了语言随机性可能带来的影响,有利于发现多种语言属性的分布和关系规律。在看到同一种语言中的各个曲线几乎重合时,还是很振奋人心的,这使语言研究者也有了一种科学家的感觉。这种研究方法不仅排除了各种随机因素带来的影响,也发现一些有趣的规律自动涌现出来,在语料规模足够的时候,不失为一种可行的语料处理的方法。

第 4 章为本书的核心部分。前面两节主要是验证性的研究,考察了词性分布和依存关系分布的规律,验证了同一种语言的 6 个子库具有同质性,为后面各个属性的考察打下了基础。

作者接下来考察了依存距离和依存方向,发现了两种语言中依存距离为正(支配词置后)与依存距离为负(支配词居前)的秩次有一种基本上相互间隔的特点。作者还分析了依存距离从小到大的变化规律以及对应依存结构的变化,发现了依存距离正负交替变化的总趋势:在汉语中几乎都是先出现正的依存距离,然后再出现负的值;而在英语中,随着支配词与从属词之间的距离增大,一直到它们之间相隔 6 个词,都是支配词居前的情况更多。这可能是为什么汉语绝对依存距离和依存距离均值均大于英语的原因之一。相关成果推进了前人的研究发现。

在依存树的结构方面,作者以节点为基础,考察了节点的位置,节点所在依存子树的长度,所在层级,依存子树的树宽、树高等形式化特征。同一个对象,可能有多种操作化的方式来进行定义。以位置为例,可以有至少三种定义方法,比如在句中的线性位置、母节点下的位置、依存树所在层级的位置等。这说明,单位/属性是一种概念模型,是通过定义存在的。研究者根据其理论框架和研究目标,可以选择合适的方式来定义概念。前述的几种位置就符合超泊松分布或者修正的右截尾齐普夫 - 阿列克谢耶夫分布。

对于长度,作者考察了长度的线性语言特征,考察了时序图和动链的分布规律,在下一级的所在层级研究中,将结构继续抽象,考察了层级动链的分布,并进一步考察了层级动链长度的分布。只要能找到其语言学意义,这样的抽象方法就可以一直继续下去。这样的考察体现了计量语言学的一个特征:抽象程度更高,规律性更强,发现更具数学意义;在这里,已不再考察具体的词,而考察词性、依存关系、长度等抽象的单位/属性。根据所在层级宽度的均值,作者给出了汉语和英语的典型依存树,从中可以看到两种语言在依存树树形方面的一些异同点。

作者也考察了依存树最明显的形式化特征——树的宽度和高度,并发现它们具有类似的分布规律。二者此消彼长的关系也是一个很有意思的研究着眼点。

在这章里,红新共考察了 10 种基于依存关系的句法单位/属性,它们均符合齐普夫相关的分布,都可以算是语言多样化进程的结果。而这些单位/属性都还是可以继续拓展的。考察这些单位/属性,可以发现许多句法规律,下一步可以考察这些单位/属性之间的关系,建立一个基于依存关系的协同语言学的语言模型,进而有助于形成具有科学哲学意义的语言学理论。

书的第 5 章汇总了全书的主要发现和创新,展望了未来。

总的说来,本书采用数据驱动的研究范式,以真实的人类语言为材料,采用计量语言学的通行方法,将重点放在发现共性规律的同时,也兼顾了语言的多样性差别,从汉语和英语中发现的诸多规律也可以用更多的语言来进行验证,具有新文科和数智时代语言研究的鲜明特征。遗憾的是,由于时间、材料等因素的限制,本书的研究仅使用了新闻语料,相信随着更多依存树库的出现,红新在未来会有更多的新发现。

12 年前,作为一名普通外语教师的红新说,她想做一点具有理论价值的研究,想做一些能实现自我价值的事情。理论是什么呢? 按照科学哲学来说,理论是由定律组成的。12 年后,我很高兴在红新的这本书中看到了数据,看到了公式,看到了定律,有了定律,我们离理论还会远吗?

刘海涛

2022 年 9 月 24 日

于杭州启真湖畔

# 目　录

# 表 目 录

# 图 目 录

# 第 1 章 绪 论

与词法学或者语义学等研究不同的是,句法的研究依赖于其研究范式。当前的句法研究范式主要是依存语法、短语结构语法,或者是二者的结合。从依存语法和短语结构语法的比较中,我们发现依存语法更能体现词与词之间的关系,更简明清晰,更具操作性,因而更适用于语言结构的描述,我们认为有必要继续开展基于依存关系的句法属性汉英比较研究。

本研究探讨在依存句法框架下汉英两种语言的句法属性,方法是探讨各种属性的分布和一些属性之间的关系,揭示它们的一些计量特征,以确定各种属性的语言学地位,并探察在这种语法框架下汉英之间的异同。

## 1.1 选 题

本研究的基本思路是:以依存语法以及配价理论为指导,使用计量语言学的研究方法,利用大规模的真实语言行为数据(依存树库),挖掘英语和汉语在句法层面共同的语言属性规律,并探索两种语言在句法层面的差异。

所以,我们先简单地介绍研究的理论基础——依存语法和配价理论,通过对依存语法和短语结构语法的比较,来分析基于依存关系和配价理论的汉英句法计量特征比较研究的必要性和可行性。

### 1.1.1 依存语法和短语结构语法的比较

句法研究句子的组成部分和它们的排列顺序。句法分析是用一种形式语法来决定一个句子的句法结构(Samuelsson & Wiren 2000),即按照一部已有的语法来将一个线性结构进行结构化(即变成二维的结构)的过程(Grune & Jacobs 1990)。简而言之,句法分析就是通过一种形式语法将词的线性串转化为二维结构的一种过程(刘海涛 2009)。

与词法学或者语义学等研究不同的是,句法的研究依赖于其研究范式。在句法研究领域,有两个常见的基本方法(或者说两种形式语法),一个是短语结构语法(phrase-structure grammar),也称为成分组构语法(constituency grammar),另外一个是依存语法(dependency grammar),还有一些是这两种方法的组合。

在英美语言学界,基本上是短语结构语法(成分组构语法)一统天下,许多众所周知的语法框架都是基于短语结构的,比如管辖与约束理论(Government and Binding Theory)、广义短语结构语法(Generalized Phrase Structure Grammar)、词汇功能语法(Lexical Functional Grammar)、范畴语法(Categorical Grammar)、认知语法(Cognitive Grammar)、构式语法(Construction Grammar)(Osborne et al. 2011)。而相比较而言,基于依存的语法(如 Tesnière 1959;Hays 1964;Hudson 1984,1990;Mel'čuk 1988;Schubert 1988;Starosta 1988;Lobin 1993;Pickering & Barry 1993;Engel 1994;Heringer 1996;Groß 1999;Eroms 2000;Kahane 2000;Tarvainen 2000;Ágel et al. 2003)只占据了相对次要的位置。常见的基于依存语法的有:哈德森(Hudson)的词语法(Word Grammar,Hudson 1984,1990)、马尔丘克(Mel'čuk)的意义文本理论(Meaning-Text Theory,Mel'čuk 1988)、斯塔罗斯塔的词格语法(Lexical Grammar,Starosta 1988)、德国学派(the German Schools,如 Engel 1994;Heringer 1996;Groß 1999;Eroms 2000)等。

对于依存语法的定义,学者们持有不同的看法,但都认同依存语法的基础是依存关系。依存关系具有三个基本属性:二元性(binary)、不对称性(asymmetry)以及关系标记(labeledness)(Tesnière 1959;Hudson 1990,2007;刘海涛 2009)。"The student has an interesting book"的依存结构(图 1.1)就体现了以上三个方面的特征。依存关系发生于两个语言单位(如"student"和"has")之间,因此是二元的;依存关系具有不对称性,有依存关系的两个语言单位地位不相等,依存句法树能构成层级系统正是源于这种不对称性;这种依存关系是有标记的,如"subj"表示"student"是"has"的主语。

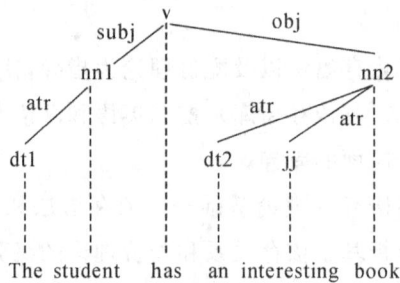

图 1.1　句子"The student has an interesting book"的依存结构

在依存语法框架下,句子是词这种基本元素通过相互联系组织起来的语言单位,这种词与词之间的相互联系就称为"依存"关系。在每个依存关系对中,处于支配地位的称为支配词(governor)或者头词(head),居于被支配地位的称为从属词(dependent)。在一个句子中,一个词可能兼备支配词和从属词两种身份(刘海涛 2009)。在依存树最上方的节点没有支配词,称为根节点(root)。以图 1.1 为例,"has"为根节点,"book"是"an"和"interesting"的支配词,同时也是"has"的从属词。这样一来,一个句子就通过依存关系构成了具有层次性的依存树(dependency tree),基于依存关系的语料库称为依存树库(dependency treebank)。

图 1.1 也体现了词的配价,作为依存语法理论的有机组成部分,配价这个重要概念体现了动词、名词、形容词等支配词,为了完成其句法以及语义结构,与其他的成分(从属词)结合的一种能力(Tesnière 1959;Herbst 1988;袁毓林 1998a;詹卫东 2000)。如图中"has"

有两个（广义）配价："student"和"book"。"book"也有两个配价："an"和"interesting"。而"student"只有一个配价（"The"）。更多有关（广义）配价的研究，我们将在 1.1.2 节详述。

"短语结构语法采用'短语结构'或'直接成分'作为句法结构分析的对象"（彭艳 2007：ii）。这一方法由布隆菲尔德（Bloomfield 1933）在 20 世纪 30 年代提出，随后的二十年间得到结构主义流派的大力推行，并被后来的乔姆斯基（如 Chomsky 1965）及其追随者使用。

根据短语结构语法，短语是由词和词按一定的方式组合而成的。图 1.2 体现了句子"The student has an interesting book"的短语结构。句子 S 由名词短语 NP1（the student）和动词短语 VP1（has an interesting book）组成，而动词短语 VP1 可以再分为动词 V（has）和名词短语 NP2（an interesting book），然后依此类推。可见，词在短语结构中没有特别优先权。

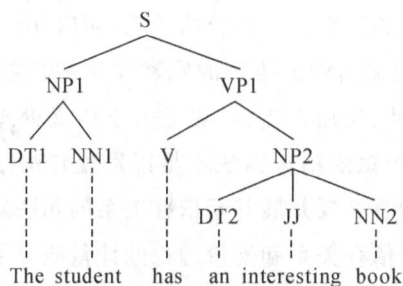

图 1.2 句子"The student has an interesting book"的短语结构树

图 1.1 的依存结构有别于图 1.2 的短语结构。如图 1.1 所示，依存语法摈弃了短语结构的概念，节点与单词一一对应，直接关注词与词之间的关系，如限定词"the"为"student"的定语，"student"为"has"的主语等，最上方的节点"has"为句子的核心。

从上面的分析中我们可以看出，两种语法之间的主要区别在于依存关系是一种严格的子节点—母节点之间的二元关系，而成分组构语法是一种部分与整体之间的关系（如 Anderson 1977；Matthews 1981；Mel'čuk 1988；Engel 1994；Jung 1995；Elst & Habermann 1997；Eroms 2000；Tarvainen 2000）。因此，依存关系呈现出来的结构就是最低限度的一对一的结构，依存树中的每个词对应一个节点，每个节点也对应一个词。而关注部分与整体关系的短语结构语法中，很多的词都对应结构树中的一个或者多个节点，因而成分组构是一种一对多的关系。

从上例中我们也可以看出，依存语法更为简明清晰。我们从以下两个主要方面来说明这一点。

第一，从节点数来看，图 1.2 中的节点数为 10（含 S、NP1、VP1 和 NP2 等句子和短语类的非终端节点），而图 1.1 中节点数为 6（每个节点均为对应单词的终端节点），即句长。因为节点数大大减少，这种形式化的句法就具有了更良好的操作性，因而更有利于自然语言的处理。

第二，从节点的功能来看，在依存树中，中心词在句法上的功用突出，且每个节点与至少另外一个节点存在结构关系，这有助于深入的分析。

上述特点使得依存语法更适合语言结构的描述,更能突出构成语言的元素以及它们之间的关系(刘海涛 2009;刘丙丽等 2012),而这正是句法研究的主要目的。也有诸多研究(如 Hudson 2003;彭艳 2007)表明,依存语法比短语结构语法更具有心理现实性。

目前句法研究主要是为处理真实语料而服务的,依存语法因为其分析能力更强,因而更适合处理真实语言,而短语结构应用则较少。比如,谷歌的 SyntaxNet 是目前最精准的自然语言解析器之一,该解析器就是基于依存关系的。可以说,依存语法是一种可以解决语言分析问题的实用语法理论(刘海涛 2009)。

这种目前应用的主流更能反映语言现实,因此有必要更加深入地了解在这种语法结构下的语言及其涉及的一些因素。科勒和阿尔特曼(Köhler & Altmann 2009)也提出有必要在依存语法的框架下探讨语言属性之间的相互作用。

总而言之,短语结构语法关注整体与部分的关系,而依存语法关注词与词之间的关系,更适合语言结构的描述,更能突出构成语言的元素以及它们之间的关系,这正是句法研究的主要目的。依存语法操作性、实用性更强,更适合于语义处理,更适宜于信息的提取等,因而更能面向实际运用。仅用短语结构语法不足以发现句法结构的规律性及其背后的更深层次的动力机制,我们认为有必要开展基于依存关系的句法属性汉英比较研究。

从已有的研究来看,基于依存关系和配价理论的计量研究主要有:

第一,依存语法框架下句法属性/单位的分布规律研究,如依存距离(dependency distance,DD,支配词的线性位置减去从属词的线性位置)(Liu 2007a)、依存关系(Liu 2007b)、依存树树高和节点所在层级的分布(刘海涛 2017a)。

第二,句法属性之间关系的探讨,如依存距离和依存树深度(刘海涛、敬应奇 2016),句长和依存树层级数(Jing & Liu 2015),句长与依存距离(Jiang & Liu 2015),复杂度和位置(Wang & Liu 2014),句长、依存树树高与树宽(Zhang & Liu 2018)之间的关系等。

第三,依存距离与认知的相关分析(如赵怿怡、刘海涛 2014;Fang & Liu 2018;Ouyang et al. 2022;Chen et al. 2021)。作为依存语法的重要概念,依存距离体现了词与词之间存在的句法关系的距离以及顺序,这个距离影响着人类大脑的加工。人类语言存在依存距离最小化(Minimization of Dependency Distance,MDD)的倾向,这是受普遍认知机制约束的一个语言普遍特征(Temperley 2007,2008;Liu 2007a,2008;Ferrer-i-Cancho 2004,2006,2016;Jiang & Liu 2015;Futrell et al. 2015;陆前、刘海涛 2016a,2016b;梁君英、刘海涛 2016;Liu et al. 2017;Wang & Liu 2017;Lu & Liu 2020;Lei & Wen 2020);句子平均依存距离能作为句子复杂度的衡量标准(Hudson 1995;Liu 2008)。

依存方向取决于支配词居前(head-initial,governor-initial)还是支配词置后(head-final,governor-final),前者依存距离为负值,后者依存距离为正值。刘海涛(Liu 2010)通过考察 20 种语言的语料库,发现语序也是一个连续统,具有语言类型学意义,其发现的依存方向指标被称为刘-有向性(Liu-Directionalities)(Fisch et al. 2019)。

依存距离和依存方向的研究有助于对于句子理解(句法分析)难度的分析,如歧义句的理解研究(赵怿怡、刘海涛 2014)、"把"字句的理解的研究(Fang & Liu 2018)、"在"与主语的依存距离研究(徐春山 2018)、句法复杂度研究(Ouyang et al. 2022;Chen et al. 2021);也有助于语言类型或者语域的研究(如王雅琴 2015;Wang & Liu 2017;Chen & Gerdes 2022)、儿童习得的研究(如 Ninio 1998)、语言学习的研究(Jiang & Ouyang 2017;Ouyang & Jiang 2018;Jiang et al. 2019)、翻译的研究(Liang 2017;Jiang & Jiang 2020;Zhou 2021)、语言演化的研究(Liu & Chen 2017)以及设计更好的自然语言句法分析算法(如 Collins 1996,2003;Eisner & Smith 2005;刘海涛 2009)。

第四,中外均开展了配价方面的计量研究(如 Herbst 1998;Köhler 2005;Čech et al. 2010;Čech & Mačutek 2010;Liu 2011;刘丙丽、刘海涛 2011;高松 2013;Gao et al. 2014;Jiang & Liu 2018;Jin & Liu 2018;Beliankou & Köhler 2018;Lu et al. 2018;Gao & Liu 2019,2020;Yan & Liu 2021)。配价语法是依存语法的一个核心子理论,关于配价理论和相关计量研究,我们将在 1.1.2 小节中详述。

## 1.1.2　配价理论

语法上的配价的概念来自化学中的配价概念。泰尼埃(Tesnière 1959)将之引进句法,并发展为现代意义上的依存句法理论(刘海涛 2009)。

泰尼埃的依存语法中也包含了配价这个重要的概念。词的根本属性之一就是配价。

一般认同配价语法是依存语法的一个核心子理论(刘海涛 2009),但"依存语法和配价理论(也称配价语法)并不完全相同:一方面,既有不含配价概念的依存语法,另一方面,也有与依存语法无关的配价理论"(Helbig 2002:126),但是这两个概念往往是紧密结合在一起的(Tesnière 1959)。

配价表示了词需要其他词作为补语(complement)的需求。以动词为例,因为动词可能会有不同类型或者形式的补语,因而会产生不同的配价模式(valency pattern, complementation pattern)。比如图 1.3 左边的"gave"是一个三价动词,其配价模式为:"主语＋gave(支配词)＋间接宾语＋直接宾语",而右边的"read"有两个配价,其配价模式为:"主语＋read(支配词)＋宾语"。

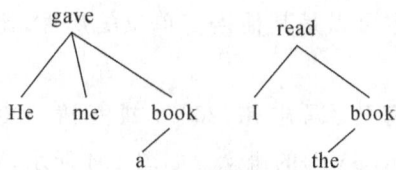

图 1.3　动词配价示例

图 1.3 的例子是以动词为核心词的,但是配价不仅仅拘泥于动词。尽管没有给出明确的定义,泰尼埃(Tesnière 1959)讨论了其他词类的配价,使用的方法与动词配价分析的方法相同。

赫布斯特(Herbst 1988:287)将配价定义为词对于其补充语的需求。这个词一般是动词、名词或者形容词。补充语既可以是必选的补语(argument),也可以是可选的说明语

(adjunct)。他分析了英语中名词的配价模式（Herbst 1998），在其英语配价字典（Herbst et al. 2004）中包含了动词、名词和形容词为支配词的情况。

按照赫布斯特（Herbst 1988）的定义，以图 1.2 为例，"an"和"interesting"都依存于"book"，所以后者的配价模式为"限定词＋形容词＋名词（支配词）"，其从属词均充当定语，我们定义其配价（大小）为 2。而此句中的动词"has"配价也为 2（支配"student"和"book"），其配价模式为"名词＋动词（支配词）＋名词"，两个名词分别承担主语和宾语的功能。可见依存是配价在句法上的实现。

学者们对若干语言动词配价的计量特征进行了相关的研究。科勒（Köhler 2005）第一个研究了德语的动词配价模式。刘海涛（Liu 2011）发现动词的配价是动词长度的函数，频次越高的动词配价越大，同时，多义度越大的词，配价越大。刘丙丽和刘海涛（2011）开展了基于语料库的汉语动词句法配价历时研究。高松等人（Gao et al. 2014）将动词的配价融入汉语动词的词汇协同模型中。

切赫等人（Čech et al. 2010）提出了动词全配价的方法，该方法不区分必要的补语或者可选的说明语，他们认为缺乏明晰的标准来区分这两种成分。使用这种全配价模式，切赫和马丘特克（Čech & Mačutek 2010）发现在捷克语中，动词越短，则动词配价模式越多。切赫等人（Čech et al. 2017）使用了捷克语文本以及匈牙利语文本来研究动词全配价，发现其动链符合齐普夫-曼德尔布罗分布（Zipf-Mandelbrot distribution），证明了动词的配价动链是一种普通的语言单位/属性。因上述模型在本书中的大量使用，我们简称其为齐曼分布。

刘海涛（2009）指出，配价是词的静态特征，在依存树中得以实现的配价就是依存关系。几乎所有的词都有和其他词结合起来形成更高一级语言单位的潜在能力。对于不同的词，这种能力是一个变量（variable），但是词的这种潜在能力是普遍存在的。当词进入文本，其潜在能力得以激活，这就产生了依存关系和句子结构的模式。刘海涛（2009）将这种能力定义为词的广义配价。词的配价包括其向心力（centripetal force）和离心力（centrifugal force）。向心力指的是词能被其他词支配的能力，而离心力指的是能支配其他词的能力。前者是词或者词类的被动配价（passive valency），后者为其主动配价（active valency）。配价不仅仅是词的一种属性，也可以是其他语言单位的属性，比如用来指不同词类的这种能力。

刘海涛和冯志伟（刘海涛、冯志伟 2007；刘海涛 2009）提出了广义配价模式（Generalized Valency Pattern，GVP）的概念。如图 1.4 所示，W 代表词（词类），C1 等代表需要用来明确或者完善 W 含义的补足语，而 A1 等是进一步说明和限定 W 的说明语。G 为潜在的可以充当 W 的支配词/头词（governor/head）的词。该图表达了词作为支配词和从属词的两种和其他词结合的能力。前者为支配其他词的能力，后者为受支配的能力，二者均能形成更大的语言单位。

图 1.4 是一个抽象的概念图，当 W 出现在真实文本中时，词的结合能力就由结合的潜力转化为了具体的、需要填补的空位。一方面，作为支配词的潜力，GVP 预示了所需补足语的数量以及类型；另一方面，作为被支配的能力，GVP 也预示了它是否能满足相关的条

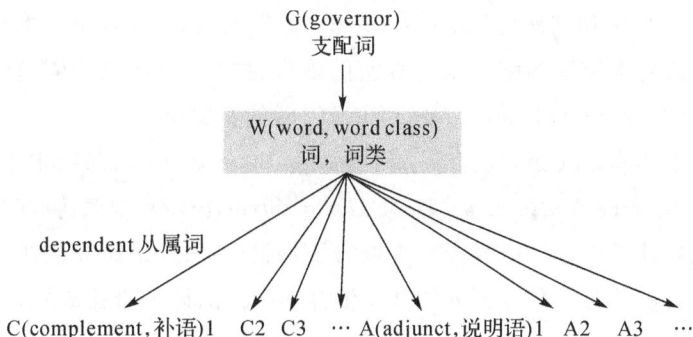

图 1.4　广义配价结构示意
［改编自刘海涛(2009:68)］

件,以成为其他词的从属词。

上述两种结合是否真的发生,取决于句法、语义、语用等方面的需求是否能得到满足。

继提出 GVP 的框架以后,刘海涛(2009)通过研究中文依存树库中的依存概率分布,提出来一个相关的概念——概率配价模式(Probabilistic Valency Pattern,PVP)。刘海涛(2009)研究了所有可以作为支配词的词语的词性,以及所有可以充当从属词的词语的词性,并特别关注了动词作为支配词的情况和名词作为从属词的情况。高松(2010)探讨了名词的概率配价模式,高松、颜伟和刘海涛(2010)探讨了动词的概率配价模式。

简而言之,广义配价模式既包含了补语,也包含了说明语;既包含了支配能力(作为支配词),也包含了被支配的能力(作为从属词)。与切赫等人(Čech et al. 2010)的动词全配价不同的是,广义配价模式不仅仅局限于动词的配价能力,而是拓展到所有可能的词性,因此可以从配价的角度无遗漏地来分析词串的动态特征。

在配价的计量研究方面,因为动词的重要性,研究成果更多地集中在动词的配价研究上,比如:黑尔比希和申克尔(Helbig & Schenkel 1991)编纂了德语动词配价词典;科勒(Köhler 2005)探讨了德语的动词配价模式;高松、颜伟和刘海涛(2010)提取了动词的概率配价模式;刘海涛(Liu 2011)考察了和动词相关的三个属性(配价、频次和多义度)之间的关系;刘丙丽和刘海涛(2011)研究了动词配价的历时变化;高松等人(Gao et al. 2014)构建了基于动词配价的词汇协同模型;金慧媛和刘海涛(Jin & Liu 2018)利用汉语口语语料库;探索了动词配价中的省略问题;贝连科和科勒(Beliankou & Köhler 2018)分析了句子的配价结构,因此主要考察的还是动词;阎建玮和刘海涛(Yan & Liu 2021)对比了汉语和英语的动词配价。

其他词性的配价也有一些相关研究,比如名词配价研究(如袁毓林 1992;刘顺 2005;耿国锋 2008),形容词配价研究(周国光 1995;张国宪 1995a,1995b,2000,2002;华宗德 1996;孙立鹏 2006;赫琳 2007)等。但这些研究基本上是定性研究。

除了定性研究,词性配价相关的计量研究也在增加,比如赫布斯特等人(Herbst et al. 2004)编写的英文配价词典涵盖了 511 个动词、274 个名词和 544 个形容词。高松(2010)提取了名词的概率配价模式。高松(2013)用概率配价模式探讨了对花园幽径句(garden-path sentence)的理解。高军和刘海涛(Gao & Liu 2019,2020)研究了汉语的配价词典以及词汇习得问题。上述研究中使用的配价来自真实的语言材料,而非词典中的静态配价,因此这些都是动态配价(dynamic valency)(Lu et al. 2018)的相关研究。

近年来出版了几本论文集,如蒋景阳和刘海涛(Jiang & Liu 2018)主编的《依存结构的计量分析》(*Quantitative Analysis of Dependency Structures*)、刘海涛(2018)主编的《计量语言学研究进展》、计量语言学研究中心主编的《词汇与句法计量研究》(2022),这些论文集收集了近年来学者们从各个角度开展的基于依存和配价的计量研究成果。

## 1.2 选题价值和意义

在依存句法的框架下,我们还可以在很多方面开展相关的研究。

第一,在研究一个语言子系统的时候,当前子系统的语言实体是首先值得研究的对象。如前所述,已有的基于依存句法的计量研究集中于几个常见的变量/单位,而依存句法框架下,还有多种变量/单位或者它们的组合值得研究。更穷尽地研究更多相关变量/单位以及它们的属性,有助于更好地理解句法这个子系统。

依存语法和短语结构语法因为其形式化的方法有异同,其变量或者单位也会有同有异。比如词性和句法关系是两种语法系统共有的,而依存距离和依存方向属于依存句法系统,那么还有没有其他哪些可能没有被研究的变量或单位,或它们的相关属性?或者已有的变量或单位能否从更多不同的角度来进行研究,以验证过去研究中已经发现的相关属性?

第二,已有的语言比较研究成果一般集中于某一种变量或单位的一两种属性。一方面,选择两种不同类型的语言,将有助于探究更多语言之间的共性。在本研究中,我们将选择汉语和英语这两种语言。另一方面,选择更多的语言实体和相关属性,也将拓展语言研究的对象,分析这些句法单位/属性的计量特征,有助于更好地探索句子层面的各种结构规律,更深入、更全面地了解句法子系统。

第三,在配价方面,已有的配价方面的研究基本上仅针对少数几种词性,且鲜有语言之间的对比研究。概率配价模式所有可能词性的完整实证研究还大有可为,因为已有的部分研究基本局限在汉语。因此有必要利用依存语料库(即依存树库),研究所有词性相关的配价以及配价模式,并开展语言之间的对比。

第四,过去的研究中,语料规模或者体裁差异可能带来一些干扰,也有可能所获得的结果一定程度上受随机波动的影响,需要尽可能排除这种可能性。换一个类似的语料库,有些研究中使用的模型的拟合优度可能会不尽如人意,甚至研究结果不一定成立,因此其结论不一定具有足够的代表性。

如果一种语言中使用几个语料库(或子库),其体裁一致、规模一致,且达到齐普夫规模(即不需要全部样本,选能代表全部样本的一定比例),则可以认为这几个语料库(或子库)之间普遍存在的规律至少能代表该语言的这种体裁,因而所获得的结果将更有说服力,更具有代表性。

　　这种方法也可以用于比较研究,如果能发现一些模型的参数在同一种语言的结果中具有同质性,且能显著地区分两种语言,该参数可能会更具有普适性,因而可能具有成为语言分类指标的潜能。同样的模型能适用于不同的语言,这也证明了语言的共性。

　　用这样的方法,我们期待可以发现用其他方法可能难以发现(甚至不能发现)的一些语言的共性和差异性。

　　因此本研究将以语言中的句法子系统为切入点,运用依存语法及配价理论,使用计量语言学的研究方法,选择基于依存关系的句法子系统中约 10 种相关变量(或单位),探索它们的计量特征,挖掘英汉在句法层面共同的语言结构规律,并探索两种语言在句法层面之间的一些差异。我们将在第 3 章详细介绍这一研究内容。

　　为了避免语料规模或者体裁差异带来的干扰,并保证获得的结果不是随机波动的结果,本研究使用汉语和英语两种语言的相同新闻体裁的依存树库,并按照等规模随机抽取的方法,将两种语言的语料分别建成各 6 个同质性很强的子库,每个子库规模都是 5 万词左右。

　　本研究的学术价值体现在以下几个方面:

　　第一,采用数学和统计的方法对于推进句法研究的精确性和科学化具有重大意义,有助于寻找真实语言的规律以及规律背后更深层次的机制。

　　第二,探索汉语和英语的句法结构规律的异同,并尽量解释差异是如何产生的,加深对系统动力、句法结构共性和语言机制的理解,更好地理解两种语言的特点,尤其有助于明确汉语在人类语言体系中的特点以及地位。

　　本研究可能具有的应用价值体现在以下几个方面:

　　第一,探索句子层面的结构规律,分析句法计量特征,为句法分析系统提供理论支持,提高句法分析准确性,有助于提高语言信息的处理水平。概率配价模式的深入研究或有助于机器翻译、人工智能方面的研究。

　　第二,广义配价方式的整理有助于中文和英文配价词典的完善。我们将对广义配价的多个角度和多种模式进行研究,或可以为配价词典提供一点新的思路。

　　第三,中英文句法规律比较研究能促进语言学习和语言教学实践。诸多的语言属性/单位的分布均与齐普夫分布相关,找到最常用的一些相关单位、属性和它们之间的组合,有助于提高语言学习和教学实践的效率。

## 1.3　本书的结构

　　本书的主体部分分为 5 章。

　　第 1 章为绪论,提出构建基于配价理论和依存关系的句法对比研究的必要性和可行性,提出选题的理论价值和应用价值。

　　第 2 章为本研究的理论来源,除了本章介绍的依存句法和配价理论,还涉及齐普夫分布,以及导致齐普夫分布的省力原则和语言多样化进程。

第 3 章为本研究的研究路线、材料和方法,通过简单介绍从图论发展到依存树库的历史,说明本研究如何选用适合英汉对比研究的相关依存树库语料,以及为何做出这样的选择。

第 4 章用多角度交叉验证的方法探讨 8 种句法单位/属性的分布,确立这些句法单位/属性的语言学地位。该章分为三个部分:4.1—4.2 节检验同一种语言中的各个子库的同质性,主要考察各种词性的分布和依存关系/句法功能的分布。在验证了语料同质性的基础上,4.3 节考察依存距离和依存方向,4.4—4.5 节探讨广义配价和配价模式的分布。最后,4.6—4.10 节考察其他 5 种单位/变量的分布。

第 5 章为结语,汇总了本研究的主要创新和特色,提出了下一步研究的各种可能性以及本研究本身的局限。

# 第2章　理论来源

第 1 章介绍了依存语法和配价理论，本章将介绍本研究其他相关理论的来源，其结构如下：2.1 节介绍全书使用的基本定律——齐普夫定律。2.2 节介绍用来解释齐普夫定律的原则——省力原则。2.3 节介绍语言中无处不在的多样化进程，用省力原则来解释多样化进程的产生，探讨全书建模基本假设——语言多样化进程假设，并介绍如何为这样的进程进行数学建模。2.4 节是本章小结。

## 2.1　齐普夫定律

在研究一个语言学（子）系统的时候，一个重要的步骤是确定该（子）系统的要素，即单位和属性。这些单位和属性不是生而有之的，而是依靠定义获得的。在定义以后，如果能证明该单位/属性的分布符合一定的规律，则可以证明这种单位/属性和其他单位/属性一样，具有语言学地位。

和大家都熟知的自然科学中的定律能够用严格的数学方式来表示一样，语言中的规律也可以用严格的数学方式来表述（Ord，1972）。在语言学的定律中，我们首先应该了解的是齐普夫定律，该定律为语言学核心定律，与大量的语言属性和语言过程密切相关（Köhler 2012）。第 1 章提及的多种规律基本与齐普夫定律相关。

早在 1932 年，美国哈佛大学教授乔治·金斯利·齐普夫（George Kingsley Zipf，1902—1950）就提出了"语言相对频率（relative frequency）原则"，指出语言研究不需要也不可能研究全部的样本，某一个结果在重复语言实验多次以后，如果达到一定百分比，样本中的百分比就可以代表全部语料中的概率，达到比例的样本规模被称为齐普夫规模（Zipfian Size）（Zipf 1932）。因此我们在研究语言的时候，不需要研究全部的语料，只需要样本达到齐普夫规模即可。

1935 年，齐普夫分提出了"齐普夫分布"（Zipf distribution，Zipfian distribution）（Zipf 1935），他发现，将普劳图斯（古罗马剧作家）的拉丁文作品中的词语按照频序（rank，或译为"秩次"）进行排列，即出现频次（frequency）最多的排序第 1（频序为 1），其次排序第 2，直到出现频次最低的，其频序最大，这样就组成了一个秩频（rank-frequency）序列（如图 2.1a），频次和频序之间的乘积为一个常数，用数学公式可以表述为 $f_r r = K$。这个在语言学领域提出来的定律不仅适用于人文领域，在很多自然学科中也是普适的。齐普夫定律可以用简单的幂函数来标示，其分布又被称为"幂律分布"（power law distribution），或者"长尾分布"。在不同领域,齐普夫分布的曲线形状相似,均有一条长尾,前述序列如图 2.1a 所示(其中横坐标为频序,纵坐标为频次),如果将双轴均取对数,双对数点阵图(图 2.1b)类似一条直线,其斜率接近−1。

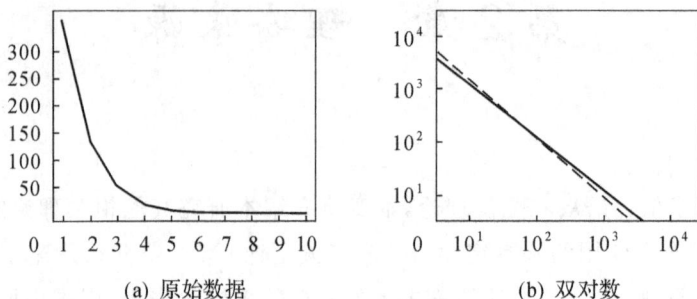

(a) 原始数据       (b) 双对数

图 2.1　齐普夫定律

[摘自《计量语言学导论》(刘海涛 2017b:8)]

在计量语言学中,有三大普适性的语言学定律——分布定律、函数定律和演化定律。齐普夫分布就是一种典型的分布定律。后续研究者发现在公式 $f_r r = K$ 中,$K$ 并非一个常数,而是一个参数,这样就可以推导出一些更复杂的公式。

齐普夫并非发现文本秩频关系的第一人,但他对该普适性的语言学规律做出了最大的贡献,故后人将上述分布规律称为齐普夫定律(Zipf's Law)。

齐普夫将语言作为一种自然现象进行研究,开启了用自然科学的方法来研究语言的大门,其研究奠定了现代计量语言学的科学基础。他对齐普夫定律的解释(见 2.2 节和 2.3 节)并不全面,但是为语言学理论的构建指明了清晰的方向。自此之后,自组织(self-organizing, self-organization)、协同语言学(synergetic linguistics)等动态理论和思想渐渐得到语言学研究领域的重视。"自从齐普夫定律诞生以来,研究者们就尝试用计量的方法来研究世界上各种语言定律。"(Fang & Wang 2017:11)如齐普夫定律可以具有语言分类学意义(如 Gerdes et al. 2021)。于水源等人(Yu, Xu & Liu 2018)分析了 50 种语言中的齐普夫曲线,发现了曲线三段的共同规律并进行了解释。王雅文和刘海涛(Wang & Liu 2022)的研究发现齐普夫定律可以作为词汇多样化的一个指标。甚至有学者发现动物的语言也可以用这个定律来解释(如 Semple et al. 2010；Ferrer-i-Cancho et al. 2013；Gustison et al. 2016；Heesen et al. 2019)。于水源等人(于水源 2018:3；Yu, Liang & Liu 2016)通过对自然语言文本的分析,提出了一个新的模型——"层级选择模型(Hierarchical Selection Model)"并用这个模型分析了齐普夫定律幂律指数的意义。他们指出,包含语言在内的人类社会的诸多现象中,都存在层级,人们普遍追求高的层级("对象少且将被优先选择的层级"),在这种情况下,产生了层级的涌现现象(层级越高,其被选择的概率越大),在统计过程中,就产生了幂律分布。

齐普夫模型拓展到社会学、地理学、心理学等多个领域,大半个世纪之后,齐普夫模型在几乎每个社会领域都得到了验证。比如 2002 年,计量语言学刊物《语言计量学》

(*Glottometrics*)还出了一期关于齐普夫定律的专刊,以纪念齐普夫诞生 100 周年。来自数学、信息、生物、音乐、物理等各个领域的众多学者都报告了与齐普夫定律相关的一些研究发现。

简而言之,齐普夫分布不仅仅局限于描述语言现象的分布,还是一种在各个领域普适的定律。齐普夫认为,"省力原则"(the principle of least effort)这个基本原则能指导语言行为,也指导着各种人类行为(Zipf 1949)。下一节我们将介绍该原则。

## 2.2　省力原则

齐普夫(Zipf 1949)认为,"省力原则"是一个基本原则,该原则不仅指导着语言行为,也指导着各种人类行为。

从语言的角度来说,"省力原则"认为在表达自己的思想的时候,有两个力起着作用,其一是统一化力(force of unification),其二是多样化力(force of diversification),二者方向相反。

我们拿词来举一个简单的例子。对于说话者而言,最省力的方式是用最少的词,表达最多的意义,即用词尽量统一,这就是统一化力。当这种趋势趋于极端时,一个词能表达所有的意义。这种说话者的省力原则会增加听话者的负担。比如,如果表达同样多个意义,用词越少则同义词越多,要求听话者进行辨析的难度越大,同义词过多的时候,听话者很难从众多意义中甄别出最适合的那个,双方交流难度过大。尤其是极端情况下,一词表示所有的意义,则完全无法进行交流,因为听话者完全不懂对方要表达什么意义。

对于听话者而言,最省力的就是花最小力气理解最多意义。如果一个词只表达一个意义,理解最省力,因为不需要去进行甄别,这就是用词的多样化力。但是这样会使得说话者很费劲。

所以说,统一化力和多样化力是互相矛盾、互相冲突的,不能只实现一方的最省力。要想使双方交流真正省力,只能是二者达成妥协,实现一种动态平衡。其结果就是少量的词使用得特别多,而大量甚至绝大部分词使用频率低,这些低频词在秩频分布中,体现为曲线上的长尾。省力原则能解释为何诸多现象都符合齐普夫定律,该原则体现了语言的动态特征,因为单一化力和多样化力是语言的内部动力,这样的动力是造成不同语言现象的机制。

"省力原则"不是齐普夫第一个提出来的。

法国语音学家帕西(Passy)在 19 世纪就提出了语言演变的"经济原则"(le principe d'économie,"the principle of economy")(冯志伟、周建 2017)。但是他认为,强调原则会超过经济原则。叶斯伯森(Jespersen 1922)强调了语音的趋同和趋异的发展中,简易倾向的作用,该倾向也作用于词汇和语义层面。弗莱(Frei)1929 年提出了"经济需要"(le besoin d'économie,"the need of economy")(转引自冯志伟 2013)。这几位研究者提出的经济趋势指的是演变中的趋势,而且他们认为这种趋势仅仅存在于演变当中。

法国语言学家马尔丁内(Martinet 1955/2005)提出了"语言经济原则"(l'économie du

langage,"the economy of language"),该原则并不局限于语言的演变,而是语言运转的基本原理,该原则的存在是因为人的表达和交际需要,以及人的生物局限性,这两个因素促使语言活动从内部推动语言运动和发展。合理安排力量的消耗,在语言的功能结构运转中时刻起作用(冯志伟 2013)。该思想和齐普夫的省力原则是一致的。语言经济原则在语音、语法和词汇等方面都起着重要的作用。以语法为例,因为主语使用频率高,主语符素在俄语和法语中没有特殊形式标记,这样可以减轻发音和理解时的记忆负担。

无论被称为经济需要、简易原则,还是语言经济原则,或者是省力原则,该原则都体现出人类语言的分布规律是由人驱动的,前述依存距离最小化(1.1.1 节)也是因为人的工作记忆有限,这种认知方面的局限导致了语言使用者需要节约力量。比如徐春山和刘海涛(Xu & Liu 2022)探讨了工作记忆对于句法依存结构的作用。关于依存距离最小化的更多相关内容,我们将留待 4.3.2 节中详述。

众多研究发现,语言实体符合齐普夫相关分布,本节介绍了齐普夫用来解释这种语言现象的省力原则,接下来,我们将详细介绍多样化进程的相关假设、导致多样化进程的多种因素、该进程的特征以及如何为多样化进程建模。

## 2.3 多样化进程

### 2.3.1 多样化进程与省力原则

齐普夫分布所研究的语言现象具有什么样的特征?与其他的语言属性之间存在什么关系?如何为这些特征和属性关系进行建模?对这些问题的回答涉及语言的多样化进程以及省力原则这两个相关的概念。

多样化进程在生物学中广为人知,有了多样化,有机界才具有了多样性。与此类似,在语言发展的各个领域都发生了多样化进程。以英语词汇为例,单词可以不经过任何形式变化,而具有更多的词性,比如"the head""to head"中的"head";也可以通过形态变化来改变词性,比如"compose → composition"。再比如,单词可以具有多义性,比如"polish"和"fine"。这些都是多样化过程的典例。阿尔特曼(Altmann 1991)提出,多样化进程是整个语言演化、方言形成、词类构建等的基础。

多样化进程与省力原则相关。如 2.2 所述,省力原则一定程度上能解释为何诸多现象都符合齐普夫定律,该原则体现了语言的动态特征,因为单一化力和多样化力是语言的内部动力,二者互相矛盾、互相冲突;这样的动力是造成不同语言现象的机制。语言实体符合齐普夫分布(或者其他相关分布)能说明该实体是语言多样化进程的结果。

在本研究中,我们要确定句法单位/属性是否具有语言学地位,是不是语言多样化进程的结果,其方法是看它们是否遵循齐普夫分布(或者其他相关分布)。该分布的基本特点是,部分词(或者其他语言单位)使用得特别多,而大量词甚至绝大部分词(或者其他语言单位)使用频率低,因为语言使用者不会平均使用所有的单位,导致了低频词(或其他单位)在秩频分布中,体现为曲线上的长尾。这种分布得以产生,是交流双方的一种妥协和动态平衡,而不是只有一方最省力;交流时双方交流均省力,这才能合理安排力量的消耗。

## 2.3.2 多样化进程相关假设

了解了多样化力与省力原则之间的关系后,我们有必要继续了解多样化进程的三个相关假设(Altmann 2005),它们是为多样化结果的分布建模的基础,也是本研究的重要理论基础。

假设 1:多样化产生的类别会形成一种下降的秩频分布。

假设 2:上述多样化的语言实体(单位/变量)的各个类别之间相互影响。

假设 3:多样化的特征(涌现的那个方面)与同一个语言实体的至少另外一个方面的特征是相关联的。

第一个假设意味着如果语言实体往一个方向变化,其变化后的类别频数不可能都相等,如果按照频数由高到低的顺序进行排列,最高频数的赋以频序/秩次 1,次之的赋以频序 2,一直到出现最少的,赋以其最大的频序,则会形成一个频序升序、频数降序的秩频序列。若这样的假设成立,模型拟合的秩频分布数据结果可以让我们判断该语言实体是不是多样化过程的结果;同时基于不同的拟合优度,我们也能分析所选语言属性的分类质量如何(Altmann 1991)。

第二个假设说明多样化的实体的各个类别之间不是完全独立的。比如说,词类是语言多样化的结果,各个词类在语法上存在什么样的关系,是句法领域的重要研究目标。这些词类之间并不只是互补的关系,也可能会因为一个的存在,就需要另一个的存在(比如有了冠词,就会需要后面的名词),或者是避免另外一个的存在(比如有了冠词,就会避免使用物主代词)。这种相互影响也是上述分布模式产生的一个重要原因。

第三个假设说明因为多样化而产生的随机的变量并不是独自发展的,而是和同一个实体的其他方面一起演化的(比如词的配价越大,其多义度越高,同时长度越短),这就是变量之间关系的建模基础。

## 2.3.3 导致多样化进程的多种因素

导致语言实体变化的因素可能会较多,如随机波动、因为环境引起的改变、作者为了实现某种目的有意识为之等。还有一个重要的原因是自调节(self-regulative triggering,self-regulation),这个机制来自更深层次的原因。自调节在历史语言学中更为人所知,比如将一个音逐渐渗透到另外一个音的区别性特征,会使后者发生多样化进程(比如分化、产生音位变体等)。

在多样化进程发展的时候,这种自调节也会导致反向的统一化进程,但是程度不一定等同。比如会有一种集体的惰性抗拒一切语言创新:语言"在本质上是有惰性的,就是一种保守的因素"(索绪尔 1980:111)。

有时候并不能明确究竟是哪种因素在起作用,有时候可能是几个因素在共同起作用。但是因为很多因素是以恒定的力,在同样的方向起作用,所以它们的力可以相加。一般使用微分或差分方程来为该类过程带来的结果进行建模。

每一个多样化进程都会带来对同一个语言实体的统一化过程,后者能对抗这种现象的衰落(decay)。统一化过程维持既定秩序,而多样化过程改变既定秩序、重建顺序或者增加复杂度,甚至可能彻底破坏现存秩序(Guntern 1982)。比如一种语言可能由于词、语法等的变化而分化为不同的方言。统一化过程也可以有意识地、有组织地实行,以维持既定秩序,比如政府制定语言政策等。决定一个进程是多样化进程还是统一化过程,要看从哪个角度来审视,也要看这种进程的程度。

多样化力和统一化力的共同结果就是稳定的分布,这样的分布已经在计量语言学中一再得到验证。

### 2.3.4 多样化进程的特征

在很多观察到的语言现象背后,我们都可以发现多样化进程这个机制。在理论的基础上可以建立多样化进程的假设,如果经过实证验证,那么就可以称为定律。这样的定律可以用来解释和预测语言现象(Altmann 2005)。

一旦一个多样化进程开始,这个过程不仅会影响该语言实体本身,还会影响其他的过程,并且会带来很多的变化。多样化本身可以带来其他类似的过程,比如语义多样化和词尾变位可能同时发生,否则需要引入其他的方式来区分意义。

多样化能满足一些需求,影响很多语言实体及其属性,且带来其他的一些进程,这些进程之间相互交互,语言要素之间就出现了自调节。在语言学的各个领域都可以举出很多这样的例子。比如在语法领域,多样化进程增加了词缀、语法范畴和句法构式的多功能度。如果词缀没有因此拥有更多功能,那词缀本身的总藏(inventory)就得增加。通过增加更多的规则,句子类型和句法构式的总藏也增加了。

在所有的领域中,一旦达到饱和点,就达到一个稳定的状态,该状态可以维持一段时间,在此期间,只会发生一些无足轻重的震荡(Altmann 2005)。

从以上的分析中,我们可以看出,在语言学中我们能观察到的诸多现象有一个共同特征——它们都是语言多样化进程的结果,这一事实在为语言现象进行建模、解释语言现象以及构建理论的过程中起着非常重要的作用。

### 2.3.5 为多样化进程建模

对于多样化这样一个语言和语言演化中最普遍的过程,前述三个假设给语言定律的建模提供了基本的思路,对多样化进程的结果分布进行建模有一个统一的方式。这些模型都建立在一个基本假设的基础上:如果是多样化语言实体,其发展变化是不均衡的,就会形成一种下降的秩频分布。可以用微分方程来描述这种多样化进程,在该过程中,互相竞争以及彼此协同的两种需求之间达成了一种动态妥协(Altmann 2005)。在以下建模过程中,$x$

为频序(即排序为第几个)。

我们从最简单的开始,根据假设 1 和假设 2(参考 2.3.2 节)来进行建模。假设 1 涉及的是多样化个体的产生,可以假设最开始的那个类别概率为 $P_1$,第二个类别出现的概率与第一个类别的概率呈一定比例,

$$P_2 = aP_1 \tag{2.1}$$

再继续发展为第三类、第四类的时候,这种比例性可能如式(2.1)一样是一个常量,但是前述各种导致多样化的因素加入以后,常量 $a$ 发展成为函数 $f(x)$,即

$$P_x = f(x)P_{x-1} \tag{2.2}$$

其中,

$$f(x) = \frac{g(x)}{h(x)} \tag{2.3}$$

此时,$g(x)$ 代表说话者的这个部分,说话者的创新性对于种类多样化产生了其效应;而 $h(x)$ 代表了听话者为了确保能顺畅地理解,会倾向于保守型,阻止说话者过于创新(参见 Köhler & Altmann 1986)。

式(2.2)具有普适性,能用来对所有的多样化进程结果分布建模。根据初始条件或者次要条件不同,$f(x)$ 能获得不同的具体意义。$f(x)$ 对于不同的语言现象是不同的,甚至对于相同的语言现象,在不同的语言中也有可能不同。

根据 $f(x)$ 不同,有多种具体的模型可以为多样化进程进行建模,这种能够描述多样化进程的稳定状态的模型在语义学中是贝厄迪定律(Beöthy's law)(Beöthy & Altmann 1984a,1984b),在方言学中是格布尔定律(Goebl's law)(Goebl 1984),在词频领域是齐普夫-曼德尔布罗定律(Zipf-Mandelbrot's law,齐曼定律),在词汇学领域是马丁定律(Martin's law)等。阿尔特曼(Altmann 1991)给出了多种可能模型的建模方式。

我们举两个例子来说明计量语言学对于多样化进程进行建模的一般过程。这两个模型在本研究中均有比较广泛的应用,所以我们对其进行详细的推导。

在《计量句法研究》(*Quantitative Syntax Analysis*)一书中,科勒(Köhler 2012)为动词的变体建模,他认为,动词的变体数量也是一个多样化进程的结果。新的动词产生以后,逐渐会出现变异,因为这个动词会出现一个与原来动词多少有些差异的意义,这样的意义经过多次使用,就增加了变成新的变体的概率。这个概率取决于两个因素,一是这个动词出现的频数,二是已经存在的变体的频数。对于后者,为了简单起见,往往在建模时仅考虑邻近类型的频数(Altmann 1991),此假设可以表述为"类型 $x$ 的概率是类型 $x-1$ 概率的线性函数",用数学方法表示为:

$$P_x = f(x)P_{x-1} \tag{2.4}$$

在不同的多样化过程中,这个 $f(x)$ 可以有不同的表达方式,其中的参数一般代表在语言系统之外,但是影响语言系统的因素。

式(2.5)表达了这个概率的线性函数关系:

$$P_x = \frac{a+bx}{x}P_{x-1} \tag{2.5}$$

---

将式(2.5)用 $k-1$ 替换 $a/b$，用 $q$ 替换 $b$，就得到了负二项分布（negative binomial distribution）：

$$P_x = \binom{k+x-1}{x} p^k q^x, \quad x=0,1,\cdots \tag{2.6}$$

因为每个动词至少会有一种形式，因此 $P_0=0$， $x=1,2,\cdots$，即

$$P_x = \frac{\binom{k+x-1}{x}}{1-p^k} p^k q^x, \quad x=1,2,\cdots \tag{2.7}$$

这意味着我们可以用一个零截尾负二项分布（positive negative binomial distribution）为某种语言中的动词变体数量的分布进行建模。科勒（Köhler 2005）用黑尔比希和申克尔编写的德语动词配价词典（Helbig & Schenkel 1991）数据验证了这个假设，$P(x)=0.91$，这证明了德语动词变体数量分布是一个多样化进程的结果。

零截尾负二项分布是计量语言中常见的分布之一，另外一个分布的推导稍微复杂一些，但是应用更为广泛，那就是修正的右截尾齐普夫-阿列克谢耶夫分布（right truncated modified Zipf-Alekseev distribution）。因其将多次应用于本书中，我们简称其为齐阿分布。

如前所述，每个语言实体都往多样化方向发展，即会产生各种变体或者次要的形式，并且这些变体和次要的形式可以归属于某一类别中。这些语言实体遵循某种秩频分布或者秩频系列（Altmann 2005）。更具体地说，赫比切克（Hřebíček 1996）假设这样的数据服从齐阿分布。在推导这个公式的时候，赫比切克用到了这样两个假设，

A. 概率 $P_1$ 和 $P_x$ 之比的对数与类别规模的对数成比例，用公式表示为：

$$\ln(P_1/P_x) \propto \ln x \tag{2.8}$$

B. 门策拉定律（Menzerath's law，$y=Ax^b$）公式两边取对数（$A=e^a$）体现了上述比例公式：

$$\ln(P_1/P_x) = \ln(Ax^b) \tag{2.9}$$

其解为

$$P_x = P_1 x^{-(a+b\ln x)}, \quad x=1,2,3,\cdots \tag{2.10}$$

如果式(2.8)是概率分布，那么 $P_1$ 即为归一化常数；如果不是概率分布，$P_1$ 则为第一类别的估计规模，即 $x=1$。对于多样化的分布而言，第一类的频次往往有所背离，而其余各类分布规则，按照这种情况，修改式(2.10)为：

$$P_x' = \begin{cases} \alpha & x=1 \\ \dfrac{(1-\alpha)x-(a+b\ln x)}{T} & x=2,3,4,\cdots,n \end{cases} \tag{2.11}$$

其中，

$$T = \sum_{j=2}^{n} j^{-(a+b\ln j)}, \quad a,b \in R, 0<\alpha<1 \tag{2.12}$$

式(2.11)被称为齐普夫-阿列克谢耶夫分布（Zipf-Alekseev distribution）。如果 $n$ 是有限的，式(2.12)则为经修正的右截尾齐普夫-阿列克谢耶夫分布，即齐阿分布。

本节分析了齐普夫分布及导致该分布的省力原则,这种省力原则是语言系统外的因素,但是对于语言系统内部的要素产生了重要的影响。

## 2.4  本章小结

在第 1 章绪论部分,我们介绍了本研究最重要的理论基础——依存语法和与之紧密相关的配价理论,本章继续介绍了其他理论基础。

2.1 节介绍了齐普夫定律,齐普夫发现了语言实体以及其他社会现象中的幂律分布规律,其研究为语言打开了动态研究之门,为现代语言学的诞生奠定了基础。

齐普夫用省力原则来解释语言实体呈现幂律分布的原因,2.2 节简单介绍了省力原则相关的历史和研究。齐普夫分布得以产生,来源于交流双方的动态平衡和妥协,双方交流都省力,方能合理安排语言理解和语言产出的力量消耗,这也体现了语言的自组织能力。

齐普夫分布所研究的语言现象是语言多样化进程的结果。2.3 节详述了这种多样化进程和省力原则之间的关系,提出了语言多样化进程的三个重要假设,分析了导致这种多样化进程的多种相关因素,提出了多样化进程的特征,最后在此基础上介绍如何为语言多样化进程进行建模。

# 第3章　研究路线、材料和方法

第2章介绍了本研究的理论来源,本章将探讨本研究的研究线路、材料和方法,其结构如下:3.1节介绍选择什么材料作为本研究的语料,以及为何做出这样的选择和如何处理语料。3.2节介绍本研究将考察的10类句法属性/单位。动链是一种特殊的动态的语言单位,3.3节介绍动链研究这种研究线性语言材料的方法。3.4节为本章的小结。

## 3.1　以依存树库为语料

### 3.1.1　从图论到依存树库

图论(Graph Theory)是数学的一个分支。顾名思义,图论以图为研究对象。图论中的图用点代表事物,用连线表示事物之间的关系。树(tree)是图的一种。

一个不含圈(acyclic)且联通的图为树。图的顶点(vertex)即节点(node),树图中的枝(branch)即边。为了方便问题的解决,可以将树的某一个顶点做特别处理,这个顶点称为树的根(root),一般的树每个节点都可以称为根,可以想象该树从这个点开始分支,这样的过程一直持续,途中无法再分支的节点就成了叶子。换言之,树中"度"为1(即只和另外一个点存在关联)的顶点称为叶子(leaf)。度大于1的顶点称为分支点(branch point)。

如果拥有固定的根,这样的树称为有根树(rooted tree)。在有根树和固定根之间的关系称为树序(tree-order),这种序可用"高度"来刻画。到根的距离为 $k$ 的顶点具有高度 $k$,在组成树的第 $k$ 层。

如果图是有方向的,则度可以区分为出度(out-degree)和入度(in-degree),前者表示以该点开始的弧的数量,后者表示以该点结束的弧的数量。

按照上述定义,句法结构树符合图论中树的定义。在基于短语结构的句法树中,所有的词均为叶子。而在基于依存关系的句法树中,叶子均为从属词,且不能支配其他词。如在句子"The student has an interesting book"的依存结构(图1.1)中,"book"的入度为1(has-book),出度为2(an-book,interesting-book)。事实上,在依存句法图示中,除了根节点入度为0,其余节点的入度均为1,这表示每个节点只有唯一的支配词,即依存关系是一一对应的关系。而每个词的出度就可以有很多变化了,即这些节点可以带的从属词个数可以相异,这就是后面我们将定义的"配价"。

树图广泛应用于各种领域,博德(Bod 2005)提出图形能为高级感知以及认知进行建模,可以为音乐、语言学、推理结构以及问题解决等提供一个统一的认知模式,即提供这些领域的分组结构,因而在很多领域都可以看到树结构。

语言的基本属性之一是其层级性。于水源等人(Yu, Liang & Liu 2016;于水源 2018)提出的"层级选择模型"也突出了语言或者其他人类现象中层级的存在。以语言为例,一些少量但是被优选的语言实体使用频次更高,形成了齐普夫相关曲线的第一段,这就是层级的涌现现象。而众多其他的语言实体层级低,就形成了齐普夫曲线的长尾。经过统计,相关的现象就产生了规律的幂律分布。

在句法中这种层级性尤其明显(冯志伟 2011;刘海涛、敬应奇 2016;刘海涛 2017a;Yadav et al. 2020)。句子的层级性一般表示为树图。

黎锦熙提出,图解法有助于语言学习,"画图析句,或主或从,关系明确;何位何职,功用了然"(黎锦熙 1924/2007:4)。哈德森(Hudson 1998)也提到画图的方式能体现语言使用者对于句子的理解程度如何。"不依赖于词序,结构清晰明了,广泛应用于其他学科中,有相关形式化工具/手段处理图示等是画图析句的重要原因"(Schubert 1986:11)。刘海涛和敬应奇进一步指出,描写句子层级结构是语言研究的重要内容,"不仅对语言教学有着切实的实用价值,更与探究语言自身的演化规律和人类的普遍认知密切相关"(2016:2)。

泰尼埃(Tesnière 1959:16)认为探求二维的层级顺序和一维线性顺序之间的转换规则是句法研究的主要任务,其中二维的层级顺序比一维线性结构更基础。

泰尼埃在大量语言对比研究的基础上提出了"结构语法"这一语法理论,后人称之为"依存语法"。我们在本书的第 1 章重点介绍了依存语法。泰尼埃在其结构句法中首先提出了一个重要概念——connection(联系,关联)。"关联的概念,是整个结构句法的基础"(Tesnière 1959:12)。他用"Alfred(阿尔弗列德) parle(说)"这个法语句子举例说,是关联将这两个词连在一块,成为一个和原来单个的词不同的整体,这种关联类似于氯和钠发生化学反应,形成了氯化钠,这个新的东西与原来的氯和钠都不同。关联对思想的表达是不可或缺的,"没有关联,我们不能表达任何持续的想法,我们只能说出一些彼此隔离而不连贯的想法和概念"(Tesnière 1959:12)。所以可以说,句子具有严谨的组织,有着生命的气息,这是关联所赋予的,因此关联是句子的"生命线"(冯志伟 2013:430)。

泰尼埃提出,关联要建立句中词与词之间的从属关系[①],因此服从于层级(hiérarchie,'hierarchy')原则。这种关系可以用"图示(stemma)"的上下级来表示,此层级原则表示所有从属成分都从属于其支配者。泰尼埃提出的"关联"概念即我们现在所说的"依存关系"。

如上所述,句法或者语义结构经常用树形来表示,因此,20 世纪 80 年代语言学家杰弗里·利奇(Geoffrey Leech)提出了树库这个概念(如 Garside et al. 1987)。在语言学中,树库即标注语料库,这样的文本库标注了句子的语义或者句法结构,是一种"熟语料"。

---

①　因此,冯志伟(1983)在《国外语言学》上撰文介绍特思尼那尔(泰尼埃的不同汉译)的从属关系语法,在介绍"dependency grammar"的时候用到了"从属关系语法"这个术语。这篇文章也是国内最早介绍泰尼埃的语法理论的文章。

20 世纪 90 年代以前,计算语言学系统开发者多用基于规则的句法-语义分析,获得的成就有限,且难以处理大规模真实文本。1990 年第 13 届国际计算语言学会议的主题是"处理大规模真实文本的理论、方法和工具"。20 世纪 90 年代标注语料库的建设给计算语言学带来了革命性的影响:树库可以作为获取句法结构的知识源,也可以用来评价句法分析结果。树库的建设使得计算语言学开始了从内省到语料的转移,以及从规则到统计的战略转移。

尽管树库肇始于计算语言学的研究,但这种大规模实证数据有助于整个语言学的研究,因而受到越来越多研究者的重视(Abeillé 2003),语料库成了语言学研究中很有用的工具(Hinrichs & Kübler 2005;Nivre 2005;Hudson 2007)。比如,树库的资源有助于理论语言学的研究,如利用真实语料构建起来的树库含有大量句法分布信息,为句法研究打下了坚实的基础(刘海涛 2009)。

之前提到的很多研究就是在依存树库的基础上开展的,比如高松等人(高松、颜伟、刘海涛 2010;高松 2010)在汉语依存树库的基础上开展了汉语名词、动词句法功能研究,刘海涛开展了 20 种语言中的依存关系概率分布研究(Liu 2007a),刘海涛和丛进开展了汉语复杂网络的研究(Liu & Cong 2014)等。近年来中国学者开展了越来越多的基于依存树库的计量研究(如 Jiang & Liu 2015, 2018;Jiang & Ouyang 2017;Jing & Liu 2017;Liang, 2017;Liu et al. 2017,Liu & Chen 2017;Fang & Liu 2018;Jiang & Jiang 2020;Lei & Wen 2020;Zhou 2021;Chen et al. 2021;Chen & Gerdes 2022;Ouyang et al. 2022;Xu & Liu 2022)。

本研究将利用汉语和英语两个大型的依存句法树库,了解句法层面的相关要素的分布,确立这些语言单位/属性的语言学意义,并开展英语和汉语之间的比较研究。我们将在下一个部分介绍这两个语料库。

## 3.1.2 本研究的语料

科勒(Köhler 2012)探讨了基于短语结构的句法系统中的诸要素,主要用到了英语的语料,有些也用到了德语的语料,由于这两种语言的相似性,其获得结果的广适性值得商榷。因此,在我们的研究中,至少需要选择两种不同类型的语言,这样研究的广适性可以大大增加,更可能具有语言分类学的意义。我们选择了汉语和英语这两种语言。

本研究选择了汉语和英语依存树库各一个。考虑到资源的可靠性、体裁的相似性,也方便与已有的研究进行比较,英语语料采用了布拉格捷-英依存平行树库 2.0 版(Prague Czech-English Dependency Treebank,PCEDT 2.0,Hajič et al. 2012),汉语语料采用了北京大学多视图中文树库 1.0 版(PKU Multi-view Chinese Treebank,PTM1.0)(Qiu et al. 2014)。两种语言的树库均为新闻语料库。

　　汉语树库[1]包含 14463 个句子、33.6 万词,所用原始语料为 1998 年 1 月 1 日到 1 月 8 日《人民日报》的语料。该库以依存语法为核心,支持短语结构语法、依存语法、组合范畴语法视图等,因而称为多视图树库。

　　英语树库[2]含有 49208 个句子,是捷克语和英语的平行树库,其中英语 117.4 万词,其原始语料来源于宾州树库(Penn Treebank)的新闻语料(LDC99T42)(Linguistic Data Consortium 1999)。LDC99T42 由短语结构转化而来,之后按照 PDT2.0 的格式进行了大量的人工标注,标注满足投射性(projectivity)条件(Uresova et al. 2016)。

　　这两个树库都是新闻树库,且词性和依存关系的标注相似程度比较高,但是这还不能确保比较研究所发现的差异都是源于不同的语言。为了减少树库规模带来的差异,同时确保我们发现的规律不是随机变化的结果,我们尽可能使树库的规模一致。中文树库规模相对小一些,我们将之分为 6 个子库,每个子库含标点约 5 万字。英文按照同样的规模,分成了 23 个子库,我们随机抽取了其中 6 个。这样,我们就有了两种语言各 6 个规模基本相同的子库。如果我们能验证每种语言内的几个子库具有同质性,且发现的规律在每个子库中都得以呈现,这样的规律就可以代表全部语料中的规律,即我们选择的子库样本规模达到了齐普夫规模(详见 2.1 节)。

　　原始的语料库都将标点作为节点进行处理,标记了各种节点之间的关系。本研究拟将重点放在词与词之间的关系上,因此,我们将标点的功能赋予其支配词[3]。这样,最后得到的 12 个子库规模都为 43200 多词,从而尽可能使语料规模的差异降到最小。实际子库规模见表 3.1。

表 3.1　所有子库规模

| 中文子库 | 规模(词) | 英文子库 | 规模(词) |
|:---:|:---:|:---:|:---:|
| C1 | 43259 | E1 | 43264 |
| C2 | 43288 | E2 | 43276 |
| C3 | 43244 | E3 | 43264 |
| C4 | 43277 | E4 | 43253 |
| C5 | 43261 | E5 | 43257 |
| C6 | 43249 | E6 | 43260 |

---

　　① PTM 1.0 由鲁东大学文学院、山东省语言资源开发与应用重点实验室、北京大学计算语言学研究所、乐山师范学院智能信息处理及应用实验室联合开发。语料库可以在 http://klcl.pku.edu.cn/ResourceList.aspx(2018-08-01)下载。主要标注和转换方法可以在 http://sourceforge.net/projects/zpar/中(2018-08-01)下载。后来该库增加了 2000 年 1 月份的对应语料,从而扩展到了 64000 个句子,140 万词(Qiu et al. 2014)。

　　② PCEDT 2.0 由布拉格查理大学(Charles University)的形式与应用语言学研究所开发,发布于 2012 年。语料库可以在 https://catalog.ldc.upenn.edu/ldc2012t08 获得(2018-08-01)。

　　③ 标点部分为人工处理,有个别遗漏的地方(少于 1‰),因为不影响最后的分析结果,所以保留了这部分被遗漏的标点。

表 3.2 和表 3.3 分别是中文和英文语料库中使用的词性标注和句法功能标注,大体按照出现频次排列。中文更依赖于使用功能词而非形态变化来表达语法功能,因此中文中的句法功能/依存关系更多。

表 3.2　中文和英文语料库中使用的词性标注①

| 频序 | 中文词性 | 标注符号 | 频序 | 英文词性 | 标注符号 |
|---|---|---|---|---|---|
| 1 | 动词 | v | 1 | 名词 | nn |
| 2 | 名词 | n | 2 | 介词 | in |
| 3 | 助词 | u | 3 | 专有名词单数 | nnp |
| 4 | 介词 | p | 4 | 限定词 | dt |
| 5 | 形容词 | a | 5 | 复数名词 | nns |
| 6 | 量词 | q | 6 | 形容词 | jj |
| 7 | 副词 | d | 7 | 动词过去式 | vbd |
| 8 | 数词 | m | 8 | 数字 | cd |
| 9 | 代词 | r | 9 | 连词 | cc |
| 10 | 方位词 | f | 10 | 动词基本形式 | vb |
| 11 | 地名 | ns | 11 | 副词 | rb |
| 12 | 时间词 | t | 12 | 过去分词 | vbn |
| 13 | 连词 | c | 13 | 动词第三人称单数 | vbz |
| 14 | 人名 | nr | 14 | 不定式 to | to |
| 15 | 区别词 | b | 15 | -ing 形式 | vbg |
| 16 | 处所词 | s | 16 | 人称代词 | prp |
| 17 | 机构团体 | nt | 17 | 动词现在时非第三人称形式 | vbp |
| 18 | 其他专名 | nz | 18 | 情态动词 | md |
| 19 | 习用语 | l | 19 | -s | pos |
| 20 | 语气词 | y | 20 | 物主代词 | prp $ |
| 21 | 状态词 | z | 21 | 疑问不定代词 | wdt |
| 22 | 后接成分 | k | 22 | 形容词比较级 | jjr |
| 23 | 简称略语 | j | 23 | 专有名词复数 | nnps |
| 24 | 姓氏 | nrf | 24 | 小品词 | rp |
| 25 | 括号内的数字 | nx | 25 | 疑问代词 | wp |
| 26 | 其他 | others | 26 | 疑问副词 | wrb |

---

① 中英文词性标注中,出现频次特别少的均归入"其他"类。

| 频序 | 中文词性 | 标注符号 | 频序 | 英文词性 | 标注符号 |
|---|---|---|---|---|---|
| 27 | 前接成分 | h | 27 | 形容词最高级 | jjs |
| 28 | 拟声词 | o | 28 | 副词比较级 | rbr |
| 29 | 叹词 | e | 29 | 表示存在的 there | ex |
| | | | 30 | 前置限定词 | pdt |
| | | | 31 | 副词最高级 | rbs |
| | | | 32 | 外来词 | fw |
| | | | 33 | 疑问物主代词 | wp$ |
| | | | 34 | 感叹词 | uh |
| | | | 35 | 括号内的数量词,即 first 等编号 | ls |
| | | | 36 | 符号 | sym |
| | | | 37 | 其他 | others |

表 3.3 中文和英文语料库中使用的句法功能标注

| 频序 | 中文功能 | 备注 | 频序 | 英文功能① | 备注 |
|---|---|---|---|---|---|
| 1 | att | 定中关系(attribute) | 1 | atr | 定中关系 |
| 2 | adv | 状中结构(adverbial) | 2 | adv | 状中关系 |
| 3 | vob | 动宾关系(verb-object) | 3 | auxp | 助介词② |
| 4 | sbv | 主谓关系(subject-verb) | 4 | sb | 主谓关系 |
| 5 | de | 形成"的"字结构 | 5 | auxa | 冠中关系 |
| 6 | ic | 独立分句(independent clause) | 6 | obj | 宾语,包含直宾和间宾 |
| 7 | coo | 并列关系 | 7 | nr | 未识别依存 |
| 8 | pob | 介宾关系(preposition-object) | 8 | auxv | 动词助词③ |
| 9 | num | 数字 | 9 | coord | 并列 |
| 10 | lad | 前附加关系(left adjunct) | 10 | auxc | 辅助连词 |
| 11 | cmp | 动补结构(complement) | 11 | pnom | 表语 |
| 12 | qun | 数量关系 | 12 | pred | 谓词 |
| 13 | mt | 时体 | 13 | neg | 否定 |
| 14 | rad | 后附加 | 14 | auxg | 从属连词 |

① 可参考 https://ufal.mff.cuni.cz/pcedt2.0/en/a-layer.html(2021-05-01)。因为已经去除了标点,AuxG、AuxK 等表示标点的句法功能不再列入表中。

② auxiliary preposition,含复合介词的次要介词部分。

③ 含助动词 be、have、do 以及不定式符号 to 和短语动词中的小品词。

续表

| 频序 | 中文功能 | 备注 | 频序 | 英文功能 | 备注 |
|---|---|---|---|---|---|
| 15 | vv | 连动结构(verb-verb) | 15 | exd | 省略 |
| 16 | is | 独立结构(independent structure) | | | |
| 17 | app | 同位关系(appositive) | | | |
| 18 | act | 行为宾语 | | | |
| 19 | di | 形成"地"字结构 | | | |
| 20 | tpc | 话题 | | | |
| 21 | cos | 共享并列 | | | |
| 22 | quc | 数量补语 | | | |
| 23 | dei | 形成"得"字结构 | | | |
| 24 | iob | 间接宾语 | | | |
| 25 | isc | 并列式独立成分 | | | |
| 26 | red | 重叠 | | | |
| 27 | foc | 强调 | | | |

上述处理语料的方法有以下几个优点：

1）避免了大数据的冗余性，同时降低了方法的鲁棒性（刘海涛、敬应奇 2016）。

2）有很多的语言共性或者差异性等特征会在统计的过程中浮现出来，如果库间表现一致，我们可以判定其为某种规律。这是单个语料库或者单篇文章难以发现或不能发现的规律。

3）经过上述处理，两种语言的语料库具有一定的可比性，如果能证明同一语言之间的子库具有同质性，则表明我们所选的语料达到了齐普夫规模，即能体现出整个数据基本特征的部分数据的规模。这样，我们可以认为各个子库均能代表该语言对应的整个语料库的基本特征，而且中文子库与英文子库之间的系统性差异体现了两种语言的新闻体裁之间的差异，同样，两种语言的所有子库之间的共性体现了这两种语言的一定共性。

在介绍过语料以后，我们将在 3.2 节介绍利用什么方法和工具来使用这些语料。

## 3.2  定义属性

研究语言子系统的时候，首先需要考察当前研究系统的单位和变量。其步骤如下：

第一，要定义对象，对象并不是想当然的。单位/属性等并不是自然而然存在的，而是通过定义而存在的概念模型（Altmann 1993，1996；Köhler 2012），换言之，它们因为我们的分析而存在（Altmann 2018）。且单位和属性是因理论框架而存在的特征，比如在短语结构中，有短语这样的非终极节点的概念，但是在依存语法中就没有。概念的定义是个习惯性的问题,也就是说,每个研究者会从概念所在理论框架以及既定研究目标的角度出发,选择最适合的方式来定义概念(Altmann 1996)。但是有一个重要的前提,那就是概念的定义要清楚(Bunge 2007),然后予以操作化,让概念应用到可观察的事实中去。

第二,要用某一种方式去量化对象,要采用某种方式来进行操作化。操作化即确定一种可以测量的方式,比如在传统语言学中,单词的多义度(polysemy)原来是一个定性的概念,该概念根据是否有词汇歧义将词区分为多义词和非多义词。这个概念也可以进行计量,即该词能表达的意义有多少个。定义了以后,还有一个操作化的问题,比如计算多义度可以使用静态的语言材料,如直接在词典中数某个词有多少个义项;也可以使用动态的语言材料,计算真实的语言材料中,某词出现了多少个意义。

第三,要建立假设,即为上述对象进行建模,说明这个对象是什么,这个对象的行为如何,然后使用真实的语料,用统计的数据去测量文本,执行检验。

科勒等人定义了基于短语结构的一些句法属性(Köhler 1990,1999;Köhler & Altmann 2000),因其理论框架不同,基于依存关系的句法属性定义具有不同的操作法。我们以英文原始语料库的第一个句子"Pierre Vinken, 61 years old will join the board as a nonexecutive director Nov. 29"为例,来说明 10 余种基于依存关系的句法单位/属性的定义方式。例句对应的依存树如图 3.1 所示。

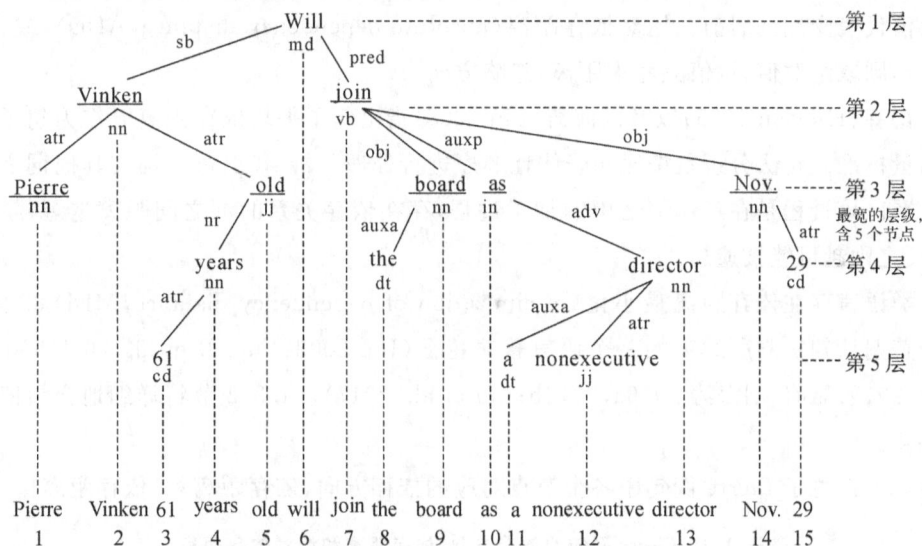

图 3.1　Pierre 例句的依存结构树

我们将分三类进行说明,第一类为依存相关的单位/属性(含依存关系、依存距离和依存方向等),第二类为与配价相关的单位/属性,第三类为其他。

1) 句法功能/依存关系。如"Vinken"是"will"的主语(sb),"board"是"join"的宾语(obj),或者说,它们之间的关系分别是主谓关系(sb)、动宾关系(obj)。图 3.1 中的"Nov"这样的情况在英文库中统一标记为了宾语(obj),我们将在后文提到。

组成一个完整的依存结构,需要三个要素:支配词、从属词和它们之间的关系。其抽象结构标记为"从属词词性＋支配词词性＝依存关系/句法功能"。如"board"和"join"之间是动宾关系,其抽象出来的结构为"名词＋动词＝动宾关系",其中加号表示修饰限制,该组合忽略语序,加号前为从属词词性,加号后为支配词词性,等号表示二者之间的关系。

2) 依存距离和依存方向。吉布森等人提出句子理解难度与有句法关系的词在线性句中的顺序(即依存距离)有关(Gibson 1998,2000;Gibson & Pearlmutter 1998;Grodner & Gibson 2005;Temperley 2007;Liu 2008;Gildea & Temperley 2010;Levy et al. 2013)。依存距离将句子的二维层级结构和一维线性结构结合在一起(Liu et al. 2017),是基于依存关系的句法系统中的一个关键属性。

依存距离的定义方法主要有两种,比如黑林格、施特雷克尔和维默尔(Heringer, Strecker & Wimmer 1980:187)将其定义为在表层序列中的中心词与从属成分之间的词数,此时相邻的中心词与其从属成分之间的距离为0,这样给计算带来了不便,且无法体现依存的方向。哈德森(Hudson 1995:16)将依存距离定义为支配词和从属词之间的线性距离,这样相邻的支配词和从属词之间的依存距离为1。刘海涛(Liu 2007a)将依存距离定义为支配词在线性句子中的序号减去从属词序号,这样做的优势是兼顾了依存方向,即支配词居前时,依存距离为负,否则为正。本研究采用刘海涛(Liu 2007a)的定义,如"Pierre"与"Vinken"的 DD 为 2-1=1,正值代表支配词置后;"old"和"Vinken"之间的 DD 为 2-5＝-3,负值代表支配词居前。绝对依存距离(absolute dependency distance,ADD),或者|依存距离|,则取绝对值,该值只考虑距离,忽略方向。

哈德森(Hudson 1995)以及刘海涛(Liu 2008)指出句子平均依存距离能作为句子复杂度的衡量标准。句法分析是按照句子线性顺序进行处理分析,找出每个词与其他词之间的句法关系。该过程是在工作记忆中的加工过程,存在依存关系的词之间距离越短,越容易记住,反之则越可能被遗忘。

人类语言存在依存距离最小化(minimization of dependency distance,MDD)的倾向,这是受普遍认知机制所约束的一个语言普遍特征(Liu 2008;Futrell et al. 2015;Ferrer-i-Cancho 2016;陆前、刘海涛 2016a,2016b;Liu et al. 2017)。4.3.2 节将详细地介绍依存距离最小化。

表 3.4 汇总了 Pierre 例句中各个节点对应的依存方向、依存距离和|依存距离|。

**表 3.4  Pierre 例句的依存方向、依存距离和绝对依存距离**

| 线性位置 | 文本 | 依存于 | 线性位置 | 句法功能 | 依存方向 | 依存距离 | 绝对依存距离 |
| --- | --- | --- | --- | --- | --- | --- | --- |
| 1 | Pierre | Vinken | 2 | atr | ＋ | 2-1=1 | 1 |
| 2 | Vinken | will | 6 | sb | ＋ | 6-2=4 | 4 |
| 3 | 61 | years | 4 | atr | ＋ | 4-3=1 | 1 |
| 4 | years | old | 5 | nr | ＋ | 5-4=1 | 1 |
| 5 | old | Vinken | 2 | atr | — | 2-5=-3 | 3 |

续表

| 线性位置 | 文本 | 依存于 | 线性位置 | 句法功能 | 依存方向 | 依存距离 | 绝对依存距离 |
|---|---|---|---|---|---|---|---|
| 6 | will | / | | 根节点 | | / | / |
| 7 | join | will | 6 | pred | — | $6-7=-1$ | 1 |
| 8 | the | board | 9 | auxa | + | $9-8=1$ | 1 |
| 9 | board | join | 7 | obj | — | $7-9=-2$ | 2 |
| 10 | as | join | 7 | auxp | — | $7-10=-3$ | 3 |
| 11 | a | director | 13 | auxa | + | $13-11=2$ | 2 |
| 12 | nonexecutive | director | 13 | atr | + | $13-12=1$ | 1 |
| 13 | director | as | 10 | adv | — | $10-13=-3$ | 3 |
| 14 | Nov. | join | 7 | obj | — | $7-14=-7$ | 7 |
| 15 | 29. | Nov. | 14 | atr | — | $14-15=-1$ | 1 |
| 平均 | | | | | | $-0.6$ | 2.07 |

3）配价。配价是依存语法理论的有机组成部分,词的根本属性之一就是配价,依存是配价在句法上的实现(刘海涛 2009)。广义配价模式涵括了每个节点所有的从属词,如"will"有两个从属词,其广义配价模式为"Vinken＋will◎＋join"。"old"只有一个从属词,其配价模式为"years＋old◎",本研究中广义配价模式中的◎符号表示该符号之前的词是支配词,模式按照线性顺序呈现。

我们可以从三个方面考察广义配价。

A. 节点的从属词数量就是配价数,我们称之为(广义主动)配价。例中"will"和"old"的配价分别为 2 和 1。对于依存树最底端的"树叶"节点(如"61"和"Pierre")而言,我们定义其配价为 0,即无从属词。我们标记其配价模式时,其后不标记◎,因为它们不是支配词。

B. 以第二个词"Pierre"为例,其对应的广义配价模式为"Pierre＋Vinken◎＋old",用词性对这个结构进行抽象化,对应的广义配价(词性)模式为"nn＋nn◎＋jj",表示这是一个以名词为头词/支配词的结构,头词有两个从属词,名词前面有一个名词结构来修饰,后面还有一个形容词结构来修饰/限制。

C. 类似地,还是以"Pierre＋Vinken◎＋old"这个广义配价模式为例,用功能对广义配价模式中的从属词进行抽象化,依然用词性对支配词进行抽象化,其对应的广义配价(功能)模式为"atr＋nn◎＋atr",表示这是一个以名词为头词的结构,头词前后各有一个从属词,均为定语。

表 3.5 汇总了 Pierre 句各个节点对应的这两种配价模式以及配价(大小)。

表 3.5　Pierre 例句的广义配价和广义配价模式

| 位置 | 节点 | 词性 | 句法功能 | 广义配价模式 | 广义配价（词性）模式 | 广义配价（功能）模式 | 配价（大小） |
|---|---|---|---|---|---|---|---|
| 1 | Pierre | nn | atr | Pierre | nn | nn | 0 |
| 2 | Vinken | nn | sb | Pierre＋ Vinken◎＋old | atr＋nn◎＋atr | nn＋nn◎＋jj | 2 |
| 3 | 61 | cd | atr | 61 | cd | cd | 0 |
| 4 | years | nn | nr | 61＋years◎ | atr＋nn◎ | cd＋nn◎ | 1 |
| 5 | old | jj | atr | years＋old◎ | nr＋jj◎ | nn＋jj◎ | 1 |
| 6 | will | md | root | Vinken＋will◎＋join | sb＋md◎＋pred | nn＋md◎＋vb | 2 |
| 7 | join | vb | pred | join◎＋board＋as＋Nov. | vb◎＋obj＋auxp＋obj | vb◎＋nn＋in＋nn | 3 |
| 8 | the | dt | auxa | the | dt | dt | 0 |
| 9 | board | nn | obj | the＋board◎ | auxa＋nn◎ | dt＋nn◎ | 1 |
| 10 | as | in | auxp | as◎＋director | in◎＋adv | in◎＋nn | 1 |
| 11 | a | dt | auxa | a | dt | dt | 0 |
| 12 | nonexecutive | jj | atr | nonexecutive | jj | jj | 0 |
| 13 | director | nn | adv | a＋nonexecutive＋director◎ | auxa＋atr＋nn◎ | dt＋jj＋nn◎ | 2 |
| 14 | Nov. | nn | obj | Nov.◎＋29 | nn◎＋atr | nn◎＋dt | 1 |
| 15 | 29. | cd | atr | 29 | cd | cd | 0 |

4）其他属性。包括：

A. 节点所在层级、树宽、树高。本研究将根节点所在的层级（layer，hierarchy）定义为第 1 层，其从属词位于第 2 层，并依次这样定义。本研究定义依存树的树高为所有的层级数，如"Pierre"句对应的依存树一共有 5 层，其树高为 5。节点最多的一层定义为最宽的一层，此例中第 3 层最宽，其节点数即树宽，"Pierre"句对应的依存树树宽为 5。

B. 位置。位置的操作化有四种情况，我们以名词"board"为例来说明。

a. 我们将（绝对）线性位置定义为"位置 1"。"board"为句子的第 9 个词，因此其位置 1 为 9。

b. 该词位于依存树的第 3 层的第 3 个节点，即其所在层级的位置（我们定义为"位置 2"）为 3。

c. "join"在句中有 3 个从属词，"board"为第 1 个，所以在支配词下的位置（我们定义为"位置 3"）是 1。

d. 相对线性位置（位置 4）。该方法同于乌赫利罗娃（Uhlířová 2009：214）提到的相对位置(relative position)，即将所在词的位置除以句长，如"Pierre""join""29"的相对线性位置分别为 1/15、6/15 和 15/15，这样所有的相对位置都在(0,1]之间，这种归一化可以方便不同句长之间词的位置的对比。

C. 长度。首先我们看到，整个句子的长度(句长)为 15。除了句子的长度，我们还可以探讨子树的长度，即某个节点及其下所有的各级节点的数量，比如"Vinken"对应的子树节点依次为"Pierre Vinken 61 years old"，其长度为 5。类似地，"director"对应的子树节点依次为"a nonexecutive director"，其长度为 3。我们定义没有从属词的节点(即依存树中的"树叶"节点)对应的长度为 1，如"Pierre""61""the"等词对应的长度为 1。很明显，句长是根节点(例中是"will")对应的树的长度，所以句长也是一种特殊的长度。

表 3.6 汇总了 Pierre 例句所在层级、长度以及各种位置数据。

表 3.6　Pierre 例句所在层级、长度以及各种位置数据

| 位置 1 | 文本 | 所在层级 | 位置 2 | 依存于 | 位置 3 | 位置 4 | 对应子树 | 长度 |
|---|---|---|---|---|---|---|---|---|
| 1 | Pierre | 3 | 1 | Vinken | 1 | 1/15 | Pierre | 1 |
| 2 | Vinken | 2 | 1 | will | 1 | 2/15 | Pierre Vinken, 61 years old | 5 |
| 3 | 61 | 5 | 1 | years | 1 | 3/15 | 61 | 1 |
| 4 | years | 4 | 1 | old | 1 | 4/15 | 61 years | 2 |
| 5 | old | 3 | 2 | Vinken | 2 | 5/15 | 61 years old | 3 |
| 6 | will | 1 | 1 | / | / | 6/15 | 整句 | 15 |
| 7 | join | 2 | 2 | will | 2 | 7/15 | join the board as a nonexecutive director Nov. 29 | 9 |
| 8 | the | 4 | 2 | board | 1 | 8/15 | the | 1 |
| 9 | board | 3 | 3 | join | 1 | 9/15 | the board | 2 |
| 10 | as | 3 | 4 | join | 2 | 10/15 | as a nonexecutive director | 4 |
| 11 | a | 5 | 2 | director | 1 | 11/15 | a | 1 |
| 12 | nonexecutive | 5 | 3 | director | 2 | 12/15 | nonexecutive | 1 |
| 13 | director | 4 | 3 | as | 1 | 13/15 | a nonexecutive director | 3 |
| 14 | Nov. | 3 | 5 | join | 3 | 14/15 | Nov. 29 | 2 |
| 15 | 29. | 4 | 4 | Nov. | 1 | 15/15 | 29 | 1 |

在第 4 章中，我们将探讨本章介绍的部分语言单位/属性。具体来说，4.1 节通过词性分布对比来确认同一种语言的各个子库之间的同质性，该词性分布将分别聚焦于依存关系中的支配词和从属词，4.2 节探讨依存关系/句法功能的分布，进一步验证子库之间的同质性。4.3 节比较了汉英依存距离和依存方向的分布。4.4 节、4.5 节的重点是配价方式(包含广义配价和广义配价功能模式)，4.6—4.10 节将聚焦其他 5 种变量(位置、长度、层级、树宽和树高)。

定义上述属性的时候,可能涉及不同的定义或者不同的操作法,比如本研究定义了四种位置,这四种位置的分布方式是否有差异? 这也是很有意思的研究问题。

在分析各种变量的分布时,还可能从多个角度来进行探索,以达到交叉验证的目的,比如在探讨词性分布的时候,我们可以探讨所有词的词性分布、支配词的词性分布、从属词的词性分布、所在层级的词性分布、句中词性种类(型符)的分布、词性与其配价、词性与其支配词之间的依存距离的组合分布等,这种交叉验证的方式可以使我们从更多不同的方面发现该属性的一些分布规律以及语言之间的异同。

本研究探索分布的主要方法是研究变量/属性的秩频分布,其方法如下:将出现频次最高的频序定义为1,出现频次次高的频序为2,依次进行,直到序列包含所有的该变量,然后我们将这个序列用相关的模型(一般为齐普夫模型或者相关的分布模型)进行拟合,其决定系数 $R^2$ 在 0.75 以上的,我们基本上可以判别该变量/属性符合齐普夫(或者相关)定律,是语言多样化进程的产物。

研究上述变量主要是用"词袋"(bag-of-words)方式,即不考虑语言单位/属性在句中的位置,是一种非线性语言材料的研究方法。我们也有必要考虑语言在线性句子中的行为。动链的研究方法是研究线性语言行为的一种比较新的方式,该方式已在诸多研究中被验证有效。我们将在3.3节分析这种能体现语言线性行为,帮助交叉验证语言属性的语言学地位的方法。

## 3.3 动链——一种特殊的语言单位

计量研究主要关注单位、属性以及它们之间的关系(Buk & Rovenchak 2008;Tuzzi et al. 2009;刘海涛、黄伟 2012;Chen & Liu 2016),但是已有研究中关注单位、属性等线性语言行为的并不多(Pawłowski 1999;Köhler 2006),更多的研究是基于"词袋"模式的,意思是忽略语序,把所有的词或者所研究的属性作为一个整体来考虑,如同把它们都放入一个袋中。"词袋"是在信息检索、语料库语言学中常用的一个术语。

其实早在 20 世纪 60 年代,赫尔丹(Herdan 1966)就区分了线性语言材料(language in the line,或译为"行中语言")和非线性语言材料(language in the mass,或译为"语言堆")。他提出了对应的两种类型的语言研究方法:线性语言材料研究法和非线性语言材料研究法。上述"词袋"模式其实就是"语言堆"研究方法。

博罗达(Boroda 1982)依据乐篇中音符长度定义了音乐文本的动机(motif),以进行音乐文本的研究。科勒创新性地将该单位引入语言学研究,以研究属性自身的节奏,区别于音乐中的动机,同时体现出其线性链的特征,我们将之称为动链(motif)。其定义为"相等或递增数值的最长连续序列",序列中的数值代表了所研究的框架单位中相应单位的属性数值(Köhler 2006,2012,2015)。动链这个单位能代表语言单位的计量属性(Köhler 2015:108)。

科勒和瑙曼(Köhler & Naumann 2008:637)提出,文本中的序列不是无秩序地存在的,而是存在一定的规律性的。动链的研究方法是用来研究文本中序列的节奏性规律的一种方法。

动链适用于任何语言单位,词或非词的单位均可以作为其基本单位,如长度、层级、词性、依存关系,均能按类似的方式来定义动链,因此动链不仅可以用于度量属性、顺序属性,也可以用于称名属性。这样定义的框架单位有多种可能,比如文本、句子、段落、章节等均能称为框架单位(Köhler 2006;Köhler & Naumann 2008)。科勒等人为不同的动链单位给出了不同的名称,比如对于长度、频次、多义度等动链,分别按照其英文首字母命名为 L-motif、F-motif、P-motif 等。

动链定义的一个优点是语言单位/属性的动链可以灵活地升级或者降级,比如 LL-动链就是 L 动链进一步抽象升级生成的,该动链表示长度动链的长度形成的更抽象一级的动链,同样的,还可以有 LF-、FL-、LLL-动链等(Köhler & Naumann 2010)。这体现了计量语言学比一般本体语言学的抽象程度更高。上述长度、层级、词性、依存关系其实已经是一种抽象概念,因为具体的词已不再出现。从长度到 L-动链,再到 LL-动链、LLL-动链等,就是逐步抽象的结果。这种进一步抽象的方法,我们将在 4.8 节用节点所在的层级进行示范。

因为有意识或者无意识的原因,和使用其他基本的、凭借语感能感觉到的语言单位(比如词、句子等)一样,使用者在使用动链的时候,使用的概率不等。在文本形成过程中,一方面由于节奏性片段重复出现,另外一方面有新的片段引入,这二者之间将达到一种平衡。为动链的分布进行建模的时候,其对应的假设是"一个文本任何合适的切分都会呈现一种单调下降的频数分布"(Köhler 2012:118)。如果动链是一种基本语言单位,其频次和频序、长度和频序、长度频次和频序之间的关系应该遵循一定的模型,且这样的模型具有一定语言学意义。为动链秩频分布建模,常用的是齐阿分布,更好的模型是齐曼分布(Köhler & Naumann 2010;Köhler 2015)。这两种与齐普夫定律相关的分布,均体现了语言力量之间的平衡。动链的频次和长度关系的常用建模模型是超泊松(hyperpoisson)模型(Köhler 2006),其余的还有零截尾负二项模型(Zhang & Liu 2017)、洛伦兹模型(Lorentzian model)(Čech et al. 2017)等。

动链在语言学研究方面的应用较多,比如科勒和瑙曼(Köhler & Naumann 2008)提出长度动链可以区分不同体裁的文本。如需更多的信息,可以参考两本关于动链的专著(Köhler 2015;Liu & Liang 2017)。

下面举例说明语言学中动链的两种定义方法。

一种是与数字型相关的(度量属性、顺序属性等),动链即前述所说的"相等或递增数值的最长连续序列"。当然如果将数字型的动链定义为"相等或递减数值的最长连续序列",同样也可以观察到语言属性的节奏性,如刘海涛和方昱就这样定义了反向层级动链(Liu & Fang 2016)。

我们以上一节"Pierre"句的节点与其支配词之间的 ADD 为例来说明这种类型的动链是如何定义的。

Pierre (1) Vinken (4) 61 (1) years (1) old (3) will (0) join (1) the (1) board (2) as

(3) a (2) nonexecutive (1) director (3) Nov. (7) 29 (1)

　　该句对应的依存结构树见图 3.1,ADD 计算过程见表 3.4,该依存距离忽略语序,其时序如图 3.2 所示。为了不将根节点遗漏,我们定义其 ADD 为 0。时序图体现了 ADD 长短相间的一种基本节奏模式。

　　该句对应的绝对依存距离动链是:

| | |
|---|---|
| 1-4 | (对应词串"Pierre Vinken") |
| 1-1-3 | (对应词串"61 years old") |
| 0-1-1-2-3 | (对应词串"will join the board as") |
| 2 | (对应词串"a") |
| 1-3-7 | (对应词串"nonexecutive director Nov.") |
| 1 | (对应词串"29")。 |

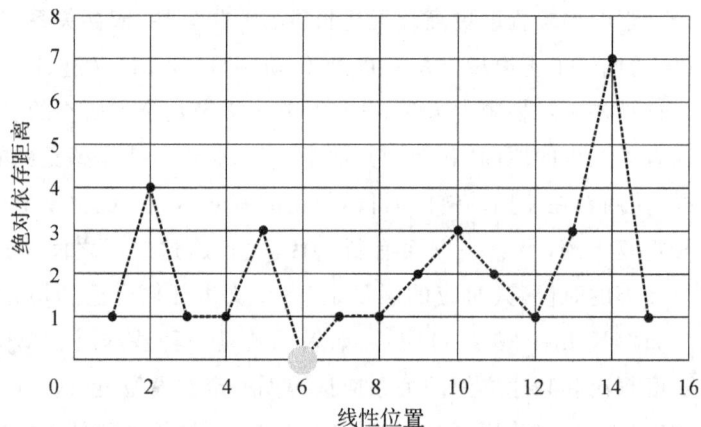

图 3.2　Pierre 例句的绝对依存距离时序

　　如图 3.3 中的方框所示,6 个动链将句子的所有节点无遗漏地进行了切分。第 1 个动链于 4 结束,因为其后 ADD 为 1;类似地,第 2 个动链为 1-1-3,因为其后为根节点,其 ADD 我们定义为 0。从 0 开始的这个动链是最长的动链,其长度为 5,即含有 5 个 ADD。

　　整句共 15 个词,抽象为 ADD 动链以后,成了 6 个动链,约为原来的三分之一。这 6 个动链中,长度为 2、5 的分别为 1 个,最长的动链更可能是根节点所在的动链,因为根节点的 ADD 等于 0,为整句最小的。长度为 1、3 的动链也各有 2 个。这些长度超过 1 的动链基本上均开始于图 3.2 中的"谷",终止于图中的"峰",体现了 ADD 从小到大的一种动态语言特征。

　　在依存距离的线性语言行为研究方面,敬应奇和刘海涛(Jing & Liu 2017)研究了 21 种印欧语的依存距离动链,发现该动链具有语言分类学的意义。该文的依存距离考虑了依存方向,同时动链的方向有依存距离增加的正向动链,也有依存距离递减的反向动链。

　　介绍了数字型的动链的定义之后,我们再来介绍另外一种动链的定义方法:不重复属性的最长序列(Köhler 2012),该定义适用于称名属性。比如陈蕊娜(Chen 2017)发现词性动链的型例比可以用来区分不同的文体。严菁琦(Yan 2017)研究了聋人学生的词性动链,

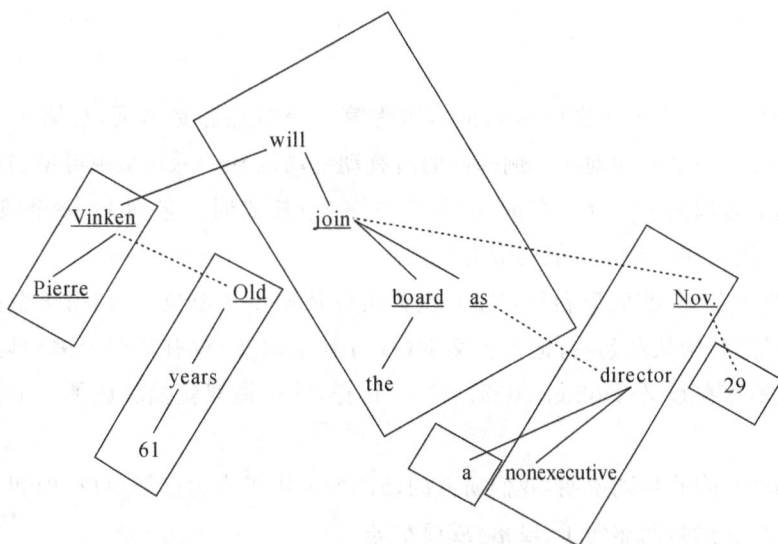

图 3.3　用绝对依存距离动链切分 Pierre 例句

发现该动链符合齐曼分布。

我们继续用 Pierre 句来示范上述两个研究中的动链是如何定义的。

Pierre（atr）Vinken（sb）61（atr）years（nr）old（atr）will（root）join（pred）the（auxa）board（obj）as（auxp）a（auxa）nonexecutive（atr）director（adv）Nov.（obj）29（atr）

对应的句法功能的动链是：

atr-sb

atr-nr

atr-root-pred-auxa-obj-auxp

auxa-atr-adv-obj

atr

该句第 4 个动链是唯一一个不以 atr(定语)开始的,因为第 4 个中已经包含了 auxa(冠词),动链不能有重复的属性,所以下一个就以 auxa 开始了。例中绝大部分句法功能动链都以 atr 开始,这说明在英文中定语功能占据了极高比例。

我们继续考察同一句的词性动链。

Pierre（nn）Vinken（nn）61（cd）years（nn）old（jj）will（md）join（vb）the（dt）board（nn）as（in）a（dt）nonexecutive（jj）director（nn）Nov.（nn）29.（cd）

该句对应的词性的动链是：

nn

nn-cd

nn-jj-md-vb-dt

nn-in-dt-jj

nn

nn-cd

第 1 个动链只有 1 个元素(nn,名词),因为第 2 个节点还是名词,与第 1 个节点重复了,所以需要开始一个新的动链。例句中的所有动链均从 nn 开始,从中可见名词出现频次很高,这凸显了名词的重要性。名词+(一个或多个)其他词+名词+(一个或多个)其他词……就是该例句如同音乐一般的节奏模式。

利用这两种定义(数值型和称名型),我们可以从第 1 个单位(比如第 1 个词、词性、依存关系、长度等)开始从左到右,把 1 个文本(或者其他框架)没有遗漏地进行切分;这种切分标准客观、不存在歧义(Köhler 2012:117)。这样,整个框架就抽象成了 1 个无中断的动链序列。

在本研究中,除非特别说明,我们研究的动链均采用子库为框架单位,即切分为动链是在整个子库中进行的,而非句子、段落,或篇章等。

动链可以扩展语言单位的定义,本研究将研究广义配价动链、广义配价动链长度、(子树)长度动链、层级动链、层级动链长度、层级动链长度的动链、树宽动链等,这样,我们研究的语言单位/属性就扩充到了 10 余种。

# 3.4　本章小结

本章探讨了本研究的研究线路、材料和方法。在确定我们要研究的是句法子系统之后,我们要确定该子系统的单位/变量。在这个阶段,我们决定探索三种类型的单位/变量:一种是依存结构相关的词性和依存关系/句法功能,第二是配价和配价模式,第三是其他句法单位/变量,如位置、长度、树宽、树高和层级。这些变量的分布,不局限于"词袋"式的语言材料的分布,也包括动链等动态语言材料的分布。我们将从同一个单位/变量的多个角度交叉验证其语言学地位。

我们采用的语料是两个依存树库,汉语和英语各一个,均为新闻体裁。汉语采用了"北京大学多视图中文树库 1.0 版",英语语料采用了布拉格捷-英依存平行树库 2.0 版的英语部分。两种语言的树库均分出 6 个同样规模的子库,子库之间如果证明具有同质性,说明其规模达到了齐普夫规模,子库呈现出来的特征可以代表该种语言的新闻体裁的特征。

第 4 章将确立基于依存关系和配价理论的句法子系统中的各个单位/变量,探讨其分布规律,如果它们符合齐普夫(或者其他相关)分布定律,我们可以认为该单位/变量是基本的单位/变量,是语言多样化进程的结果,这样我们就确立了它们的语言学地位。

# 第4章 句法单位/属性分布比较

在本章我们将探讨 10 种句法单位/属性的分布,具体来说,4.1 节与依存关系相关,将通过词性分布来确认同一种语言的各个子库之间的同质性,该词性分布将分别聚焦于依存关系中的支配词和从属词;4.2 节探讨依存关系/句法功能的分布,以进一步验证同一种语言中各个子库的同质性;4.3 节分析依存距离和依存方向的分布,探讨依存距离最小化的几个机制;4.4 节、4.5 节的重点是配价方式,包含广义配价(大小)和广义配价功能模式;4.6—4.10 节分析其他 5 种单位/变量,首先是位置、长度、节点所在层级,在此基础上,我们分析整棵依存树的树宽和树高;最后一节是本章的小结。

我们将分三步探讨这些语言单位/属性的分布:

第一步,定义对象。对象不是想当然、自然而然就存在的,相反,它们都需要通过定义而存在(Köhler 2012;阿尔特曼 2018)。

第二步,对这些单位属性进行操作化。有些单位/属性的定义和操作化的方式与短语结构树中的一致,比如词性;有些可能定义和操作化一致,但是结果不同,比如树的高度和宽度会因为句法分析方式的不同而相异。还有一些可能存在多种定义和操作化的方式,比如位置,我们可以定义其为线性位置,或者在某个层级中的位置,或者在支配词之下的位置。

第三步,使用大规模的真实语料库为各种单位/属性分布进行建模,研究这个对象的行为如何。

我们在第 3 章已经完成了第一步和第二步,本章的重点是为这些单位/属性的分布进行建模。在建模的时候,我们将从多种角度探讨同一个对象的分布,以交叉验证该对象的语言学意义。

本研究在用语言学模型(数学公式)拟合数据的时候,均使用了 NLREG6.3 和阿尔特曼拟合器 3.1(Altmann-Fitter 3.1 1997/2005)进行拟合,并计算出参数值以及采用决定系数 $R^2$(determination coefficient)来验证拟合优度(goodness-of-fit)。在所有公式中,$x$ 和 $y$ 均分别代表自变量和因变量。

用各种数学模型拟合 6 个子库的数据时,中英文均会产生各 6 组参数,我们需要考察其中的某些参数在同一种语言的各个子库中是否具有同质性,以及是否能体现语言之间的异同。对同一个参数,两门语言 6 个子库获得合计 12 个参数值,样本量小,且不呈正态分布,从科学统计的角度来看,应该使用非参数的独立样本曼—惠特尼 U 检验。但是鉴于该检验和独立样本 $t$ 检验得到的最后结果是一致的(二者 $p$ 值均小于 0.005),本研究在考察组内参数值的同质性和组间参数值的差异性时,就统一使用独立样本 $t$ 检验了。同样,我们对于所有选择进行比较的数据都进行了聚类分析,结果均为同一门语言的同一个参数能聚成一类,区别于另外一种语言的该参数,因此在下文中我们不再赘述聚类结果,只提供均值(M)和标准差(SD),因为所选参数的标准差都远远小于均值,我们认为这样的一组数字可以归为一类,具有一定的同质性。

本章各节的结构类似,第一部分均为引言,部分节中可能需要增加方法,接下来是数据和分析,最后一个部分为各节小结。

我们先从依存关系相关的四种语言变量/属性的分布开始。第一个相关属性是词性,在依存语法和短语结构语言框架下,词性的定义是一致的。

# 4.1 词性分布比较

## 4.1.1 引 言

词性(part-of-speech,POS)的研究方法主要有频次、百分比、秩频函数拟合、熵、基尼系数等。

词性分布的研究成果较多(如 Hammerl 1990;Schweers & Zhu 1991;Zhu & Best 1992;Best 1994,1998,2000,2001;Ziegler 1998,2001;Ziegler et al. 2001;Liang & Liu 2013;王华 2018 等)。

第一个研究词类频次比例的人是奥诺(Ohno),他假定这种比例是恒定的(转引自 Köhler 2012)。哈默尔(Hammerl 1990)提出,探讨词性概率的时候,很多情况下都用经修正的右截尾齐普夫-阿列克谢耶夫分布(right truncated modified Zipf-Alekseev distribution,齐阿分布)建模。这个模型的建模方式见 2.3 节。

施韦尔斯和朱(Schweers & Zhu 1991)发现负超几何分布(negative hypergeometric distribution)也可以为之建模。阿尔特曼和布尔金斯基(Altmann & Burdinski 1982)给出了该模型的理论推导,进行了实证检验。

波佩斯库等人(Popescu et al. 2010)使用了"语言数据分层"假设的函数形式,层级的影响作为其公式中一个参数出现。他们在 60 个意大利语文本中验证了该模型。科勒(Köhler 2012)使用了其简化的模型。

一些学者(如 Elts 1992;Mikk & Elts 1992,1993)提出词性的比例会影响文本的难度。维奥(Wiio 1968:43)提出"(形容词数+副词数)/(名词数+动词数)"可以作为文本难度指数之一。图尔达娃和维卢普(Tuldava & Villup 1976)提出将名词/动词的比例作为直接性(substantivity)的指数。

学者们考察了不同文体、体裁或者作者之间的词性差异,如图尔达娃和维卢普(Tuldava & Villup 1976)考察了 6 种语言的小说词性频次,霍夫曼(Hoffmann 1976)比较了小说和哲学文本中词性的百分比,米克(Mikk 1997)比较了口语和书面语文本的词性频次差异。刘颖和肖天久(2014)开展了金庸与古龙的武侠小说的计量风格学研究,其中也涉及了虚词和各种实词的分布研究。萨沃伊(Savoy 2017)研究了 200 年间历届美国总统演讲的词性分布。

亨格维尔德等人（Hengeveld et al. 2004）从一个词能表述的命题功能等三个方面研究了词性系统如何分类。武拉诺维奇（Vulanović 2008a,2008b,2009）开展了一系列词性相关的研究,他从类型学的角度研究了词性系统,提出了如何为世界多种语言的词性系统进行分类,并测量这种分类系统是否有效。武拉诺维奇和科勒（Vulanović & Köhler 2009）采用亨格维尔德等人的标准,研究了 50 种语言。

在国内,词类方面的计量研究基本上集中在词性比例和频次上（如莫彭龄、单青1985）。近十年的相关研究中出现了更多语体、体裁、文体之间的对照研究,研究方法也开始趋于多样化。已有的研究中,关于词性分布的计量研究不少。如刘海涛（Liu 2009）利用自建的中文《新闻联播》语料库（700 多个句子）分析了支配词以及从属词的分布模型,发现它们基本上都符合齐阿分布,只有一篇文章的从属词拟合模型结果一般。利用自建的《新闻联播》和《实话实说》的依存树库,黄伟和刘海涛（2009）发现副词、名词、代词等的比例以及型例比（TTR）能很好地将文本聚类为口语体和书面语体。利用同样的语料库以及另外两个小型语料库,刘丙丽等人（2012）发现承担相同句法功能的各词类比重也有语体之间的差异。潘夏星和刘海涛（Pan & Liu 2014）用波佩斯库等人（Popescu,Altmann & Köhler2010）的模型验证了现代汉语名词修饰语（adnominal 2019）的分布。张（Zhang 2012）用兰开斯特汉语语料库的研究证明了词性可以用来区分不同的书面汉语体裁。

陈芯莹（Chen 2013）用依存网络研究了中文虚词的分类。李晓甄等人（2015）研究了法语的词汇特征。侯仁魁和江铭虎（Hou & Jiang 2016）使用文本向量分析、随机森林等方法研究了词性的分布。刘国辉（2016）探讨了英语中三种名词性成分（派生名词、名词性小句,-ing 方式以及 to 不定式）在口语、小说、期刊、新闻以及学术等五种文体中的共时及历时分布情况,他使用的语料库是 COCA 和 COHA,均为美杨百翰大学所建。潘夏星等人（Pan et al. 2018）探讨了英文诗歌的原作和译本之间的词类分布的差异。

上述研究基本上采用的是"词袋"研究方式,这是一种非线性材料的研究方式;陈蕊娜（Chen 2017）、严菁琦（Yan 2017）等人采用了线性的研究方式。陈蕊娜发现词性动链的型例比、单现比例、熵、基尼系数等可以用来区分不同的文体;严菁琦研究了聋人学生的词性动链,发现其动链符合齐曼分布。

虽然词性分布已经有过不少相关的研究,我们还是可以从以下几个角度来研究词性的分布,以交叉验证词性的语言学地位,并且分析中英文在词性方面的差异。本部分的研究拟探讨以下几个研究问题:

问题 4.1.1:从属词的词性分布是否符合齐阿分布? 其参数能否区分汉语和英语?

问题 4.1.2:支配词的词性分布是否符合齐阿分布? 其参数能否区分汉语和英语?

研究词性是否符合齐阿分布（问题 4.1.1 和问题 4.1.2）是一种验证性的研究,其目的是确定本研究中同一种语言的各个子库之间是否具有同质性,是否适合作为语言对比的语料。其思路是,如果所有子库的词性数据均符合同一种分布模型(如齐阿分布),且同一种语言的几个子语料库的词性分布函数的参数具有同质性,我们可以初步判定同一种语言的语料具有同质性,所选取的语料达到了齐普夫规模(详见 2.1 节)。选用齐阿分布是因为该模型已经在大量的研究中被证明能有效地为秩频数据建模。

词义是在发展演化的(程娟 2004),比如"戏言"一词在《现代汉语词典》的第二版中只有一个名词义项,而在第三版中则增加了一个动词义项,如"戏言身后事"。语言的这种发展变化可能导致兼类词或者多义词的增加,也是一种多样化进程,因此,我们将用多样化进程的一些基本模型来拟合数据。词的归属与分类在学界也是一个存在争议的问题(如黎锦熙 1992;朱德熙 1982,1985,1991;Li & Thompson 1989;McCawley 1992;袁毓林 1995,1998b,2000;邢福义 2003),本研究简化了问题的维度,不讨论某个词是否属于不同义项,或者是不是兼类词、多义词,而是直接使用库中已有的标记。

## 4.1.2 结果与讨论

表 4.1 是所有词性分布的汇总表。

**表 4.1 所有词性分布汇总**

| 子库 | 型符 | 例符 | 型例比 | 熵 | 重复率 | 动词频次 | 形容词频次 | 活动度指标 | 描写度指标 |
|------|------|------|--------|------|--------|----------|------------|------------|------------|
| C1 | 22 | 43259 | 0.000509 | 2.98 | 0.196 | 8797 | 2253 | 0.80 | 0.20 |
| C2 | 21 | 43288 | 0.000485 | 2.97 | 0.201 | 8716 | 1899 | 0.82 | 0.18 |
| C3 | 21 | 43244 | 0.000486 | 2.95 | 0.202 | 8868 | 1979 | 0.82 | 0.18 |
| C4 | 23 | 43277 | 0.000531 | 2.96 | 0.202 | 9224 | 1972 | 0.82 | 0.18 |
| C5 | 23 | 43261 | 0.000532 | 2.94 | 0.203 | 9355 | 2255 | 0.81 | 0.19 |
| C6 | 22 | 43249 | 0.000509 | 2.98 | 0.197 | 9162 | 2013 | 0.82 | 0.18 |
| E1 | 33 | 43266 | 0.000763 | 3.16 | 0.171 | 6358 | 3671 | 0.63 | 0.37 |
| E2 | 30 | 43276 | 0.000693 | 3.15 | 0.172 | 6680 | 3347 | 0.67 | 0.33 |
| E3 | 30 | 43264 | 0.000693 | 3.20 | 0.166 | 6505 | 3550 | 0.65 | 0.35 |
| E4 | 30 | 43254 | 0.000694 | 3.17 | 0.172 | 6321 | 3525 | 0.64 | 0.36 |
| E5 | 31 | 43257 | 0.000717 | 3.17 | 0.174 | 5978 | 3405 | 0.64 | 0.36 |
| E6 | 28 | 43260 | 0.000647 | 3.13 | 0.175 | 6467 | 3220 | 0.67 | 0.33 |

表 4.1 从多方面体现了同一种语言的各个子库的同质性,以及语言之间的差别。表中的几个指标说明如下。

1)型例比(type-token ratio,TTR)是型符(type)数量/例符(token)数量。以"语言学理论"的词性为例,该结构有两个词(2 个例符),但是只有一种词性(1 个型符,因为"语言学"和"理论"都是名词),其词性 TTR 为 1/2=0.5。

在文本规模相同的情况下,该文本计量指标能区分不同类型的文本。由表 4.1 可见,英文词性型符更多,因此 TTR 更大一些。

2)熵(entropy)是信息论中一个最基本的概念,设文本中任一词(此处为词性)的出现概率为 $p_r$(等于其频次与例符总数之比),熵的计算方式为:

$$H = \sum_{r=1}^{V} p_r \log_2 p_r \tag{4.1}$$

熵衡量事物的无序程度,在此,熵能反映文本中词性的丰富程度,熵越高,词性的丰富程度越高。由表 4.1 可见,中文中的词性丰富程度低于英文中的词性丰富程度。

3)重复率(repeat rate,RR)和熵一样,是基于出现概率计算的,设文本中任一词(此处为词性)的出现概率为 $p_r$(等于其频次与例符总数之比),重复率的公式为:

$$RR = \sum_{r=1}^{V} p_r^2 \tag{4.2}$$

重复率也可以体现词(此处为词性)的丰富程度,重复率值越高,词性的丰富程度越低,由表 4.1 可见,中文中的词性丰富程度低于英文中的词性丰富程度。

4)表中活动度指标(activity indicator)公式为 $Q' = v/(a+v)$。由表 4.1 可见,汉语语料库中,动词出现频次比英文中的高,而形容词频次则远远低于英文中的频次,因此 $Q'$ 在中文中的值大于英文中的对应值。活动度指标在每种语言的各个子库之间呈同质性,该指标能区分这两种不同的语言。

5)表中描写度指标(descriptivity indicator)公式为 $a/(a+v)$。由表 4.1 可见,汉语的描写度远远低于英文中的描写度。

独立样本 $t$ 检验表明,中文 TTR($M=0.0005, SD=0.00002$)显著小于英文 TTR($M=0.0007, SD=0.00004$)($t=-10.910, p<0.001, 95\%CI=-0.00023--0.00015$);中文熵($M=2.963, SD=0.016$)显著小于英文熵($M=3.163, SD=0.023$)($t=-17.178, p<0.001, 95\%CI=-0.226--0.174$);中文重复率($M=0.200, SD=0.003$)显著大于英文重复率($M=0.172, SD=0.003$)($t=16.260, p<0.001, 95\%CI=0.025-0.032$);中文活动度($M=0.8150, SD=0.008$)显著大于英文活动度($M=0.650, SD=0.017$)($t=21.604, p<0.001, 95\%CI=0.148-0.182$);中文描写度($M=0.185, SD=0.008$)显著小于英文描写度($M=0.350, SD=0.017$)($t=-21.604, p<0.001, 95\%CI=-0.182--0.148$)。以上指标在同一种语言的各个库之间具有均质性,且两种语言之间具有显著差异,从一个角度证明了子库的同质性,也体现了两种语言之间的差别。

在探讨了一些整体特征以后,我们将继续探讨词性的各种分布,依次回答 4.1.1 节(引言部分)提出的几个研究问题。

### 4.1.2.1　从属词词性分布

因为只有根节点不是任何词的从属词,库中从属词的词性分布其实就是所有根节点以外的词性的分布。表 4.2 汇总了中文和英文从属词的词性秩频分布,表中按照频次最高的频序为 1,次高的频序为 2,并以从高到低的方式,进行排序。以后本研究中的秩频分布均按照此方式进行排列。

表 4.2　中文从属词的词性分布

| 频序 | C1—C6/% | C1频次 | 词性 | C2频次 | 词性 | C3频次 | 词性 | C4频次 | 词性 | C5频次 | 词性 | C6频次 | 词性 |
|---|---|---|---|---|---|---|---|---|---|---|---|---|---|
| 1 | 31.9—34.3 | 13100 | n | 13962 | n | 14029 | n | 13479 | n | 14118 | n | 13367 | n |
| 2 | 16.5—17.6 | 6799 | v | 6753 | v | 6890 | v | 7246 | v | 7388 | v | 7233 | v |
| 3 | 7.9—9.1 | 3740 | u | 3268 | u | 3525 | u | 3395 | u | 3597 | u | 3595 | u |
| 4 | 5.3—5.9 | 2194 | a | 2317 | d | 2294 | d | 2207 | d | 2348 | d | 2429 | d |
| 5 | 4.6—5.3 | 2171 | d | 2194 | m | 1951 | m | 1907 | p | 2197 | a | 1945 | a |
| 6 | 4.6—4.7 | 1933 | p | 1871 | p | 1937 | a | 1901 | a | 1924 | p | 1894 | p |
| 7 | 4.1—4.7 | 1828 | m | 1836 | a | 1921 | p | 1800 | m | 1673 | m | 1761 | r |
| 8 | 3.6—4.2 | 1625 | r | 1508 | r | 1618 | r | 1670 | r | 1486 | r | 1739 | m |
| 9 | 2.9—3.8 | 1542 | ns | 1301 | ns | 1180 | c | 1246 | ns | 1254 | ns | 1203 | c |
| 10 | 2.2—3.1 | 1219 | c | 1286 | q | 1176 | ns | 1191 | c | 892 | c | 1135 | ns |
| 11 | 2.2—3 | 1217 | t | 1108 | c | 1170 | q | 1054 | t | 888 | ns | 1057 | q |
| 12 | 2.0—2.6 | 1056 | q | 1038 | t | 968 | t | 1023 | q | 837 | t | 911 | t |
| 13 | 1.9—2.3 | 871 | f | 872 | f | 828 | f | 942 | nr | 797 | f | 824 | nr |
| 14 | 1.2—2.0 | 760 | nr | 515 | nr | 498 | nr | 863 | f | 564 | nr | 818 | f |
| 15 | 0.9—1.1 | 326 | b | 460 | b | 355 | b | 364 | b | 389 | b | 360 | b |
| 16 | 0.4—0.5 | 172 | nt | 235 | s | 165 | s | 208 | s | 176 | nt | 174 | nz |
| 17 | 0.4—0.6 | 155 | s | 229 | nz | 164 | nz | 203 | nt | 138 | nz | 154 | s |
| 18 | 0.3 | 125 | nz | 112 | nt | 138 | nt | 104 | y | 123 | s | 123 | nt |
| 19 | 0.2 | 81 | z | 72 | l | 69 | nx | 89 | nz | 75 | y | 86 | y |
| 20 | 0.1—0.2 | 69 | k | 50 | y | 66 | y | 60 | l | 68 | l | 83 | j |
| 21 | 0.1—0.2 | 65 | y | 42 | z | 42 | k | 60 | z | 58 | j | 63 | z |
| 22 | 0—0.1 | 19 | nrf | 30 | k | 39 | l | 46 | nrf | 51 | z | 60 | l |
| 23 | 0—0.1 | 5 | nx | 29 | nx | 37 | z | 43 | k | 26 | nrf | 55 | k |
| 24 | 0—0.1 | 4 | h | 25 | nrf | 20 | nrf | 5 | nx | 26 | k | 33 | nrf |
| 25 | 0—0.1 | 3 | w | 16 | w | 3 | j | 3 | h | 12 | nx | 27 | nx |
| 26 | 0 | 2 | e | 2 | h | 3 | w | 1 | j | 7 | w | 9 | w |
| 27 | 0 | 1 | j | 1 | j | 1 | h | 1 | w | 5 | h | 4 | h |
| 28 | 0 | 1 | o | | | | | 1 | e | 3 | o | 2 | o |
| 29 | 0 | | | | | | | 1 | o | 2 | e | | |
| 汇总 | | 41083 | | 41132 | | 41087 | | 41113 | | 41122 | | 41144 | |

　　n(普通名词)、v(动词)、u(助词)和 d(副词)在 6 个中文子库中排序基本一致,所占比例也相仿,这 4 个词性加起来占各个子库总比例的 63%—68%,即约 2/3 的从属词都是这 4 种词性。a(形容词)、p(介词)、m(数词)、r(代词)、c(连词)、ns(地名)为次常见的从属词。地名为比较常用的词,估计是新闻语言的特色,需要检查其他体裁的文章来确定是否如此。同样,在其他体裁中,各个词性的频序和比例是否相仿也有待下一步的研究。

　　表 4.3 汇总了英文中从属词的词性分布情况。从表中看出,各库中,各词性的频序,尤其是前 10 位基本一致,其比例亦相仿。两种语言的数据有一个显著的不同是,介词在英文中的比例(in,约 12%)远远高于中文中的比例(p,约 4.7%)。此外,限定词(dt,含冠词和不定代词等)在英文中约占比 10%,而中文中没有冠词这个词性。形容词在英文中的比例(jj,约 7.5%,如果包括比较级 jjr 和最高级 jjs,则比例更高)亦高于中文中的比例(约 5.6%),该比例是否和体裁有关需要其他体裁的数据进行验证。另外一个和语言相关的差异体现在英文中不定式符号"to"所占比例不小,居前 10。中文中的副词比例(d,5.3%—5.9%)高于英文中的副词比例(rb,3.4%—4.0%)。

表 4.3　英文从属词的词性分布

| 频序 | E1—E6/% | E1频次 | 词性 | E2频次 | 词性 | E3频次 | 词性 | E4频次 | 词性 | E5频次 | 词性 | E6频次 | 词性 |
|---|---|---|---|---|---|---|---|---|---|---|---|---|---|
| 1 | 16.0—16.7 | 6628 | nn | 6601 | nn | 6773 | nn | 6664 | nn | 6873 | nn | 6746 | nn |
| 2 | 12.2—12.6 | 5047 | in | 5124 | in | 5056 | in | 5026 | nnp | 5184 | nnp | 5130 | in |
| 3 | 10.7—12.0 | 4651 | nnp | 4813 | nnp | 4418 | dt | 4884 | in | 4935 | in | 4785 | nnp |
| 4 | 9.7—10.5 | 4313 | dt | 4204 | dt | 4341 | nnp | 4018 | dt | 4008 | dt | 4132 | dt |
| 5 | 7.5—8.3 | 3417 | jj | 3093 | jj | 3287 | jj | 3255 | jj | 3168 | jj | 3121 | nns |
| 6 | 6.7—7.3 | 3024 | nns | 2938 | nns | 2897 | nns | 2965 | nns | 2770 | nns | 2939 | jj |
| 7 | 3.8—5.8 | 1605 | rb | 1575 | cd | 1565 | rb | 1924 | cd | 2393 | cd | 1920 | cd |
| 8 | 3.4—4.0 | 1553 | cd | 1556 | rb | 1533 | cd | 1667 | rb | 1423 | rb | 1420 | rb |
| 9 | 2.8—3.5 | 1383 | vb | 1435 | vb | 1365 | vb | 1167 | vb | 1165 | vb | 1252 | vb |
| 10 | 2.6—3.0 | 1106 | to | 1194 | to | 1116 | to | 1087 | to | 1151 | to | 1223 | to |
| 11 | 2.4—2.6 | 1031 | cc | 1008 | cc | 1089 | prp | 1051 | prp | 1002 | vbd | 1087 | cc |
| 12 | 2.2—2.5 | 924 | prp | 962 | prp | 1039 | cc | 974 | cc | 929 | cc | 947 | vbd |
| 13 | 2.0—2.2 | 833 | vbd | 850 | vbn | 817 | vbz | 883 | vbd | 925 | others | 876 | prp |
| 14 | 1.9—2.0 | 774 | vbn | 823 | vbd | 782 | vbn | 790 | vbn | 804 | vbn | 844 | vbn |
| 15 | 1.7—1.9 | 699 | vbg | 782 | vbg | 757 | vbd | 766 | vbz | 713 | prp | 702 | vbg |
| 16 | 1.5—1.9 | 674 | vbz | 774 | vbz | 682 | vbg | 616 | vbg | 620 | vbz | 633 | vbz |
| 17 | 1.2—1.5 | 492 | vbp | 492 | vbp | 571 | others | 599 | others | 572 | vbg | 624 | others |

续表

| 频序 | E1—E6/% | E1频次 | 词性 | E2频次 | 词性 | E3频次 | 词性 | E4频次 | 词性 | E5频次 | 词性 | E6频次 | 词性 |
|---|---|---|---|---|---|---|---|---|---|---|---|---|---|
| 18 | 1.1—1.3 | 490 | prps | 483 | pos | 519 | vbp | 492 | vbp | 486 | pos | 441 | vbp |
| 19 | 1.1—1.2 | 471 | pos | 463 | prps | 503 | prps | 474 | prps | 402 | prps | 441 | prps |
| 20 | 0.8—1.1 | 467 | others | 462 | others | 456 | pos | 467 | pos | 333 | vbp | 419 | pos |
| 21 | 0.6—0.8 | 319 | md | 333 | md | 312 | md | 242 | md | 254 | md | 293 | md |
| 22 | 0.5—0.6 | 230 | wdt | 239 | wdt | 214 | wdt | 219 | wdt | 202 | wdt | 205 | wdt |
| 23 | 0.3—0.5 | 198 | nnps | 148 | rp | 156 | jjr | 168 | jjr | 134 | jjr | 195 | nnps |
| 24 | 0.3—0.4 | 153 | jjr | 145 | jjr | 153 | wp | 152 | rp | 113 | wp | 185 | jjr |
| 25 | 0.3 | 140 | rp | 140 | nnps | 144 | wrb | 131 | wp | 107 | rp | 116 | wp |
| 26 | 0.2—0.3 | 127 | wp | 112 | wp | 142 | rp | 122 | wrb | 101 | jjs | 108 | rp |
| 27 | 0.2—0.3 | 117 | wrb | 108 | wrb | 136 | nnps | 101 | jjs | 93 | nnps | 106 | wrb |
| 28 | 0.2—0.3 | 93 | jjs | 98 | rbr | 104 | rbr | 75 | rbr | 80 | wrb | 98 | rbr |
| 29 | 0.1—0.2 | 83 | rbr | 97 | jjs | 96 | jjs | 41 | ex | 66 | rbr | 95 | jjs |
| 30 | 0.1 | 40 | ex | 38 | ex | 53 | ex | 38 | nnps | 58 | lrb | 45 | ex |
| 31 | 0.1 | 27 | fw | 31 | pdt | 29 | rbs | 29 | fw | 50 | rrb | 28 | pdt |
| 32 | 0.0—0.1 | 20 | pdt | 21 | fw | 25 | pdt | 28 | rbs | 40 | ex | 25 | rbs |
| 33 | 0.0—0.1 | 19 | rbs | 16 | rbs | 23 | fw | 23 | pdt | 19 | pdt | 4 | fw |
| 34 | 0.0 | 14 | lrb | 13 | rrb | 14 | rrb | 12 | wps | 17 | rbs | 4 | wps |
| 35 | 0.0 | 14 | rrb | 13 | lrb | 14 | lrb | 12 | lrb | 4 | wp$ | 2 | ls |
| 36 | 0.0 | 12 | wps | 11 | wps | 10 | wps | 12 | rrb | 2 | uh | 1 | uh |
| 37 | 0.0 | 6 | ls | 5 | fw | 5 | ls | 7 | uh | 2 | fw | | |
| 38 | 0.0 | 4 | uh | | | 2 | uh | | | | | | |
| 汇总 | | 41198 | | 41200 | | 41198 | | 41181 | | 41198 | | 41192 | |

图 4.1 展示了两种语言的从属词秩频数据。同一种语言的各个子库表现很一致,其数据曲线几乎重合。中文数据(空心图例)初始时下降比较快,而英文数据(实心图例)更趋于平缓。

如果改变词类的粒度,比如将英文动词的所有形式(vb、vbd、vbn、vbg、vbz、vbp)都归为一类,则该类在各库中所占比例为 10.9%—12.5%,居所有词类的第 3 位,位于名词和介词之后。该数据不能体现在所有节点中动词的分布,这是因为在绝大部分情况下,英文依存树的根(root)都是动词,动词占据了相当的比例。

类似地,当将全部类型的英文名词(nn、nnp、nns、nnps)归为一类时,其所占比例为 34.3%—36.0%,还是居于榜首。对应的中文数据(n、ns、nr、nt、nz、nrf、nx)为 38.1%—

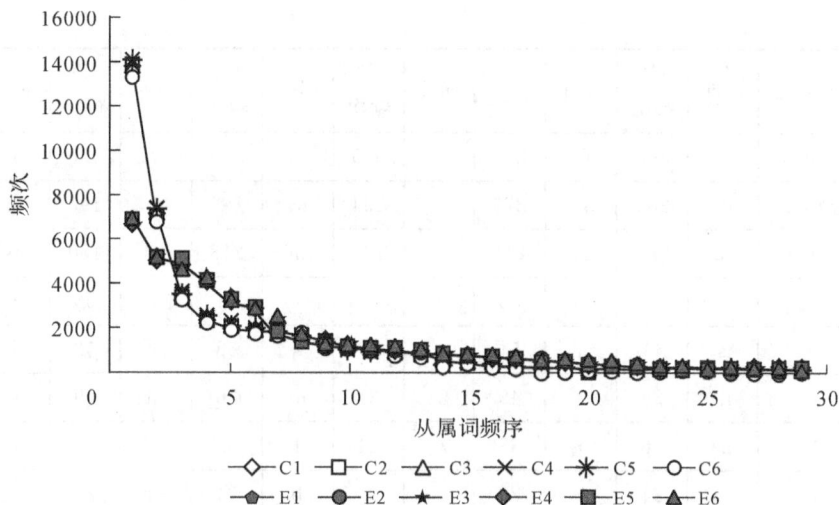

图 4.1　从属词秩频数据

39.3%，比例高于英文。该数据与梁君英和刘海涛(Liang & Liu 2013)的研究结果一致。

### 4.1.2.2　支配词词性分布

分析了从属词的词性分布之后，我们继续分析支配词的词性分布。

计算支配词的频次有两种算法，比如在"Pierre"例句的"Vinken will join"的配价结构中，"Vinken (nn)和 join (vb)"的支配词都是"will (md)"，第一种算法是按照依存关系的个数计算，因为存在两个依存关系，所以"will"计算两次。第二种算法是将"will (md)"计算一次，因为它在库中只出现了一次。

我们首先按照第一种算法计算，支配词在一个依存关系中出现一次即计算其词性一次，这样计算得来的支配词频次和从属词频次相同(参考表 4.2 和表 4.3)。表 4.4 和表 4.5 分别为中文和英文的支配词词性分布(第一种算法)。

表 4.4　中文支配词的词性分布(第一种算法)

| 频序 | C1—C6/% | 词性 | C1频次 | 词性 | C2频次 | 词性 | C3频次 | 词性 | C4频次 | 词性 | C5频次 | 词性 | C6频次 |
|---|---|---|---|---|---|---|---|---|---|---|---|---|---|
| 1 | 46.2—48.8 | v | 18972 | v | 19273 | v | 19217 | v | 20062 | v | 19562 | v | 19542 |
| 2 | 28.5—30.9 | n | 12237 | n | 12704 | n | 12682 | n | 11724 | n | 12486 | n | 12017 |
| 3 | 6.3—7.4 | u | 3042 | u | 2577 | u | 2885 | u | 2614 | u | 2963 | u | 2954 |
| 4 | 4.5—4.8 | p | 1965 | p | 1844 | p | 1893 | p | 1889 | p | 1944 | p | 1897 |
| 5 | 2.9—3.6 | q | 1300 | q | 1464 | q | 1402 | q | 1195 | q | 1195 | q | 1300 |
| 6 | 2.3—2.9 | a | 1145 | a | 1147 | a | 946 | a | 1189 | q | 1064 | a | 1171 |
| 7 | 1.7—1.9 | f | 768 | f | 762 | f | 739 | f | 732 | f | 709 | f | 739 |
| 8 | 0.7—1.4 | nr | 565 | t | 304 | nr | 351 | nr | 548 | nr | 326 | nr | 539 |

**续表**

| 频序 | C1—C6/% | 词性 | C1 频次 | 词性 | C2 频次 | 词性 | C3 频次 | 词性 | C4 频次 | 词性 | C5 频次 | 词性 | C6 频次 |
|---|---|---|---|---|---|---|---|---|---|---|---|---|---|
| 9 | 0.6—0.9 | t | 345 | nr | 283 | t | 305 | t | 375 | t | 250 | t | 272 |
| 10 | 0.5—0.7 | ns | 285 | m | 276 | m | 264 | ns | 284 | m | 190 | m | 207 |
| 11 | 0.4—0.6 | m | 238 | ns | 211 | ns | 180 | m | 218 | ns | 150 | ns | 185 |
| 12 | 0.1—0.2 | r | 55 | nz | 53 | r | 62 | r | 64 | r | 55 | r | 69 |
| 13 | 0.1 | s | 41 | l | 51 | s | 39 | s | 58 | l | 53 | l | 59 |
| 14 | 0.1 | nt | 29 | s | 49 | nz | 31 | nt | 36 | nt | 39 | s | 39 |
| 15 | 0.1 | nz | 26 | r | 38 | nt | 24 | l | 36 | s | 26 | b | 29 |
| 16 | 0.1 | z | 24 | b | 28 | l | 23 | b | 24 | nz | 21 | z | 27 |
| 17 | 0—0.1 | d | 21 | nt | 25 | d | 14 | nz | 22 | j | 21 | nz | 23 |
| 18 | 0—0.1 | k | 12 | d | 22 | b | 13 | z | 14 | d | 19 | j | 23 |
| 19 | 0—0.1 | b | 7 | z | 12 | z | 8 | d | 13 | b | 13 | nt | 21 |
| 20 | 0—0.1 | nx | 4 | nx | 5 | nx | 6 | k | 11 | z | 13 | d | 21 |
| 21 | 0 | o | 2 | k | 4 | k | 2 | nx | 4 | nrf | 13 | nx | 8 |
| 22 | 0 | | | | | nrf | 1 | j | 1 | k | 7 | k | 2 |
| 23 | 0 | | | | | | | | | nx | 3 | | |
| 汇总 | | | 41083 | | 41132 | | 41087 | | 41113 | | 41122 | | 41144 |

**表4.5 英文支配词的词性分布(第一种算法)**

| 频序 | E1—E6/% | 词性 | E1 频次 | 词性 | E2 频次 | 词性 | E3 频次 | 词性 | E4 频次 | 词性 | E5 频次 | 词性 | E6 频次 |
|---|---|---|---|---|---|---|---|---|---|---|---|---|---|
| 1 | 21.6—22.8 | nn | 9316 | nn | 8963 | nn | 9392 | nn | 9172 | nn | 9403 | nn | 8904 |
| 2 | 12.5—13.0 | in | 5345 | in | 5225 | in | 5179 | in | 5186 | in | 5141 | in | 5304 |
| 3 | 9.3—10.0 | nns | 4140 | nns | 3990 | nns | 3819 | nns | 3868 | vbd | 4126 | vbd | 4062 |
| 4 | 7.7—9.8 | vbd | 3258 | vbd | 3344 | vbd | 3160 | vbd | 3635 | nns | 3845 | nns | 4025 |
| 5 | 7.1—8.4 | cc | 2949 | nnp | 2961 | cc | 2913 | nnp | 3082 | nnp | 3461 | cc | 3085 |
| 6 | 6.6—7.1 | nnp | 2851 | cc | 2779 | nnp | 2789 | cc | 2794 | cc | 2701 | nnp | 2938 |
| 7 | 5.8—6.5 | vbn | 2435 | vbn | 2450 | vbn | 2378 | vbn | 2660 | vbn | 2540 | vbn | 2439 |
| 8 | 4.4—5.5 | vb | 2133 | vb | 2130 | vbz | 2259 | vbz | 2077 | vb | 1811 | vb | 1852 |
| 9 | 3.5—5.0 | vbz | 1732 | vbz | 2053 | vb | 2015 | vb | 1754 | vbz | 1444 | vbz | 1602 |
| 10 | 3.0—3.4 | md | 1301 | vbg | 1417 | vbg | 1257 | to | 1244 | to | 1261 | to | 1294 |
| 11 | 2.9—3.1 | vbg | 1290 | to | 1274 | md | 1232 | vbg | 1221 | cd | 1190 | vbg | 1194 |

| 频序 | E1—E6/% | 词性 | E1频次 | 词性 | E2频次 | 词性 | E3频次 | 词性 | E4频次 | 词性 | E5频次 | 词性 | E6频次 |
|---|---|---|---|---|---|---|---|---|---|---|---|---|---|
| 12 | 2.6—3.0 | to | 1239 | md | 1240 | to | 1164 | vbp | 1063 | md | 1089 | md | 1128 |
| 13 | 2.1—2.6 | vbp | 1010 | vbp | 1057 | vbp | 1088 | md | 982 | vbg | 1052 | vbp | 878 |
| 14 | 1.4—2.2 | cd | 596 | cd | 601 | cd | 669 | cd | 894 | vbp | 654 | cd | 789 |
| 15 | 1.1—1.4 | jj | 484 | jj | 539 | jj | 579 | jj | 478 | 其他 | 469 | 其他 | 484 |
| 16 | 0.9—1.2 | 其他 | 385 | 其他 | 402 | 其他 | 492 | 其他 | 478 | jj | 456 | jj | 463 |
| 17 | 0.6—0.8 | rb | 295 | rb | 313 | rb | 339 | rb | 274 | rb | 250 | rb | 236 |
| 18 | 0.2—0.5 | nnps | 197 | nnps | 154 | nnps | 123 | dt | 67 | nnps | 96 | nnps | 210 |
| 19 | 0.1—0.3 | dt | 67 | dt | 81 | jjr | 87 | jjr | 46 | jjr | 42 | jjr | 106 |
| 20 | 0.1—0.2 | jjr | 53 | jjr | 68 | dt | 73 | nnps | 37 | dt | 34 | rbr | 75 |
| 21 | 0.1 | prp | 37 | prp | 37 | rbr | 33 | prp | 35 | rbr | 34 | dt | 59 |
| 22 | 0—0.1 | jjs | 21 | rbr | 35 | prp | 32 | jjs | 27 | jjs | 23 | jjs | 18 |
| 23 | 0—0.1 | wrb | 14 | jjs | 22 | jjs | 32 | rbr | 24 | prp | 19 | prp | 16 |
| 24 | 0—0.1 | wps | 12 | wps | 18 | lrb | 21 | fw | 19 | prps | 10 | prps | 8 |
| 25 | 0 | rbr | 12 | wdt | 10 | wps | 17 | wps | 16 | pos | 8 | wps | 8 |
| 26 | 0 | prps | 7 | wrb | 9 | fw | 16 | wrb | 9 | lrb | 8 | pdt | 4 |
| 27 | 0 | wdt | 4 | fw | 8 | wrb | 9 | pos | 8 | wps | 8 | wdt | 3 |
| 28 | 0 | pos | 4 | prps | 7 | wp | 9 | lrb | 7 | wp | 8 | wrb | 3 |
| 29 | 0 | fw | 4 | pos | 4 | pdt | 8 | prps | 6 | wdt | 5 | pos | 2 |
| 30 | 0 | rp | 3 | lrb | 3 | prps | 6 | wp | 4 | pdt | 3 | fw | 2 |
| 31 | 0 | rbs | 3 | pdt | 2 | rp | 6 | wdt | 4 | wrb | 3 | rbs | 1 |
| 32 | 0 | wp | 1 | rbs | 2 | wdt | 1 | sym | 4 | rp | 2 | | |
| 33 | 0 | | | wp | 1 | rbs | 1 | rbs | 2 | sym | 1 | | |
| 34 | 0 | | | rp | 1 | | | uh | 2 | fw | 1 | | |
| 35 | 0 | | | | | | | rp | 1 | rbs | 1 | | |
| 36 | 0 | | | | | | | pdt | 1 | | | | |
| 汇总 | | | 41198 | | 41200 | | 41198 | | 41181 | | 41198 | | 41192 |

从表 4.4 和表 4.5 中我们可以看出，从属词和支配词的词性分布有差异。对比表 4.2 和表 4.4 可见，在中文中，支配词的种类低于从属词的种类。这是因为所有的词类均可作为从属词出现，但是有些词不可能充当支配词。可以看到，在中文中 c（连词）、e（叹词）、h（前接成分）、y（语气词）只能充当从属词，j（简称、略语）以及 nrf（姓氏）鲜少能支配其他词。姓氏绝大部分情况下都是作为从属词出现的，比如"李家"，而作为支配词时，一般是人的简

称,比如"王""陈"。类似地,在英文中,ex(表示存在的 there)、ls(括号内的数量词)以及 uh(感叹词)不能作支配词。可见在两种语言中,除了个别词类以外,绝大部分词类都既可以作从属词,亦可以为支配词。

从表 4.4 可见,中文中出现最频繁的 7 个词类在各库中的频序完全一样,它们是:v(动词)、n(名词)、u(助词)、p(介词)、q(量词)、a(形容词)、f(方位词)。在英文(见表 4.5)中,排名前 9 的词类基本上是 nn(名词)、in(介词)、nns(单数名词)、vbd(动词过去式)、cc(连词)、nnp(专有名词单数)、vbn(动词的过去分词)、vb(动词的一般形式)、vbz(动词第三人称单数形式)。

图 4.2 为支配词的秩频数据对比,与图 4.1 极为类似:同一种语言各库间数据点几乎重合;不同语言之间有差异,汉语一开始下降很快,英文数据更为平缓。

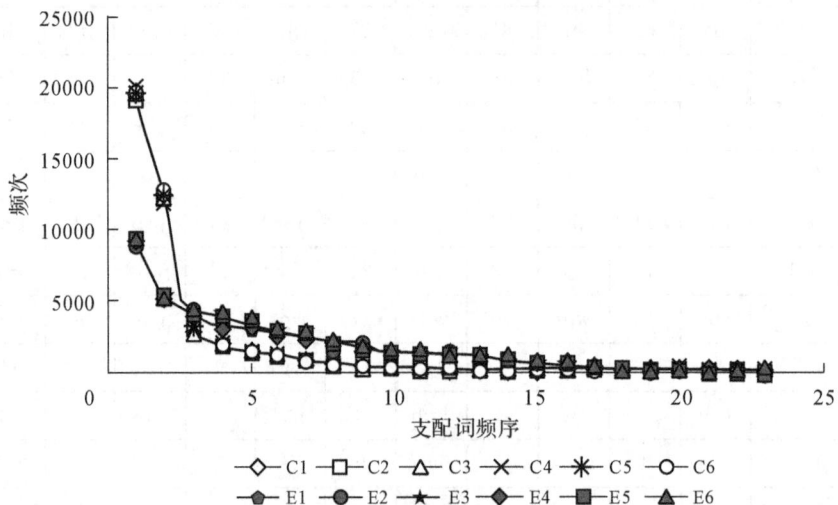

图 4.2 支配词秩频对比(第一种算法)

为了方便两种语言之间的对比,从这个部分开始,我们将英文中出现频次比较高的几类词(动词、名词、形容词)分别统一,加大词类的粒度,以方便两种语言的比较。比如动词基本形式(vb)、过去分词(vbn)、动词第三人称单数(vbz)、动词-ing 形式(vbg)以及动词现在时非第三人称形式(vbp)等均记为动词(vb)。类似地,名词基本形式(nn)、专有名词单数(nnp)、复数名词(nns)和专有名词复数(nnps)均统一为名词(nn);形容词的比较级(jjr)以及最高级(jjs)均归为一类,记为形容词(jj)。中文中的词性也做了类似的统一。本研究之后出现的词类数据,除非特别说明,均为这种加大粒度的词性。

在英文中,动词支配词的比例为 30.9%—34.4%,但是名词的汇总比例(39.0%—40.0%)更高。因此,和中文类似,居前两位的支配词都是动词和名词,但是在两种语言中的排序正好相反。按照这种粗粒度,英文中出现频次比较高的支配词依次为名词(nn)、动词(vb)、介词(in)、连词(cc)、不定式符号 to、数词(cd)、形容词(jj),和中文有一定的共性,也有不少的差异。

我们现在按照统一的粒度,继续研究第二种算法的支配词词性,只计算支配词在库中实际出现的次数。

表 4.6、表 4.7 分别为中、英文支配词的词性分布(第二种算法)秩频数据。图 4.3 为对应图示。同一种语言各库间词性的频序基本相同,比例相仿,再次体现了数据的同质性。表 4.6 中可见中文前 9 个频序对应的词性完全相同,分别是名词(n)、动词(v)、助词(u)、介词(p)、量词(q)、方位词(f)、形容词(a)、时间词(t)和数词(m)。比例超过 5% 的是前 4 位:名词(n)(占比 35.2%—36.9%)、动词(v)(占比 30.7%—32.3%)、助词(u)(占比 10.6%—12.5%)、介词(p)(占比 7.7%—8.2%)。表 4.7 中可见英文前 3 位频序完全一致,分别为名词(nn)(占比 39.1%—40.8%)、动词(vb)(占比 20.6%—22.5%)以及介词(in)(占比 20.4%—21.1%)。另外,2 个比例基本为 5% 的是频序为 4 或 5 的不定式符号"to"以及连词(cc)。

表 4.6　中文支配词的词性分布(第二种算法)

| 频序 | C1 | | | C2 | | | C3 | | |
|---|---|---|---|---|---|---|---|---|---|
| | 频次 | 词性 | % | 频次 | 词性 | % | 频次 | 词性 | % |
| 1 | 8101 | n | 35.2 | 8532 | n | 36.9 | 8482 | n | 36.6 |
| 2 | 7141 | v | 31.0 | 7104 | v | 30.7 | 7138 | v | 30.8 |
| 3 | 2867 | u | 12.5 | 2444 | u | 10.6 | 2711 | u | 11.7 |
| 4 | 1896 | p | 8.2 | 1793 | p | 7.7 | 1850 | p | 8.0 |
| 5 | 1026 | q | 4.5 | 1260 | q | 5.4 | 1141 | q | 4.9 |
| 6 | 745 | f | 3.2 | 734 | f | 3.2 | 702 | f | 3.0 |
| 7 | 605 | a | 2.6 | 611 | a | 2.6 | 528 | a | 2.3 |
| 8 | 310 | t | 1.3 | 274 | t | 1.2 | 276 | t | 1.2 |
| 9 | 206 | m | 0.9 | 242 | m | 1.0 | 205 | m | 0.9 |
| 10 | 43 | r | 0.2 | 42 | s | 0.2 | 56 | r | 0.2 |
| 11 | 38 | s | 0.2 | 28 | r | 0.1 | 36 | s | 0.2 |
| 12 | 21 | d | 0.1 | 27 | l | 0.1 | 15 | l | 0.1 |
| 13 | 15 | z | 0.1 | 20 | d | 0.1 | 13 | d | 0.1 |
| 14 | 7 | k | 0.0 | 15 | b | 0.1 | 10 | b | 0.0 |
| 15 | 5 | b | 0.0 | 6 | z | 0.0 | 6 | z | 0.0 |
| 16 | 1 | o | 0.0 | 4 | k | 0.0 | 2 | k | 0.0 |
| 17 | | | | | | | | | |
| 汇总 | 23027 | | 100① | 23136 | | 100 | 23171 | | 100 |

① 本书表格中"%"列数据为四舍五入的结果,部分"%"列数据相加并不严格等于 100(如此处实为 99.9)。

续表

| 频序 | C4 | | | C5 | | | C6 | | |
|---|---|---|---|---|---|---|---|---|---|
| | 频次 | 词性 | % | 频次 | 词性 | % | 频次 | 词性 | % |
| 1 | 8266 | n | 35.9 | 8307 | n | 35.9 | 8110 | n | 35.3 |
| 2 | 7429 | v | 32.3 | 7469 | v | 32.3 | 7330 | v | 31.9 |
| 3 | 2486 | u | 10.8 | 2811 | u | 12.1 | 2783 | u | 12.1 |
| 4 | 1847 | p | 8.0 | 1870 | p | 8.1 | 1831 | p | 8.0 |
| 5 | 976 | q | 4.2 | 860 | q | 3.7 | 1028 | q | 4.5 |
| 6 | 711 | f | 3.1 | 683 | f | 3.0 | 710 | f | 3.1 |
| 7 | 591 | a | 2.6 | 616 | a | 2.7 | 611 | a | 2.7 |
| 8 | 337 | t | 1.5 | 217 | t | 0.9 | 233 | t | 1.0 |
| 9 | 203 | m | 0.9 | 155 | m | 0.7 | 181 | m | 0.8 |
| 10 | 58 | r | 0.3 | 48 | r | 0.2 | 51 | r | 0.2 |
| 11 | 51 | s | 0.2 | 29 | l | 0.1 | 39 | s | 0.2 |
| 12 | 19 | l | 0.1 | 23 | s | 0.1 | 28 | l | 0.1 |
| 13 | 17 | b | 0.1 | 19 | j | 0.1 | 22 | j | 0.1 |
| 14 | 13 | d | 0.1 | 14 | d | 0.1 | 18 | b | 0.1 |
| 15 | 9 | k | 0.0 | 10 | b | 0.0 | 16 | d | 0.1 |
| 16 | 8 | z | 0.0 | 7 | z | 0.0 | 14 | z | 0.1 |
| 17 | 1 | j | 0.0 | 6 | k | 0.0 | 2 | k | 0.0 |
| 汇总 | 23022 | | 100 | 23144 | | 100 | 23007 | | 100 |

表 4.7　英文支配词的词性分布(第二种算法)

| 频序 | E1 | | | E2 | | | E3 | | |
|---|---|---|---|---|---|---|---|---|---|
| | 频次 | 词性 | % | 频次 | 词性 | % | 频次 | 词性 | % |
| 1 | 9364 | nn | 39.7 | 9256 | nn | 39.1 | 9247 | nn | 39.1 |
| 2 | 5137 | vb | 21.8 | 5327 | vb | 22.5 | 5211 | vb | 22.0 |
| 3 | 4970 | in | 21.1 | 4914 | in | 20.8 | 4894 | in | 20.7 |
| 4 | 1084 | to | 4.6 | 1149 | to | 4.9 | 1092 | cc | 4.6 |
| 5 | 1079 | cc | 4.6 | 1041 | cc | 4.4 | 1079 | to | 4.6 |
| 6 | 524 | md | 2.2 | 508 | md | 2.1 | 524 | jj | 2.2 |
| 7 | 447 | jj | 1.9 | 486 | jj | 2.1 | 503 | md | 2.1 |
| 8 | 373 | cd | 1.6 | 365 | cd | 1.5 | 393 | cd | 1.7 |
| 9 | 218 | rb | 0.9 | 207 | , | 0.9 | 222 | rb | 0.9 |

| 频序 | E1 | | | E2 | | | E3 | | |
|---|---|---|---|---|---|---|---|---|---|
| | 频次 | 词性 | % | 频次 | 词性 | % | 频次 | 词性 | % |
| 10 | 187 | , | 0.8 | 190 | rb | 0.8 | 213 | , | 0.9 |
| 11 | 63 | dt | 0.3 | 67 | dt | 0.3 | 93 | $ | 0.4 |
| 12 | 50 | $ | 0.2 | 43 | $ | 0.2 | 58 | dt | 0.2 |
| 13 | 26 | prp | 0.1 | 28 | rbr | 0.1 | 30 | rbr | 0.1 |
| 14 | 11 | wp$ | 0.0 | 28 | prp | 0.1 | 24 | prp | 0.1 |
| 15 | 11 | wrb | 0.0 | 11 | wp$ | 0.0 | 10 | lrb | 0.0 |
| 16 | 10 | rbr | 0.0 | 8 | prp$ | 0.0 | 10 | wp$ | 0.0 |
| 17 | 5 | prp$ | 0.0 | 7 | fw | 0.0 | 9 | fw | 0.0 |
| 18 | 4 | fw | 0.0 | 6 | wdt | 0.0 | 8 | wrb | 0.0 |
| 19 | 3 | rp | 0.0 | 6 | wrb | 0.0 | 7 | wp | 0.0 |
| 20 | 3 | wdt | 0.0 | 2 | pos | 0.0 | 6 | prp$ | 0.0 |
| 21 | 2 | pos | 0.0 | 1 | wp | 0.0 | 5 | rp | 0.0 |
| 22 | 2 | rbs | 0.0 | 1 | rbs | 0.0 | 4 | pdt | 0.0 |
| 23 | 1 | wp | 0.0 | 1 | lrb | 0.0 | 1 | rbs | 0.0 |
| 24 | | | | 1 | rp | 0.0 | 1 | eto | 0.0 |
| 25 | | | | 1 | pdt | 0.0 | 1 | wdt | 0.0 |
| 26 | | | | | | | | | |
| 27 | | | | | | | | | |
| 汇总 | 23574 | | 100 | 23654 | | 100 | 23645 | | 100 |

| 频序 | E4 | | | E5 | | | E6 | | |
|---|---|---|---|---|---|---|---|---|---|
| | 频次 | 词性 | % | 频次 | 词性 | % | 频次 | 词性 | % |
| 1 | 9433 | nn | 40.1 | 9665 | nn | 40.8 | 9426 | nn | 39.7 |
| 2 | 5124 | vb | 21.8 | 4873 | vb | 20.6 | 5097 | vb | 21.5 |
| 3 | 4811 | in | 20.4 | 4849 | in | 20.5 | 4941 | in | 20.8 |
| 4 | 1084 | to | 4.6 | 1137 | to | 4.8 | 1190 | to | 5.0 |
| 5 | 1047 | cc | 4.4 | 1010 | cc | 4.3 | 1144 | cc | 4.8 |
| 6 | 514 | cd | 2.2 | 676 | cd | 2.9 | 461 | cd | 1.9 |
| 7 | 436 | jj | 1.9 | 431 | jj | 1.8 | 451 | md | 1.9 |
| 8 | 397 | md | 1.7 | 430 | md | 1.8 | 431 | jj | 1.8 |
| 9 | 229 | rb | 1.0 | 203 | rb | 0.9 | 214 | , | 0.9 |
| 10 | 207 | , | 0.9 | 181 | , | 0.8 | 164 | rb | 0.7 |

续表

| 频序 | E4 | | | E5 | | | E6 | | |
|---|---|---|---|---|---|---|---|---|---|
| | 频次 | 词性 | % | 频次 | 词性 | % | 频次 | 词性 | % |
| 11 | 86 | $ | 0.4 | 112 | $ | 0.5 | 77 | $ | 0.3 |
| 12 | 54 | dt | 0.2 | 29 | rbr | 0.1 | 54 | dt | 0.2 |
| 13 | 28 | prp | 0.1 | 28 | dt | 0.1 | 46 | rbr | 0.2 |
| 14 | 22 | rbr | 0.1 | 15 | prp | 0.1 | 14 | prp | 0.1 |
| 15 | 12 | fw | 0.1 | 8 | lrb | 0.0 | 4 | prp $ | 0.0 |
| 16 | 11 | wp $ | 0.0 | 5 | prp $ | 0.0 | 4 | wp $ | 0.0 |
| 17 | 7 | wrb | 0.0 | 4 | wp $ | 0.0 | 3 | wrb | 0.0 |
| 18 | 5 | prp $ | 0.0 | 5 | wdt | 0.0 | 3 | pdt | 0.0 |
| 19 | 4 | sym | 0.0 | 3 | wp | 0.0 | 2 | fw | 0.0 |
| 20 | 4 | wdt | 0.0 | 3 | pos | 0.0 | 2 | wdt | 0.0 |
| 21 | 3 | wp | 0.0 | 2 | rp | 0.0 | 1 | rbs | 0.0 |
| 22 | 3 | lrb | 0.0 | 2 | wrb | 0.0 | 1 | pos | 0.0 |
| 23 | 3 | pos | 0.0 | 1 | fw | 0.0 | | | |
| 24 | 2 | uh | 0.0 | 1 | rbs | 0.0 | | | |
| 25 | 2 | rbs | 0.0 | 1 | pdt | 0.0 | | | |
| 26 | 1 | pdt | 0.0 | 1 | sym | 0.0 | | | |
| 27 | 1 | rp | 0.0 | | | | | | |
| 汇总 | 23530 | | 100 | 23675 | | 100 | 23730 | | 100 |

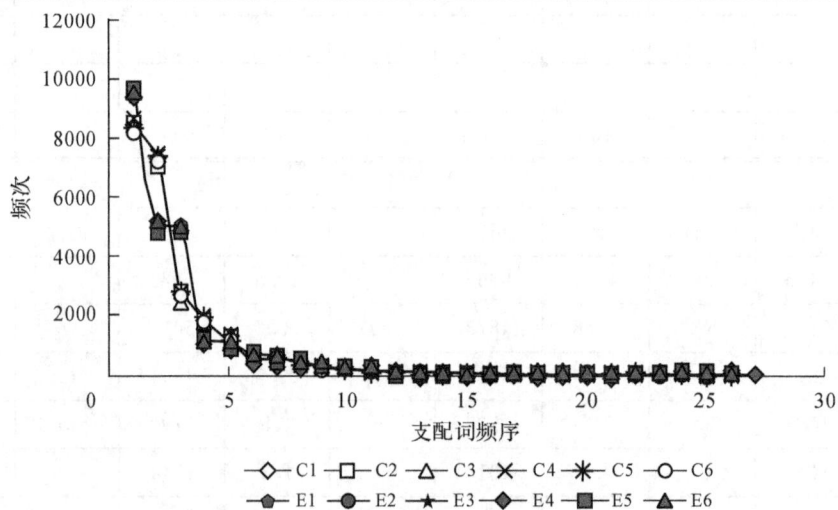

图 4.3　支配词秩频对比(第二种算法)

## 4.1.2.3　词性分布拟合

表 4.8、表 4.9 和表 4.10 分别是齐阿分布拟合从属词词性分布和支配词词性分布(第一种、第二种算法)的情况。该分布的推导可以参考 2.3.5 节为多样化进程建模的内容。

所有拟合的决定系数 $R^2$ 均在 0.9584 以上,拟合结果优异。因为词性的粒度不完全相同,两种语言中的词性有一部分并不一致,我们不能凭借这样的结果说明拟合参数一定具有语言区分性。我们也需要更多其他体裁的语料来证明这样的拟合参数是否能够用来区分不同的体裁。但是至少我们可以看到,同一种语言中的几个子库的同一个参数表现具有同质性——它们符合同样的分布,且同一种语言各库间的同一个参数值相仿。拟合验证了哈默尔(Hammerl 1990)提出的齐阿分布。施韦尔斯和朱(Schweers & Zhu 1991)的研究表明负超几何分布(参数为 $r$、$N$、$M$)能为词性数据建模,本研究的数据也证明了这一点,该模型与本研究的数据的拟合优度相仿,对于从属词而言,该分布拟合的决定系数 $R^2$ 的范围为 $0.9740-0.9887$,对于支配词,决定系数 $R^2$ 的范围为 $0.9399-0.9891$。两种模型的拟合数据也证明了每种语言内部各个子库之间的同质性和两种语言之间的显著差异,以表 4.8 的数据为例,独立样本 $t$ 检验表明,中文参数 $a(M=0.077, SD=0.015)$ 显著小于英文参数 $a(M=0.320, SD=0.015)(t=-27.591, p<0.001, 95\%CI=-0.263--0.224)$;中文参数 $b(M=0.372, SD=0.016)$ 显著大于英文参数 $b(M=0.262, SD=0.004)(t=16.298, p<0.001, 95\%CI=0.093-0.121)$;中文参数 $\alpha(M=0.331, SD=0.01)$ 显著大于英文参数 $\alpha(M=0.162, SD=0.004)(t=39.115, p<0.001, 95\%CI=0.160-0.180)$,这证明了我们利用这 12 个子库开展语言比较研究的合理性。

表 4.8　齐阿分布拟合从属词词性秩频数据[①]

| 子库 | $R^2$ | $a$ | $b$ | $n$ | $\alpha$ | $N$ | 子库 | $R^2$ | $a$ | $b$ | $n$ | $\alpha$ | $N$ |
|---|---|---|---|---|---|---|---|---|---|---|---|---|---|
| C1 | 0.9797 | 0.06 | 0.36 | 28 | 0.32 | 41083 | E1 | 0.9584 | 0.33 | 0.26 | 38 | 0.16 | 41198 |
| C2 | 0.9817 | 0.09 | 0.36 | 27 | 0.34 | 41132 | E2 | 0.9665 | 0.33 | 0.26 | 37 | 0.16 | 41200 |
| C3 | 0.9821 | 0.09 | 0.37 | 27 | 0.34 | 41087 | E3 | 0.9650 | 0.29 | 0.26 | 38 | 0.16 | 41198 |
| C4 | 0.9742 | 0.09 | 0.36 | 29 | 0.33 | 41113 | E4 | 0.9640 | 0.32 | 0.26 | 37 | 0.16 | 41181 |
| C5 | 0.9835 | 0.07 | 0.40 | 29 | 0.34 | 41122 | E5 | 0.9668 | 0.33 | 0.27 | 37 | 0.17 | 41198 |
| C6 | 0.9790 | 0.06 | 0.38 | 28 | 0.32 | 41144 | E6 | 0.9685 | 0.32 | 0.26 | 36 | 0.16 | 41192 |

表 4.9　齐阿分布拟合支配词词性秩频数据(第一种算法)

| 子库 | $R^2$ | $a$ | $b$ | $n$ | $\alpha$ | $N$ | 子库 | $R^2$ | $a$ | $b$ | $n$ | $\alpha$ | $N$ |
|---|---|---|---|---|---|---|---|---|---|---|---|---|---|
| C1 | 0.9943 | 2.41 | 0.00 | 21 | 0.46 | 41083 | E1 | 0.9713 | 0.18 | 0.31 | 32 | 0.23 | 41198 |
| C2 | 0.9851 | 1.65 | 0.30 | 21 | 0.47 | 41132 | E2 | 0.9655 | 0.18 | 0.31 | 34 | 0.22 | 41200 |
| C3 | 0.9929 | 2.27 | 0.10 | 22 | 0.47 | 41087 | E3 | 0.9684 | 0.14 | 0.31 | 33 | 0.23 | 41198 |
| C4 | 0.9928 | 2.39 | 0.01 | 22 | 0.49 | 41113 | E4 | 0.9618 | 0.25 | 0.29 | 36 | 0.22 | 41181 |
| C5 | 0.9953 | 2.48 | 0.04 | 23 | 0.48 | 41122 | E5 | 0.9655 | 0.18 | 0.33 | 35 | 0.23 | 41198 |
| C6 | 0.9945 | 2.35 | 0.04 | 22 | 0.48 | 41144 | E6 | 0.9646 | 0.27 | 0.29 | 31 | 0.22 | 41192 |

①　本研究中,模型拟合数据时,参数小数点后保留几位以清晰体现中英文异同为标准。

**表 4.10　齐阿分布拟合支配词词性秩频数据（第二种算法）**

| 子库 | $R^2$ | $a$ | $b$ | $n$ | $\alpha$ | $N$ | 子库 | $R^2$ | $a$ | $b$ | $n$ | $\alpha$ | $N$ |
|------|-------|-----|-----|-----|----------|-----|------|-------|-----|-----|-----|----------|-----|
| C1 | 0.9934 | 0.28 | 0.75 | 16 | 0.35 | 23027 | E1 | 0.9601 | 0.48 | 0.64 | 23 | 0.40 | 23574 |
| C2 | 0.9922 | 1.12 | 0.42 | 16 | 0.37 | 23136 | E2 | 0.9651 | 0.49 | 0.64 | 25 | 0.39 | 23654 |
| C3 | 0.9922 | 0.27 | 0.76 | 16 | 0.37 | 23171 | E3 | 0.9644 | 0.47 | 0.62 | 25 | 0.39 | 23645 |
| C4 | 0.9929 | 1.22 | 0.41 | 17 | 0.36 | 23022 | E4 | 0.9668 | 0.45 | 0.63 | 27 | 0.40 | 23530 |
| C5 | 0.9964 | 1.11 | 0.48 | 17 | 0.36 | 23144 | E5 | 0.9641 | 0.42 | 0.63 | 26 | 0.41 | 23675 |
| C6 | 0.9963 | 1.07 | 0.48 | 17 | 0.35 | 23007 | E6 | 0.9617 | 0.46 | 0.63 | 22 | 0.40 | 23730 |

　　表 4.8、表 4.9 和表 4.10 的拟合再次证明了词性是一个分布具有规律性的句法属性，无论是支配词，还是从属词，都是语言多样化进程的结果，也证明了我们的子库达到了齐普夫规模，语料能反映所选语言、所选体裁的特征。刘海涛（Liu 2009）的语料中，有一篇文章的从属词拟合模型结果一般，文章没有给出该篇具体的词数，但是从示范的一篇来看，该篇为 233 个词，拟合结果不好的原因可能是该文只有两三百个词，没有达到齐普夫规模。

### 4.1.3　小　结

　　词性是一个已经有颇多研究成果的句法属性，本节单独考察了从属词和支配词的词性分布，证明它们的分布具有规律性，均符合齐阿分布。各个子库数据拟合的参数表现出同一种语言内的同质性以及不同语言间的差异性，这证明了我们选取的语料达到了齐普夫规模。

　　因为汉语没有严格意义上的形态，汉语词类研究的核心问题是词类划分以及词类与句法成分之间的关系（莫彭龄、单青 1985；陈小荷 1999；郭锐 2002；朱德熙 1982，1985，1991；Li & Thompson 1989；黎锦熙 1992；McCawley 1992；袁毓林 1995，1998b，2000；邢福义 2003）。因此，在已经考察了词性的分布，从一个角度证明了研究所用语料适合开展语言比较研究以后，我们将在下一节继续考察与此相关的句法功能（即依存关系）的分布，从另外一个角度验证所选语言子库之间的同质性，在这样的基础上，我们方可探讨其他更多的属性。

## 4.2　依存关系/句法功能的分布比较

### 4.2.1　引　言

　　学界比较认同依存关系是依存语法的基础，这样的关系具有三个主要属性：二元、不对称、有标记（刘海涛 2009:98）（详见本书 1.1.1 节）。依存树库中的句法功能体现的就是依存关系。

在已有的研究中,关于句法功能分布的计量研究不少。如刘海涛(Liu 2009)从中文新闻联播材料组成的一个 700 多句的依存树库中随机抽取了 6 篇文章,分析了依存关系、支配词以及从属词的分布模型,并单独考察了动词作为支配词能支配的词类的分布,名词作为从属词能承担的句法功能的分布,这些分布基本上都符合齐阿分布。文章没有给出具体的关系类型以及词类,所以无法得知词性和依存关系之间多对多的具体对应关系。

在词类的多功能性研究方面,刘海涛和冯志伟(Liu 2006;刘海涛和冯志伟 2007;Liu 2007a;刘海涛 2009)提出了广义配价模式(Generalized Valency Pattern,GVP)的概念(详见 1.1.2 节),但是他们尚未根据真实语料提供的精确数据来表示词类的这种结合力的大小。在其句法协同模型中,科勒(Köhler 2012)提出了多功能度(polyfunctionality)和共功能度(synfunctionality)两个概念。前者定义为构式的不同功能的数量,而后者则表示存在多少不同的功能与某个功能共用一个句法表达。

更多的已有句法功能研究一般集中在对一种词性能承担的功能进行分布研究,如动词(高松、颜伟、刘海涛 2010;刘丙丽、刘海涛 2011;Liu 2011)、名词(高松 2010)、副词(尹百利 2014),或者集中在几大类实词的研究(如莫彭龄、单青 1985;徐艳华 2006)。也有同一句法能由多种词性承担的相关研究,如刘丙丽等人(2012)发现承担相同句法功能的各词类比重有语体之间的差异。也有学者专门研究了助词(如 Aziz et al. 2020)。阎建玮和刘思琪(Yan & Liu 2017)比较了《远大前程》和《简·爱》两本书中的依存关系,发现两部作品在依存关系分布方面有显著区别。

李雯雯(2018)开展了汉语和英语的主语和宾语的对比研究,考察了两种语言中能承担这些功能的词性分别是什么,以及有什么计量特征。严菁琦(2018)研究了聋生书面语介词的发展,探索了介词相关词组的句法功能和依存距离发展。

在线性语言材料研究中,严菁琦(Yan 2017)研究了聋哑人作文中的依存关系动链。

在 4.1 节中,我们从词性的角度证明了同一种语言的各个子库之间的同质性和不同语言之间的差异性,在本节,我们继续从句法功能的角度进行验证。

刘海涛(Liu 2009)提出汉语句法功能/依存关系的分布都符合齐阿分布。我们在此利用中英文各 6 个子库的研究语料,提出一个验证性的研究问题:

问题 4.2.1:汉语子库和英语子库的句法功能分布是否符合齐阿分布? 该模型能体现两种语言的差异吗?

## 4.2.2　结果和讨论

表 4.11 为中文语料的句法功能分布情况。各子库中的前 10 位相仿,排序几乎完全一致,分别为 att(定语)、adv(状语)、vob(宾语)、sbv(主语)、de("的"字)、ic(小句)、coo(并列)、pob(介宾)、num(数字)、lad(前附加)。

表 4.11　中文句法功能分布

| 频序 | C1—C6/% | C1频次 | 句法功能 | C2频次 | 句法功能 | C3频次 | 句法功能 | C4频次 | 句法功能 | C5频次 | 句法功能 | C6频次 | 句法功能 |
|---|---|---|---|---|---|---|---|---|---|---|---|---|---|
| 1 | 25.8—27.5 | 10865 | att | 11189 | att | 11292 | att | 10810 | att | 11142 | att | 10616 | att |
| 2 | 13.7—14.7 | 5621 | adv | 5898 | adv | 5860 | adv | 5950 | adv | 6027 | adv | 5971 | adv |
| 3 | 12.6—13 | 5216 | vob | 5166 | vob | 5170 | vob | 5297 | vob | 5350 | vob | 5307 | vob |
| 4 | 8.6—9.2 | 3670 | sbv | 3738 | sbv | 3667 | sbv | 3781 | sbv | 3523 | sbv | 3655 | sbv |
| 5 | 6.0—7.0 | 2893 | de | 2477 | de | 2750 | de | 2491 | de | 2813 | de | 2780 | de |
| 6 | 5.2—5.9 | 2328 | coo | 2285 | ic | 2136 | ic | 2445 | ic | 2282 | ic | 2277 | ic |
| 7 | 4.5—5.3 | 2187 | ic | 1857 | coo | 2006 | coo | 1909 | coo | 2130 | coo | 2101 | coo |
| 8 | 4.3—4.6 | 1889 | pob | 1786 | pob | 1852 | pob | 1848 | pob | 1873 | pob | 1830 | pob |
| 9 | 3.2—4.2 | 1461 | num | 1742 | num | 1525 | num | 1362 | num | 1296 | lad | 1418 | num |
| 10 | 2.8—3.1 | 1268 | lad | 1163 | lad | 1230 | lad | 1227 | lad | 1263 | num | 1256 | lad |
| 11 | 1.4—1.8 | 634 | mt | 745 | qun | 618 | qun | 694 | cmp | 566 | cmp | 641 | cmp |
| 12 | 1.2—1.6 | 595 | cmp | 573 | mt | 563 | cmp | 648 | mt | 510 | mt | 595 | qun |
| 13 | 1.2—1.4 | 570 | qun | 551 | cmp | 562 | mt | 561 | qun | 474 | qun | 549 | mt |
| 14 | 0.9—1.2 | 413 | rad | 430 | rad | 390 | rad | 474 | rad | 385 | rad | 423 | rad |
| 15 | 0.7—1.0 | 309 | app | 364 | vv | 296 | vv | 390 | vv | 336 | vv | 396 | vv |
| 16 | 0.7—0.8 | 300 | vv | 307 | is | 287 | is | 333 | act | 277 | is | 316 | is |
| 17 | 0.6—0.7 | 240 | is | 264 | app | 253 | app | 287 | app | 254 | act | 302 | app |
| 18 | 0.5—0.7 | 218 | act | 248 | act | 247 | act | 243 | is | 222 | app | 289 | act |
| 19 | 0.2—0.3 | 119 | di | 89 | quc | 107 | di | 95 | tpc | 105 | di | 122 | di |
| 20 | 0.2 | 87 | tpc | 83 | tpc | 90 | cos | 86 | di | 92 | cos | 79 | quc |
| 21 | 0.1—0.2 | 84 | cos | 77 | di | 71 | tpc | 58 | quc | 61 | quc | 77 | cos |
| 22 | 0.1—0.2 | 67 | quc | 49 | cos | 58 | quc | 48 | cos | 58 | tpc | 73 | tpc |
| 23 | 0.0—0.1 | 22 | dei | 17 | iob | 25 | iob | 34 | iob | 37 | dei | 37 | dei |
| 24 | 0.0—0.1 | 12 | isc | 16 | isc | 17 | dei | 32 | dei | 24 | iob | 15 | red |
| 25 | 0.0 | 9 | iob | 13 | dei | 11 | isc | 5 | isc | 11 | isc | 12 | iob |
| 26 | 0.0 | 6 | red | 5 | red | 4 | red | 4 | red | 8 | red | 6 | isc |
| 27 | 0.0 | | | | | | | 1 | foc | 3 | foc | 1 | foc |
| 汇总 | | 41083 | | 41132 | | 41087 | | 41113 | | 41122 | | 41144 | |

表 4.12 为英文的句法功能分布情况。各个功能在 6 个库中的比例相仿,排序在库间几乎完全一致。基本为 atr(定语)、adv(状语)、auxp(辅助介词)、auxa(辅助形容词)、sb(主语)、obj(宾语)、nr(未识别依存)、auxv(助动词)、coord(并列)、auxc(辅助连词)、pnom(谓

语的谓词/名词部分)、pred(谓语)、neg(否定)、exd(省略)、auxg(从属连词)。

表 4.12 英文句法功能分布

| 频序 | E1—E6/% | E1 频次 | 句法 功能 | E2 频次 | 句法 功能 | E3 频次 | 句法 功能 | E4 频次 | 句法 功能 | E5 频次 | 句法 功能 | E6 频次 | 句法 功能 |
|---|---|---|---|---|---|---|---|---|---|---|---|---|---|
| 1 | 33.2—36.6 | 13989 | atr | 13691 | atr | 13685 | atr | 14241 | atr | 15087 | atr | 14012 | atr |
| 2 | 14.3—15.4 | 6202 | adv | 6301 | adv | 6207 | adv | 6331 | adv | 5880 | adv | 6105 | adv |
| 3 | 13.0—13.5 | 5492 | auxp | 5430 | auxp | 5415 | auxp | 5346 | auxp | 5441 | auxp | 5569 | auxp |
| 4 | 8.8—9.4 | 3759 | auxa | 3828 | sb | 3874 | auxa | 3880 | sb | 3630 | sb | 3813 | sb |
| 5 | 8.6—9.3 | 3718 | sb | 3629 | auxa | 3837 | sb | 3569 | auxa | 3524 | auxa | 3637 | auxa |
| 6 | 6.1—6.9 | 2744 | obj | 2846 | obj | 2751 | obj | 2646 | obj | 2516 | obj | 2791 | obj |
| 7 | 2.5—3.1 | 1210 | nr | 1263 | nr | 1234 | nr | 1193 | nr | 1031 | auxv | 1133 | coord |
| 8 | 2.4—2.9 | 1168 | auxv | 1208 | auxv | 1168 | auxv | 1155 | auxv | 973 | nr | 1111 | auxv |
| 9 | 2.3—2.6 | 1027 | coord | 1006 | coord | 1055 | coord | 1002 | coord | 954 | coord | 1046 | nr |
| 10 | 1.6—2.1 | 663 | auxc | 863 | auxc | 751 | auxc | 644 | auxc | 659 | auxc | 760 | auxc |
| 11 | 1.2—1.4 | 558 | pnom | 557 | pnom | 597 | pnom | 565 | pnom | 502 | pnom | 499 | pnom |
| 12 | 1.0—1.2 | 467 | pred | 406 | pred | 474 | pred | 491 | pred | 491 | pred | 437 | pred |
| 13 | 0.1—0.9 | 92 | neg | 74 | neg | 74 | neg | 45 | neg | 381 | auxg | 154 | neg |
| 14 | 0.1—0.2 | 50 | auxx | 56 | auxx | 48 | auxx | 39 | exd | 70 | neg | 45 | exd |
| 15 | 0.1 | 33 | exd | 41 | exd | 28 | exd | 34 | auxx | 35 | exd | 44 | auxg |
| 16 | 0.0—0.1 | 26 | auxg | 1 | | | | | | 24 | auxx | 36 | auxx |
| 汇总 | | 41198 | | 41200 | | 41198 | | 41181 | | 41198 | | 41192 | |

我们首先分析最常见的几种句法功能。

1)在两种语言共有的句法功能中,定语均居首位,这与两种语言中的名词有较高比例这一特征是密切相关的。但是定语在英文中的比例(33.2%—36.6%)高于中文中的比例(25.8%—27.5%),在英文中更容易出现多个词修饰同一个名词的情况。

2)状语在中英文中的比例相仿,分别为 13.7%—14.7% 和 14.3%—15.4%,均居第2位,状语类型多样,可以修饰动词、形容词、副词,甚至名词等,因此其比例也相当高。

3)类似地,每个句子都至少有一个主语,因此主语在两种语言中出现频次比较高,其比例(英文 8.7%—9.3%,中文 8.6%—9.2%)相仿,排序也相仿。

4)宾语在中文中的比例(12.6%—13.0%)和排序(第 3 位)与在英文中的比例(6.1%—6.9%)和排序(第 6 位)均有显著差异。宾语在中文中的比例高于主语的比例(8.6%—9.2%),而在英文中低于主语的比例(8.7%—9.3%)。

图 4.4 是各库依存关系秩频。由图可见,中文的数据(虚心图例)下降比较平滑,而英文(实心图例)中呈现一些锯齿状态,但是各库表现基本一致。

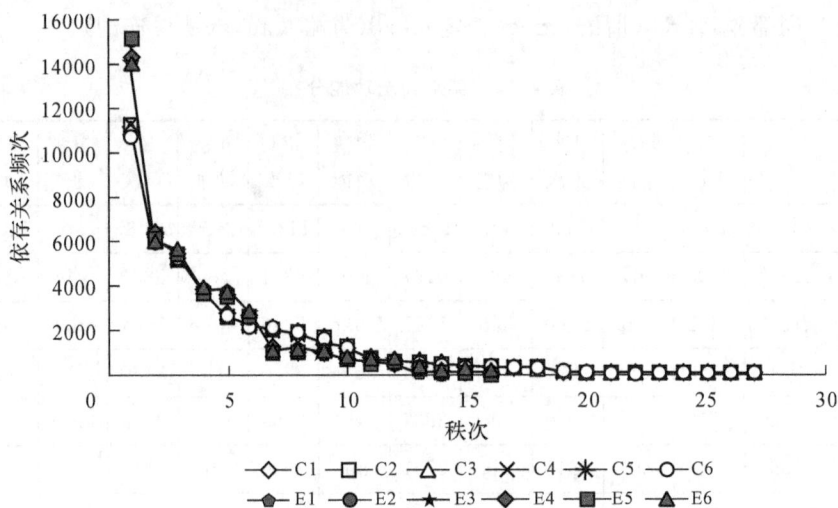

图 4.4　依存关系秩频

　　因为各库的数据均质性比较强，所获得的结果不是随机波动的结果，为了节约空间，对于以下几个问题的探讨，我们直接呈现两种语言各库的汇总数据。

　　从表 4.13 中文和英文库句法功能汇总来看，两种语言各 6 个子库汇总的句子总数相差不大（中文 12897、英文 12138），这个可以由依存树的根节点数量体现出来，这意味着库中两种语言句长均值差距很小。

表 4.13　中文和英文库句法功能汇总

| 排序 | 功能 | 中文库句法功能 | 频次 | ％ | 排序 | 功能 | 英文库句法功能 | 频次 | ％ |
|---|---|---|---|---|---|---|---|---|---|
| 1 | att | 定中关系 | 65914 | 25.4 | 1 | atr | 定语 | 84815 | 32.7 |
| 2 | adv | 状中结构 | 35327 | 13.6 | 2 | adv | 状语 | 37060 | 14.3 |
| 3 | vob | 动宾关系 | 31506 | 12.1 | 3 | auxp | 助介词 | 32721 | 12.6 |
| 4 | sbv | 主谓关系 | 22034 | 8.5 | 4 | sb | 主语 | 22729 | 8.8 |
| 5 | de | "的"字结构 | 16204 | 6.2 | 5 | auxa | 冠词 | 22015 | 8.5 |
| 6 | ic | 独立分句 | 13612 | 5.2 | 6 | obj | 宾语 | 16310 | 6.3 |
| 7 | root | 根节点 | 12897 | 5.0 | 7 | root | 根节点 | 12138 | 4.7 |
| 8 | coo | 并列关系 | 12331 | 4.8 | 8 | nr | 未识别依存 | 6932 | 2.7 |
| 9 | pob | 介宾关系 | 11078 | 4.3 | 9 | auxv | 动词助词 | 6846 | 2.6 |
| 10 | num | 数字 | 8771 | 3.4 | 10 | coord | 并列 | 6183 | 2.4 |
| 11 | lad | 前附加关系 | 7440 | 2.9 | 11 | auxc | 辅助连词 | 4346 | 1.7 |
| 12 | cmp | 动补结构 | 3610 | 1.4 | 12 | pnom | 表语 | 3281 | 1.3 |
| 13 | qun | 数量关系 | 3563 | 1.4 | 13 | pred | 谓词 | 2767 | 1.1 |
| 14 | mt | 实体 | 3476 | 1.3 | 14 | neg | 否定 | 509 | 0.2 |

| 排序 | 功能 | 中文库句法功能 | 频次 | % | 排序 | 功能 | 英文库句法功能 | 频次 | % |
|---|---|---|---|---|---|---|---|---|---|
| 15 | rad | 后附加 | 2489 | 1.0 | 15 | auxg | 从属连词 | 452 | 0.2 |
| 16 | vv | 连动结构 | 2082 | 0.8 | 16 | others | 其他 | 249 | 0.1 |
| 17 | is | 独立结构 | 1670 | 0.6 | 17 | exd | 省略 | 221 | 0.1 |
| 18 | app | 同位关系 | 1637 | 0.6 | | | | | |
| 19 | act | 行为宾语 | 1589 | 0.6 | | | | | |
| 20 | di | "地"字结构 | 616 | 0.2 | | | | | |
| 21 | tpc | 话题 | 467 | 0.2 | | | | | |
| 22 | cos | 共享并列 | 440 | 0.2 | | | | | |
| 23 | quc | 数量补语 | 399 | 0.2 | | | | | |
| 24 | dei | "得"字结构 | 158 | 0.1 | | | | | |
| 25 | iob | 间接宾语 | 121 | 0.0 | | | | | |
| 26 | isc | 并列式独立成分 | 61 | 0.0 | | | | | |
| 27 | red | 重叠 | 42 | 0.0 | | | | | |
| 28 | others | 其他 | 39 | 0.0 | | | | | |
| 汇总 | | | 259573 | 100 | | | | 259574 | 100 |

比例超过根节点的比例的,都意味着这个句子成分在平均每个句子中的出现频次都超过了1,比如中文中的定语(即定中关系)、状语(即状中关系)、宾语(即动宾关系)、主语(即主谓关系)以及独立分句。而英文中频次超过根节点的主要成分有定语、状语、助介词、主语、冠词以及宾语。在这些句子成分中,汉英共有的成分是定语、状语、主语和宾语,再加上根节点(一般是谓语)就构成了一般语言共有的五大句子成分,它们都是主要的句法功能。

中文中的独立分句比例比较高,有必要予以单独说明。独立分句的出现是和中文中的标注方式相关的,如:

例1:中国人民决心继承(ic)邓小平同志的遗志,继续把建设有中国特色社会主义事业推向前进。　　　　　　　　　　　　　　　　　　　　　　　　(来自C1语料库)

例2:中国政府顺利恢复(ic)对香港行使主权,并按照一国两制港人治港高度自治的方针保持香港的繁荣稳定。　　　　　　　　　　　　　　　　　　　　(来自C1语料库)

例1与例2中,画线的ic其实都是并列谓语的情况,但是一般将后面的谓语节点标记为依存树的顶点,前面的节点标记为独立分句,这样做的优点有两个:首先,这样依存树就只有一个顶点了;其次,突出了两个谓语中更重要的一个。

在英语中,这种并列谓语的关系一般标记为并列(coord),如:

例3:The golden share restricts any individual holding to ... % and (连词 cc 作为根

节点）expires at the end of...    （来自 E1 语料库）

例 3 中，"and"这个连词（cc）作为根节点出现，两个并列谓语均以"and"作为支配词。这样的情况在 E1 库中一共只出现了 119 次，比例远远低于中文中的类似情况。

总体说来，英文中并列的比例（2.4%）要比中文中的低很多，而且这种并列还包含了各种类型的并列，如例 4 中作为主语的并列：

例 4：Houston Stewart and Stevenson makes equivalent powered with diesel and gas.

（来自 E1 语料库）

表 4.14 是齐阿分布拟合句法功能全部秩频数据的结果，所有决定系数 $R^2$ 均超过 0.978，拟合结果优异，参数 $a,b,\alpha$ 均能区分不同的语言。独立样本 $t$ 检验表明，中文参数 $a$（$M=0.0225,SD=0.138$）显著大于英文参数 $a$（$M=0.153,SD=0.200$）（$t=7.310,p<0.001,95\%CI=0.495—0.939$）；中文参数 $b$（$M=0.352,SD=0.008$）显著小于英文参数 $b$（$M=0.430,SD=0.009$）（$t=-16.413,p<0.001,95\%CI=-0.089—-0.068$）；中文参数 $\alpha$（$M=0.265,SD=0.005$）显著小于英文参数 $\alpha$（$M=0.343,SD=0.015$）（$t=-11.977,p<0.001,95\%CI=-0.942—-0.063$），这说明三个参数均能区分两种不同的语言。拟合结果再次证明了句法功能是语言多样化进程的结果。研究结果也再次验证了刘海涛（Liu 2009）提到的模型的有效性，并进一步证明了我们所选择的语料适合开展汉语和英语之间的语言比较研究。

**表 4.14　齐阿分布拟合句法功能全部数据**

| 子库 | $R^2$ | $a$ | $b$ | $n$ | $\alpha$ | $N$ |
|------|-------|-----|-----|-----|----------|-----|
| C1 | 0.9817 | 0.22 | 0.35 | 26 | 0.26 | 41083 |
| C2 | 0.9877 | 0.21 | 0.35 | 26 | 0.27 | 41132 |
| C3 | 0.9874 | 0.21 | 0.36 | 26 | 0.27 | 41087 |
| C4 | 0.9867 | 0.24 | 0.35 | 27 | 0.26 | 41113 |
| C5 | 0.9857 | 0.23 | 0.36 | 27 | 0.27 | 41122 |
| C6 | 0.9864 | 0.24 | 0.34 | 27 | 0.26 | 41144 |
| E1 | 0.9794 | 0.16 | 0.43 | 16 | 0.34 | 41198 |
| E2 | 0.9806 | 0.17 | 0.42 | 16 | 0.33 | 41200 |
| E3 | 0.9786 | 0.16 | 0.42 | 15 | 0.33 | 41198 |
| E4 | 0.9843 | 0.14 | 0.44 | 15 | 0.35 | 41181 |
| E5 | 0.9834 | 0.12 | 0.44 | 16 | 0.37 | 41198 |
| E6 | 0.9781 | 0.17 | 0.43 | 16 | 0.34 | 41192 |

### 4.2.3　本节小结

本节考察了句法功能即依存关系的分布，用齐阿分布拟合句法功能全部数据，其结果优异,再次验证了句法功能是语言多样化进程的结果,也再次证明了同一语言各子库间的同质性。拟合后模型参数能区分两种不同的语言,这意味着用这种模型拟合句法功能/依存关系,具有语言分类的潜能,但是否能区分其他更多语言,需要我们后续开展相关的研究来进行验证。

在 4.1 和 4.2 节,我们分别讨论了词性和依存关系,涉及的秩频分布都符合齐普夫相关的模型,这种分布都是语言自调节功能的体现,是语言长期发展过程中说话者和听话者各自的省力原则博弈的结果,有些词性或者功能是使用者经常使用的,而一部分是出现频次较低的,这样同时达到了说话者和听话者双方都省力的效果。

词性和依存关系都是依存结构中的重要内容,存在依存关系的词之间的距离——依存距离也是一个重要的变量,我们将在下一节探讨。

# 4.3 依存距离和依存方向的分布比较

## 4.3.1 引 言

心理语言学为研究语言理解难度提供了实证基础(Jay 2004);从心理语言学的角度来看,基于工作记忆的句法分析模型是有据可依的(如 Jay 2004;Levy et al. 2013),但要衡量该理解难度,就给形式语言学家和认知语言学家提出了挑战。

学者们提出了基于记忆或者距离的相关理论,比如英格夫的深度假设(Depth Hypothesis)(Yngve 1960)、霍金斯的直接成分尽早确立原则(Early Immediate Constituents,EIC)(Hawkins 1994)和吉布森的"依存定域理论"(Dependency Locality Theory,DLT)(Gibson 1998)等。

英格夫(Yngve 1960)的深度假设是衡量句子理解难度的一次尝试。英格夫将句子的深度定义为在构造一个句子的时候,所需存储的最大符号数。英格夫提出,在语言中实际应用的句子都有一个不超过一定值的深度,该值与人类的工作记忆容量(Miller 1956;Cowan 2001,2005,2010)基本一致。但是英格夫的深度假说也不是完美的(Frazier 1985),按照英格夫确定深度的办法,学者们进行了一些实证研究,发现研究结果并不支持这个假设(Sampson 1997)。尽管如此,深度假设还是为语言理解难度建立了一个统一的度量标准;该假设将认知结构和理解难度联系起来了,而认知结构是人类所共有的。

霍金斯(Hawkins 1994:13)认为虽然眼下尚不知这个阈值是什么,但是找到这个阈值是衡量语言理解难度大小的一个重要任务。"如果能找到这样一个常量,人类的绩效理论将大大简化"(Cowan 2005:6)。

米勒和乔姆斯基(Miller & Chomsky 1963)提出了一种衡量句法难度的标准,他们用的是短语结构句法树中非终极节点与终极节点之间的比例。弗雷泽(Frazier 1985)建议将该全局性算法转为局部性的算法,这样算法更灵敏。

吉布森等人提出句子理解难度与有句法关系的词在线性句中的顺序(即依存距离)有

关(Gibson 1998,2000;Gibson & Pearlmutter 1998;Grodner & Gibson 2005;Temperley 2007;Liu 2008;Gildea & Temperley 2010;Fedorenko et al. 2013)。依存距离将句子的二维的层级结构和一维的线性结构结合在一起(Liu et al. 2017),是基于依存关系的句法系统中的一个关键属性。

依存距离的定义方法主要有两种,比如黑林格、施特雷克尔和维默尔(Heringer,Strecker & Wimmer 1980:187)将其定义为在表层序列中的中心词与从属成分之间的词数,此时相邻的中心词与其从属成分之间的距离为0。但是这样给计算带来了不便,且无法体现依存的方向。哈德森(Hudson 1995:16)将其定义为支配词和从属词之间的线性距离,这样相邻的支配词和从属词之间的依存距离为1。刘海涛(Liu 2007a)将依存距离定义为支配词在线性句子中的序号减去从属词序号后得到的数字,这样做的优势是,兼顾了依存方向,即支配词在前时,依存距离为负,否则为正。本研究采用刘海涛(Liu 2007a)的定义。

部分研究将依存距离称为依存长度(dependency length)(如 Temperley 2007,2008;Futrell et al. 2015)。坦珀利(Temperley 2008)认为,依存长度指的是中心词经其他节点最终到达附属成分的路径长度。

"如果依存距离能表明语言的理解和产出受限于人的工作记忆,如果大多数人的工作记忆容量类似,那么人类语言的依存距离应该遵循一定的规律。"(Jiang & Liu 2015:96)研究者们就依存距离的规律性开展了诸多研究,如刘海涛等人就开展了依存距离和依存方向等方面的计量分析研究,刘海涛(Liu 2007a)分析了中文依存树库中依存距离(全部取绝对值,即不考虑依存方向)的概率分布。结果显示,数据符合右截尾泽塔分布(right truncated Zeta distribution)模型。刘海涛(Liu 2008)发现中文平均依存距离为 2.84(不考虑依存方向),汉语中从属词和其支配词毗邻的概率在 50.0% 左右。在依存方向这个方面,汉语是一种混合型语言,支配词置后使其稍占优势。汉语的语序模式包括 SV("主语—动词"语序模式)、VO("动词—宾语"语序模式)和 AdjN("形容词—名词"语序模式)。刘海涛首次发现语序类型是一个连续统,且可以用于区分不同类型的语言,该研究为语言类型研究提供了新方法。学界将这种依存距离的方向称为为刘一有向性(Fisch et al. 2019)。

如果说句子的理解和分析是将一串线性的词转成一个依存树,即从一维转成二维,那么只有当从属词遇到其支配词,形成一种句法关系的时候,我们才有可能将其从工作记忆中解放出来(Ferrer-i-Cancho 2004;Hudson 2010;Jiang & Liu 2015;Liu 2008)。换言之,在理解句子的时候,人们使用了一种增量分析策略(incremental parsing strategy),进入了工作记忆的词,在形成结构以前,都停留在工作记忆中。因为工作记忆容量有限,如果工作记忆中存储的词超过了记忆容量,就会导致理解失败(Covington 2003)。

刘海涛(Liu 2008)和哈德森(Hudson 1996)用心理实验证明了句子的平均依存距离可以很好地衡量句子的理解难度。刘海涛(Liu 2008)明确提出用依存距离作为语言难度的度量标准。他提出了三个假设:(1)人脑语言分析算法倾向于能将平均依存距离最小化的线性语序。(2)绝大部分的句子或者文本都不超过一个平均依存距离的阈值。(3)语法以及认知共同起作用,将依存距离保持在这个阈值中。这些假设的基本出发点是,人的认知结构(指工作记忆容量)以及语法的限制,使得人类语言倾向于依存距离最小化。他用 20 种不同语言的、有依存句法标注的语料库来验证了这些假设,发现人类语言有平均依存距离最小化的倾向,平均依存距离有一个不大于 3 的阈值,语法在限制距离方面也起着重要作用,从而验证了上述三个假设。这是首次运用大规模的多语言树库进行的此类研究。

依存距离和依存方向的研究有助于对句子理解(句法分析)难度的分析,如歧义句的理解研究(赵怿怡、刘海涛 2014)、"把"字句的理解研究(Fang & Liu 2018)、"在"与主语的依存距离研究(徐春山 2018)、句法复杂度的研究(Ouyang et al. 2022;Chen et al. 2021);也有助于语言类型或者语域的研究(如王雅琴 2015;Wang & Liu 2017;Chen & Gerdes 2022)、儿童习得的研究(如 Ninio 1998)、语言学习的研究(Jiang & Ouyang 2017;Ouyang & Jiang 2017,2018)、翻译的研究(Liang 2017;Jiang & Jiang 2020;Zhou 2021),以及设计更好的自然语言句法分析算法(如 Collins 1996,2003;Eisner & Smith 2005;刘海涛 2009)。

对于依存距离和依存方向,不仅有共时的研究,还有历时的研究,如刘丙丽和徐春山(2018)对汉语白话文这两个方面进行了历时统计分析,考察了主要依存关系的依存距离,发现依存距离持续增加。金慧媛(2018)研究了聋生在汉语书面表达方面的发展,发现随着学龄增加,他们语言的依存距离也呈现出明显的上升趋势。朱浩然等人(Zhu et al. 2022)研究了现代英语的小说、新闻等四种体裁中依存距离的历时变化,发现在不同体裁中依存距离的变化趋势有差异。

在依存距离的线性语言行为研究方面,刘海涛(Liu 2008)研究了依存方向的时序图;敬应奇和刘海涛(Jing & Liu 2017)研究了 21 种印欧语的依存距离动链,发现该动链具有语言分类的意义。

从时序图中我们可以直观地观察语言属性线性语言行为,这里的时间维度不是历时研究意义中的时间,而是文本的动态发展,或者在这里可以称之为组合时间(syntagmatic time)(Pawłowski 1997)。时序图是时序分析(time series analysis)(参见 Pawłowski 1997)的一个简单应用,单位/属性的节奏性模式可以从中窥见一斑。在本研究的时序分析方面,我们主要用时序图来呈现相关的趋势。

图 4.5 为 Pierre 例句(其依存树见图 3.1,依存距离的计算过程等见表 3.5)对应的依存距离和绝对依存距离的时序图,为了体现图中根节点的线性位置,我们标记其依存距离为 0(图中最粗的点)。当考虑依存关系的方向时,从图 4.5(a)中可以发现根节点之前的 5 个节点中,前面 4 个节点的依存距离均为正。根节点以后基本上是正负值交叉出现的情况比较多,到句子最后几个节点时,依存距离均为负。坦珀利(Temperley 2008)提出同侧分叉(same branching),该原则偏好总是左分叉(支配词居前)或者总是右分叉(支配词置后)的结构(至少从此例来看是如此),或者左右分叉交替出现(似乎是和句中位置相关的)。这种前面几个靠近句首的依存距离基本上为正值,中间正负值交叉,句末几个多为负值的情况是不是一种基本模式?在中文库和英文库中,正负交叉的比例如何?是否其他英文句子

的依存距离均值也会是负值(此句为−0.6)? 中文句子的平均依存距离如何? 依存距离变化的时候,对应的依存结构发生了哪些变化? 这些都值得我们好好探索,也是我们希望研究问题能涵括的内容。

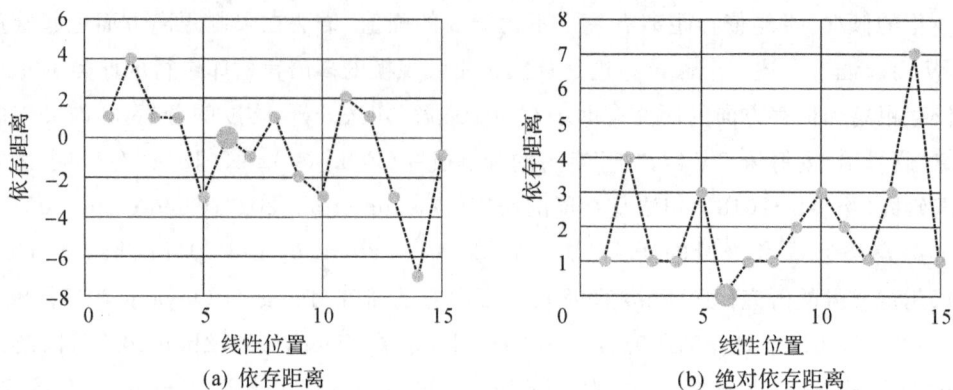

图 4.5　Pierre 例句依存距离和绝对依存距离时序

当忽略依存关系的方向时,从图 4.5(b)中可以发现,绝对依存距离基本上是长短距离交叉出现,这样导致了最后句子的绝对依存距离均值不大(此句为 2.07)。除了绝对依存距离为 1(表示支配词和从属词相邻)以外,其余两个相等的依存距离没有一起出现。那么,在中文和英文库中,这样长短交叉的情况如何,为何出现这样的情况?

在依存距离的分布模型方面,刘海涛(Liu 2007a)提出绝对依存距离符合右截尾泽塔分布,李文平和阎建玮(Li & Yan 2021)发现日语母语者学习英语的中介语(interlanguage,或译为"过渡语")的绝对依存距离符合齐阿分布,其他中介语的研究也呈现了相同的结果(如 Hao, Wang & Lin 2021)。

基于以上分析,在本节,我们提出了三个主要研究问题:

问题 4.3.1:依存距离是否也符合右截尾泽塔分布以及齐阿分布? 如果不符合,更恰当的模型是什么? 模型拟合的参数能否区分中、英两种语言?

问题 4.3.2:以四个典型的依存距离(±1,±2)为例,有同样依存距离的中英文结构之间有什么异同点?

问题 4.3.3:中英文语料中,绝对依存距离从小到大以及依存距离正负交叉是如何变化的? 在这个变化过程中,对应的功能结构发生了什么变化?

第一个问题主要是交叉验证依存距离的语言学地位。我们将研究的重点放在后两个问题上,通过分析依存距离的发展和变化来了解平均依存距离和平均绝对依存距离在两种语言之间的差异是如何产生的,以及对应结构是如何变化的。这三个问题的解答都有助于我们了解这两种语言实现依存距离最小化的一些机制。依存距离最小化是人类语言的共同倾向,我们将在 4.3.2 节介绍相关的研究。

### 4.3.2　依存距离最小化

通过与随机语言的依存距离进行对比,费雷尔-i-坎乔(Ferrer-i-Cancho)和刘海涛等人证明了人类语言有一个依存距离最小化的共同倾向（Ferrer-i-Cancho 2004；Liu 2007a，2008；Gildea & Temperley 2010）。但是实际语言中的依存距离比最小的可能依存距离要大，这体现了语法的限制（Ferrer-i-Cancho & Liu 2014）。

平均依存距离之所以能作为复杂度的衡量标准，和三个方面的主要研究相关。第一个方面的研究历史也较为悠久，我们先举例说明。

早在 1930 年，就有了短依存距离偏好的研究，德国语文学家贝哈格尔（Behaghel 1930）提出了紧密相关的词倾向于在一起出现的观点。近十几年来，多位学者进行了短依存距离偏好的相关研究。

英格夫（Yngve 1960）的深度假设是在短语结构语法的基础上提出来的，是关于工作记忆容量和语法结构理解复杂度之间关系的假设。后来黑林格等人（Heringer, et al. 1980）将其引入依存语法，用以探讨工作记忆容量和语言结构理解的复杂度之间的关系。

弗雷泽先后提出了花园幽径句中的迟关闭原则（late closure）（Frazier 1979）以及同侧分叉原则（same branching）（Frazier 1985）；德赖尔（Dryer 1992）提出了分叉方向理论（branching direction theory，BDT）。霍金斯（Hawkins 1994，2004）发现在两个从属结构中，若短的那个距离中心词更近，就可以缩短依存距离，从而提出了"直接成分尽早确立原则"。这个认知-功能原则使得（人类）分析器能尽早地观察到一个语言表达法的句法结构，因而能降低大脑加工难度。吉布森（Gibson 1998）将依存距离最小化纳入其"句法预测位置理论"（syntactic prediction locality theory）框架，后来又称之为"依存定域理论"（dependency locality theory），指出依存距离长则结构的加工难度提高。

坦珀利（Temperley 2008）将这几个原则汇总为同侧分叉（same branching，该原则偏好总是左分叉或者总是右分叉的结构）、有序套置（ordered nesting，当一个中心词有多个从属结构的时候，如果短的从属结构更靠近中心词，则可以使依存距离最小化）以及反向分叉原则（opposite branching，如果中心词有多个从属成分，单个词的依存成分与主要依存方向相反的时候，有助于减少依存距离）。陆前（2018）研究了交叉、依存树根节点位置以及组块（chunking）对依存距离的影响，提出这三个因素均能在一定程度上影响依存距离。

吉尔德和坦珀利（Gildea & Temperley 2010）提出依存距离最小化是自然语言变异的因素之一。数十年以来，还有其他一些涉及句法复杂度的理论，基本上都可以用依存距离最小化来进行说明。

计算语言学的研究成果也间接地支持了依存距离最小化的研究结论。好几个基于依存的句法分析模型，都将依存距离作为句法分析的重要因素，更倾向于选择依存距离更短的分析（Sleator & Temperley 1991；Collins 2003；Eisner & Smith 2005；Nugues 2006）。这证明了依存距离最小化能在很大程度上提高句法分析的准确性。

另外一个方面的研究涉及语言的发展，比如虽然某些语言的平均依存距离有长有短，但是语序变化的总体趋势都是依存距离缩小化（Gildea & Temperley 2010），不仅在英文中如此（Pyles 1971；Smith 1996；Lei & Wen 2020；Zhu et al. 2022），在德语中也发现了同样的趋势（Hopper 1975；Ebert 1978）。依存距离最小化这一个视角在一定程度上告诉了我们自然语言的过去、现在,可能也能告诉我们其未来(冯志伟 2017[①])。

汇总来说,作为依存语法的重要概念,依存距离体现了词与词之间存在的句法关系的距离和顺序,这个距离影响着人类大脑的加工。

人类语言存在依存距离最小化的倾向,这是受普遍认知机制所约束的一个语言普遍特征(Liu 2007a,2008;Ferrer-i-Cancho 2004,2006,2016;Jiang & Liu 2015;Futrell et al. 2015;陆前、刘海涛 2016a,2016b;梁君英、刘海涛 2016;Liu et al. 2017;Wang & Liu 2017;Lu & Liu 2020;Lei & Wen 2020)。一些学者用大规模的语言库真实语料相继证明了自然语言中可能存在依存距离最小化这一普遍特征,如西班牙学者费雷尔-i-坎乔(Ferrer-i-Cancho 2004)用罗马尼亚语的依存树库,刘海涛(Liu 2008)用包括汉语在内的 20 种语言,麻省理工学院的研究团队(Futrell et al. 2015)用 37 种语言,均开展了相关研究,相继证明自然语言中可能存在依存距离最小化这一普遍特征。费雷尔-i-坎乔(Ferrer-i-Cancho 2004,2013)也从理论分析的角度证明了这个共性。此外,计算语言学的研究成果也表明依存距离最小化能在很大程度上提高句法分析的准确性。

继依存距离最小化提出来以后,已经有了一大批相关的研究,如《生命物理学评论》(*Physics of Life Reviews*)于 2017 年刊出了刘海涛、徐春山和梁君英等人(Liu,Xu & Liang 2017)的《依存距离:自然语言句法结构的新视角》("Dependency distance:A new perspective on syntactic patterns in natural languages")一文以及十余篇相关的评论,学者们从多角度探讨了与依存距离最小化相关的许多语言学问题。

句法(语法)对于依存距离实现最小化发挥着重要作用(Liu 2007a,2008)。在本研究中,通过回答研究问题 4.3.1—4.3.3,我们期待能从句法层面探讨依存距离最小化的一些机制。

4.3.3 节将分析研究的结果;4.3.4 节为本节的小结。

### 4.3.3　结果和讨论

结果和讨论部分结构如下:4.3.3.1 节从整体的、宏观的角度来探讨依存距离的分布规律,4.3.3.2 节转入中观分析,分析探讨 4 个代表性的依存距离(±1,±2),分析是什么样的功能和结构导致了这样的依存距离的出现。在此基础上,4.3.3.3 节再回到宏观的层面,探索依存距离变化时结构的变化,以及依存距离本身的变化,并且尽可能分析有哪些原因导致了依存距离的最小化,以及两种语言平均依存距离的差异是如何产生的。

#### 4.3.3.1　依存距离的分布规律

我们汇总了汉语和英语依存距离秩频数据,发现汉语中的依存距离丰富度更高一些:英语库中有 69—86 种距离,而汉语库中有 97—126 种依存距离。为了节约空间,表 4.15 和表 4.16 分别展示了中英文前 20 位依存距离秩频数据,其中汉语占比 95.3%—95.5%,

---

① http://blog.sina.com.cn/s/blog_72d083c70102y6pm.html (2021-1-19).

英语占比 97.2%—97.7%。汉语前 4 个排序在各库之间完全一致,均为 1、2、—1、3,其他排序在库间只有个别频序的区别,而英语中的前 7 个排序在各库间都完全一致,均为 1、—1、2、—2、—3、3、—4,且依存距离比例在各库间均相仿。绝对数值比较小的依存距离频次都比较高,这是汉语和英语实现依存距离最小化的一个重要原因(Buch-Kromann 2006),因为这样的认知负担较轻,从属词更容易找到其支配词,从而更容易从工作记忆中解放出来。

表 4.15  中文依存距离秩频(前 20,占比 95.3%—95.5%)

| 频序 | C1 频次 | DD | % | C2 频次 | DD | % | C3 频次 | DD | % |
|---|---|---|---|---|---|---|---|---|---|
| 1 | 17317 | 1 | 42.2 | 17730 | 1 | 43.1 | 17588 | 1 | 42.8 |
| 2 | 5357 | 2 | 13.0 | 5182 | 2 | 12.6 | 5275 | 2 | 12.8 |
| 3 | 3497 | —1 | 8.5 | 3367 | —1 | 8.2 | 3271 | —1 | 8.0 |
| 4 | 2707 | 3 | 6.6 | 2580 | 3 | 6.3 | 2669 | 3 | 6.5 |
| 5 | 1598 | 4 | 3.9 | 1710 | —2 | 4.2 | 1574 | —2 | 3.8 |
| 6 | 1513 | —2 | 3.7 | 1544 | 4 | 3.8 | 1518 | 4 | 3.7 |
| 7 | 1038 | 5 | 2.5 | 1049 | —3 | 2.6 | 1025 | —3 | 2.5 |
| 8 | 1008 | —3 | 2.5 | 1040 | 5 | 2.5 | 971 | 5 | 2.4 |
| 9 | 758 | —4 | 1.8 | 771 | —4 | 1.9 | 822 | —4 | 2.0 |
| 10 | 704 | 6 | 1.7 | 765 | 6 | 1.9 | 796 | 6 | 1.9 |
| 11 | 577 | —5 | 1.4 | 583 | 7 | 1.4 | 592 | —5 | 1.4 |
| 12 | 540 | 7 | 1.3 | 568 | —5 | 1.4 | 574 | 7 | 1.4 |
| 13 | 428 | —6 | 1.0 | 461 | 8 | 1.1 | 475 | 8 | 1.2 |
| 14 | 425 | 8 | 1.0 | 395 | —6 | 1.0 | 425 | —6 | 1.0 |
| 15 | 358 | —7 | 0.9 | 364 | 9 | 0.9 | 379 | 9 | 0.9 |
| 16 | 357 | 9 | 0.9 | 266 | 10 | 0.6 | 285 | —7 | 0.7 |
| 17 | 285 | 10 | 0.7 | 260 | —7 | 0.6 | 259 | 10 | 0.6 |
| 18 | 247 | —8 | 0.6 | 243 | 11 | 0.6 | 250 | 11 | 0.6 |
| 19 | 235 | 11 | 0.6 | 214 | 12 | 0.5 | 220 | —8 | 0.5 |
| 20 | 193 | 12 | 0.5 | 200 | —8 | 0.5 | 190 | 12 | 0.5 |
| 小计 | | | 95.3 | | | 95.5① | | | 95.3 |
| 频序 | C4 频次 | DD | % | C5 频次 | DD | % | C6 频次 | DD | % |
| 1 | 17349 | 1 | 42.2 | 17504 | 1 | 42.6 | 17387 | 1 | 42.3 |
| 2 | 5116 | 2 | 12.4 | 5180 | 2 | 12.6 | 5213 | 2 | 12.7 |

---

①  本书中表格内%列数据四舍五入后保留小数点后 1 位,会导致这些数据直接相加与本栏的小计结果有区别。

续表

| 频序 | C4 频次 | DD | % | C5 频次 | DD | % | C6 频次 | DD | % |
|---|---|---|---|---|---|---|---|---|---|
| 3 | 3736 | −1 | 9.1 | 3306 | −1 | 8.0 | 3613 | −1 | 8.8 |
| 4 | 2570 | 3 | 6.3 | 2648 | 3 | 6.4 | 2594 | 3 | 6.3 |
| 5 | 1782 | −2 | 4.3 | 1611 | −2 | 3.9 | 1675 | −2 | 4.1 |
| 6 | 1563 | 4 | 3.8 | 1506 | 4 | 3.7 | 1567 | 4 | 3.8 |
| 7 | 1037 | −3 | 2.5 | 1080 | 5 | 2.6 | 1049 | 5 | 2.6 |
| 8 | 1023 | 5 | 2.5 | 1020 | −3 | 2.5 | 1044 | −3 | 2.5 |
| 9 | 821 | −4 | 2.0 | 846 | −4 | 2.1 | 791 | −4 | 1.9 |
| 10 | 708 | 6 | 1.7 | 790 | 6 | 1.9 | 747 | 6 | 1.8 |
| 11 | 601 | −5 | 1.5 | 609 | −5 | 1.5 | 567 | 7 | 1.4 |
| 12 | 573 | 7 | 1.4 | 568 | 7 | 1.4 | 550 | −5 | 1.3 |
| 13 | 424 | 8 | 1.0 | 461 | 8 | 1.1 | 436 | 8 | 1.1 |
| 14 | 384 | −6 | 0.9 | 437 | −6 | 1.1 | 379 | 9 | 0.9 |
| 15 | 343 | 9 | 0.8 | 347 | 9 | 0.8 | 370 | −6 | 0.9 |
| 16 | 305 | 10 | 0.7 | 303 | −7 | 0.7 | 309 | 10 | 0.8 |
| 17 | 258 | 11 | 0.6 | 287 | 10 | 0.7 | 277 | −7 | 0.7 |
| 18 | 257 | −7 | 0.6 | 269 | −8 | 0.7 | 251 | 11 | 0.6 |
| 19 | 207 | 12 | 0.5 | 250 | 11 | 0.6 | 199 | −8 | 0.5 |
| 20 | 197 | −8 | 0.5 | 184 | 12 | 0.4 | 181 | 12 | 0.4 |
| 小计 | | | 95.5 | | | 95.3 | | | 95.3 |

表 4.16　英文依存距离秩频(前 20,占比 97.2%—97.7%)

| 频序 | E1 频次 | DD | % | E2 频次 | DD | % | E3 频次 | DD | % |
|---|---|---|---|---|---|---|---|---|---|
| 1 | 13098 | 1 | 31.7 | 12972 | 1 | 31.4 | 13171 | 1 | 31.9 |
| 2 | 9191 | −1 | 22.3 | 9434 | −1 | 22.8 | 9173 | −1 | 22.2 |
| 3 | 4333 | 2 | 10.5 | 4232 | 2 | 10.2 | 4279 | 2 | 10.4 |
| 4 | 4205 | −2 | 10.2 | 4151 | −2 | 10.0 | 4240 | −2 | 10.3 |
| 5 | 2616 | −3 | 6.3 | 2661 | −3 | 6.4 | 2630 | −3 | 6.4 |
| 6 | 1561 | 3 | 3.8 | 1521 | 3 | 3.7 | 1519 | 3 | 3.7 |
| 7 | 1374 | −4 | 3.3 | 1391 | −4 | 3.4 | 1401 | −4 | 3.4 |
| 8 | 707 | 4 | 1.7 | 724 | −5 | 1.8 | 715 | 4 | 1.7 |
| 9 | 688 | −5 | 1.7 | 676 | 4 | 1.6 | 700 | −5 | 1.7 |
| 10 | 431 | −6 | 1.0 | 441 | −6 | 1.1 | 427 | −6 | 1.0 |
| 11 | 428 | 5 | 1.0 | 408 | 5 | 1.0 | 396 | 5 | 1.0 |

| 频序 | E1 频次 | DD | % | E2 频次 | DD | % | E3 频次 | DD | % |
|---|---|---|---|---|---|---|---|---|---|
| 12 | 288 | 6 | 0.7 | 263 | −7 | 0.6 | 263 | 6 | 0.6 |
| 13 | 239 | −7 | 0.6 | 255 | 6 | 0.6 | 243 | −7 | 0.6 |
| 14 | 221 | 7 | 0.5 | 195 | 7 | 0.5 | 224 | 7 | 0.5 |
| 15 | 214 | −8 | 0.5 | 195 | −8 | 0.5 | 202 | −8 | 0.5 |
| 16 | 179 | 8 | 0.4 | 172 | 9 | 0.4 | 171 | 8 | 0.4 |
| 17 | 160 | 9 | 0.4 | 165 | 8 | 0.4 | 161 | 9 | 0.4 |
| 18 | 127 | −9 | 0.3 | 158 | 10 | 0.4 | 130 | −9 | 0.3 |
| 19 | 117 | 10 | 0.3 | 141 | −9 | 0.3 | 122 | 10 | 0.3 |
| 20 | 95 | 11 | 0.2 | 116 | −10 | 0.3 | 114 | −10 | 0.3 |
| 小计 | | | 97.6 | | | 97.5 | | | 97.7 |
| 频序 | E4 频次 | DD | % | E5 频次 | DD | % | E6 频次 | DD | % |
| 1 | 13476 | 1 | 32.7 | 13412 | 1 | 32.5 | 13097 | 1 | 31.8 |
| 2 | 8704 | −1 | 21.1 | 8835 | −1 | 21.4 | 9333 | −1 | 22.7 |
| 3 | 4281 | 2 | 10.4 | 4267 | 2 | 10.3 | 4246 | 2 | 10.3 |
| 4 | 4196 | −2 | 10.2 | 4083 | −2 | 9.9 | 4157 | −2 | 10.1 |
| 5 | 2511 | −3 | 6.1 | 2575 | −3 | 6.2 | 2680 | −3 | 6.5 |
| 6 | 1602 | 3 | 3.9 | 1482 | 3 | 3.6 | 1509 | 3 | 3.7 |
| 7 | 1426 | −4 | 3.5 | 1368 | −4 | 3.3 | 1350 | −4 | 3.3 |
| 8 | 708 | 4 | 1.7 | 729 | 4 | 1.8 | 703 | 4 | 1.7 |
| 9 | 705 | −5 | 1.7 | 712 | −5 | 1.7 | 674 | −5 | 1.6 |
| 10 | 458 | −6 | 1.1 | 483 | 5 | 1.2 | 449 | −6 | 1.1 |
| 11 | 447 | 5 | 1.1 | 443 | −6 | 1.1 | 390 | 5 | 0.9 |
| 12 | 329 | 6 | 0.8 | 286 | 6 | 0.7 | 276 | −7 | 0.7 |
| 13 | 279 | −7 | 0.7 | 259 | −7 | 0.6 | 260 | 6 | 0.6 |
| 14 | 216 | 7 | 0.5 | 237 | 7 | 0.6 | 229 | 7 | 0.6 |
| 15 | 186 | 8 | 0.5 | 193 | −8 | 0.5 | 200 | 8 | 0.5 |
| 16 | 175 | −8 | 0.4 | 169 | 8 | 0.4 | 176 | −8 | 0.4 |
| 17 | 141 | 9 | 0.3 | 157 | 10 | 0.4 | 165 | 9 | 0.4 |
| 18 | 129 | −9 | 0.3 | 145 | 9 | 0.4 | 135 | −9 | 0.3 |
| 19 | 127 | 10 | 0.3 | 138 | −9 | 0.3 | 126 | 10 | 0.3 |
| 20 | 101 | −10 | 0.2 | 122 | −10 | 0.3 | 103 | −10 | 0.3 |
| 小计 | | | 97.6 | | | 97.2 | | | 97.7 |

图 4.6 展示了中英文依存距离秩频对比(频序前 20)。图中可见同一种语言的各个子库的曲线几乎完全重合,再次形象地体现了同一种语言语料的同质性。在前面几个频序,中英文之间差异比较大。中文依存距离为 1 的明显比英文的频次高很多,但是距离为−1 的在中文(频序 3)中的频次只有英文(频序 2)中的约 1/3。

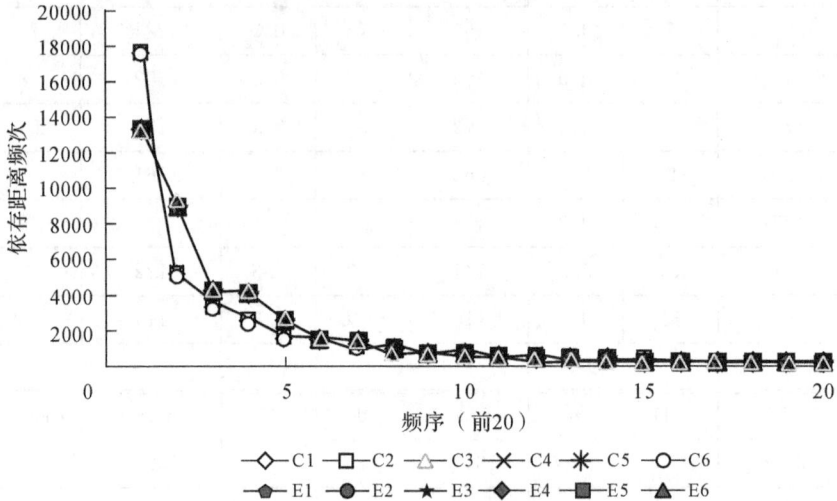

图 4.6　依存距离秩频对比(前 20 位)

将依存距离的完整秩频数据与刘海涛(Liu 2007a)提到的模型——右截尾泽塔分布进行拟合,拟合结果不佳,两种语言各有 1 个子库的数据并不适合使用该模型,决定系数 $R^2 =$ 0;对于英文数据来说,能拟合的 5 个子库数据对应的决定系数 $R^2$ 也仅仅在 0.88 左右。可见该模型对于本研究的数据来说不是最佳模型。一个可能的原因是刘海涛(Liu 2007a)提出的依存距离是没有考虑依存方向的,即绝对依存距离。

我们再次使用齐阿分布来拟合完整的数据,该模型常常用于检验某个语言单位/属性是否符合规律性的分布,是不是语言多样化进程的结果。这也是中介语研究(如 Li & Yan 2021;Hao,Wang & Lin 2021)中为绝对依存距离分布建模的模型。拟合结果如表 4.17 所示,结果甚佳,决定系数 $R^2$ 均在 0.99 以上,独立样本 $t$ 检验表明,中文参数 $\alpha$($M = 0.425$,$SD = 0.005$)显著大于英文参数 $\alpha$($M = 0.322$,$SD = 0.008$)($t = 27.189$,$p < 0.001$,$95\%CI =$ 0.095—0.112),这说明参数 $\alpha$ 能区分两种不同的语言。拟合证明,依存距离分布具有规律性,这进一步证明依存距离是句法层面的一个正常的语言属性/单位,也是语言多样化进程的结果。数据再次证明,同一种语言的几个库之间数据呈现出比较明显的同质性,各个子库比较能代表新闻体裁的基本特征。这样,在后面的分析中,我们可以分别使用其中一个库(C1 或 E1)的数据来进行详细的剖析。

表 4.17　齐阿分布拟合依存距离秩频数据

| | $R^2$ | $a$ | $b$ | $n$ | $\alpha$ | $N$ |
|---|---|---|---|---|---|---|
| C1 | 0.9992 | 0.31 | 0.32 | 100 | 0.42 | 41083 |
| C2 | 0.9994 | 0.23 | 0.34 | 101 | 0.43 | 41132 |
| C3 | 0.9988 | 0.26 | 0.32 | 97 | 0.43 | 41087 |
| C4 | 0.9995 | 0.15 | 0.36 | 126 | 0.42 | 41113 |
| C5 | 0.9988 | 0.15 | 0.35 | 103 | 0.43 | 41122 |
| C6 | 0.9993 | 0.18 | 0.35 | 104 | 0.42 | 41144 |
| E1 | 0.9929 | 0.44 | 0.41 | 86 | 0.32 | 41262 |
| E2 | 0.9923 | 0.65 | 0.35 | 76 | 0.31 | 41311 |
| E3 | 0.9924 | 0.49 | 0.4 | 72 | 0.32 | 41240 |
| E4 | 0.9932 | 0.27 | 0.45 | 74 | 0.33 | 41181 |
| E5 | 0.9928 | 0.33 | 0.42 | 85 | 0.33 | 41250 |
| E6 | 0.9925 | 0.59 | 0.37 | 69 | 0.32 | 41192 |

中文的依存距离变化趋势呈现出与英文不同的特点:

1) 在中文中,正值增长比负值增长更快一些,这是中文的平均绝对依存距离比英文大的原因之一。

2) 两种语言中依存距离为 1 的均排序第 1,但是其在中文中的比例(42.2%—43.1%)高于英文中的比例(31.4%—32.7%)。

3) 中文中排序第 2 的依存距离依然是正值(2),其比例为 12.4%—13.0%,英文中该比例稍低一些,为 10.2%—10.5%,排序为第 3。

4) 英文中的依存距离为 −1 的排名第 2,比例高达 21.1%—22.8%,中文中的比例不到一半,只有 8.0%—9.1%,位居第 3。

除此以外,表 4.18 汇总了中文和英文的依存距离相关的几个关键数据。

表 4.18　中英文依存距离的几个关键数据

| 子库 | 平均 DD | 平均 ADD | DD =1(%) | DD= −1(%) | DD= ±1(%) | 相邻依存方向相反(%) | DD 为正值(%) |
|---|---|---|---|---|---|---|---|
| C1 | 1.37 | 3.08 | 42.2 | 8.5 | 50.7 | 36.8 | 77.5 |
| C2 | 1.47 | 3.32 | 43.1 | 8.2 | 51.3 | 36.2 | 78.0 |
| C3 | 1.44 | 3.08 | 42.8 | 8.0 | 50.8 | 36.3 | 78.0 |
| C4 | 1.46 | 3.07 | 42.2 | 9.1 | 51.3 | 37.4 | 76.7 |
| C5 | 1.38 | 3.07 | 42.6 | 8.0 | 50.6 | 37.1 | 77.5 |
| C6 | 1.41 | 3.07 | 42.3 | 8.8 | 51.0 | 37.0 | 77.2 |

续表

| 子库 | 平均 DD | 平均 ADD | DD =1(%) | DD= -1(%) | DD= ±1(%) | 相邻依存方向相反(%) | DD 为正值(%) |
|---|---|---|---|---|---|---|---|
| E1 | 0.03 | 2.35 | 31.7 | 22.3 | 54.0 | 48.6 | 52.6 |
| E2 | 0.00 | 2.37 | 31.4 | 22.8 | 54.2 | 48.3 | 51.8 |
| E3 | 0.00 | 2.33 | 31.9 | 22.2 | 54.1 | 49.5 | 52.4 |
| E4 | 0.05 | 2.35 | 32.7 | 21.1 | 53.8 | 48.7 | 53.7 |
| E5 | 0.09 | 2.57 | 32.5 | 21.4 | 53.9 | 48.0 | 53.6 |
| E6 | 0.00 | 2.31 | 31.8 | 22.7 | 54.5 | 48.4 | 52.2 |

从表 4.18 中可以发现两种语言在依存距离方面的更多异同：

1)中文的平均依存距离大于英文，而英文似乎有一种机制，使得支配词居前和支配词置后达到一种均衡，这样使得平均依存距离均值为 0。至于哪些情况下是支配词置后，哪些情况下是支配词居前，我们需要结合词性和其配价功能来进行分析，这将留待后续的研究来解决。中文的绝对依存距离（均 3.07—3.32）也大于英文（均 2.31—2.57），该结果与刘海涛（2007a）的研究一致。独立样本 $t$ 检验表明，中文平均 ADD（$M=3.115, SD=0.101$）显著大于英文平均 ADD（$M=2.380, SD=0.095$）（$t=12.996, p<0.001, 95\% CI=0.609—0.861$）。

2)两种语言的相邻依存（支配词与从属词直接相邻）的情况均超过了一半；中文的比例（50.6%—51.3%）比英文的比例（53.9%—54.5%）稍微低些，但是没有显著差异。这两个比例均低于蒋景阳和刘海涛（Jiang & Liu 2015：103）的相关研究数据，其研究中英文相邻依存的比例为 55.0%—67.0%，中文为 55.0%—64.0%。两个研究的数据差异可能源于语料的不同，但是有一点是共同的：在中英文中，超过一半的依存关系均产生于相邻的节点中，这种高比例是依存距离最小化的一个重要成因。

3)在中文的相邻依存中，支配词居前仅仅占全部相邻依存的 16.0%—18.0%，远远低于英文中的比例（39.0%—42.0%）。这是整体上中文的平均依存距离比英文大的原因之一。

4)前述区别不仅仅表现在相邻依存中。两种语言中支配词置后（即依存距离为正值）的比例有比较大的差异，中文中比例高达 77.5%，即超过四分之三的情况下，都是从属词在前，支配词在后。我们推测，没有足够比例的支配词居前的结构来使得平均依存距离降低，这是中文依存距离（均 1.37—1.46）比英文大（均 0—0.09）的一个重要原因。

5)直接查看句子中出现的正负依存距离彼此相间的比例，发现其在中文中的平均比例为 36.8%，低于英文中的平均比例 48.6%。坦珀利（Temperley 2008）提出了反向分叉原则，如果中心词有多个从属成分，单个词的依存成分与主要依存方向相反的时候，有助于减少依存距离。我们需要在后续的研究中计算语料中这种单个词与主要依存方向相反的比例，但是至少我们可以从现有的数据中看到，前后依存方向相反的比例很高，这是减少依存距离的一个有效机制。

上述 2)—5)均从某种角度导致中文句子平均依存距离和平均绝对依存距离都比英文对应数据更大一些。

那么,是什么原因导致了这么有规律的现象呢?是哪些结构导致了这些依存距离的主要异同呢?我们预测,除了要考察依存距离和依存方向,还有必要考虑这些依存距离分别产生于两个具有什么词性的词之间,并有必要考虑它们之间存在什么关系。

所以,在回答了第一个关键问题以后,本节接下来的部分将聚焦中、英文的第一个子库,依次考察若干种依存距离和对应的组合,以分析依存距离在增加的时候,对应的功能和结构方面发生了什么变化。

我们首先将分析依存距离为 1 和 −1 的情况,即查看支配词与从属词相邻的情形。之后将拓展到依存距离为 2 和 −2 的情况,看看它们对应的结构与依存距离为 ±1 对应的结构之间存在什么样的异同点。

在此基础上,我们将分析整个依存距离变化的总体趋势。

### 4.3.3.2 4 个典型的依存距离

**依存距离为 1**

我们用"从属词(词性)＋支配词(词性)＝依存关系"来表示支配词、从属词和依存关系之间的三元关系,该公式与语序无涉,"＋"表示修饰或者限制,"＝"表示充当什么样的句法功能/有什么样的依存关系。比如英文中的"jj＋nn＝atr",表示形容词修饰名词,作名词的定语。如"(an) important book",此处支配词"book"居后,依存距离为正值(1)。再如"(a) mission impossible",拥有同样的依存关系和对应的词性,然而支配词"mission"在从属词"impossible"之前,此处依存距离为负值(−1)。

为了分析简便,我们一般只查看每种依存距离对应的前 10 种相关组合。

我们首先分析支配词和从属词相邻的情况,就从依存距离为 1 开始,该距离表示支配词紧跟在从属词之后,比如上例中"important"和"book"之间的依存距离为 1。

我们以第 1 个英文子库为例(表 4.19,斜体部分为支配词),依存距离为 1 时,居于前 10 的支配词均为名词和动词,尤以名词为多。占总数一半以上的情况都是名词作支配词,具体为名词作定语修饰名词("nn＋nn＝atr",占总数的 22.9%)、形容词作定语修饰名词("jj＋nn＝atr",16.0%),以及限定词修饰名词("dt＋nn＝auxa",14.5%)。紧接其后的是名词做动词的主语("nn＋vb＝sb",7.5%),以及助动词修饰动词("vb＋vb＝auxv",4.7%)。

表 4.19 E1 子库中,依存距离为 1 的结构分布(前 10)

| 频序 | 结构 | 频次 | ％ | 举例 | 结构意义 |
| --- | --- | --- | --- | --- | --- |
| 1 | nn＋nn＝atr | 2993 | 22.9 | store *chain* | 名词修饰名词,作定语 |
| 2 | jj＋nn＝atr | 2100 | 16.0 | annual *rates* | 形容词作名词的定语 |
| 3 | dt＋nn＝auxa | 1902 | 14.5 | the *board* | 冠词修饰名词,作定语 |

**续表**

| 频序 | 结构 | 频次 | % | 举例 | 结构意义 |
|---|---|---|---|---|---|
| 4 | nn＋vb＝sb | 980 | 7.5 | Canada *reported* | 名词作动词的主语 |
| 5 | vb＋vb＝auxv | 620 | 4.7 | were *surprised* | 助动词后加动词 |
| 6 | cd＋nn＝atr | 568 | 4.3 | ten *states* | 数词修饰名词,作定语 |
| 7 | prp＋vb＝sb | 439 | 3.4 | he *added* | 人称代词作动词的主语 |
| 8 | rb＋vb＝adv | 403 | 3.1 | financially *troubled* | 副词修饰动词,作状语 |
| 9 | prp＄＋nn＝atr | 286 | 2.2 | their *rivalry* | 物主代词修饰名词,作定语 |
| 10 | dt＋nn＝atr | 262 | 2.0 | all *contestants* | 限定词修饰名词,作定语 |
| 小计 | | | 80.6 | | |

依存距离为 1 时,中文的结构(表 4.20)与英文中共有的结构比较少,不同的结构更多一些。同样,表中画线部分为支配词。

**表 4.20　C1 子库中,依存距离为 1 的结构分布(前 10)**

| 频序 | 结构 | 频次 | % | 举例 | 结构意义 |
|---|---|---|---|---|---|
| 1 | n＋n＝att | 3351 | 19.4 | 新华社　<u>记者</u> | 名词修饰名词,作定语 |
| 2 | u＋n＝att | 1389 | 8.0 | 的　<u>世纪</u> | 助词结构作定语 |
| 3 | d＋v＝adv | 1220 | 7.0 | 再次　<u>获得</u> | 副词作动词的状语 |
| 4 | n＋v＝sbv | 1191 | 6.9 | 生活　<u>改善</u> | 名词作动词的主语 |
| 5 | m＋q＝num | 906 | 5.2 | 一　<u>张</u> | 数词修饰量词,构成数量词 |
| 6 | n＋u＝de | 820 | 4.7 | 党　<u>的</u> | 名词加助词,构成"的"字结构 |
| 7 | a＋n＝att | 687 | 4.0 | 良好　<u>态势</u> | 形容词作名词的定语 |
| 8 | v＋u＝de | 512 | 3.0 | 取得　<u>的</u> | 动词加助词,构成"的"字结构 |
| 9 | a＋u＝de | 453 | 2.6 | 平凡　<u>的</u> | 形容词加助词,构成"的"字结构 |
| 10 | n＋f＝att | 429 | 2.5 | 历史　<u>上</u> | 名词作方位词的定语 |
| 小计 | | | 63.3 | | |

首先,我们查看一下共同点:

1)两种语言在依存距离为 1 的情况下,常见的结构均有:"名词＋名词＝定语""名词＋动词＝主语""形容词＋名词＝定语",三者均与名词相关,这与两种语言中名词的高比例是紧密相关的,事实上,在很多语言中,名词比例均超过了 40.0%(Liang & Liu 2013),我们可以推测,常见的依存结构中,名词是其中的一个重要成分。

具体地说,名词做名词的定语的情况在英文("nn＋nn＝atr")中比例更高,达到22.9%,中文("n＋n＝att")中比例亦不低,达到 19.4%。形容词作名词的定语的情况在英文("jj＋nn＝atr")中明显比例较高(16.0%,排第 2),在中文("a＋n＝att")中仅仅占

4.0％,居于第 7 位。中文中形容词直接做定语的占比较低的一个原因是,在形容词后常常有一个"的",整个"的"字结构一起做名词的定语。在本研究中文语料库中,这种情况下,"的"标记为"的"字结构的中心词,因此对应的形容词是"的"的从属词,而非名词中心词的直接从属词。

2)此外,副词修饰动词作状语的情况在两种语言中均排名在前 10。在中文中("d＋v＝adv")比例稍高,为 7.0％。英文中("rb＋vb＝adv")对应的比例是 3.1％。

接下来,我们重点考察依存距离为 1 时,中英文主要结构方面的差异。

我们从中文开始。

1)"的"字相关的结构占了大约 18.3％,中文中动词、形容词、代词、名词等后加"的"都可能形成"的"字结构,英文中形容词和动词没有此结构,且英文中有专门的物主代词,因此唯一具有可比性的是"people's"(人们的)这样的类似结构,在英文库中,这样的结构标记为依存距离为－1,即将"people"标记为支配词,和中文中的标注方式刚好相反。

2)和英文相比,中文数量词是一个独特的结构,"m＋q＝num"在中文中的比例达到 5.2％。

3)名词修饰方位词的结构("n＋f＝att",如"历史上")在中文库中标记方位词为支配词,这种结构的频次亦列入前 10。

现在我们考察英文中依存距离为 1 的结构。

1)冠词作名词定语("dt＋nn＝auxa",如"a party")以及其他限定词修饰名词的结构("dt＋nn＝atr",如"this chain")在英文中的比例达 14.5％和 2.0％,分别位居第 3 和第 10。

2)助动词后加动词("vb＋vb＝auxv",如"has completed")的结构在英文依存距离为 1时排名第 5。

3)英文中不存在数量词这个和中文对等的语言单位,"cd＋nn＝atr"(数词修饰名词,作定语)在英文中居前 10,这可能和所选语料为新闻体裁有一定的关系。

4)排名第 7("prp＋vb＝sb",人称代词作动词的主语)和第 9("prp＄＋nn＝atr",物主代词修饰名词,作定语)的结构均与代词相关。

**依存距离为－1**

在分析了依存距离为 1 的情况后,我们继续查看依存距离为－1 的情况,此时支配词和从属词依然相邻,所不同的是,支配词在前。表 4.21、表 4.22 分别呈现了英文和中文中居前 10 的数据,这类数据在英文占总比 57.9％,中文占总比 81.5％。表中斜体的词为支配词。

表 4.21　**E1 子库中,依存距离为－1 的结构分布(前 10)**

| 频序 | 结构 | 频次 | ％ | 举例 | 结构意义 |
|---|---|---|---|---|---|
| 1 | in＋nn＝auxp | 1750 | 19.0 | ( have a large ) *exposure* to (construction loans) | 介词词组修饰名词,作辅助介词 |
| 2 | in＋vb＝auxp | 761 | 8.3 | (reserves) *traded* among (commercial banks) | 介词词组修饰动词 |

续表

| 频序 | 结构 | 频次 | % | 举例 | 结构意义 |
|---|---|---|---|---|---|
| 3 | pos＋nn＝atr | 463 | 5.0 | *people*'s | "'s"修饰名词,作后置定语 |
| 4 | nn＋in＝adv | 439 | 4.8 | (vary widely) *by* location | 介词词组作状语 |
| 5 | nn＋in＝atr | 427 | 4.6 | (weapons) *under* negotiation | 介词词组作定语 |
| 6 | vb＋to＝adv | 375 | 4.1 | (agreeing) *to* remove | 不定式词组作状语 |
| 7 | to＋vb＝auxp | 328 | 3.6 | *agreeing* to (remove) | 不定式词组修饰动词 |
| 8 | nn＋vb＝obj | 307 | 3.3 | (has been) *manufacturing* carpet | 名词作动词的宾语 |
| 9 | vb＋nn＝atr | 239 | 2.6 | *equipment* powered (with diesel) | 非谓动词(词组)作名词定语 |
| 10 | vb＋md＝obj | 237 | 2.6 | *would* involve | 情态动词后接动词 |
| 小计 | | | 57.9 | | |

**表 4.22　C1 子库中,依存距离为－1 的结构分布(前 10)**

| 频序 | 结构 | 频次 | % | 举例 | 结构意义 |
|---|---|---|---|---|---|
| 1 | n＋v＝vob | 931 | 26.6 | 抓住　机遇 | 名词作动词的宾语 |
| 2 | u＋v＝mt | 587 | 16.8 | 承担　着;做出　了 | 助词结构承担时体功能 |
| 3 | n＋p＝pob | 309 | 8.8 | (恢复)　对　香港(行使主权) | 名词作介词宾语 |
| 4 | v＋v＝cmp | 309 | 8.8 | 团结　起来 | 动词作动词的补语 |
| 5 | v＋v＝vob | 199 | 5.7 | 表示　肯定 | 动词作动词的宾语 |
| 6 | p＋v＝cmp | 125 | 3.6 | 投身　于;建立　在;移交　给 | 介词词组作动词的补语 |
| 7 | u＋n＝rad | 123 | 3.5 | 同志　们;(日本)、中国等 | 助词结构作为名词的后附加成分 |
| 8 | v＋p＝pob | 100 | 2.9 | 为　改善(职工的住房而奔波) | 动词作介词的宾语 |
| 9 | m＋m＝rad | 84 | 2.4 | 四十　多(岁) | 量词作量词的后附加成分 |
| 10 | r＋p＝pob | 82 | 2.3 | 与　他们(合影) | 代词作介词宾语 |
| 小计 | | | 81.5 | | |

　　从排名前 10 的数据看,两种语言基本上没有什么共性。唯一的例外出现在名词作动词的宾语的结构中,该结构在两种语言中均比较多见,但是其比例大相径庭。在中文中"n＋v＝obj"高达 26.6%,位列第 1,而在英文中,"nn＋vb＝obj"仅占 3.3%,位列第 8。

　　两种语言在依存距离等于－1 时一个明显的差异是,中文中的状语(共 5621 频次)无一例外都是支配词居前,其平均依存距离为 3.89。所以依存距离为－1 时排名前 10 的结构中不会出现"某词性＋某词性＝adv"的结构。而在英文中作为状语的词(共 6209 频次)可能出现在支配词前(4537 频次,占总数的 73.0%,平均依存距离为－2.62)或者后面(1672 频次,平均依存距离为 3.75),全部状语的平均依存距离为－0.90。状语位置的差异是两种语言在语序方面的一个重大差别,因为状语的比例高,其位置差异也是导致中英文句子平均依存距离差距的一个重要原因。

现在我们按照频序一一进行分析。我们从英文开始：

1）在英文中频次最高的是"in＋nn＝auxp"（介词词组修饰名词，auxp 为辅助助词结构），该结构其实为介词词组作后置定语，在英文中的比例高达近 1/5，但是在中文中没有这样的结构。

2）在英文中排名第 2 的结构是"in＋vb＝auxp"。事实上，在英文中，"in（介词，为后置从属词）＋vb（动词，为前置支配词）"的结构，均标记为辅助性的结构，如 auxp（辅助介词）和 auxc（辅助连词如"that""because"）。其中"in＋vb＝auxp"的结构更为多见，占 8.3%，频次为 761。

在中文中有一种类似的结构，即"p＋v＝cmp"（介词＋动词＝动补结构），但是中文中，介词词组放在动词后面时，不称为状语，而称作"补语"（比如"<u>投身于</u>""<u>建立在</u>""<u>移交给</u>"）。该结构无论是比例上（3.6%）还是频次上（125 次）均远远低于英文中的对应数据。

3）"people's"这样带"'s"的结构在英文中很常见，比例达到 5.0%，在英文中名列第 3。介词后面跟名词作为状语的结构比例亦相仿（4.8%）。而在中文中，介词词组作状语均出现在动词前面，因此其依存距离均为正值。

4）类似地，介词词组作定语，在英文中占比例 4.6%，排名第 5。中文库中没有这样的结构。

5）接下来的 2 个均为不定式"to"相关的结构，也是英文中特有的。"agreeing to remove"就是 2 个这样结构的结合：一个是"vb＋to＝adv"（动词＋"to"＝状语，占比 4.1%，排第 6），另一个是"to＋vb＝auxp"（"to"作动词的辅助介词，构成不定式）（占比 3.6%，排第 7）。

6）排名第 9 和第 10 的英文结构分别是后置的非谓动词（词组）作定语，或者情态动词后面接动词。

分析过英文的情况以后，我们转向中文中依存距离为－1 的情况。

1）我们之前已经分析过了排名第 1 对应的结构，排名第 2 的是"u＋v＝mt"（助词结构承担时体功能），比如"着""了""过"等词表示进行或者过去等时态。这与英文中用形态变化来表示时态的方法是大不相同的。该结构在中文中所占比例高达 16.8%。

2）排名第 3 的是"n＋p＝pob"，表示名词作介词的宾语，该结构在英文中亦比较常见，只是标注方式不大相同罢了。在英文中，排名第 4（"nn＋in＝adv"）和第 5（"nn＋in＝atr"）的结构本质上也是名词跟在介词后面。仔细分析数据，发现"n＋p＝pob"的中文结构主要承担这样的功能（包含所有依存距离的数据）：在 83.0% 的情况下该组合是一个状语，接下来可能是补语以及"的"字结构，偶尔可能是并列成分之一，或者作为前附加、定语等情况出现。与英文不同的是，其作为定语（如"对台湾问题<u>立场</u>（支配词）""同西方<u>关系</u>（支配词）"中出现的那样）出现的概率极低。

3）C1 树库中依存距离为－1 时，排序第 4 的是动词作动词的补语（"v＋v＝cmp"），该结构占比 8.8%。

4）排序第 5 的是动词作动词的宾语（"v＋v＝obj"，占比 5.7%），该结构在英文中没有进入前 10。而"v＋v＝obj"这样的结构在中文中比较常见，比如"<u>恢复</u>（对香港）行使（主权)""(把……事业)推向 前进""得到 缓解""保持 稳定"。此处,除第 1 例外,动词宾语和动词从属词之间的依存距离都是－1。

5)在排名前 10 的情况中,还有 2 个后附接成分,也是在中文中比较常见的支配词居前的情况,其中之一是:助词结构作为名词的后附接成分("u＋n＝rad"),比如"们""等"这样的词就是后附接成分。另外 1 个是"m＋m＝rad",比如"四十多岁"中,"多"也是一个后附接成分。

6)最后,代词作介词宾语的情况("r＋p＝pob")在中文中比例(2.3%)高于英文,而在英文中只有 30 多个。

无论依存距离是 1,还是－1,都是在相邻词之间形成依存关系,都能使得认知负担最轻,相邻依存占比很高,这是人类语言依存距离最小化的一个重要原因。

在分析完两种语言中依存距离为±1,即支配词与从属词相邻的情况以后,我们接下来探讨依存距离为±2 的情况。我们还是从正值开始,然后转到负值。此时,我们不仅仅要开展语言之间的对比,还要进行不同距离之间的对比,分析依存距离为 2 与为 1 之间的区别,以及距离为－2 与为－1 之间的差异。

我们先分析依存距离为 2 的情况。

**依存距离为 2**

在这部分中,我们分两种语言分别进行讨论,重点关注依存距离为 1 和依存距离为 2 的结构之间的差别,最后将进行两种语言之间的对比。

表 4.23 是 E1 树库中依存距离为 2 的结构分布,为了节约空间,我们仅关注前 10 个频序,占比 82.7%。

表 4.23　E1 子库中,依存距离为 2 的结构分布(前 10)①

| 频序 | 结构 | 频次 | % | 举例 | 对应结构 |
|---|---|---|---|---|---|
| 1 | dt＋nn＝auxa | 1147 | 26.5 | the (majority) *position* | 限定词作定语 |
| 2 | nn＋nn＝atr | 748 | 17.3 | (a) bank (holding) *company* | 名词作定语 |
| 3 | jj＋nn＝atr | 613 | 14.1 | rare *chances* | 形容词作定语 |
| 4 | nn＋vb＝sb | 293 | 6.8 | Management (had) *believed*; Jaguar (was) *shocked*; (Mr) Wathen (also) *relished* (the chance) | 名词主语和谓语动词之间有一个词间隔;该词往往为助动词和副词 |
| 5 | vb＋vb＝auxv | 225 | 5.2 | has (been) *completed* | 一个助动词修饰另外一个动词,中间有一个词间隔,该词往往为副词和助动词 |
| 6 | $＋cd＝atr | 157 | 3.6 | $1,000 | $ 符号加数词 |

① 表中斜体部分为支配词,从属词与名词支配词之间都有一个词间隔。

续表

| 频序 | 结构 | 频次 | % | 举例 | 对应结构 |
|---|---|---|---|---|---|
| 7 | prp＄＋nn＝atr | 130 | 3.0 | its (common) *stock* | 物主代词作定语 |
| 8 | prp＋vb＝sb | 99 | 2.3 | It (also) *reported* | 代词作动词的主语 |
| 9 | cc＋nn＝coord | 87 | 2.0 | and (commercial) *loans* | 连词连接并列的名词 |
| 10 | cd＋nn＝atr | 82 | 1.9 | five (postal) *offices*; a 53 (%) *stake*; (the) ten (government) *agencies* | 数词作定语 |
| 小计 |  |  | 82.7 |  |  |

　　和距离为 1 的结构相同的是，居前 5 位的依然是："dt＋nn＝auxa"（限定词修饰名词，形成冠中关系）、"nn＋nn＝atr"（一个名词做另一个名词的定语）、"jj＋nn＝atr"（形容词作名词定语）、"nn＋vb＝sb"（名词作动词）、"vb＋vb＝auxv"（动词作动词的助动词），但是排序稍微有所变化。显然，名词支配词前面能再加其他词，动词前面也可以加副词或者助动词等。在这五种结构中，排名第 1 的是"dt＋nn＝auxa"（限定词修饰名词，形成冠中关系），占总数 1/4 以上。

　　与依存距离为 1 的情况相比，"nn＋nn＝atr"（一个名词作另一个名词的定语）结构比例有所下降，也比依存距离为 2 的"dt＋nn＝auxa"结构比例小，这是为何呢？"名词 ＋ 什么词性的词 ＋ 名词"会成为一个新的名词词组？仔细分析文本，我们发现，这种情况中专有名字居多，如"DPC Acquisition Partner's""Travis H Petty""SFE Technologies shares"等包含人名、公司名的结构，也有部分不含专有名词的结构，如"data communications products""board retirement policy""passenger car sales"。二者的共同点是基本上都是两个（个别情况下更多个）名词在一起修饰名词。因此这种情况的比例，很明显地要低于排序第 1 的"dt＋nn＝auxa"（限定词修饰名词，形成冠中关系）了。

　　类似于"dt＋nn＝auxa"的结构，在名词前有其他修饰语的情况下，再加形容词也是比较容易的，因而在依存距离为 2 的情况下，"jj＋nn＝atr"（形容词作名词定语）的结构也是比较多见的，该结构占比排第 3 位。

　　依存距离为 2 的"jj＋nn＝atr"（形容词作名词定语）结构指形容词作名词的前置定语，中间还间隔着另外一个词的结构。这个处于中间位置的可能词性分布有什么特点呢？表 4.24 为 E1 库的"jj＋nn＝atr"结构中依存距离为 2 时形容词从属词与其名词支配词中间的词的分布情况。数据表明，中间的词基本上是名词（48.9%）和形容词（43.2%），其次是数词（3.8%），动词-ing 形式（2.4%），另外还有 5 个限定词，2 个"'s"结构，2 个代词和 1 个过去分词。其中间词的典型词性是名词和形容词，二者合计占比超过 90.0%。有趣的是，将齐阿分布拟合这些秩频数据，得出拟合的决定系数 $R^2$＝0.9942，结果甚佳。其他库的数据拟合结果类似。这表明该结构中间的词也是语言多样化进程的结果。

表 4.24　E1 子库中,依存距离为 2 的"jj+nn=atr"结构中的中间词分布

| 频序 | 频次 | 词性 | 说明 | % |
|---|---|---|---|---|
| 1 | 300 | nn | 名词 | 48.9 |
| 2 | 265 | jj | 形容词 | 43.2 |
| 3 | 23 | cd | 数词 | 3.8 |
| 4 | 15 | vbg | 动词-ing 形式 | 2.4 |
| 5 | 5 | dt | 限定词 | 0.8 |
| 6 | 2 | pos | 's | 0.3 |
| 7 | 2 | prp | 代词 | 0.3 |
| 8 | 1 | vbn | 动词过去分词 | 0.2 |
| 汇总 | 613 | | | 100 |

　　再回到英文中依存距离为 2 的结构的分布。排名第 4 的"nn+vb=sb"(名词作动词的主语)的情况出现频次亦不低,为 293 次,占依存距离为 2 的情况的 6.8%。我们预测,在这种情况下,动词前面可能有一个副词作状语。然而,数据分析的结果完全相反:超过 70%的情况下动词前面是助动词(如"is""has""was""are""had""have""were"等),不到 30%的情况下才是一个副词(如"also""recently""often""completely""still"等),其中"also"出现次数最多,占总数的 7.4%。

　　"vb+vb=auxv"(一个动词作另外一个动词的助动词)的结构中,我们再次估计,中间的这个词更可能是副词。这次数据证实了我们的假设:73.5%为副词,17.7%为过去分词,2.9%为现在分词,还有 2.5%是人称代词。

　　频序为其后的 5 种(第 6 至第 10)情况和依存距离为 1 的情况相仿。稍微值得注意的是,数字修饰名词作定语(cd+nn=atr)的情况,其比例已经从 4.3%下降到 1.9%。该结构中间间隔的词为百分比(%、percent、percentage)的情况占 38.0%,为形容词的也占38.0%,其余基本为其他的名词。

　　在分析了英文相关分布以后,我们转向中文的数据(表 4.25)。中文依存距离为 1 的结构和距离为 2 的结构存在着一定的共性,也存在不少的差异。

表 4.25　C1 子库中,依存距离为 2 的结构分布(前 10)

| 频序 | 结构 | 频次 | % | 举例 | 结构意义 |
|---|---|---|---|---|---|
| 1 | n+n=att | 644 | 12.0 | 邓小平理论(伟大)旗帜 | 名词修饰名词,作定语 |
| 2 | u+n=att | 620 | 11.6 | (充满希望)的(新)世纪 | 助词结构作定语 |
| 3 | n+v=sbv | 567 | 10.6 | (中国)政府(顺利)恢复(对香港行使主权) | 名词作动词的主语 |
| 4 | n+n=coo | 455 | 8.5 | (中共中央)总书记(国家)主席(江泽民) | 两个名词形成并列 |

| 频序 | 结构 | 频次 | ％ | 举例 | 结构意义 |
|---|---|---|---|---|---|
| 5 | p＋v＝adv | 277 | 5.2 | （恢复）对（香港）行使（主权） | 介词修饰动词，构成状语 |
| 6 | d＋v＝adv | 231 | 4.3 | （还）没有（根本）改变 | 副词作动词的状语 |
| 7 | v＋u＝de | 176 | 3.3 | 充满（希望）的（新世纪） | 动词加助词，构成"的"字结构 |
| 8 | v＋v＝ic | 143 | 2.7 | （精心）部署，（狠）抓（落实） | 一个动词所构成的结构，是另外一个动词结构的小句 |
| 9 | q＋n＝qun | 117 | 2.2 | （一）批（中外）名曲 | 量词修饰名词，构成数量词 |
| 10 | c＋n＝lad | 117 | 2.2 | （困难职工）以及（农村）贫困户 | 连词修饰名词，构成后接成分 |
| 小计 | | | 62.5 | | |

首先，我们看看两者共有的几个结构："n＋n＝att"（名词修饰名词，作定语，频次为644，占比 12.0％）以及"u＋n＝att"（助词结构作名词的定语，频次为 620，占比 11.6％）均排在首两位，和依存距离为 1 的结构相比，前者比例大大降低，后者比例有所上升。"v＋u＝de"（动词加助词，构成"的"字结构）在两种距离的情况下，排名类似（第 7 和第 8），比例相仿（3.0％左右）。

我们以第 1 个"n＋n＝att"（名词修饰名词，作定语）为例来进行比较详细的探讨。这个结构中间有一个词，使得两个名词之间的依存距离变成了 2，那么这个词可能是什么词性？这些词性的分布也是有规律的吗？第 1 个中文子库的研究表明，按照各种可能的词性频次进行排序，其秩频数据符合齐阿分布，决定系数 $R^2 = 0.9952$。表 4.26 仅列举了频次超过 1 的数据，占比 99.5％。从表中可见，其中间词的典型词性是名词，亚典型词性是形容词，二者合计占比接近 70％。

表 4.26 C1 子库中，依存距离为 2 的"n＋n＝att"结构中的中间词分布（频次超过 1）

| 频序 | 频次 | 词性 | 说明 | ％ | 举例 |
|---|---|---|---|---|---|
| 1 | 377 | n | 名词 | 57.6 | 人民（广播）电台 |
| 2 | 66 | a | 形容词 | 10.1 | 香港（特别）行政区 |
| 3 | 51 | b | 区别词 | 7.8 | 委员会（副）主席；安理会（常任）理事国 |
| 4 | 41 | u | 助词 | 6.3 | （尉健行）、李岚清（等）领导 |
| 5 | 38 | m | 数词 | 5.8 | 交响曲（第四）乐章 |
| 6 | 31 | r | 代词 | 4.7 | 欧盟（各）成员国 |
| 7 | 27 | t | 时间词 | 4.1 | 中国（现代）文学 |
| 8 | 7 | f | 方位词 | 1.1 | 中国（沿海）城市 |
| 9 | 6 | v | 动词 | 0.9 | 经济（发展）模式 |
| 10 | 5 | s | 处所词 | 0.8 | 济南市（市区）居民 |
| 11 | 2 | q | 量词 | 0.3 | 大连港（年）吞吐量 |
| 小计 | | | | 99.5 | |

"d+v=adv"(副词作动词的状语)从排序第 3(7%)退到了排序第 6(4.3%)。副词和动词之间还可能会有什么样的词呢? 秩频数据如表 4.27 所示,其完整数据拟合齐阿分布,决定系数 $R^2=0.9970$。其中间词的典型词性是副词和动词,二者合计占比超过 85.0%。

表 4.27　C1 子库中,依存距离为 2 的"d+v=adv"结构中的中间词分布(频次超过 1)

| 频序 | 频次 | % | 词性 | 说明 | 举例 |
|---|---|---|---|---|---|
| 1 | 108 | 46.8 | d | 副词 | 没有(根本)改变 |
| 2 | 90 | 39.0 | v | 动词 | 一定(能够)克服;将(继续)进行;专程(回国)参加 |
| 3 | 19 | 8.2 | a | 形容词 | 还(积极)参与;已(稳定)脱贫 |
| 4 | 5 | 2.2 | m | 数词 | 曾(多次)进行 |
| 5 | 3 | 1.3 | p | 介词 | 曾经(被)评为 |
| 6 | 2 | 0.9 | n | 名词 | 同时(实况)转播 |
| 小计 | | 98.4 | | | |

"n+v=sbv"(名词作动词的主语)的结构从第 4 位(6.9%)上升到了第 3 位(10.6%)。作主语的名词与作支配词的动词之间可以存在什么词性的词呢? 是否都是副词做状语呢? 表 4.28 展示了相关结果,其完整秩频数据拟合齐阿分布($R^2=0.9895$)。其中间词的典型词性是副词,比例超过一半,亚典型词性为形容词和动词,二者比例相仿。数据拟合表明在中文中,这些词性的分布也是语言多样化的结果。

表 4.28　C1 子库中,依存距离为 2 的"n+v=sbv"结构中的中间词分布(频次超过 1)

| 频序 | 频次 | % | 词性 | 说明 | 举例 |
|---|---|---|---|---|---|
| 1 | 306 | 54.0 | d | 副词 | 生产(再次)获得 |
| 2 | 83 | 14.6 | a | 形容词 | 政府(顺利)恢复 |
| 3 | 78 | 13.8 | v | 动词 | 全局(继续)保持;中国(愿意)加强 |
| 4 | 20 | 3.5 | u | 助词 | 党(所)恢复(后文:的优良传统) |
| 5 | 16 | 2.8 | t | 时间词 | 关系(未来)发展 |
| 6 | 12 | 2.1 | p | 介词 | 定居点(被)置于 |
| 7 | 12 | 2.1 | r | 代词 | 资源(各)具 |
| 8 | 11 | 1.9 | c | 连词 | 经济(既)取得 |
| 9 | 10 | 1.8 | m | 数词 | 人口(大量)减少 |
| 10 | 9 | 1.6 | k | 后接成分 | 市民(们)欢庆 |
| 11 | 4 | 0.7 | f | 方位词 | 味道(南北)是(后文:有差异的) |
| 12 | 2 | 0.4 | n | 名词 | 水(高)达 |
| 小计 | | 99.2 | | | |

以上各种类型的数据表明,两个具有依存关系的词之间的词,其可能的词性分布也是颇有规律的,这表明能出现在该位置的词也是语言多样化的结果。以下类似拟合不再赘述。

我们再回到表 4.25 的趋势问题,依存距离增加到 2 时,原来依存距离为 1 时中文中排名第 5 到第 10 的结构(表 4.20)只剩下"v+u=de"(动词加助词,构成"的"字结构)。消失在这个频序段的结构中有 4 个均为英文中没有或者标注方式不同的结构,最显而易见的是数量词的结构,中间很难再插入其他成分,因此仅出现了 63 例。还有 2 个是"的"字结构(名词/形容词加助词"的"),最后 1 个是名词作为后面方位词的定语的结构(n+f=att)。另外 1 个消失在这个频序段的结构是中英文均有的结构——形容词作名词的定语,但英文"jj+nn=atr"在英文依存距离为 2 时所占的比例是 14.1%(出现 613 次),远远高于中文"a+n=att"的对应比例(0.9%),后者仅仅出现了 49 次。

在中文中,在依存距离为 2 的情况下,有几种在依存距离为 1 的情况下排名靠后的结构进入了前 10。它们依次是:"c+n=lad""n+n=coo""p+v=adv""v+v=ic""q+n=qun"。详情不再赘述。

### 依存距离为－2

依存距离为－2 的情况如表 4.29 所示,表中只呈现了频次超过 1 的数据,在 C1 中占比 98.8%,在 E1 中占比 99.0%。

表 4.29　依存距离为－2 时的结构秩频(频次大于 1)

| 频序 | C1 结构 | 频次 | % | E1 结构 | 频次 | % |
|---|---|---|---|---|---|---|
| 1 | n+v=vob | 666 | 44.0 | nn+in=atr | 494 | 25.4 |
| 2 | n+p=pob | 198 | 13.1 | nn+in=adv | 482 | 24.8 |
| 3 | q+v=vob | 104 | 6.9 | nn+vb=obj | 464 | 23.9 |
| 4 | v+v=vob | 103 | 6.8 | nn+to=adv | 72 | 3.7 |
| 5 | f+p=pob | 64 | 4.2 | nn+cc=atr | 42 | 2.2 |
| 6 | v+v=act | 47 | 3.1 | in+vb=auxp | 38 | 2.0 |
| 7 | q+n=quc | 42 | 2.8 | jj+vb=pnom | 31 | 1.6 |
| 8 | u+v=mt | 40 | 2.6 | nn+cc=adv | 28 | 1.4 |
| 9 | v+p=pob | 26 | 1.7 | nn+vb=pnom | 25 | 1.3 |
| 10 | v+v=cmp | 21 | 1.4 | nn+cc=sb | 24 | 1.2 |
| 11 | n+n=is | 19 | 1.3 | nn+rb=nr | 23 | 1.2 |
| 12 | a+v=vob | 17 | 1.1 | nn+to=atr | 23 | 1.2 |
| 13 | t+p=pob | 15 | 1.0 | vb+,=nr | 20 | 1.0 |
| 14 | y+v=rad | 13 | 0.9 | nn+cc=obj | 20 | 1.0 |
| 15 | r+v=vob | 12 | 0.8 | nn+vb=adv | 13 | 0.7 |

**续表**

| 频序 | C1结构 | 频次 | % | E1结构 | 频次 | % |
|---|---|---|---|---|---|---|
| 16 | u+v=rad | 12 | 0.8 | rb+vb=adv | 12 | 0.6 |
| 17 | m+v=vob | 11 | 0.7 | nn+nn=atr | 10 | 0.5 |
| 18 | s+p=pob | 8 | 0.5 | nn+vb=sb | 9 | 0.5 |
| 19 | q+v=cmp | 8 | 0.5 | vb+nn=atr | 8 | 0.4 |
| 20 | a+v=cmp | 7 | 0.5 | vb+md=obj | 7 | 0.4 |
| 21 | n+v=is | 7 | 0.5 | to+vb=auxp | 6 | 0.3 |
| 22 | v+n=is | 7 | 0.5 | jj+in=nr | 5 | 0.3 |
| 23 | t+v=vob | 7 | 0.5 | in+cc=auxp | 5 | 0.3 |
| 24 | f+v=vob | 6 | 0.4 | to+in=auxp | 5 | 0.3 |
| 25 | s+v=vob | 6 | 0.4 | cd+in=adv | 5 | 0.3 |
| 26 | r+p=pob | 4 | 0.3 | vb+to=adv | 4 | 0.2 |
| 27 | a+v=act | 4 | 0.3 | vb+vb=adv | 4 | 0.2 |
| 28 | a+p=pob | 3 | 0.2 | vb+in=adv | 4 | 0.2 |
| 29 | v+u=dei | 3 | 0.2 | nn+cc=nr | 3 | 0.2 |
| 30 | p+v=cmp | 3 | 0.2 | jj+vb=nr | 3 | 0.2 |
| 31 | q+n=vob | 2 | 0.1 | vb+md=adv | 3 | 0.2 |
| 32 | v+v=is | 2 | 0.1 | jj+prp=atr | 3 | 0.2 |
| 33 | n+n=quc | 2 | 0.1 | vb+in=nr | 3 | 0.2 |
| 34 | y+a=rad | 2 | 0.1 | dt+vb=obj | 3 | 0.2 |
| 35 | a+u=dei | 2 | 0.1 | jj+cc=pnom | 3 | 0.2 |
| 36 | n+n=vob | 2 | 0.1 | vb+cc=adv | 2 | 0.1 |
| 37 | | | | rb+cc=adv | 2 | 0.1 |
| 38 | | | | in+vb=auxc | 2 | 0.1 |
| 39 | | | | cd+nn=atr | 2 | 0.1 |
| 40 | | | | nn+prp=atr | 2 | 0.1 |
| 小计 | | | 98.8 | | | 99.0 |

由表4.29可见,总体说来,英文中的分布更加集中于前面3个(占比74.1%),它们依次是:"nn+in=atr"(名词在介词后,整个结构作定语,占比25.4%)、"nn+in=adv"(名词在介词后,整个结构作状语,占比24.8%)、"nn+vb=obj(名词作动词的宾语,占比23.9%),这3个比例相仿。英文的前5个频序均为名词作从属词,而中文的前5个频序均为宾语(包括介词宾语和动词宾语),这5个分别为:名词作动词宾语("n+v=vob",占比高达44.0%)、名词作介词宾语("n+p=pob",13.1%)、量词作动词宾语("q+v=vob",

6.9%)、动词作动词宾语("v+v=vob",6.8%)、方位词作介词宾语("f+p=pob",4.2%)。频序为第 1 的结构所占比例(44.0%)比后面 4 个的比例总和(31.0%)都大。

对于中英文数据的其他异同,可以按照前面的方法进行类似的探讨。

此外,因为篇幅所限,其他的依存距离我们就不在此一一探讨了。

接下来,我们将分析正、负值的依存距离增加时结构变化的趋势。我们以每种语言中依存距离出现频次排前 12 的为例(中文依存距离 1—7,—1——5;英文的依存距离 1—6,—1——6)。

我们还是从正值的依存距离开始。

### 4.3.3.3  依存距离变化时的依存结构变化趋势分析

我们首先来查看中文中正值的依存距离变化时的结构变化趋势,为了简化讨论,我们仅仅考察各个依存距离出现频次是否居前 10。表 4.30 是 C1 库中依存距离为 1—7 的分布情况。表 4.31 是依存距离增加时结构变化的趋势分析。

**表 4.30  中文依存距离为 1—7(前 10)**

| 频序 | 距离为 1 | | | 距离为 2 | | | 距离为 3 | | |
|---|---|---|---|---|---|---|---|---|---|
| | 频次 | 结构 | % | 频次 | 结构 | % | 频次 | 结构 | % |
| 1 | 3351 | n+n=att | 19.4 | 644 | n+n=att | 12.0 | 291 | n+n=att | 10.8 |
| 2 | 1389 | u+n=att | 8.0 | 620 | u+n=att | 11.6 | 258 | u+n=att | 9.5 |
| 3 | 1220 | d+v=adv | 7.0 | 567 | n+v=sbv | 10.6 | 224 | n+n=coo | 8.3 |
| 4 | 1191 | n+v=sbv | 6.9 | 455 | n+n=coo | 8.5 | 222 | p+v=adv | 8.2 |
| 5 | 906 | m+q=num | 5.2 | 277 | p+v=adv | 5.2 | 213 | n+v=sbv | 7.9 |
| 6 | 820 | n+u=de | 4.7 | 231 | d+v=adv | 4.3 | 166 | v+v=ic | 6.1 |
| 7 | 687 | a+n=att | 4.0 | 176 | v+u=de | 3.3 | 147 | v+u=de | 5.4 |
| 8 | 512 | v+u=de | 3.0 | 143 | v+v=ic | 2.7 | 112 | d+v=adv | 4.1 |
| 9 | 453 | a+u=de | 2.6 | 117 | q+n=qun | 2.2 | 70 | q+n=qun | 2.6 |
| 10 | 429 | n+f=att | 2.5 | 117 | c+n=lad | 2.2 | 68 | c+n=lad | 2.5 |
| 小计 | | | 63.3 | | | 62.5 | | | 65.4 |
| 频序 | 距离为 4 | | | 距离为 5 | | | 距离为 6 | | |
| | 频次 | 结构 | % | 频次 | 结构 | % | 频次 | 结构 | % |
| 1 | 200 | v+v=ic | 12.5 | 162 | v+v=ic | 15.6 | 156 | v+v=ic | 22.2 |
| 2 | 155 | p+v=adv | 9.7 | 148 | p+v=adv | 14.3 | 113 | p+v=adv | 16.1 |
| 3 | 150 | n+v=sbv | 9.4 | 108 | n+v=sbv | 10.4 | 70 | n+v=sbv | 9.9 |
| 4 | 141 | n+n=coo | 8.8 | 89 | n+n=coo | 8.6 | 58 | n+n=coo | 8.2 |
| 5 | 102 | n+n=att | 6.4 | 58 | u+n=att | 5.6 | 26 | d+v=adv | 3.7 |

续表

| 频序 | 距离为4 | | | 距离为5 | | | 距离为6 | | |
|---|---|---|---|---|---|---|---|---|---|
| | 频次 | 结构 | % | 频次 | 结构 | % | 频次 | 结构 | % |
| 6 | 89 | u+n=att | 5.6 | 38 | v+u=de | 3.7 | 24 | u+n=att | 3.4 |
| 7 | 66 | d+v=adv | 4.1 | 38 | n+n=att | 3.7 | 23 | v+u=de | 3.3 |
| 8 | 59 | r+n=att | 3.7 | 25 | d+v=adv | 2.4 | 22 | c+v=lad | 3.1 |
| 9 | 57 | v+u=de | 3.6 | 23 | c+v=lad | 2.2 | 17 | n+n=att | 2.4 |
| 10 | 48 | c+n=lad | 3.0 | 22 | t+v=adv | 2.1 | 15 | t+v=adv | 2.1 |
| 小计 | | | 66.8 | | | 68.5 | | | 74.4 |

| 频序 | 距离为7 | | |
|---|---|---|---|
| | 频次 | 结构 | % |
| 1 | 124 | v+v=ic | 23.0 |
| 2 | 117 | p+v=adv | 21.7 |
| 3 | 56 | n+v=sbv | 10.4 |
| 4 | 30 | n+n=coo | 5.6 |
| 5 | 19 | d+v=adv | 3.5 |
| 6 | 15 | t+v=adv | 2.8 |
| 7 | 15 | u+n=att | 2.8 |
| 8 | 14 | c+v=lad | 2.6 |
| 9 | 12 | v+u=de | 2.2 |
| 10 | 11 | v+v=adv | 2.0 |
| 小计 | | | 76.5 |

表 4.31　中文依存距离 1—7 变化趋势(前 10)

| 距离为1 | 1至2 | 2至3 | 3至4 | 4至5 | 5至6 | 6至7 |
|---|---|---|---|---|---|---|
| n+n=att<br>u+n=att<br>d+v=adv<br>n+v=sbv<br>m+q=num<br>n+u=de<br>a+n=att<br>v+u=de<br>a+u=de<br>n+f=att | 退出前10<br>a+n=att、a+u=de、m+q=num、n+f=att、n+u=de<br>进入前10<br>c+n=lad、n+n=coo、p+v=adv、q+n=qun、v+v=ic | 没有变化 | 退出前10<br>q+n=qun<br>进入前10<br>r+n=att | 退出前10<br>r+n=att<br>进入前10<br>t+v=adv | 没有变化 | 退出前10<br>n+n=att<br>进入前10<br>v+v=adv |

如表 4.31 所示,依存距离为 1 的时候,前 10 个频序依次为"n＋n＝att"(名词作名词的定语)、"u＋n＝att"(助词结构作定语)、"d＋v＝adv"(副词作动词的状语)、"n＋v＝sbv"(名词作动词的主语)、"m＋q＝num"(数词修饰量词,构成数量词)、n＋u＝de(名词加助词,构成"的"字结构)、"a＋n＝att"(形容词作名词的定语)、"v＋u＝de"(动词加助词,构成"的"字结构)、"a＋u＝de"(形容词加助词,构成"的"字结构)、"n＋f＝att"(名词作方位词的定语)。依存距离增加到 2 的时候,中文位于前 10 的结构变化比较大,达到一半。之前 10 个频序偏后的结构中有 5 个(画线的频序,即第 5、6、7、9、10 个)不再排前 10,取而代之进入前 10 的是"c＋n＝lad"(连词修饰名词,构成后接成分)、"n＋n＝coo"(两个名词形成并列)、"p＋v＝adv"(介词修饰动词,构成状语)、"q＋n＝qun"(量词修饰名词,构成数量词)、"v＋v＝ic"(1 个动词结构作另外 1 个动词的小句)。之后,随着依存距离的增加,位于前 10 的结构变化甚小。

汇总起来,在依存距离为 1—7 时始终居于前 10 的结构(表 4.31 中画线部分)是:"d＋v＝adv"(副词作动词的状语)、"n＋v＝sbv"(名词作动词主语)、"u＋n＝att"(助词结构作定语)和"v＋u＝de"(动词加助词,构成"的"字结构),这些结构均与动词或者名词相关。这些结构中支配词与从属词之间可以没有词间隔,也可以有多个词相隔。

我们接下来看英文依存距离为正值时的结构变化是否有类似的倾向。表 4.32 为英文依存距离为 1—6 排序前 10 的情况。其变化趋势汇总见表 4.33。

**表 4.32 英文依存距离为 1—6(前 10)**

| 频序 | 依存距离＝1 | | | 依存距离＝2 | | |
|---|---|---|---|---|---|---|
| | 结构 | 频次 | ％ | 结构 | 频次 | ％ |
| 1 | nn＋nn＝atr | 2993 | 22.90 | dt＋nn＝auxa | 1147 | 26.5 |
| 2 | jj＋nn＝atr | 2100 | 16.00 | nn＋nn＝atr | 748 | 17.3 |
| 3 | dt＋nn＝auxa | 1902 | 14.50 | jj＋nn＝atr | 613 | 14.1 |
| 4 | nn＋vb＝sb | 980 | 7.5 | nn＋vb＝sb | 293 | 6.8 |
| 5 | vb＋vb＝auxv | 620 | 4.7 | vb＋vb＝auxv | 225 | 5.2 |
| 6 | cd＋nn＝atr | 568 | 4.3 | ＄＋cd＝atr | 157 | 3.6 |
| 7 | prp＋vb＝sb | 439 | 3.4 | prp＄＋nn＝atr | 130 | 3.0 |
| 8 | rb＋vb＝adv | 403 | 3.1 | prp＋vb＝sb | 99 | 2.3 |
| 9 | prp＄＋nn＝atr | 286 | 2.2 | cc＋nn＝coord | 87 | 2.0 |
| 10 | dt＋nn＝atr | 262 | 2.0 | cd＋nn＝atr | 82 | 1.9 |
| 小计 | | | 80.6 | | | 82.6 |

续表

| 频序 | 依存距离＝3 | | | 依存距离＝4 | | |
|---|---|---|---|---|---|---|
| | 结构 | 频次 | % | 结构 | 频次 | % |
| 1 | dt＋nn＝auxa | 425 | 27.2 | dt＋nn＝auxa | 133 | 18.8 |
| 2 | nn＋nn＝atr | 238 | 15.2 | nn＋nn＝atr | 115 | 16.3 |
| 3 | nn＋vb＝sb | 124 | 7.9 | nn＋vb＝sb | 72 | 10.2 |
| 4 | jj＋nn＝atr | 119 | 7.6 | jj＋nn＝atr | 41 | 5.8 |
| 5 | prp＋vb＝sb | 46 | 2.9 | in＋vb＝auxp | 20 | 2.8 |
| 6 | cd＋nn＝atr | 34 | 2.2 | vb＋cc＝pred | 18 | 2.5 |
| 7 | prp＄＋nn＝atr | 33 | 2.1 | nn＋cc＝atr | 16 | 2.3 |
| 8 | rb＋vb＝nr | 33 | 2.1 | prp＄＋nn＝atr | 16 | 2.3 |
| 9 | nn＋cc＝atr | 32 | 2.1 | rb＋vb＝nr | 15 | 2.1 |
| 10 | rb＋vb＝adv | 31 | 2 | rb＋vb＝adv | 15 | 2.1 |
| 小计 | | | 71.4 | | | 65.2 |
| 频序 | 依存距离＝5 | | | 依存距离＝6 | | |
| | 结构 | 频次 | % | 结构 | 频次 | % |
| 1 | nn＋vb＝sb | 71 | 16.6 | nn＋vb＝sb | 48 | 16.7 |
| 2 | dt＋nn＝auxa | 57 | 13.3 | in＋vb＝auxp | 21 | 7.3 |
| 3 | in＋vb＝auxp | 28 | 6.5 | nn＋nn＝atr | 17 | 5.9 |
| 4 | nn＋nn＝atr | 28 | 6.5 | vb＋cc＝pred | 17 | 5.9 |
| 5 | vb＋vb＝adv | 20 | 4.7 | rb＋vb＝adv | 14 | 4.9 |
| 6 | vb＋cc＝pred | 14 | 3.3 | vb＋vb＝adv | 13 | 4.5 |
| 7 | cc＋vb＝coord | 11 | 2.6 | dt＋nn＝auxa | 12 | 4.2 |
| 8 | nn＋cc＝sb | 10 | 2.3 | cc＋vb＝coord | 9 | 3.1 |
| 9 | nn＋cc＝atr | 9 | 2.1 | vb＋cc＝adv | 9 | 3.1 |
| 10 | rb＋vb＝adv | 9 | 2.1 | nn＋cc＝atr | 8 | 2.8 |
| 小计 | | | 60 | | | 58.3 |

表 4.33　英文依存距离变化(正值)(前 10)

| 频序 | 距离为 1 | 距离从 1 到 2 | 距离从 2 到 3 | 距离从 3 到 4 | 距离从 4 到 5 | 距离从 5 到 6 |
|---|---|---|---|---|---|---|
| 1 | nn＋nn＝atr | 退出前 10 | 退出前 10 | 退出前 10 | 退出前 10 | 退出前 10 |
| 2 | jj＋nn＝atr | | vb＋vb＝auxv | | | |
| 3 | dt＋nn＝auxa | rb＋vb＝adv | ＄＋cd＝atr | prp＋vb＝sb | jj＋nn＝atr | |
| 4 | nn＋vb＝sb | dt＋nn＝atr | cc＋nn＝coord | cd＋nn＝atr | prp＄＋nn＝atr | nn＋cc＝sb |
| 5 | vb＋vb＝auxv | | cd＋nn＝atr | | rb＋vb＝nr | |
| 6 | cd＋nn＝atr | 进入前 10 | 进入前 10 | 进入前 10 | 进入前 10 | 进入前 10 |
| 7 | prp＋vb＝sb | | rb＋vb＝nr | in＋vb＝auxp | vb＋vb＝adv | |
| 8 | rb＋vb＝adv | ＄＋cd＝atr | nn＋cc＝atr | vb＋cc＝pred | cc＋vb＝coord | vb＋cc＝adv |
| 9 | prp＄＄＋nn＝atr | cc＋nn＝coord | rb＋vb＝adv | | nn＋cc＝sb | |
| 10 | dt＋nn＝atr | | | | | |

由表 4.33 可知,与中文类似的是,英文中依存距离从 1 到 6 均存在于前 10 的结构也是 4 个(表 4.33 中画线部分)。有 2 个是中英文相同的,即名词作动词主语(英文标记为"nn＋vb＝sb",中文标记为"n＋v＝sbv")、副词作动词状语(英文标记为"rb＋vb＝adv",中文标记为"d＋v＝adv"),另外 2 个是不同的,即名词修饰名词作定语(nn＋nn＝atr)以及冠词修饰名词(dt＋nn＝auxa)。这 4 个一直在前 10 的结构均与名词或者动词相关。只有 1 个名词作动词主语的功能结构(英文标记为"nn＋vb＝sb",中文标记为"n＋v＝sbv")是两种语言在依存距离变化从 1 到 6 或 7 时,始终排名前列的。我们预测,在其他 SV("主语—动词"语序模式)结构的语言中,也会有类似的趋势。

接下来,我们将用类似的方法来查看负值的依存距离变化时的结构变化趋势,我们还是从中文开始。表 4.34 是中文中依存距离为-1——5 排序前 10 的结构分布情况。表中可见,"n＋v＝vob"一直排第 1,"n＋p＝pob"的频序也一直在 2—3,另外还有 2 个结构一直在前 10,分别是"v＋v＝vob""v＋p＝pob"。这 4 个结构均为动词或者介词宾语的结构。这是因为中文是 VO("动词—宾语"语序模式)结构的语言,宾语是后置的。

表 4.34　中文依存距离为-1——5(前 10)

| 频序 | 距离为-1 | | | 距离为-2 | | | 距离为-3 | | |
|---|---|---|---|---|---|---|---|---|---|
| | 频次 | 结构 | ％ | 频次 | 结构 | ％ | 频次 | 结构 | ％ |
| 1 | 931 | n＋v＝vob | 26.6 | 679 | n＋v＝vob | 41.9 | 516 | n＋v＝vob | 51.2 |
| 2 | 587 | u＋v＝mt | 16.8 | 202 | n＋p＝pob | 12.5 | 133 | n＋p＝pob | 13.2 |
| 3 | 309 | n＋p＝pob | 8.8 | 171 | v＋v＝vob | 10.6 | 95 | v＋v＝vob | 9.4 |
| 4 | 309 | v＋v＝cmp | 8.8 | 104 | q＋v＝vob | 6.4 | 59 | f＋p＝pob | 5.9 |
| 5 | 199 | v＋v＝vob | 5.7 | 66 | f＋p＝pob | 4.1 | 46 | v＋v＝act | 4.6 |

续表

| 频序 | 距离为-1 | | | 距离为-2 | | | 距离为-3 | | |
|---|---|---|---|---|---|---|---|---|---|
| | 频次 | 结构 | % | 频次 | 结构 | % | 频次 | 结构 | % |
| 6 | 125 | p+v＝cmp | 3.6 | 49 | v+v＝act | 3.0 | 22 | q+v＝vob | 2.2 |
| 7 | 123 | u+n＝rad | 3.5 | 42 | q+n＝quc | 2.6 | 21 | v+p＝pob | 2.1 |
| 8 | 100 | v+p＝pob | 2.9 | 40 | u+v＝mt | 2.5 | 16 | a+v＝vob | 1.6 |
| 9 | 84 | m+m＝rad | 2.4 | 27 | v+p＝pob | 1.7 | 10 | q+n＝quc | 1.0 |
| 10 | 82 | r+p＝pob | 2.3 | 27 | a+v＝vob | 1.7 | 9 | t+v＝vob | 0.9 |
| 小计 | | | 81.5 | | | 86.9 | | | 92.0 |

| 频序 | 距离为-4 | | | 距离为-5 | | |
|---|---|---|---|---|---|---|
| | 频次 | 结构 | % | 频次 | 结构 | % |
| 1 | 392 | n+v＝vob | 51.7 | 302 | n+v＝vob | 52.3 |
| 2 | 107 | n+p＝pob | 14.1 | 91 | n+p＝pob | 15.8 |
| 3 | 69 | v+v＝vob | 9.1 | 66 | f+p＝pob | 11.4 |
| 4 | 66 | f+p＝pob | 8.7 | 49 | v+v＝vob | 8.5 |
| 5 | 22 | v+v＝act | 2.9 | 16 | q+v＝vob | 2.8 |
| 6 | 17 | q+v＝vob | 2.2 | 14 | v+p＝pob | 2.4 |
| 7 | 13 | v+p＝pob | 1.7 | 12 | v+v＝act | 2.1 |
| 8 | 7 | q+p＝cmp | 0.9 | 5 | a+v＝vob | 0.9 |
| 9 | 6 | a+v＝vob | 0.8 | 3 | a+v＝act | 0.5 |
| 10 | 6 | t+v＝vob | 0.8 | 3 | q+p＝pob | 0.5 |
| 小计 | | | 93.0 | | | 97.2 |

表 4.35 为英文依存距离为-1——6 排序前 10 的情况。

表 4.35　英文依存距离为-1——6(前 10)

| 频序 | 距离为-1 | | | 距离为-2 | | |
|---|---|---|---|---|---|---|
| | 结构 | 频次 | % | 结构 | 频次 | % |
| 1 | in+nn＝auxp | 1750 | 19.0 | nn+vb＝obj | 769 | 18.3 |
| 2 | in+vb＝auxp | 761 | 8.3 | nn+in＝adv | 743 | 17.7 |
| 3 | pos+nn＝atr | 463 | 5.0 | nn+in＝atr | 648 | 15.4 |
| 4 | nn+in＝adv | 439 | 4.8 | in+vb＝auxp | 214 | 5.1 |
| 5 | nn+in＝atr | 427 | 4.6 | vb+nn＝atr | 146 | 3.5 |
| 6 | vb+to＝adv | 375 | 4.1 | nn+to＝adv | 102 | 2.4 |
| 7 | to+vb＝auxp | 328 | 3.6 | to+vb＝auxp | 98 | 2.3 |

| 频序 | 距离为－1 | | | 距离为－2 | | |
|---|---|---|---|---|---|---|
| | 结构 | 频次 | % | 结构 | 频次 | % |
| 8 | nn＋vb＝obj | 307 | 3.3 | vb＋vb＝adv | 89 | 2.1 |
| 9 | vb＋nn＝atr | 239 | 2.6 | nn＋vb＝pnom | 87 | 2.1 |
| 10 | vb＋md＝obj | 237 | 2.6 | vb＋in＝adv | 74 | 1.8 |
| 小计 | | | 57.9 | | | 70.6 |

| 频序 | 距离为－3 | | | 距离为－4 | | |
|---|---|---|---|---|---|---|
| | 结构 | 频次 | % | 结构 | 频次 | % |
| 1 | nn＋vb＝obj | 412 | 15.7 | nn＋vb＝obj | 209 | 15.2 |
| 2 | nn＋in＝adv | 380 | 14.5 | nn＋in＝adv | 186 | 13.5 |
| 3 | nn＋in＝atr | 360 | 13.7 | nn＋in＝atr | 165 | 12.0 |
| 4 | in＋vb＝auxp | 181 | 6.9 | in＋vb＝auxp | 117 | 8.5 |
| 5 | vb＋nn＝atr | 86 | 3.3 | vb＋vb＝adv | 55 | 4.0 |
| 6 | to＋vb＝auxp | 85 | 3.2 | vb＋in＝adv | 49 | 3.6 |
| 7 | cc＋in＝coord | 84 | 3.2 | to＋vb＝auxp | 44 | 3.2 |
| 8 | vb＋in＝adv | 84 | 3.2 | cc＋in＝coord | 44 | 3.2 |
| 9 | nn＋vb＝pnom | 68 | 2.6 | nn＋vb＝pnom | 41 | 3.0 |
| 10 | vb＋vb＝adv | 66 | 2.5 | in＋nn＝auxp | 36 | 2.6 |
| 小计 | | | 69.0 | | | 68.8 |

| 频序 | 距离为－5 | | | 距离为－6 | | |
|---|---|---|---|---|---|---|
| | 结构 | 频次 | % | 结构 | 频次 | % |
| 1 | nn＋vb＝obj | 95 | 13.8 | in＋vb＝auxp | 67 | 15.5 |
| 2 | in＋vb＝auxp | 86 | 12.5 | nn＋vb＝obj | 36 | 8.3 |
| 3 | nn＋in＝atr | 68 | 9.9 | nn＋in＝atr | 33 | 7.6 |
| 4 | nn＋in＝adv | 57 | 8.3 | nn＋in＝adv | 33 | 7.6 |
| 5 | vb＋vb＝adv | 35 | 5.1 | vb＋vb＝adv | 30 | 6.9 |
| 6 | to＋vb＝auxp | 31 | 4.5 | vb＋nn＝atr | 22 | 5.1 |
| 7 | in＋nn＝auxp | 28 | 4.1 | in＋vb＝auxc | 21 | 4.9 |
| 8 | in＋vb＝auxc | 27 | 3.9 | vb＋in＝adv | 21 | 4.9 |
| 9 | vb＋nn＝atr | 26 | 3.8 | in＋nn＝auxp | 16 | 3.7 |
| 10 | vb＋in＝adv | 21 | 3.1 | cc＋vb＝coord | 15 | 3.5 |
| 小计 | | | 68.9 | | | 68.1 |

依存距离为－1到－6且一直在前 10 的英文结构是:"in＋vb＝auxp"(介词词组修饰动词)、"nn＋in＝adv"(介词词组作状语)、"nn＋in＝atr"(介词词组作定语)、"nn＋vb＝obj"(名词作动词的宾语),其中"nn＋vb＝obj"(名词做动词的宾语)除了距离为－1时频序为 8,之后一直排第 1 或者第 2,这表示动词的名词宾语在更多情况下不是一个单独的名词。另外 3 个英文结构都与介词相关,而在中文中,在介词后加动词或者名词基本都是作状语,且在动词前,依存距离为正。

还有 2 个结构基本上在前 10,即"vb＋nn＝atr"(非谓动词作名词定语,除了依存距离为－4 以外,一直在前 10),以及"to＋vb＝auxp"(不定式词组修饰动词,除了依存距离为－6 以外,一直在前 10)。这 2 个结构也是中文中没有的。

中英两种语言中,在这部分负值的依存距离变化的时候,一直在前 10 的唯一一个结构是名词作动词的宾语。该结构频次高的原因是中英两种语言都是 VO 语言,且名词和动词比例都高。

其余趋势的相关变化详见相关表格(表 4.34 和表 4.35),此处不再赘述。

除了结构方面的变化,我们将在下一个部分关注距离本身的变化。

### 4.3.3.4　依存距离正负交替变化的总趋势

我们将中文和英文的依存距离数据(表 4.15 和表 4.16)进行汇总(见表 4.36),以便更明晰地查看其趋势,汇总数据如图 4.7(英文)和图 4.8(中文)所示。从数据看,我们似乎可以清晰地看到语言是一个特殊的动态系统,能够根据需要进行自适应、自调整。可以看出,这两种语言至少有一种趋势,使得依存距离为正与依存距离为负的频次有一种基本上相互间隔的特点,其结果是正值和负值的依存距离取平均以后,能使得句子的整体依存距离降低。我们期望这个对句法层面的自适应机制做出的推断具有更大的广适性,这就需要开展更多的后续研究了。

表 4.36　依存距离正负交叉的趋势(中英文对照)

| 频序 | 依存距离 | | | | | | | | | | | |
|---|---|---|---|---|---|---|---|---|---|---|---|---|
| | E1 | E2 | E3 | E4 | E5 | E6 | C1 | C2 | C3 | C4 | C5 | C6 |
| 1 | 1 | 1 | 1 | 1 | 1 | 1 | 1 | 1 | 1 | 1 | 1 | 1 |
| 2 | －1 | －1 | －1 | －1 | －1 | －1 | 2 | 2 | 2 | 2 | 2 | 2 |
| 3 | 2 | 2 | 2 | 2 | 2 | 2 | －1 | －1 | －1 | －1 | －1 | －1 |
| 4 | －2 | －2 | －2 | －2 | －2 | －2 | 3 | 3 | 3 | 3 | 3 | 3 |
| 5 | －3 | －3 | －3 | －3 | －3 | －3 | 4 | －2 | －2 | －2 | －2 | －2 |
| 6 | 3 | 3 | 3 | 3 | 3 | 3 | －2 | 4 | 4 | 4 | 4 | 4 |
| 7 | －4 | －4 | －4 | －4 | －4 | －4 | 5 | －3 | －3 | －3 | 5 | 5 |
| 8 | 4 | －5 | 4 | 4 | 4 | 4 | －3 | 5 | 5 | 5 | －3 | －3 |
| 9 | －5 | 4 | －5 | －5 | －5 | －5 | －4 | －4 | －4 | －4 | －4 | －4 |

| 频序 | 依存距离 | | | | | | | | | | | |
|------|------|------|------|------|------|------|------|------|------|------|------|------|
| | E1 | E2 | E3 | E4 | E5 | E6 | C1 | C2 | C3 | C4 | C5 | C6 |
| 10 | −6 | −6 | −6 | −6 | 5 | −6 | 6 | 6 | 6 | 6 | 6 | 6 |
| 11 | 5 | 5 | 5 | 5 | −6 | 5 | −5 | 7 | −5 | −5 | −5 | 7 |
| 12 | 6 | −7 | 6 | 6 | 6 | −7 | 7 | −5 | 7 | 7 | 7 | −5 |
| 13 | −7 | 6 | −7 | −7 | −7 | 6 | 8 | 8 | 8 | 8 | 8 | 8 |
| 14 | 7 | 7 | 7 | 7 | 7 | 6 | −6 | −6 | −6 | −6 | 7 | 9 |
| 15 | −8 | −8 | −8 | 8 | −8 | 8 | −7 | 9 | 9 | 9 | 9 | −6 |
| 16 | 8 | 9 | 8 | −8 | 8 | −8 | 9 | 10 | −7 | 10 | −7 | 10 |
| 17 | 9 | 8 | 9 | 9 | 10 | 9 | 10 | −7 | 10 | 11 | 10 | −7 |
| 18 | −9 | 10 | −9 | −9 | 9 | −9 | −8 | 11 | 11 | −7 | −8 | 11 |
| 19 | 10 | −9 | 10 | 10 | −9 | 10 | 11 | 12 | −8 | 12 | 11 | −8 |
| 20 | 11 | −10 | −10 | −10 | −10 | −10 | 12 | −8 | 12 | −8 | 12 | 12 |

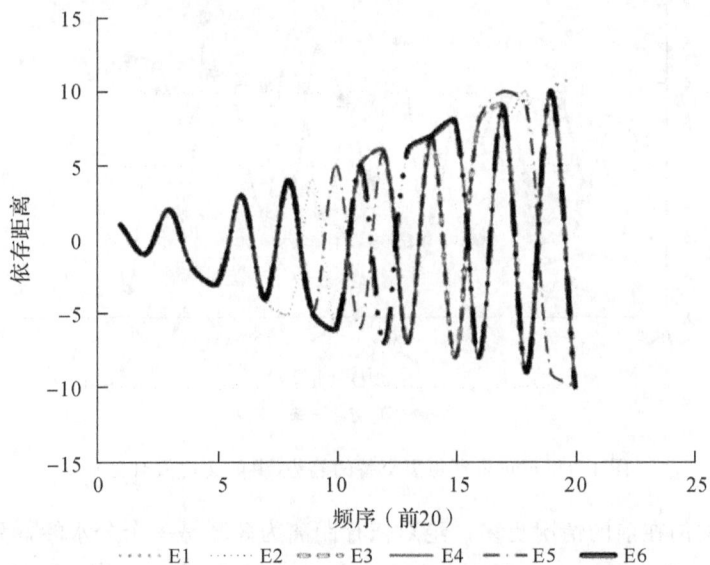

图 4.7　正负依存距离交替的趋势(英文)

　　但是图 4.7(英文)和图 4.8(中文)各有 6 个子库的曲线,看起来两个库之间的差别不明显,我们取了各库的平均值,将中文与英文的数据在一张图上进行展示(见图 4.9)。可以看得出来,中英两种语言之间正负相间的方式又大有不同。

　　上述图表也体现出了中英文之间一个有趣的差别:

　　在中文中,几乎所有情况下,都是先出现正的依存距离(支配词置后),然后再出现负的值(支配词居前)。而在英文中,随着支配词和从属词之间的距离增大,一直到绝对依存距

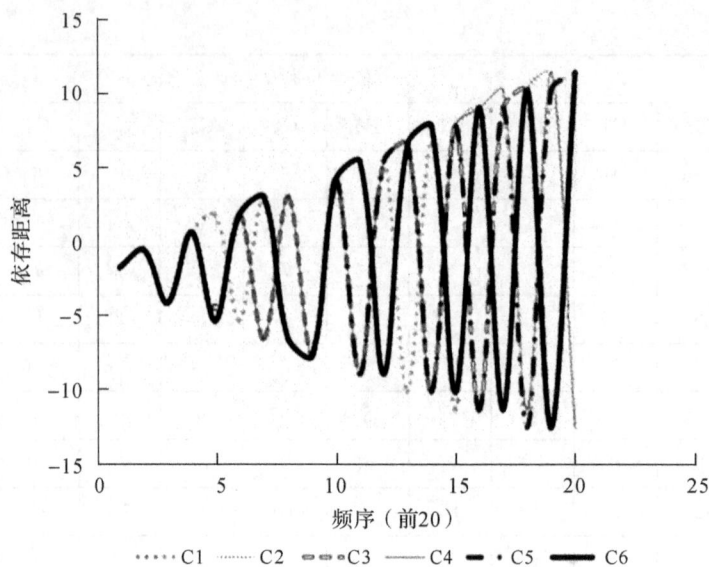

图 4.8　正负依存距离交替的趋势(中文)

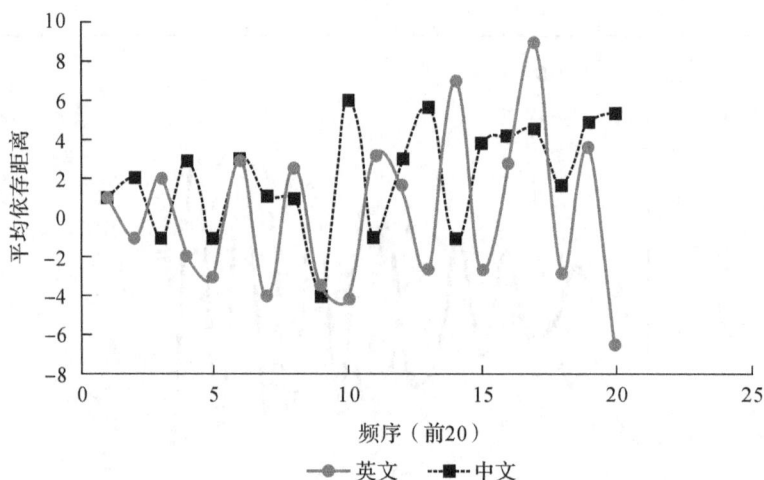

图 4.9　正负依存距离交替的趋势(中英文均值对比)

离为 7,都是支配词在前的情况更多。绝对依存距离为 8 算是一个分水岭,部分库中支配词居前的情况更多,部分则相反。从绝对依存距离为 9 开始,支配词居前的情况变得比置后的情况少了。中文中没有发现类似的现象,在中文中始终是正的依存距离在前,负的对应依存距离在后。是什么造成了英文的这种特殊现象呢? 这个问题值得我们以后继续探讨。

　　为了使这个趋势更直观可见,我们将两种语言之间的这种差别放在另一个图中进行展示。方法如表 4.37 所示,即将正的依存距离的频序减去对应负的依存距离的频序(仅以绝对依存距离 1 到 15 为例)。所以,结果为正值,则表示正的依存距离先出现,负值则表示正的依存距离排序在后;其数值表示两者频序相差几个。如表中灰色部分表示:E1 子库中,距离为 1 的排在 −1 前面一位(所以取值为 +1),而依存距离为 5 的比依存距离为 −5 的排序后两位(所以取值为 −2)。图 4.10 直观地展现了这种语言间的差异。

表 4.37  正负依存距离排序差距(中英文对照)

| 依存距离 | E1 | E2 | E3 | E4 | E5 | E6 | C1 | C2 | C3 | C4 | C5 | C6 |
|---|---|---|---|---|---|---|---|---|---|---|---|---|
| 1 | 1 | 1 | 1 | 1 | 1 | 1 | 2 | 2 | 2 | 2 | 2 | 2 |
| 2 | 1 | 1 | 1 | 1 | 1 | 1 | 4 | 3 | 3 | 3 | 3 | 3 |
| 3 | −1 | −1 | −1 | −1 | −1 | −1 | 4 | 3 | 3 | 3 | 4 | 4 |
| 4 | −1 | −2 | −1 | −1 | −1 | −1 | 4 | 3 | 3 | 3 | 3 | 4 |
| 5 | −2 | −3 | −2 | −2 | −1 | −2 | 4 | 4 | 3 | 3 | 4 | 5 |
| 6 | −2 | −3 | −2 | −2 | −1 | −3 | 3 | 4 | 4 | 4 | 4 | 5 |
| 7 | −1 | −2 | −1 | −1 | −1 | −2 | 3 | 6 | 4 | 6 | 4 | 6 |
| 8 | −1 | −2 | −1 | 1 | −1 | 1 | 4 | 7 | 6 | 7 | 5 | 6 |
| 9 | 1 | 3 | 1 | 1 | 1 | 1 | 6 | 7 | 7 | 6 | 6 | 8 |
| 10 | 3 | 2 | 1 | 1 | 3 | 1 | 7 | 10 | 6 | 8 | 7 | 9 |
| 11 | 3 | 2 | 1 | 1 | 3 | 3 | 7 | 10 | 9 | 9 | 7 | 9 |
| 12 | 4 | 3 | 3 | 1 | 3 | 3 | 8 | 12 | 11 | 11 | 8 | 10 |
| 13 | 4 | 2 | 4 | 2 | 6 | 8 | 13 | 12 | 13 | 14 | 12 | 11 |
| 14 | 4 | 4 | 4 | 3 | 5 | 4 | 14 | 8 | 12 | 9 | 9 | 10 |
| 15 | 6 | 6 | 5 | 8 | 5 | 4 | 11 | 12 | 9 | 12 | 12 | 11 |

由图 4.10 可见,两种语言在正负依存距离排序差距方面,一开始就分道扬镳,而且自始至终都没有交叉。上方的曲线均为中文的数据,其值均在 0 以上,表示依存距离为正的情况总是先出现。起初曲线比较平缓,后来越来越陡峭,表示在中文中,支配词置后的情况越来越具有优势。下方的是英文的数据,依存距离为 1 和 2 时,支配词置后有优势,而从 3 变化到 8(个别情况为 7)时,支配词居前具有优势,所以排序差距值出现在 0 的下方。情况是从依存距离为 7 或 8 时再次反转的。随着绝对依存距离加大,正的依存距离之间与对应的负的依存距离之间的差距也越来越大,但是其幅度远远小于中文。

产生上面这种不同趋势的一个重要原因是:在英文中,许多同样的功能结构,因其结构的灵活性,可能出现支配词居前,也可能出现支配词置后的情况(如状语和定语等情况)。而中文因为缺乏形态变化,其结构普遍缺乏这样的灵活性,这也是中文中的平均绝对依存距离以及平均依存距离都更大的一个重要原因。该结果与刘海涛(Liu 2008)的研究结果一致:在依存方向这个方面,中文是一种混合型语言,其中支配词置后稍占优势,语言结构主要包括 SV、VO 和 AdjN。

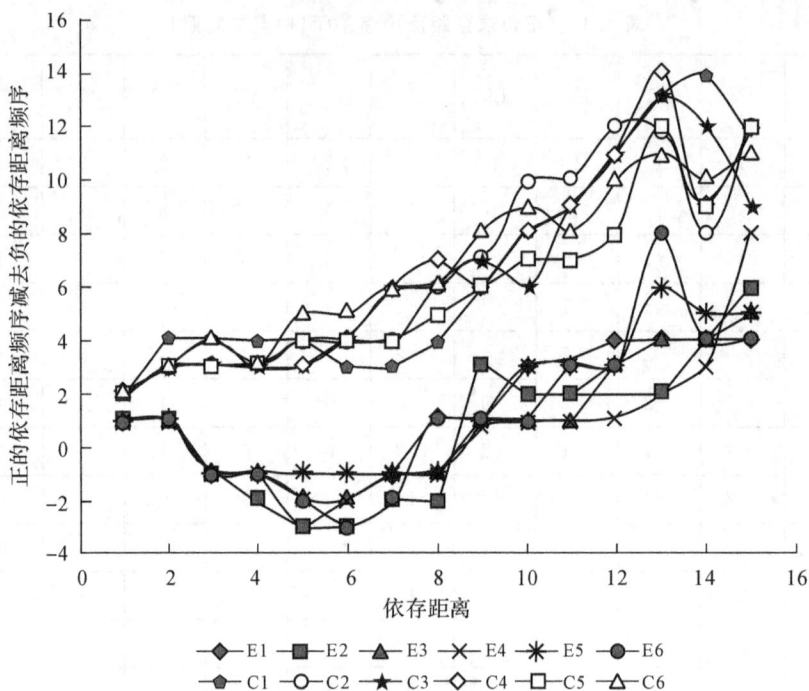

图 4.10　正负依存距离排序差距(中英文对照)

### 4.3.3.5　依存距离最小化的几个机制

语言这个自适应系统有一种神奇的调节功能,可以自动使依存距离最小化,同时降低认知负担。从本节的研究中,我们可以发现几个突出的相关机制:

1)依存距离本身符合规律的分布,其秩频分布符合齐阿分布,这证明了依存距离是语言多样化进程的结果,这种语言多样化也是语言的一种自调节功能。

2)超过一半的依存都出现在相邻的两个词中,其绝对依存距离为1,认知负担最轻。

3)绝对依存距离的频次与频序基本一致(Liu 2007a),即短的依存距离频次更高,也减轻了认知负担。

4)中英文中均出现了正负依存距离频序交叉出现的情况。这样可以使依存距离正负相抵,大大降低平均依存距离。

5)至少从本研究中的语料来看,有形态变化、语序相对自由一些的语言,平均依存距离和平均绝对依存距离都会更小一些。

6)中英文中均出现了很多长短绝对依存距离交叉出现的情况,类似于句子的长度长短交叉出现,这样也有助于降低理解难度。我们认为,这是语言在长期发展过程中,说话者和听话者省力原则博弈的一个结果,这样能使得双方都省力,从而达到一个动态的平衡。

7)我们以4个典型依存距离(±1,±2)为例,证明了依存距离相等的时候,该依存距离对应的依存结构秩频分布也符合齐阿模型。

8)本节以依存距离为2时,英文"jj+nn=atr"(形容词作名词的定语)结构、中文"n+n

＝att"(名词作名词的定语)结构、"d＋v＝adv"(副词作动词的状语)结构、"n＋v＝sbv"(名词作动词的主语)结构中间间隔的词为例,探讨了在功能结构相同、依存距离相同时,中间可能间隔的词性的分布,发现其秩频数据也符合齐阿分布,这也是语言多样化进程的结果。中间间隔的词很多为典型和亚典型词性,这是因为语言使用者更多地使用这些词性,这也是语言长久发展中说话者和听话者省力原则博弈的一个结果。

### 4.3.4　小　结

本节探讨了依存距离和绝对依存距离的分布。本研究中的依存距离定义为支配词在线性句子中的序号减去从属词序号,这样,负的依存距离意味着支配词居前,正的依存距离则为支配词置后。借助本书统一使用的语料,研究发现语料的绝对依存距离不符合右截尾泽塔分布,更适合的模型是齐阿分布。在所有中文子库中,依存距离排序居前 4 的均依次为 1、2、−1、3,其他排序在库间只有个别频序的区别;在所有英文子库中,居前的依存距离均依次为 1、−1、2、−2、−3、3、−4,且相同依存距离比例在库间都相仿。绝对依存距离比较小的频次都比较高,这是中文和英文实现依存距离最小化的一个重要原因(Buch-Kromann 2006),因为这样的认知负担较轻,从属词更容易找到其支配词,从而更容易从工作记忆中解放出来。

中文的依存距离变化趋势呈现出与英文不同的特点。在中文的相邻依存中,支配词居前的情况仅仅占全部相邻依存情况的 15.7%—17.7%,远远低于英文中的比例(39.2%—42.1%)。这是整体上中文的平均依存距离比英文大的原因之一。

研究以 4 个典型的依存距离(±1,±2)为例,探讨了有同样依存距离的中英文结构之间的一些异同点。研究还分析了绝对依存距离从小到大以及依存距离正负交叉是如何变化的,以及在这个变化过程中对应的功能结构的变化。

结合数据,研究分析了依存距离正负交替变化的总趋势,并发现中文和英文均有一种趋势,使得依存距离为正与依存距离为负的频次有一种基本上相互间隔的特点,其结果是正值和负值的依存距离取平均以后,能使句子的整体依存距离降低。

结合本节的发现,我们最后分析探讨了依存距离最小化的几个机制。


本章的前 3 节均为依存结构和依存距离相关的研究。依存语法的核心子理论是配价语法,依存是配价在句法上的实现(刘海涛 2009)。如果说依存关系是支配词与从属词之间一对一的关系,是词类组合能力的一部分,那同一个支配词与哪些词(或者词类)之间存在多个一对一的依存关系,这就涉及配价模式了,或者说配价就是一种一对多的关系。我们有必要进一步进行探索。

所以接下来,我们将聚焦于广义配价模式,进一步考察词类的组合能力在真实的语料中是如何实现的。

## 4.4 广义配价的分布比较

### 4.4.1 引 言

配价语法是依存语法的一个核心子理论（刘海涛 2009），配价和依存这两个概念往往关系密切。词的根本属性之一就是配价，依存是配价在句法上的实现。

配价本来是一个化学概念，比如正一价的纳（Na$^+$）和负一价的氯（Cl$^-$）发生反应，产生了氯化钠（NaCl）这种与氯和钠都不同的、全新的东西，这是化学上的价。这种化学配价使得精确而形式化描写物质的化学结构成为可能，语言学家也可以利用这种思想来描写句子的结构方式以及组成机理（袁毓林 1998a）。泰尼埃（Tesnière 1959）将价的概念引入了语法的研究，并在此基础上发展成了现代意义上的依存句法理论。

1942 年，吕叔湘先生（1982：53）指出句子的中心在动词上，补充该动词、将句子意义说明白的成分都可称为"补词"，虽然没有提到配价这个术语，但是他关注的其实就是配价的现象。在汉语语法界，最早引入配价概念的是朱德熙（1978），他分析了名词性成分加"的"的结构及其判断句。

价首先指的是"动词与一定数目的名词性成分之间的依存关系"（袁毓林 1998a：4），因此就有了一价、二价、三价动词的区别。如"我""书"和"读"结合起来，生成了"我读书"这样一个不同于其组成部分的新的单位。"读"是一个二价动词，表示"读"这个词可以有两个槽，可以填充一个主语和一个宾语，或者可以用泰尼埃的术语，"读"有两个钩子（hook），"读"可以钩住它们作为其补语。

配价是词的根本属性之一，除了动词，其他词类也可以有配价。赫布斯特（Herbst 1988）将配价定义为词对于其补充语的需求，该词可以是动词、名词或者形容词等，其英语配价字典（Herbst et al. 2004）中包含了这几类词的配价情况。

近年来已经有了一些对动词配价的计量特征的研究，如德语的动词配价模式（Köhler 2005），动词多义度、频次和配价之间的关系（Liu 2011），动词配价的历时研究（刘丙丽、刘海涛 2011），汉语动词配价的协同特征（Gao et al. 2014），汉语口语中的动词配价省略（Jin & Liu 2018），配价结构分析（Beliankou & Köhler 2018），动态配价和依存距离（Lu et al. 2018），配价词典和汉语词汇习得（Gao & Liu 2019，2020），中英文动词配价对比（Yan & Liu 2021）等。

切赫等人（Čech et al. 2010）摈弃了动词必要的补语和可选的说明语之间的区分，将它们都作为动词的配价，从而提出动词全配价的方法。切赫和马丘特克（Čech & Mačutek 2010）发现在捷克语中，动词的全配价是动词长度的函数：动词越短，则动词配价模式越多。切赫等人（Čech et al. 2017）发现捷克语、匈牙利语的动词全配价动链符合齐曼分布。

以上研究都证明了动词的配价以及其动链是一种分布具有规律性的语言单位/属性，是语言多样化进程的结果。

刘海涛（2009）指出，配价是词的静态特征，即一种普遍的、潜在的、能与其他词结合从而形成更高一级语言单位的能力。这种能力在词进入文本以后才能得到激活，这就产生了依存关系。换言之，在依存树中得以实现的配价就是依存关系。

刘海涛（Liu 2007a）将这种能力定义为词的广义配价，包括其被动配价（passive valency，被其他词支配的能力）以及主动配价（active valency，能支配其他词的能力）。前者为向心力，后者为离心力。支配和被支配能否在句中得以实现，取决于句法、语义、语用等需求能否得到满足。

这种配价可以是词或者词类等的能力。以此为基础，刘海涛和冯志伟（刘海涛、冯志伟2007；刘海涛 2009）提出了广义配价模式（Generalized Valency Pattern，GVP）的概念（详见 1.1.2 节）。和动词的全配价概念一样，GVP 既包含了补语，也包含了说明语。同时 GVP 又在以下几个方面扩充了动词的全配价概念：

1）涵括了所有词类的配价，而不是仅仅局限于动词。

2）不仅包括主动配价，还包括被动配价。

3）不局限于具体的词，还可以包含词类的配价。

之后，刘海涛（2009）通过中文依存树库中的研究，提出了概率配价模式（Probabilistic Valency Pattern Theory，PVP）。高松、颜伟和刘海涛（2010）与高松（2010）结合具体的语料，分别提出了名词和动词的概率配价模式。这些研究使用的配价来自真实的语言材料，而非词典中的静态配价，因此都是动态配价（dynamic valency，Lu et al. 2018）的相关研究。

在本研究中，我们首先需要验证广义配价（大小）（以后简称为配价）是否也是语言多样化进程的结果。在本研究中，配价的定义是支配词的从属词的总个数。一个词的基本配价模式是相对固定的，但是这种能力是潜在的，在具体的语境中其实现方式是有变化的，一种情况是价的减少。比如"give"这个三价词可以实现为三价，如"I give him a book"；也可能实现为二价，如"I don't want to give him"，在这种情况下价减少了。另外一种情况是价的增加，即考虑可选价。以"I gave him a book yesterday"为例，"yesterday"这个可选的说明语就在句中扩充了"give"的配价。再比如，Pierre 例句（其依存结构见图 3.1）中，"join"的配价由基本配价模式"sb. joins some group"的二价变成了"join（支配词）＋(the) board＋as (a nonexecutive director)＋Nov. (29)"的三价模式。再比如名词的修饰词可以是动名词、形容词、名词、限定词、介词词组、副词，或者是从句等，在具体的情况下可能是"a book、interesting books、books on the shelf、books over there"，也可以是好几个"钩子"都"钩住了"东西，比如"the＋interesting＋books＋on (the shelf)"，按照本书的定义，"books"此时的配价数为 3——"the""interesting"和"on"。因此，我们假设，这种（动态）配价的变化是一种语言多样化进程的结果，我们还是用经修正的右截尾齐普夫-阿列克谢耶夫分布（齐阿分布）模型为其秩频数据建模。

所以，我们提出 4.4 节的第一个研究问题：

问题 4.4.1：广义配价的分布是否符合齐阿分布？

此外,我们将"词性+配价"作为一个整体单位/属性来进行考虑,如果该组合的分布具有规律性,是语言多样化过程的结果,我们便可以在此基础上提出词性配价能力概率模式。我们将重点考察动词和名词的词性配价能力概率模式。

对应的第二个研究问题为:

> 问题4.4.2:"词性+配价"组合的分布是否遵循某种语言学模型? 如果是,其参数是否能区分汉、英两种语言?

上述研究问题从不同的角度交叉验证配价的语言学意义,有助于确定配价的语言学地位。

除了用"词袋"(见3.2节)的方法来研究配价,我们也可以通过探求动链的线性语言行为来研究。4.4.2节涉及如何从动链的角度研究配价,因为这是本研究第一次应用动链的研究方法,我们有必要说明如何提取动链和动链的长度,并给出示范。

## 4.4.2 提取配价动链和动链长度

从本研究的语料中抽取出来的配价和配价模式表明,支配词可以是动词、名词、形容词、副词、介词、连词、不定式符号"to"等。所有能带从属词(即其下还有节点)的词均可以成为支配词。为了不遗漏没有从属词的节点,我们定义它们的配价为0。

图4.11是Pierre句(其依存树图为图3.1,配价取值说明在表3.5中)配价时序图,该图体现了该句一种特殊的句法节奏。正如丁金国(2009:140-141)所言,"节奏是人的生理、心理和自然界运动的普遍法则,语言自然也不出其外。一切可以在时间的序列里延伸的语篇,都存在周期性的节奏变化,只是因其单位的性质和组合规则的差异而存在着不同的表现形式而已。""节奏群的大小是由语速、发音生理和民族心理习惯决定的……""节奏的基本单位是音步(即节拍),最大的单位是节奏群。"此处节奏的基本单位是配价,配价的节奏影响着具有依存关系的词之间的距离,后者又影响着句法结构的理解难度(Liu 2008)。这种节奏可能再次体现了说话者和听话者最省力原则之间的动态平衡。

因为广义配价涵括了所有的词性,我们可以从配价的观点来无遗漏地分析完整词串的动态特征。文本中的句子均可以重写为配价的动链,即广义配价的数值序列——配价大小始终不变小的最长序列。比如以下配价动链可以代表Pierre例句:

0—2

0—1—1—2—3

0—1—1

0—0—2

1

0

第1个动链以2结束,因为其后的0比之小。在绝大部分情况下,动链以配价0开始,这表明该动链至少有一个词没有从属词。除了动链本身,动链长度(动链中含有相关单位/

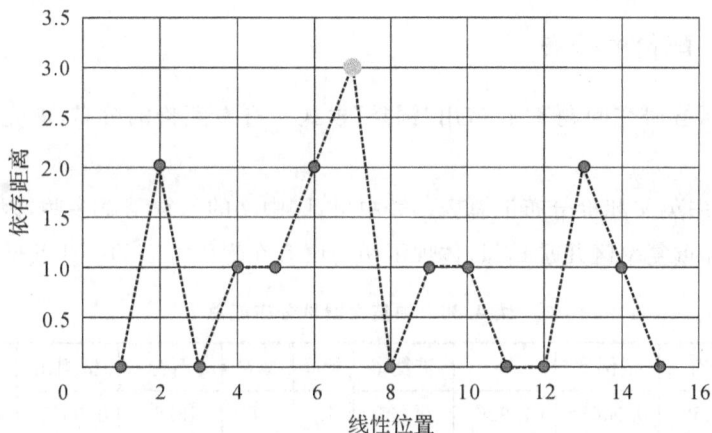

图 4.11 Pierre 例句配价时序

属性的个数)也可能体现一种特殊的句法节奏。比如上例中的动链长度分别为 2、5、3、3、1、1。至少从本句看,动链和动链的长度的丰富性都比较高。

如果配价的动链和动链的长度为一种合理的语言单位,它们应该和其他语言单位一样,其分布遵循一定规律,其与其他语言单位之间的关系也存在一定的规律。齐阿分布常用来为语言单位的秩频分布建模,齐曼分布常用来为动链建模,因此我们增加两个研究问题:

　　问题 4.4.3:广义配价的动链分布是否符合齐阿分布和齐曼分布? 如果符合,对应的参数是否能区分汉、英两种语言?

　　问题 4.4.4:广义配价的动链长度分布是否符合齐阿分布? 如果符合,对应的参数是否能区分汉、英两种语言?

此外,超泊松模型(参数为 $a$ 和 $b$)常用来拟合两个语言属性之间的关系(Köhler 2015),是拟合动链长度和频次之间关系最常用的模型,该模型是否适合广义动链的动链长度和长度频次之间的关系呢? 因此我们提出:

　　问题 4.4.5:广义配价的动链长度以及长度频次是否符合超泊松模型? 如果符合,对应的参数是否能区分汉、英两种语言?

以上三个问题的回答有助于确定配价动链的语言学意义,从而进一步交叉验证配价的语言学地位。

4.4.3 节为结果和讨论部分,将依次回答 4.4.1 节、4.4.2 节中提出的五个研究问题。4.4.4 节将汇总相关的发现,并提出后继可以开展的相关研究工作。

## 4.4.3　结果与讨论

本部分将依次回答之前提出的几个研究问题。4.4.3.1 节探讨配价的分布,4.4.3.2 节探讨"词性+配价"组合的分布。4.4.3.3 节为动链相关的研究。

### 4.4.3.1　配价的分布

首先我们回答研究问题 4.4.1，用"词袋"模式来查看配价的分布，即先不考虑配价的线性语言行为。

表 4.38 是中英文配价分布汇总表。表中可见，中文的型符稍微多些，因此型例比也稍微高一些。熵和重复率区几乎相似，体现了两门语言在配价方面的一些共性。

表 4.38　中英文配价分布汇总

| 子库 | 型符 | 例符 | 型例比 | 熵 | 重复率 | 子库 | 型符 | 例符 | 型例比 | 熵 | 重复率 |
|---|---|---|---|---|---|---|---|---|---|---|---|
| C1 | 14 | 43259 | 0.00032 | 1.926 | 0.333 | E1 | 10 | 43264 | 0.00023 | 1.924 | 0.319 |
| C2 | 11 | 43288 | 0.00025 | 1.925 | 0.334 | E2 | 11 | 43276 | 0.00025 | 1.923 | 0.318 |
| C3 | 11 | 43244 | 0.00025 | 1.924 | 0.335 | E3 | 9 | 43264 | 0.00021 | 1.920 | 0.318 |
| C4 | 14 | 43277 | 0.00032 | 1.923 | 0.335 | E4 | 10 | 43253 | 0.00023 | 1.923 | 0.320 |
| C5 | 14 | 43261 | 0.00032 | 1.926 | 0.333 | E5 | 11 | 43257 | 0.00025 | 1.923 | 0.319 |
| C6 | 14 | 43249 | 0.00032 | 1.929 | 0.334 | E6 | 10 | 43260 | 0.00023 | 1.919 | 0.319 |

表 4.39 和表 4.40 分别是中文和英文配价的完整秩频数据。

表 4.39　中文配价秩频

| 频序 | C1 频次 | 配价 | % | C2 频次 | 配价 | % | C3 频次 | 配价 | % |
|---|---|---|---|---|---|---|---|---|---|
| 1 | 20054 | 0 | 46.4 | 20030 | 0 | 46.3 | 19968 | 0 | 46.2 |
| 2 | 13847 | 1 | 32.0 | 14073 | 1 | 32.5 | 14131 | 1 | 32.7 |
| 3 | 4573 | 2 | 10.6 | 4370 | 2 | 10.1 | 4412 | 2 | 10.2 |
| 4 | 2503 | 3 | 5.8 | 2444 | 3 | 5.6 | 2357 | 3 | 5.5 |
| 5 | 1346 | 4 | 3.1 | 1384 | 4 | 3.2 | 1350 | 4 | 3.1 |
| 6 | 616 | 5 | 1.4 | 618 | 5 | 1.4 | 649 | 5 | 1.5 |
| 7 | 223 | 6 | 0.5 | 258 | 6 | 0.6 | 260 | 6 | 0.6 |
| 8 | 66 | 7 | 0.2 | 83 | 7 | 0.2 | 90 | 7 | 0.2 |
| 9 | 17 | 8 | 0 | 22 | 8 | 0.1 | 18 | 8 | 0 |
| 10 | 8 | 9 | 0 | 4 | 9 | 0 | 8 | 9 | 0 |
| 11 | 3 | 10 | 0 | 2 | 10 | 0 | 1 | 10 | 0 |
| 12 | 1 | 11 | 0 | | | | | | |
| 13 | 1 | 29 | 0 | | | | | | |
| 14 | 1 | 39 | 0 | | | | | | |
| 汇总 | 43259 | | | 43288 | | | 43244 | | |

| 频序 | C4 频次 | 配价 | % | C5 频次 | 配价 | % | C6 频次 | 配价 | % |
|---|---|---|---|---|---|---|---|---|---|
| 1 | 20116 | 0 | 46.5 | 19943 | 0 | 46.1 | 20090 | 0 | 46.5 |
| 2 | 14015 | 1 | 32.4 | 14063 | 1 | 32.5 | 13870 | 1 | 32.1 |
| 3 | 4353 | 2 | 10.1 | 4481 | 2 | 10.4 | 4527 | 2 | 10.5 |
| 4 | 2385 | 3 | 5.5 | 2494 | 3 | 5.8 | 2419 | 3 | 5.6 |
| 5 | 1397 | 4 | 3.2 | 1323 | 4 | 3.1 | 1321 | 4 | 3.1 |
| 6 | 653 | 5 | 1.5 | 617 | 5 | 1.4 | 664 | 5 | 1.5 |
| 7 | 256 | 6 | 0.6 | 230 | 6 | 0.5 | 237 | 6 | 0.5 |
| 8 | 68 | 7 | 0.2 | 69 | 7 | 0.2 | 78 | 7 | 0.2 |
| 9 | 17 | 8 | 0 | 26 | 8 | 0.1 | 22 | 8 | 0.1 |
| 10 | 9 | 9 | 0 | 6 | 9 | 0 | 10 | 9 | 0 |
| 11 | 5 | 10 | 0 | 3 | 11 | 0 | 6 | 10 | 0 |
| 12 | 1 | 11 | 0 | 3 | 10 | 0 | 2 | 11 | 0 |
| 13 | 1 | 12 | 0 | 2 | 16 | 0 | 2 | 15 | 0 |
| 14 | 1 | 82 | 0 | 1 | 18 | 0 | 1 | 13 | 0 |
| 汇总 | 43277 | | | 43261 | | | 43249 | | |

表 4.40　英文配价秩频

| 频序 | 配价 | E1 频次 | % | E2 频次 | % | E3 频次 | % |
|---|---|---|---|---|---|---|---|
| 1 | 0 | 19571 | 45.2 | 19455 | 45.0 | 19473 | 45.0 |
| 2 | 1 | 12730 | 29.4 | 12805 | 29.6 | 12705 | 29.4 |
| 3 | 2 | 6533 | 15.1 | 6619 | 15.3 | 6705 | 15.5 |
| 4 | 3 | 2865 | 6.6 | 2905 | 6.7 | 2916 | 6.7 |
| 5 | 4 | 1110 | 2.6 | 1059 | 2.4 | 1053 | 2.4 |
| 6 | 5 | 342 | 0.8 | 319 | 0.7 | 326 | 0.8 |
| 7 | 6 | 80 | 0.2 | 85 | 0.2 | 69 | 0.2 |
| 8 | 7 | 25 | 0.1 | 23 | 0.1 | 15 | 0.0 |
| 9 | 8 | 6 | 0.0 | 4 | 0.0 | 2 | 0.0 |
| 10 | 9 | 2 | 0.0 | 1 | 0.0 | | |
| 11 | | | | 1 | 0.0 | | |
| 汇总 | | 43264 | | 43276 | | 43264 | |

**续表**

| 频序 | 配价 | E4 频次 | % | E5 频次 | % | E6 频次 | % |
|---|---|---|---|---|---|---|---|
| 1 | 0 | 19572 | 45.3 | 19433 | 44.9 | 19388 | 44.8 |
| 2 | 1 | 12770 | 29.5 | 12986 | 30.0 | 12923 | 29.9 |
| 3 | 2 | 6536 | 15.1 | 6437 | 14.9 | 6613 | 15.3 |
| 4 | 3 | 2810 | 6.5 | 2845 | 6.6 | 2871 | 6.6 |
| 5 | 4 | 1069 | 2.5 | 1105 | 2.6 | 1035 | 2.4 |
| 6 | 5 | 374 | 0.9 | 325 | 0.8 | 327 | 0.8 |
| 7 | 6 | 98 | 0.2 | 88 | 0.2 | 73 | 0.2 |
| 8 | 7 | 19 | 0.0 | 27 | 0.1 | 25 | 0.1 |
| 9 | 8 | 3 | 0.0 | 8 | 0.0 | 3 | 0.0 |
| 10 | 9 | 2 | 0.0 | 2 | 0.0 | 2 | 0.0 |
| 11 | | | | 1 | 0.0 | | |
| 汇总 | | 43253 | | 43257 | | 43260 | |

图 4.12 是表 4.39 和表 4.40 的图示,图中空心图例簇为中文数据,实心图例簇为英文数据。同一种语言的曲线几乎完全重合,区别于另一种语言的曲线,这体现了同一种语言中的各个子库语料之间的同质性和不同语言之间的一定差别。

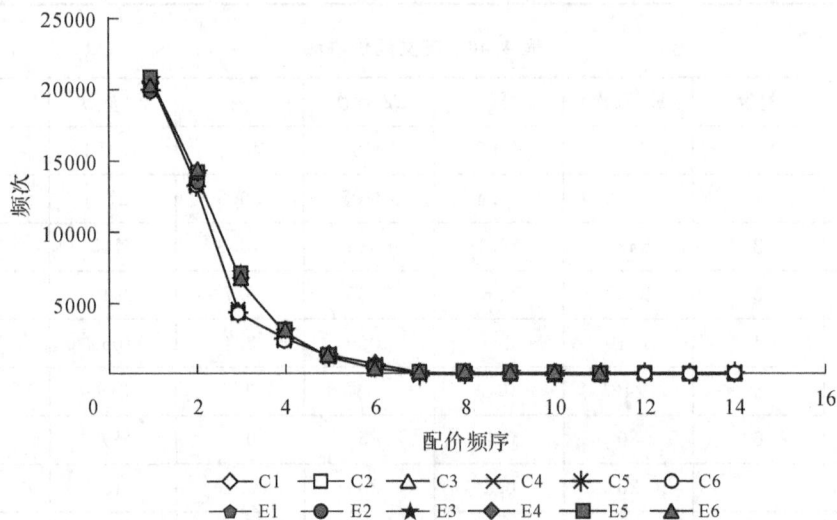

图 4.12 中英文配价秩频数据对比

从数据中可见中文和英文配价分布的一些异同:

1)英文中的配价在库间的排序完全一样,趋势均为配价越大,频序越低,这体现了增加配价所带来的压力。中文中的趋势类似,只有个别配价有 1—2 个频次的差异。中文 C4 中出现大小为 82 的配价是因为有一个长达 83 个项目的并列列举,按照中文的标注方式,并列成分最后一个标记为支配词,其余前面均标记为从属词。

2)无论是在中文还是英文中,约 89.0% 的情况下,词或者没有从属词,或者只有 1—2 个从属词。英文中没有从属词的比例(45.0%)与中文(46.0%—47.0%)比例相仿;配价为 1 的情况比例在中文中更高一些(32.0%—33.0%,稍高于英文中的 29.0%—30.0%),结果与刘海涛(Liu 2007a)一致。而配价为 2 的词在英文中的比例(15.0%—16.0%)比中文的高 5.0% 左右。配价为 3 的在英文中比例稍高一点;从配价为 4 起,两种语言的比例相差不大,所以后面的曲线几乎重合。

最后,我们来考察秩频分布的模型。我们不用刘海涛(Liu 2007a)提到的超泊松模型,而用秩频分布的"万能"模型——齐阿分布,拟合数据结果优异(表 4.41),决定系数 $R^2$ 均在 0.9946 以上,可见该模型更适合于配价的秩频数据。英文数据中各个参数($a$、$b$、$\alpha$)之间的同质性更强,中文中参数 $\alpha$ 也表示出比较强的同质性,但是两种语言的该参数没有区别性。

表 4.41　齐阿分布拟合配价秩频数据

| 子库 | DF | $R^2$ | $a$ | $b$ | $n$ | $\alpha$ | N |
|---|---|---|---|---|---|---|---|
| C1 | 9 | 0.9978 | 0.26 | 1.10 | 14 | 0.46 | 43259 |
| C2 | 6 | 0.9981 | 1.17 | 0.72 | 11 | 0.46 | 43288 |
| C3 | 6 | 0.9984 | 1.20 | 0.71 | 11 | 0.46 | 43244 |
| C4 | 9 | 0.9983 | 1.13 | 0.74 | 14 | 0.46 | 43277 |
| C5 | 9 | 0.9973 | 0.28 | 1.10 | 14 | 0.46 | 43261 |
| C6 | 9 | 0.9976 | 0.26 | 1.10 | 14 | 0.46 | 43249 |
| E1 | 5 | 0.9959 | 0.01 | 1.19 | 10 | 0.45 | 43264 |
| E2 | 6 | 0.9954 | 0.02 | 1.20 | 11 | 0.45 | 43276 |
| E3 | 4 | 0.9947 | 0.02 | 1.19 | 9 | 0.45 | 43264 |
| E4 | 5 | 0.9960 | 0.02 | 1.19 | 10 | 0.45 | 43253 |
| E5 | 6 | 0.9965 | 0.07 | 1.18 | 11 | 0.45 | 43257 |
| E6 | 5 | 0.9954 | 0.05 | 1.19 | 10 | 0.45 | 43260 |

对于动词而言,动词多义度越高,则频次越高;频次越高,则配价越大(Liu 2011)。很明显,由上面的研究可知,对于广义配价而言,配价和频次之间也存在类似的关系,因为配价基本上为频序减 1,我们不再进行模型的拟合。

在考察完配价的整体分布以后,在下一个部分,我们将把"词性＋配价"组合作为一个整体来考虑,分析这种组合是否也是一个符合规律分布的语言单位/属性。

### 4.4.3.2　词性和配价

在这个部分,我们先分析"词性＋配价"组合的分布,以回答问题 4.4.2。表 4.42 呈现了"词性＋配价"组合的分布汇总数据。中文中的例符数量(88—105)比英文中的(112—

121)少一些,这与词性本身的数量以及词性的配价能力相关。

**表 4.42 "词性+配价"组合的分布汇总**

| 子库 | 型符 | 例符 | 子库 | 型符 | 例符 |
|------|------|------|------|------|------|
| C1 | 94 | 43259 | E1 | 113 | 43264 |
| C2 | 89 | 43288 | E2 | 114 | 43276 |
| C3 | 88 | 43244 | E3 | 115 | 43264 |
| C4 | 93 | 43277 | E4 | 117 | 43253 |
| C5 | 102 | 43261 | E5 | 121 | 43257 |
| C6 | 105 | 43249 | E6 | 112 | 43260 |

表 4.43 和表 4.44 分别是中文和英文词性配价的秩频数据前 20 位,中文数据占总数的比例为 91.0%—91.7%,英文数据占总数的比例为 88.8%—89.9%。表中"V"表示词性+配价,如"n0"表示不带从属词的名词;"v1"表示配价为 1 的动词。

**表 4.43　中文词性配价的秩频数据(V=词性+配价)(前 20)**

| 频序 | C1 频次 | V | % | C2 频次 | V | % | C3 频次 | V | % |
|------|---------|----|-----|---------|----|-----|---------|----|-----|
| 1 | 7623 | n0 | 17.6 | 7688 | n0 | 17.8 | 7664 | n0 | 17.7 |
| 2 | 5003 | n1 | 11.6 | 5459 | n1 | 12.6 | 5419 | n1 | 12.5 |
| 3 | 2718 | u1 | 6.3 | 2332 | u1 | 5.4 | 2560 | u1 | 5.9 |
| 4 | 2150 | d0 | 5.0 | 2297 | d0 | 5.3 | 2282 | d0 | 5.3 |
| 5 | 2059 | n2 | 4.8 | 2066 | n2 | 4.8 | 2042 | n2 | 4.7 |
| 6 | 1953 | v2 | 4.5 | 1955 | m0 | 4.5 | 1867 | v2 | 4.3 |
| 7 | 1842 | p1 | 4.3 | 1825 | v1 | 4.2 | 1860 | v1 | 4.3 |
| 8 | 1840 | v1 | 4.3 | 1811 | v2 | 4.2 | 1820 | p1 | 4.2 |
| 9 | 1648 | a0 | 3.8 | 1751 | p1 | 4.0 | 1764 | m0 | 4.1 |
| 10 | 1627 | v3 | 3.8 | 1566 | v3 | 3.6 | 1686 | v0 | 3.9 |
| 11 | 1624 | m0 | 3.8 | 1565 | v0 | 3.6 | 1563 | r0 | 3.6 |
| 12 | 1583 | r0 | 3.7 | 1483 | r0 | 3.4 | 1523 | v3 | 3.5 |
| 13 | 1576 | v0 | 3.6 | 1288 | a0 | 3.0 | 1451 | a0 | 3.4 |
| 14 | 1219 | c0 | 2.8 | 1108 | c0 | 2.6 | 1180 | c0 | 2.7 |
| 15 | 1016 | v4 | 2.3 | 1105 | q1 | 2.6 | 1061 | v4 | 2.5 |
| 16 | 910 | t0 | 2.1 | 1084 | v4 | 2.5 | 947 | q1 | 2.2 |
| 17 | 864 | u0 | 2.0 | 816 | u0 | 1.9 | 809 | u0 | 1.9 |
| 18 | 811 | q1 | 1.9 | 764 | t0 | 1.8 | 712 | n3 | 1.6 |
| 19 | 736 | n3 | 1.7 | 723 | n3 | 1.7 | 693 | t0 | 1.6 |
| 20 | 733 | f1 | 1.7 | 717 | f1 | 1.7 | 681 | f1 | 1.6 |
| 小计 | | | 91.4 | | | 91.0 | | | 91.5 |

| 频序 | C4 频次 | V | % | C5 频次 | V | % | C6 频次 | V | % |
|---|---|---|---|---|---|---|---|---|---|
| 1 | 7774 | n0 | 18.0 | 7619 | n0 | 17.6 | 7567 | n0 | 17.5 |
| 2 | 5476 | n1 | 12.7 | 5375 | n1 | 12.4 | 5164 | n1 | 11.9 |
| 3 | 2376 | u1 | 5.5 | 2686 | u1 | 6.2 | 2645 | u1 | 6.1 |
| 4 | 2194 | d0 | 5.1 | 2335 | d0 | 5.4 | 2413 | d0 | 5.6 |
| 5 | 1975 | v2 | 4.6 | 2047 | v1 | 4.7 | 2018 | n2 | 4.7 |
| 6 | 1934 | n2 | 4.5 | 2038 | v2 | 4.7 | 1957 | v2 | 4.5 |
| 7 | 1898 | v1 | 4.4 | 1927 | n2 | 4.5 | 1928 | v1 | 4.5 |
| 8 | 1825 | p1 | 4.2 | 1823 | p1 | 4.2 | 1777 | p1 | 4.1 |
| 9 | 1733 | v0 | 4.0 | 1809 | v0 | 4.2 | 1774 | v0 | 4.1 |
| 10 | 1613 | r0 | 3.7 | 1639 | a0 | 3.8 | 1713 | r0 | 4.0 |
| 11 | 1612 | v3 | 3.7 | 1625 | v3 | 3.8 | 1609 | v3 | 3.7 |
| 12 | 1599 | m0 | 3.7 | 1518 | m0 | 3.5 | 1561 | m0 | 3.6 |
| 13 | 1381 | a0 | 3.2 | 1442 | r0 | 3.3 | 1401 | a0 | 3.2 |
| 14 | 1191 | c0 | 2.8 | 1254 | c0 | 2.9 | 1203 | c0 | 2.8 |
| 15 | 1111 | v4 | 2.6 | 1029 | v4 | 2.4 | 1023 | v4 | 2.4 |
| 16 | 904 | u0 | 2.1 | 775 | u0 | 1.8 | 826 | q1 | 1.9 |
| 17 | 817 | q1 | 1.9 | 730 | n3 | 1.7 | 798 | u0 | 1.8 |
| 18 | 718 | t0 | 1.7 | 698 | q1 | 1.6 | 698 | f1 | 1.6 |
| 19 | 699 | f1 | 1.6 | 670 | f1 | 1.5 | 679 | t0 | 1.6 |
| 20 | 612 | n3 | 1.4 | 625 | t0 | 1.4 | 660 | n3 | 1.5 |
| 小计 | | | 91.1 | | | 91.7 | | | 91.1 |

表 4.44　英文词性配价的秩频数据（V＝词性＋配价）（前 20）

| 频序 | E1 频次 | V | % | E2 频次 | V | % | E3 频次 | V | % |
|---|---|---|---|---|---|---|---|---|---|
| 1 | 5158 | nn0 | 11.9 | 5234 | nn0 | 12.1 | 4849 | nn0 | 11.2 |
| 2 | 4734 | in1 | 10.9 | 4730 | in1 | 10.9 | 4706 | in1 | 10.9 |
| 3 | 4589 | nn1 | 10.6 | 4601 | nn1 | 10.6 | 4552 | nn1 | 10.5 |
| 4 | 4257 | dt0 | 9.8 | 4144 | dt0 | 9.6 | 4367 | dt0 | 10.1 |
| 5 | 3224 | jj0 | 7.5 | 3204 | nn2 | 7.4 | 3170 | nn2 | 7.3 |
| 6 | 3179 | nn2 | 7.3 | 2861 | jj0 | 6.6 | 3026 | jj0 | 7.0 |
| 7 | 1787 | vb2 | 4.1 | 1871 | vb2 | 4.3 | 1858 | vb2 | 4.3 |
| 8 | 1478 | vb1 | 3.4 | 1486 | vb1 | 3.4 | 1450 | vb1 | 3.4 |

续表

| 频序 | E1 频次 | V | % | E2 频次 | V | % | E3 频次 | V | % |
|---|---|---|---|---|---|---|---|---|---|
| 9 | 1394 | rb0 | 3.2 | 1370 | rb0 | 3.2 | 1343 | rb0 | 3.1 |
| 10 | 1228 | nn3 | 2.8 | 1325 | vb0 | 3.1 | 1263 | nn3 | 2.9 |
| 11 | 1200 | vb0 | 2.8 | 1227 | cd0 | 2.8 | 1258 | vb0 | 2.9 |
| 12 | 1183 | cd0 | 2.7 | 1211 | nn3 | 2.8 | 1142 | cd0 | 2.6 |
| 13 | 1091 | vb3 | 2.5 | 1120 | vb3 | 2.6 | 1087 | vb3 | 2.5 |
| 14 | 961 | to1 | 2.2 | 1072 | to1 | 2.5 | 1065 | prp0 | 2.5 |
| 15 | 899 | prp0 | 2.1 | 934 | prp0 | 2.2 | 1015 | to1 | 2.3 |
| 16 | 561 | cc2 | 1.3 | 594 | vb4 | 1.4 | 609 | cc2 | 1.4 |
| 17 | 533 | vb4 | 1.2 | 574 | cc2 | 1.3 | 575 | vb4 | 1.3 |
| 18 | 485 | prp$0 | 1.1 | 483 | pos0 | 1.1 | 497 | prp$0 | 1.1 |
| 19 | 471 | pos0 | 1.1 | 456 | prp$0 | 1.1 | 457 | pos0 | 1.1 |
| 20 | 366 | jj1 | 0.8 | 377 | jj1 | 0.9 | 393 | jj1 | 0.9 |
| 小计 | | | 89.6 | | | 89.8 | | | 89.4 |
| 频序 | E4 频次 | V | % | E5 频次 | V | % | E6 频次 | V | % |
| 1 | 5228 | nn0 | 12.1 | 5268 | nn0 | 12.2 | 5382 | nn0 | 12.4 |
| 2 | 4869 | nn1 | 11.3 | 4923 | nn1 | 11.4 | 4890 | nn1 | 11.3 |
| 3 | 4585 | in1 | 10.6 | 4642 | in1 | 10.7 | 4735 | in1 | 10.9 |
| 4 | 3964 | dt0 | 9.2 | 3985 | dt0 | 9.2 | 4078 | dt0 | 9.4 |
| 5 | 3148 | nn2 | 7.3 | 3241 | nn2 | 7.5 | 3105 | nn2 | 7.2 |
| 6 | 3089 | jj0 | 7.1 | 2974 | jj0 | 6.9 | 2789 | jj0 | 6.4 |
| 7 | 1794 | vb2 | 4.1 | 1742 | cd0 | 4.0 | 1812 | vb2 | 4.2 |
| 8 | 1439 | rb0 | 3.3 | 1591 | vb2 | 3.7 | 1458 | cd0 | 3.4 |
| 9 | 1415 | cd0 | 3.3 | 1326 | vb1 | 3.1 | 1347 | vb0 | 3.1 |
| 10 | 1299 | vb1 | 3.0 | 1226 | rb0 | 2.8 | 1337 | vb1 | 3.1 |
| 11 | 1166 | vb0 | 2.7 | 1163 | vb3 | 2.7 | 1260 | rb0 | 2.9 |
| 12 | 1146 | nn3 | 2.7 | 1141 | nn3 | 2.6 | 1175 | nn3 | 2.7 |
| 13 | 1146 | vb3 | 2.7 | 1076 | vb0 | 2.5 | 1153 | vb3 | 2.7 |
| 14 | 1023 | prp0 | 2.4 | 1042 | to1 | 2.4 | 1132 | to1 | 2.6 |
| 15 | 992 | to1 | 2.3 | 698 | prp0 | 1.6 | 862 | prp0 | 2.0 |
| 16 | 603 | cc2 | 1.4 | 561 | cc2 | 1.3 | 642 | cc2 | 1.5 |
| 17 | 579 | vb4 | 1.3 | 548 | vb4 | 1.3 | 553 | vb4 | 1.3 |
| 18 | 469 | prp$0 | 1.1 | 484 | pos0 | 1.1 | 437 | prp$0 | 1.0 |
| 19 | 464 | pos0 | 1.1 | 397 | prp$0 | 0.9 | 418 | pos0 | 1.0 |
| 20 | 346 | jj1 | 0.8 | 364 | jj1 | 0.8 | 327 | $0 | 0.8 |
| 小计 | | | 89.6 | | | 88.8 | | | 89.9 |

从表 4.43 和表 4.44 中可见,"词性+配价"作为一个整体,同一种语言的各个语料库中的各个频次对应的"词性+配价"组合基本一致,比例也相仿。中文子库最前面的 4 种对应的频序完全一致,英文前 5 位中,除了第 2 位和第 3 位以外(二者比例相仿),其余频序在库间一致。数据在一定程度上表明了该组合结构在同一种语言中的同质性。

但是中英文前 4 位的搭配和比例有异有同:

1) 排第 1 位的都是没有从属词的名词(中文 n0、英文 nn0),这和名词在自然语言中的高比例是相关的。中文中的比例(17.6%—18.0%)比英文的(11.2%—12.4%)高。这与两种语言名词的配价能力相关,我们将在后文详细分析。

2) 在中文中排第 2 位的依然是名词,有一个从属词的名词(n1)占比 11.6%—12.7%。与在英文中该组合(nn1)比例(10.5%—11.4%)相仿,但是排序在第 2 或第 3。在英文中另外一个排第 2 或者第 3 的是介词后接一个从属词(in1,占比 10.6%—10.9%),这与英文中的介词比例高是相关的(如 4.1 节所示,在所有支配词中,介词比例高达 12.5%—13%)。

3) 中文中排第 3 的是助词后一个从属词(u1),比如"的"字结构后面一个名词,这是因为中文中"的"字结构的比例比较高,其能支配的词性也多,在支配词中助词结构占比达到 6.3%—7.4%。

4) 中文排在第 4 的是副词结构,其后无从属词(d0),副词本身在中文从属词中的比例也达到 4.6%—5.3%。英文中排第 4 的是限定词(dt0,占比 9.2%—10.1%),这是因为英文所有从属词中限定词占据了很高的比例(9.7%—10.5%)。

图 4.13 是"词性+配价"组合秩频分布的图示,空心图例簇为中文,实心图例簇为中文。同一种语言的各个子库曲线几乎重合。这说明了该组合在同一语言内部的同质性和不同语言之间的一定差异。

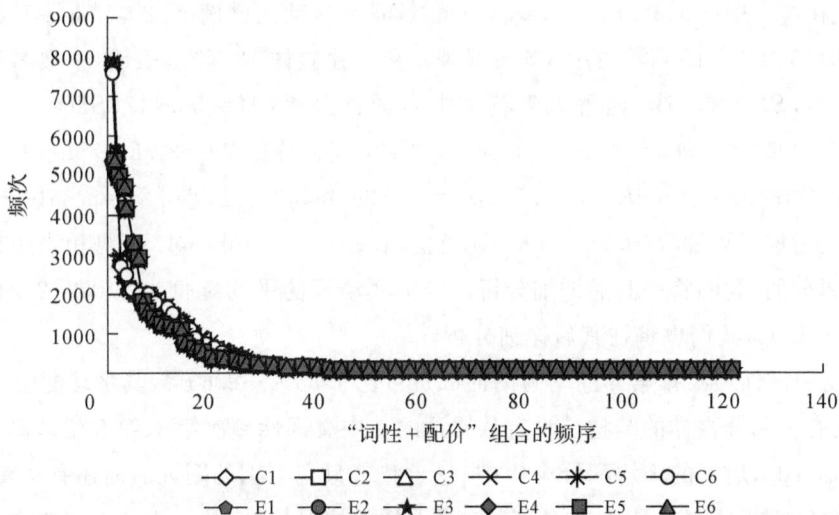

图 4.13　"词性+配价"组合秩频分布

表 4.45 是齐阿分布拟合全部"词性+配价"组合秩频数据的结果,决定系数 $R^2$ 均在 0.9400 以上,结果良好。参数 $\alpha$ 能显著区分两种语言,独立样本 $t$ 检验表明,中文参数 $\alpha$($M$

$=0.180,SD=0$）显著大于英文参数 $\alpha$（$M=0.118,SD=0.004$）（$t=37,p<0.001$, $95\%CI=0.058\text{—}0.065$）。

表 4.45 齐阿分布拟合"词性＋配价"组合秩频数据

| 子库 | $C$ | DF | $R^2$ | $a$ | $b$ | $n$ | $\alpha$ | $N$ |
|---|---|---|---|---|---|---|---|---|
| C1 | 0.1387 | 89 | 0.9522 | 0.01 | 0.28 | 94 | 0.18 | 43259 |
| C2 | 0.1331 | 84 | 0.9462 | 0.05 | 0.28 | 89 | 0.18 | 43288 |
| C3 | 0.1310 | 83 | 0.9487 | 0.04 | 0.28 | 88 | 0.18 | 43244 |
| C4 | 0.1360 | 88 | 0.9432 | 0.05 | 0.28 | 93 | 0.18 | 43277 |
| C5 | 0.1248 | 97 | 0.9524 | 0.03 | 0.29 | 102 | 0.18 | 43261 |
| C6 | 0.1221 | 100 | 0.9540 | 0.02 | 0.29 | 105 | 0.18 | 43249 |
| E1 | 0.0537 | 108 | 0.9477 | 0.37 | 0.24 | 113 | 0.12 | 43264 |
| E2 | 0.0549 | 109 | 0.9520 | 0.39 | 0.24 | 114 | 0.12 | 43276 |
| E3 | 0.0375 | 110 | 0.9697 | 0.05 | 0.31 | 115 | 0.11 | 43264 |
| E4 | 0.0385 | 112 | 0.9741 | 0.11 | 0.30 | 117 | 0.12 | 43253 |
| E5 | 0.0297 | 116 | 0.9786 | 0.11 | 0.30 | 121 | 0.12 | 43257 |
| E6 | 0.0536 | 107 | 0.9600 | 0.38 | 0.24 | 112 | 0.12 | 43260 |

表 4.46 和表 4.47 分别是中文和英文的词性与其平均配价数据，以词性排序前 6 位为例，我们可以看出两种语言中不同词性配价能力的一些异同：

1）中英文中名词和动词的比例都居第 1、第 2。在中文中，名词比例（n，36.4%—37.6%）比在英文中（nn，32.8%—34.8%）稍微高一点，动词比例（v，20.1%—21.6%）则比英文中（vb，13.8%—15.4%）的高，均有显著差异。独立样本 $t$ 检验表明，中文名词百分比（$M=37.038,SD=0.479$）显著大于英文中名词百分比（$M=33.917,SD=0.691$）（$t=9.091,p<0.001,95\%CI=2.357\text{—}3.887$）；中文动词百分比（$M=20.848,SD=0.601$）显著大于英文百分比（$M=14.750,SD=0.543$）（$t=18.436,p<0.001,95\%CI=5.361\text{—}6.835$）。

2）中文名词平均配价（0.78—0.83）比英文（1.08—1.14）低一些，可见相当一部分名词是没有从属词的，我们将在其后详细分析。但中文动词的平均配价为 2.09—2.21，大于英文的 1.86—1.96，我们也将在其后详细分析。

3）中文中词性频次排第 3 的均为助词（u），占比 7.55%—8.65%，其平均配价为 0.77—0.82，可见有一部分这样的结构是没有从属词的。中文词性频次第 4、第 5 位基本上是形容词（a）和副词（d），后者的平均配价为 0.01，这意味着只有个别的副词后面还有从属词，中文副词的配价能力极弱，如 C1 库中，只有 21 个这样的情况，对应的词为："不""够""没有""一道""一起""再"。英文中的副词（rb）配价能力也比较弱（平均配价为 0.16—0.22）。在以后继续开展副词配价能力的语言比较研究是有必要的。

4）英文中词性频次排第 4 的都是限定词（dt），其平均配价为 0.01—0.02，英文中的限定词除了冠词[在英文标注系统中冠词无从属词,因为它们本身被标记为其后名词的从属(完整数据)词],还有其他词(如"some""those""each""all"等),它们可能有从属词。

**表 4.46　中文词性及其平均配价**

| 频序 | C1 | | | C2 | | | C3 | | |
| --- | --- | --- | --- | --- | --- | --- | --- | --- | --- |
| | 词性 | 平均配价 | % | 词性 | 平均配价 | % | 词性 | 平均配价 | % |
| 1 | n | 0.83 | 36.55 | n | 0.82 | 37.61 | n | 0.82 | 37.45 |
| 2 | v | 2.16 | 20.34 | v | 2.21 | 20.13 | v | 2.17 | 20.51 |
| 3 | u | 0.81 | 8.65 | u | 0.79 | 7.55 | u | 0.82 | 8.15 |
| 4 | a | 0.51 | 5.21 | d | 0.01 | 5.35 | d | 0.01 | 5.31 |
| 5 | d | 0.01 | 5.02 | m | 0.13 | 5.08 | a | 0.48 | 4.58 |
| 6 | p | 1.01 | 4.50 | a | 0.60 | 4.39 | m | 0.13 | 4.55 |
| 7 | m | 0.13 | 4.23 | p | 0.98 | 4.33 | p | 0.98 | 4.45 |
| 8 | r | 0.03 | 3.76 | r | 0.03 | 3.49 | r | 0.04 | 3.74 |
| 9 | t | 0.28 | 2.82 | q | 1.13 | 2.98 | c | 0.00 | 2.73 |
| 10 | c | 0.00 | 2.82 | c | 0.00 | 2.56 | q | 1.19 | 2.72 |
| 11 | q | 1.22 | 2.46 | t | 0.29 | 2.40 | t | 0.31 | 2.24 |
| 12 | f | 0.88 | 2.02 | f | 0.87 | 2.01 | f | 0.89 | 1.92 |
| 13 | b | 0.02 | 0.75 | b | 0.06 | 1.06 | b | 0.04 | 0.82 |
| 14 | s | 0.26 | 0.36 | s | 0.21 | 0.54 | s | 0.24 | 0.38 |
| 15 | z | 0.29 | 0.19 | l | 0.64 | 0.18 | y | 0.00 | 0.15 |
| 16 | k | 0.17 | 0.16 | y | 0.00 | 0.12 | k | 0.05 | 0.10 |
| 17 | y | 0.00 | 0.15 | z | 0.29 | 0.10 | l | 0.55 | 0.10 |
| 18 | h | 0.00 | 0.01 | k | 0.13 | 0.07 | z | 0.21 | 0.09 |
| 19 | w | 0.00 | 0.01 | w | 0.00 | 0.04 | j | 0.00 | 0.01 |
| 20 | C | 0.00 | 0.00 | h | 0.00 | 0.00 | w | 0.00 | 0.01 |
| 21 | j | 0.00 | 0.00 | j | 0.00 | 0.00 | h | 0.00 | 0.00 |
| 22 | o | 2.00 | 0.00 | | | | | | |
| 平均 | | 0.95 | | | 0.95 | | | 0.95 | |

| 频序 | C4 | | | C5 | | | C6 | | |
| --- | --- | --- | --- | --- | --- | --- | --- | --- | --- |
| | 词性 | 平均配价 | % | 词性 | 平均配价 | % | 词性 | 平均配价 | % |
| 1 | n | 0.78 | 37.21 | n | 0.81 | 36.99 | n | 0.81 | 36.42 |
| 2 | v | 2.17 | 21.31 | v | 2.09 | 21.62 | v | 2.13 | 21.18 |
| 3 | u | 0.77 | 7.84 | u | 0.82 | 8.31 | u | 0.82 | 8.31 |

续表

| 频序 | C4 | | | C5 | | | C6 | | |
|------|------|--------|------|------|--------|------|------|--------|------|
| | 词性 | 平均配价 | % | 词性 | 平均配价 | % | 词性 | 平均配价 | % |
| 4 | d | 0.01 | 5.10 | d | 0.01 | 5.43 | d | 0.01 | 5.62 |
| 5 | a | 0.60 | 4.56 | a | 0.53 | 5.21 | a | 0.58 | 4.65 |
| 6 | p | 0.99 | 4.41 | p | 1.00 | 4.47 | p | 1.00 | 4.39 |
| 7 | m | 0.12 | 4.16 | m | 0.11 | 3.87 | r | 0.04 | 4.08 |
| 8 | r | 0.04 | 3.86 | r | 0.04 | 3.44 | m | 0.12 | 4.03 |
| 9 | c | 0.00 | 2.75 | c | 0.00 | 2.90 | c | 0.00 | 2.78 |
| 10 | t | 0.36 | 2.44 | q | 1.19 | 2.07 | q | 1.21 | 2.49 |
| 11 | q | 1.16 | 2.39 | t | 0.30 | 1.95 | t | 0.30 | 2.11 |
| 12 | f | 0.85 | 1.99 | f | 0.89 | 1.84 | f | 0.90 | 1.89 |
| 13 | b | 0.07 | 0.85 | b | 0.03 | 0.90 | b | 0.08 | 0.83 |
| 14 | s | 0.28 | 0.48 | s | 0.21 | 0.28 | s | 0.25 | 0.36 |
| 15 | y | 0.00 | 0.24 | l | 0.70 | 0.18 | y | 0.00 | 0.20 |
| 16 | l | 0.57 | 0.15 | y | 0.00 | 0.17 | j | 0.28 | 0.19 |
| 17 | z | 0.23 | 0.14 | j | 0.36 | 0.13 | l | 0.91 | 0.15 |
| 18 | k | 0.26 | 0.10 | z | 0.25 | 0.12 | z | 0.43 | 0.15 |
| 19 | h | 0.00 | 0.01 | k | 0.27 | 0.06 | k | 0.04 | 0.13 |
| 20 | C | 0.00 | 0.00 | w | 0.00 | 0.02 | w | 0.00 | 0.02 |
| 21 | j | 1.00 | 0.00 | h | 0.00 | 0.01 | h | 0.00 | 0.01 |
| 22 | o | 0.00 | 0.00 | o | 0.00 | 0.01 | o | 0.00 | 0.00 |
| 23 | w | 0.00 | 0.00 | C | 0.00 | 0.00 | | | |
| 平均 | | 0.95 | | | 0.95 | | | 0.95 | |

表 4.47  英文词性及其平均配价

| 频序 | E1 | | | E2 | | | E3 | | |
|------|------|--------|------|------|--------|------|------|--------|------|
| | 词性 | 平均配价 | % | 词性 | 平均配价 | % | 词性 | 平均配价 | % |
| 1 | nn | 1.13 | 33.7 | nn | 1.10 | 33.7 | nn | 1.14 | 32.8 |
| 2 | vb | 1.87 | 14.7 | vb | 1.87 | 15.4 | vb | 1.87 | 15.0 |
| 3 | in | 1.06 | 11.7 | in | 1.02 | 11.9 | in | 1.02 | 11.7 |
| 4 | dt | 0.02 | 10.0 | dt | 0.02 | 9.7 | dt | 0.02 | 10.2 |
| 5 | jj | 0.15 | 8.5 | jj | 0.19 | 7.7 | jj | 0.20 | 8.2 |
| 6 | rb | 0.18 | 3.7 | cd | 0.39 | 3.7 | rb | 0.22 | 3.6 |

续表

| 频序 | E1 | | | E2 | | | E3 | | |
| --- | --- | --- | --- | --- | --- | --- | --- | --- | --- |
| | 词性 | 平均配价 | % | 词性 | 平均配价 | % | 词性 | 平均配价 | % |
| 7 | cd | 0.38 | 3.6 | rb | 0.20 | 3.6 | cd | 0.44 | 3.6 |
| 8 | cc | 2.43 | 2.8 | to | 1.06 | 2.8 | cc | 2.36 | 2.9 |
| 9 | to | 1.12 | 2.6 | cc | 2.36 | 2.7 | to | 1.04 | 2.6 |
| 10 | prp | 0.04 | 2.1 | prp | 0.04 | 2.2 | prp | 0.03 | 2.5 |
| 11 | md | 2.41 | 1.3 | md | 2.35 | 1.2 | md | 2.38 | 1.2 |
| 12 | prp$ | 0.01 | 1.1 | pos | 0.01 | 1.1 | prp$ | 0.01 | 1.2 |
| 13 | pos | 0.01 | 1.1 | prp$ | 0.02 | 1.1 | pos | 0.00 | 1.1 |
| 小计 | | | 96.9 | | | 96.9 | | | 96.5 |
| 汇总 | | 0.95 | | | 0.95 | | | 0.95 | |

| 频序 | E4 | | | E5 | | | E6 | | |
| --- | --- | --- | --- | --- | --- | --- | --- | --- | --- |
| | 词性 | 平均配价 | % | 词性 | 平均配价 | % | 词性 | 平均配价 | % |
| 1 | nn | 1.10 | 34.1 | nn | 1.12 | 34.8 | nn | 1.08 | 34.4 |
| 2 | vb | 1.96 | 14.6 | vb | 1.95 | 13.8 | vb | 1.86 | 15.0 |
| 3 | in | 1.06 | 11.3 | in | 1.04 | 11.5 | in | 1.03 | 11.9 |
| 4 | dt | 0.02 | 9.3 | dt | 0.01 | 9.3 | dt | 0.01 | 9.6 |
| 5 | jj | 0.16 | 8.2 | jj | 0.15 | 7.9 | jj | 0.18 | 7.4 |
| 6 | cd | 0.46 | 4.5 | cd | 0.50 | 5.6 | cd | 0.41 | 4.4 |
| 7 | rb | 0.16 | 3.9 | rb | 0.18 | 3.3 | rb | 0.17 | 3.3 |
| 8 | cc | 2.35 | 2.7 | to | 1.09 | 2.7 | cc | 2.43 | 2.9 |
| 9 | to | 1.14 | 2.5 | cc | 2.38 | 2.6 | to | 1.06 | 2.8 |
| 10 | prp | 0.03 | 2.4 | prp | 0.03 | 1.7 | prp | 0.02 | 2.0 |
| 11 | prp$ | 0.01 | 1.1 | pos | 0.02 | 1.1 | md | 2.40 | 1.1 |
| 12 | pos | 0.02 | 1.1 | $ | 0.27 | 1.1 | prp$ | 0.02 | 1.0 |
| 13 | md | 2.40 | 1.0 | md | 2.44 | 1.0 | pos | 0.00 | 1.0 |
| 小计 | | | 96.6 | | | 96.2 | | | 96.8 |
| 汇总 | | 0.95 | | | 0.95 | | | 0.95 | |

　　各种词性的主动配价能力不一样,我们将其在各库中拥有的从属词数量定义为其汇总(主动)配价能力,比如在 C1 中动词能支配词的词一共有 18972 个。我们可以得到中文(表4.48)和英文(表4.49)的汇总(主动)配价能力。各种词性的配价能力在库间排序比较一致,比例相仿。

表 4.48　汉语汇总配价能力

| 频序 | C1 | | | C2 | | | C3 | | |
|---|---|---|---|---|---|---|---|---|---|
| | 频次 | % | 词性 | 频次 | % | 词性 | 频次 | % | 词性 |
| 1 | 18972 | 46.18 | v | 19273 | 46.86 | v | 19217 | 46.77 | v |
| 2 | 13146 | 32.00 | n | 13281 | 32.29 | n | 13275 | 32.31 | n |
| 3 | 3042 | 7.40 | u | 2577 | 6.27 | u | 2885 | 7.02 | u |
| 4 | 1965 | 4.78 | p | 1844 | 4.48 | p | 1893 | 4.61 | p |
| 5 | 1300 | 3.16 | q | 1464 | 3.56 | q | 1402 | 3.41 | q |
| 6 | 1145 | 2.79 | a | 1147 | 2.79 | a | 946 | 2.30 | a |
| 7 | 768 | 1.87 | f | 762 | 1.85 | f | 739 | 1.80 | f |
| 8 | 345 | 0.84 | t | 304 | 0.74 | t | 305 | 0.74 | t |
| 9 | 238 | 0.58 | m | 276 | 0.67 | m | 264 | 0.64 | m |
| 10 | 55 | 0.13 | r | 51 | 0.12 | l | 62 | 0.15 | r |
| 11 | 41 | 0.10 | s | 49 | 0.12 | s | 39 | 0.09 | s |
| 12 | 24 | 0.06 | z | 38 | 0.09 | r | 23 | 0.06 | l |
| 13 | 21 | 0.05 | d | 28 | 0.07 | b | 14 | 0.03 | d |
| 14 | 12 | 0.03 | k | 22 | 0.05 | d | 13 | 0.03 | b |
| 15 | 7 | 0.02 | b | 12 | 0.03 | z | 8 | 0.02 | z |
| 16 | 2 | 0.00 | o | 4 | 0.01 | k | 2 | 0.00 | k |
| 汇总 | 41083 | 100 | | 41132 | 100 | | 41087 | 100 | |

| 频序 | C4 | | | C5 | | | C6 | | |
|---|---|---|---|---|---|---|---|---|---|
| | 频次 | % | 词性 | 频次 | % | 词性 | 频次 | % | 词性 |
| 1 | 20062 | 48.80 | v | 19562 | 47.57 | v | 19542 | 47.50 | v |
| 2 | 12618 | 30.69 | n | 13038 | 31.71 | n | 12793 | 31.09 | n |
| 3 | 2614 | 6.36 | u | 2963 | 7.21 | u | 2954 | 7.18 | u |
| 4 | 1889 | 4.59 | p | 1944 | 4.73 | p | 1897 | 4.61 | p |
| 5 | 1195 | 2.91 | q | 1195 | 2.91 | a | 1300 | 3.16 | q |
| 6 | 1189 | 2.89 | a | 1064 | 2.59 | q | 1171 | 2.85 | a |
| 7 | 732 | 1.78 | f | 709 | 1.72 | f | 739 | 1.80 | f |
| 8 | 375 | 0.91 | t | 250 | 0.61 | t | 272 | 0.66 | t |
| 9 | 218 | 0.53 | m | 190 | 0.46 | m | 207 | 0.50 | m |
| 10 | 64 | 0.16 | r | 55 | 0.13 | r | 69 | 0.17 | r |
| 11 | 58 | 0.14 | s | 53 | 0.13 | l | 59 | 0.14 | l |
| 12 | 36 | 0.09 | l | 26 | 0.06 | s | 39 | 0.09 | s |
| 13 | 24 | 0.06 | b | 21 | 0.05 | j | 29 | 0.07 | b |
| 14 | 14 | 0.03 | z | 19 | 0.05 | d | 27 | 0.07 | z |
| 15 | 13 | 0.03 | d | 13 | 0.03 | b | 23 | 0.06 | j |

续表

| 频序 | C4 | | | C5 | | | C6 | | |
|---|---|---|---|---|---|---|---|---|---|
| | 频次 | % | 词性 | 频次 | % | 词性 | 频次 | % | 词性 |
| 16 | 11 | 0.03 | k | 13 | 0.03 | z | 21 | 0.05 | d |
| 17 | 1 | 0.00 | j | 7 | 0.02 | k | 2 | 0.00 | k |
| 汇总 | 41113 | 100 | | 41122 | 100 | | 41144 | 100 | |

表 4.49 英语汇总配价能力

| 频序 | E1 | | | E2 | | | E3 | | |
|---|---|---|---|---|---|---|---|---|---|
| | 词性 | 配价能力 | % | 词性 | 配价能力 | % | 词性 | 配价能力 | % |
| 1 | nn | 16531 | 40.06 | nn | 16105 | 38.98 | nn | 16142 | 39.14 |
| 2 | vb | 11885 | 28.80 | vb | 12468 | 30.18 | vb | 12173 | 29.52 |
| 3 | in | 5351 | 12.97 | in | 5239 | 12.68 | in | 5184 | 12.57 |
| 4 | cc | 2949 | 7.15 | cc | 2793 | 6.76 | cc | 2913 | 7.06 |
| 5 | md | 1305 | 3.16 | md | 1277 | 3.09 | to | 1232 | 2.99 |
| 6 | to | 1239 | 3.00 | to | 1240 | 3.00 | md | 1165 | 2.82 |
| 7 | jj | 596 | 1.44 | cd | 634 | 1.53 | jj | 699 | 1.69 |
| 8 | cd | 558 | 1.35 | jj | 617 | 1.49 | cd | 669 | 1.62 |
| 9 | ,, | 327 | 0.79 | ,, | 357 | 0.86 | ,, | 380 | 0.92 |
| 10 | rb | 295 | 0.71 | rb | 315 | 0.76 | rb | 339 | 0.82 |
| 11 | $ | 67 | 0.16 | dt | 81 | 0.20 | dt | 112 | 0.27 |
| 12 | dt | 57 | 0.14 | $ | 45 | 0.11 | $ | 73 | 0.18 |
| 13 | rbr | 37 | 0.09 | prp | 37 | 0.09 | prp | 33 | 0.08 |
| 14 | prp | 14 | 0.03 | wrb | 37 | 0.09 | rbr | 32 | 0.08 |
| 15 | lrb | 12 | 0.03 | rbr | 18 | 0.04 | wp $ | 21 | 0.05 |
| 16 | wp $ | 12 | 0.03 | wp $ | 10 | 0.02 | wdt | 17 | 0.04 |
| 17 | fw | 7 | 0.02 | prp $ | 9 | 0.02 | wrb | 16 | 0.04 |
| 18 | wp | 4 | 0.01 | fw | 8 | 0.02 | fw | 9 | 0.02 |
| 19 | wrb | 4 | 0.01 | pos | 7 | 0.02 | prp $ | 9 | 0.02 |
| 20 | pdt | 4 | 0.01 | wdt | 4 | 0.01 | pos | 8 | 0.02 |
| 21 | prp $ | 3 | 0.01 | rbs | 3 | 0.01 | lrb | 6 | 0.01 |
| 22 | rp | 3 | 0.01 | rp | 2 | 0.00 | pdt | 6 | 0.01 |
| 23 | rbs | 1 | 0.00 | wp | 2 | 0.00 | rbs | 1 | 0.00 |
| 24 | wdt | 1 | 0.00 | "" | 1 | 0.00 | number | 1 | 0.00 |
| 25 | | | | ex | 1 | 0.00 | | | |
| 26 | | | | lrb | 1 | 0.00 | | | |
| 汇总 | | 41262 | 100 | | 41311 | 100 | | 41240 | 100 |

续表

| 频序 | E4 | | | E5 | | | E6 | | |
|---|---|---|---|---|---|---|---|---|---|
| | 词性 | 配价能力 | % | 词性 | 配价能力 | % | 词性 | 配价能力 | % |
| 1 | nn | 16159 | 39.24 | nn | 16822 | 40.78 | nn | 16077 | 39.03 |
| 2 | vb | 12410 | 30.14 | vb | 11637 | 28.21 | vb | 12027 | 29.20 |
| 3 | in | 5186 | 12.59 | in | 5150 | 12.48 | in | 5304 | 12.88 |
| 4 | cc | 2794 | 6.78 | cc | 2702 | 6.55 | cc | 3085 | 7.49 |
| 5 | to | 1244 | 3.02 | to | 1261 | 3.06 | to | 1294 | 3.14 |
| 6 | md | 982 | 2.38 | md | 1200 | 2.91 | cd | 1128 | 2.74 |
| 7 | cd | 894 | 2.17 | cd | 1089 | 2.64 | md | 789 | 1.92 |
| 8 | jj | 551 | 1.34 | jj | 521 | 1.26 | jj | 587 | 1.43 |
| 9 | ，， | 381 | 0.93 | ，， | 344 | 0.83 | ，， | 395 | 0.96 |
| 10 | rb | 274 | 0.67 | rb | 253 | 0.61 | rb | 236 | 0.57 |
| 11 | $ | 97 | 0.24 | $ | 125 | 0.30 | $ | 89 | 0.22 |
| 12 | rbr | 67 | 0.16 | dt | 35 | 0.08 | rbr | 75 | 0.18 |
| 13 | dt | 35 | 0.08 | prp | 34 | 0.08 | dt | 59 | 0.14 |
| 14 | prp | 24 | 0.06 | rbr | 19 | 0.05 | prp | 16 | 0.04 |
| 15 | prp$ | 19 | 0.05 | fw | 10 | 0.02 | prp$ | 8 | 0.02 |
| 16 | wp$ | 16 | 0.04 | wp$ | 8 | 0.02 | lrb | 8 | 0.02 |
| 17 | pdt | 9 | 0.02 | wrb | 8 | 0.02 | pos | 4 | 0.01 |
| 18 | wdt | 8 | 0.02 | pos | 8 | 0.02 | wp$ | 3 | 0.01 |
| 19 | wrb | 7 | 0.02 | lrb | 7 | 0.02 | wp | 3 | 0.01 |
| 20 | fw | 6 | 0.01 | prp$ | 5 | 0.01 | wdt | 2 | 0.00 |
| 21 | pos | 4 | 0.01 | sym | 3 | 0.01 | pdt | 2 | 0.00 |
| 22 | rbs | 4 | 0.01 | wdt | 3 | 0.01 | wrb | 1 | 0.00 |
| 23 | ex | 4 | 0.01 | wp | 2 | 0.00 | | | |
| 24 | ls | 2 | 0.00 | rbs | 1 | 0.00 | | | |
| 25 | rp | 2 | 0.00 | uh | 1 | 0.00 | | | |
| 26 | uh | 1 | 0.00 | pdt | 1 | 0.00 | | | |
| 27 | wp | 1 | 0.00 | rp | 1 | 0.00 | | | |
| 汇总 | | 41181 | 100 | | 41250 | 100 | | 41192 | 100 |

图 4.14 是汇总配价能力的中文(空心图例)和英文(实心图例)对比。同一种语言的曲线基本重合,表明了同一语言子库间的同质性。

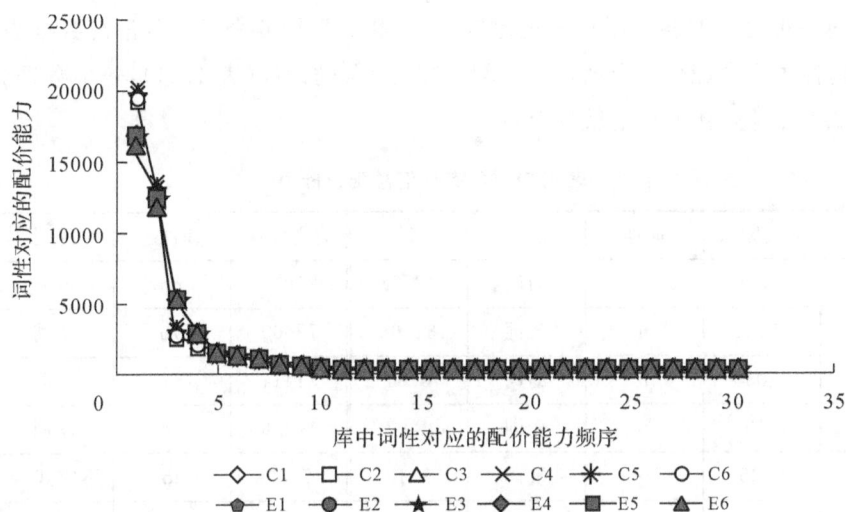

图 4.14　汇总配价能力

将齐阿分布拟合子库的汇总配价能力,结果优异(表 4.50),决定系数 $R^2$ 均在 0.9868 以上,独立样本 $t$ 检验表明,中文 $a$ 参数($M=2.248$,$SD=0.122$)显著大于英文 $a$ 参数($M=0.873$,$SD=0.212$)($t=13.782.606$,$p<0.001$,$95\%CI=1.145\text{—}1.605$);中文参数 $b$($M=0.142$,$SD=0.042$)显著大于英文 $b$ 参数($M=0.548$,$SD=0.071$)($t=-12.086$,$p<0.001$,$95\%CI=-0.484\text{—}0.329$);中文参数 $\alpha$($M=0.473$,$SD=0.009$)显著大于英文 $\alpha$ 参数($M=0.395$,$SD=0.007$)($t=16.356$,$p<0.001$,$95\%CI=0.067\text{—}0.088$),可见 $a$,$b$ 和 $\alpha$ 参数都体现了同一种语言子库之间的同质性和不同语言之间的差异。拟合结果表明这种配价能力是一种分布有规律的语言属性。

表 4.50　齐阿分布拟合汇总配价能力

| 子库 | $R^2$ | $a$ | $b$ | $n$ | $\alpha$ | $N$ |
|---|---|---|---|---|---|---|
| C1 | 0.9925 | 2.25 | 0.13 | 16 | 0.4618 | 41083 |
| C2 | 0.9868 | 2.04 | 0.21 | 16 | 0.4686 | 41132 |
| C3 | 0.9916 | 2.21 | 0.17 | 16 | 0.4677 | 41087 |
| C4 | 0.9910 | 2.25 | 0.13 | 17 | 0.4880 | 41113 |
| C5 | 0.9940 | 2.37 | 0.12 | 17 | 0.4757 | 41122 |
| C6 | 0.9936 | 2.37 | 0.09 | 17 | 0.4750 | 41144 |
| E1 | 0.9991 | 0.73 | 0.61 | 24 | 0.4006 | 41262 |
| E2 | 0.9985 | 0.93 | 0.54 | 26 | 0.3898 | 41311 |
| E3 | 0.9987 | 1.03 | 0.48 | 24 | 0.3914 | 41240 |
| E4 | 0.9991 | 1.19 | 0.45 | 27 | 0.3924 | 41181 |
| E5 | 0.9979 | 0.70 | 0.59 | 27 | 0.4078 | 41250 |
| E6 | 0.9986 | 0.66 | 0.62 | 22 | 0.3903 | 41192 |

因为同一种语言的各库语料表现比较一致,我们采用 6 个子库的汇总数据进行比较。我们比较两种语言中配价能力超过汇总配价能力 1% 的词性(表 4.51),表中数据分别占据了中文中 99%、英文中 98% 的数据总量。

表 4.51　所有库汇总配价能力

| 频序 | 中文频次 | 词性 | 说明 | % | 英文频次 | 词性 | 说明 | % |
|---|---|---|---|---|---|---|---|---|
| 1 | 116628 | v | 动词 | 47.28 | 97836 | nn | 名词 | 39.54 |
| 2 | 78151 | n | 名词 | 31.68 | 72600 | vb | 动词 | 29.34 |
| 3 | 17035 | u | 助词 | 6.91 | 31414 | in | 介词 | 12.70 |
| 4 | 11432 | p | 介词 | 4.63 | 17236 | cc | 连词 | 6.97 |
| 5 | 7725 | q | 量词 | 3.13 | 7480 | to | 不定式 to | 3.02 |
| 6 | 6793 | a | 形容词 | 2.75 | 6976 | md | 情态动词 | 2.82 |
| 7 | 4449 | f | 方位词 | 1.80 | 4765 | cd | 数词 | 1.93 |
| 8 | 1851 | t | 时间词 | 0.75 | 3550 | jj | 形容词 | 1.43 |
| 小计 | | | | 98.93 | | | | 97.75 |

由表 4.51 可知,中文中汇总配价能力最强的是动词(47.28%),英文中的动词配价能力只占 29.34%,居第 2。相反,英文中汇总配价能力最强的是名词(39.54%),而中文中的名词只占 31.68%,居第 2。为何会产生这种差异?这需要我们在后续的研究中对这两种语言中的名词和动词具体的配价情况进行探讨。

如前所述,英文中介词结构比较多,其配价能力占比为 12.70%,居第 3。中文中的介词结构比例要小得多,只有 4.63%,其配价能力居第 4。

形容词在中文中的配价能力占 2.75%,稍高于英文中的 1.43%。

其余几个进入中文前 8 的均为英文中所没有或者没有单独标记的结构:助词占 6.91%,居第 3;量词占 3.13%,居第 5;方位词和时间词分别占 1.80% 和 0.75%,居第 7 和第 8。方位词和时间词在库中出现频次高,这可能是新闻英语的特色之一。

英文中进入前 8 的还有连词(cc,6.97%,居第 4)、不定式 to(to,3.02%,居第 5)、情态动词(md,2.82%,居第 6)和数词(cd,1.93%,居第 7)。

### 4.4.3.4　配价动链相关研究

前述配价分析为"词袋"模式的分析,现在我们开始用动链的方法探讨配价的线性语言行为。我们将依次回答问题 4.4.3—4.4.5,首先我们分析配价动链本身的分布,然后过渡到动链长度的分布,最后分析配价动链频次和动链长度之间的关系。

**配价动链的分布**

12 个子库对应的动链整体分布如表 4.52 所示。由表 4.52 可见,在英文库中动链的频次更高。原因之一是英文中配价的种类(9—11 种)比中文中的(11—14 种)少。各库中动链的数量(例符)与种类(型符)相关系数高达$-0.992(p=0.000)$,而它们与配价的类型也有一定相关,相关系数为$0.791(p=0.002)$。可以认为,在英文中,动链更可能遇到一个更小的配价而使动链就此终止。除此以外,广义配价的均值有差异(中文为 1.77,英文为 1.72),这似乎能说明中文更简洁。这也是两种语言中动链频次产生差异的原因之一。

表 4.52　配价动链数据汇总

| 子库 | 动链型符 | 动链例符 | 配价型符 | 子库 | 动链型符 | 动链例符 | 配价型符 |
|------|---------|---------|---------|------|---------|---------|---------|
| C1 | 254 | 16126 | 14 | E1 | 173 | 17642 | 10 |
| C2 | 253 | 16102 | 11 | E2 | 173 | 17547 | 11 |
| C3 | 243 | 16082 | 11 | E3 | 173 | 17723 | 9 |
| C4 | 256 | 15957 | 14 | E4 | 174 | 17503 | 10 |
| C5 | 238 | 16200 | 14 | E5 | 180 | 17645 | 11 |
| C6 | 249 | 16132 | 14 | E6 | 180 | 17513 | 10 |

为了节约空间,仅以最常见的 10 种动链为例来进行说明。表 4.53 和表 4.54 分别是中文和英文相关数据;相同的动链排序类似,在中文中排序前 7 位的动链完全相同,在英文中排序前 4 位完全相同。各排序在库间占的比例相仿,再次表明同一种语言语料的 6 个子库数据具有同质性。中文排序前 10 位的总比例为约 2/3,比英文对应数据的比例(73%—74%)小得多(见表 4.55),可见中文中的数据分布更为分散一些。英文中动链的类型更少,因而分布更为集中。

表 4.53　中文语料中配价动链秩频分布(前 10)

| 频序 | C1 | | C2 | | C3 | |
|------|------|------|------|------|------|------|
| | 频次 | 动链 | 频次 | 动链 | 频次 | 动链 |
| 1 | 2650 | 0+1 | 2849 | 0+1 | 2781 | 0+1 |
| 2 | 1726 | 0+2 | 1555 | 0+2 | 1612 | 0+2 |
| 3 | 1422 | 1 | 1299 | 1 | 1334 | 1 |
| 4 | 1124 | 0+1+1 | 1231 | 0+1+1 | 1204 | 0+1+1 |
| 5 | 869 | 0+3 | 908 | 0+3 | 794 | 0+3 |
| 6 | 777 | 0+0+2 | 751 | 0+0+2 | 791 | 0+0+2 |
| 7 | 657 | 0+0+1 | 659 | 0+0+1 | 585 | 0+0+1 |
| 8 | 578 | 0+0+3 | 510 | 0+4 | 540 | 0+0+3 |
| 9 | 492 | 0+4 | 495 | 0+0+3 | 473 | 0+1+1+1 |
| 10 | 474 | 0+1+2 | 492 | 0+1+2 | 472 | 0+1+2 |

**续表**

| 频序 | C4 | | C5 | | C6 | |
|---|---|---|---|---|---|---|
| | 频次 | 动链 | 频次 | 动链 | 频次 | 动链 |
| 1 | 2684 | 0+1 | 2729 | 0+1 | 2760 | 0+1 |
| 2 | 1627 | 0+2 | 1722 | 0+2 | 1686 | 0+2 |
| 3 | 1273 | 1 | 1420 | 1 | 1360 | 1 |
| 4 | 1201 | 0+1+1 | 1223 | 0+1+1 | 1124 | 0+1+1 |
| 5 | 847 | 0+3 | 853 | 0+3 | 882 | 0+3 |
| 6 | 759 | 0+0+2 | 817 | 0+0+2 | 810 | 0+0+2 |
| 7 | 660 | 0+0+1 | 617 | 0+0+1 | 640 | 0+0+1 |
| 8 | 510 | 0+4 | 560 | 0+0+3 | 563 | 0+0+3 |
| 9 | 492 | 0+1+2 | 450 | 0+4 | 505 | 0+1+2 |
| 10 | 487 | 0+0+3 | 442 | 0+1+2 | 447 | 0+4 |

**表 4.54　英文语料中配价动链秩频分布(前 10)**

| 频序 | E1 | | E2 | | E3 | |
|---|---|---|---|---|---|---|
| | 频次 | 动链 | 频次 | 动链 | 频次 | 动链 |
| 1 | 2995 | 1 | 2923 | 1 | 3114 | 1 |
| 2 | 2505 | 0+2 | 2437 | 0+2 | 2612 | 0+2 |
| 3 | 2090 | 0+1 | 2001 | 0+1 | 1970 | 0+1 |
| 4 | 1194 | 0+0+2 | 1264 | 0+0+2 | 1224 | 0+0+2 |
| 5 | 917 | 0+0+3 | 879 | 0+0+3 | 940 | 0+0+3 |
| 6 | 811 | 0+1+1 | 796 | 0+1+1 | 770 | 0+1+1 |
| 7 | 760 | 0+1+2 | 784 | 0+3 | 759 | 0+3 |
| 8 | 747 | 0+3 | 710 | 0+1+2 | 709 | 1+1 |
| 9 | 705 | 1+1 | 688 | 1+1 | 703 | 0+1+2 |
| 10 | 384 | 0+0+0+3 | 339 | 0+0+0+3 | 369 | 0+0+0+3 |

| 频序 | E4 | | E5 | | E6 | |
|---|---|---|---|---|---|---|
| | 频次 | 动链 | 频次 | 动链 | 频次 | 动链 |
| 1 | 2873 | 1 | 2966 | 1 | 2985 | 1 |
| 2 | 2484 | 0+2 | 2346 | 0+2 | 2387 | 0+2 |
| 3 | 2078 | 0+1 | 2169 | 0+1 | 1979 | 0+1 |
| 4 | 1254 | 0+0+2 | 1243 | 0+0+2 | 1238 | 0+0+2 |
| 5 | 857 | 0+1+1 | 942 | 0+1+1 | 854 | 0+1+1 |

| 频序 | E4 | | E5 | | E6 | |
|---|---|---|---|---|---|---|
| | 频次 | 动链 | 频次 | 动链 | 频次 | 动链 |
| 6 | 816 | 0+0+3 | 864 | 0+3 | 837 | 0+0+3 |
| 7 | 794 | 0+3 | 834 | 0+0+3 | 767 | 0+3 |
| 8 | 710 | 0+1+2 | 643 | 0+1+2 | 755 | 0+1+2 |
| 9 | 674 | 1+1 | 635 | 1+1 | 696 | 1+1 |
| 10 | 351 | 0+0+0+3 | 316 | 0+0+1 | 312 | 0+1+3 |

表 4.55 排序前 10 的配价动链百分比

| 频序 | C1 | C2 | C3 | C4 | C5 | C6 |
|---|---|---|---|---|---|---|
| 1 | 16.5 | 17.8 | 17.3 | 16.8 | 16.9 | 17.2 |
| 2 | 10.7 | 9.7 | 10.1 | 10.2 | 10.7 | 10.5 |
| 3 | 8.9 | 8.1 | 8.3 | 8.0 | 8.8 | 8.5 |
| 4 | 7.0 | 7.7 | 7.5 | 7.5 | 7.6 | 7.0 |
| 5 | 5.4 | 5.7 | 5.0 | 5.3 | 5.3 | 5.5 |
| 6 | 4.8 | 4.7 | 4.9 | 4.8 | 5.1 | 5.0 |
| 7 | 4.1 | 4.1 | 3.6 | 4.1 | 3.8 | 4.0 |
| 8 | 3.6 | 3.2 | 3.4 | 3.2 | 3.5 | 3.5 |
| 9 | 3.1 | 3.1 | 2.9 | 3.1 | 2.8 | 3.1 |
| 10 | 3.0 | 3.1 | 2.9 | 3.0 | 2.7 | 2.8 |
| 小计 | 67.1 | 67.2 | 65.9 | 66.0 | 67.2 | 67.1 |
| 频序 | E1 | E2 | E3 | E4 | E5 | E6 |
| 1 | 17.0 | 16.6 | 17.5 | 16.4 | 16.7 | 17.0 |
| 2 | 14.2 | 13.9 | 14.7 | 14.2 | 13.2 | 13.6 |
| 3 | 11.9 | 11.4 | 11.1 | 11.9 | 12.2 | 11.3 |
| 4 | 6.8 | 7.2 | 6.9 | 7.2 | 7.0 | 7.1 |
| 5 | 5.2 | 5.0 | 5.3 | 4.9 | 5.3 | 4.9 |
| 6 | 4.6 | 4.5 | 4.3 | 4.7 | 4.9 | 4.8 |
| 7 | 4.3 | 4.5 | 4.3 | 4.5 | 4.7 | 4.4 |
| 8 | 4.2 | 4.0 | 4.0 | 4.1 | 3.6 | 4.3 |
| 9 | 4.0 | 3.9 | 4.0 | 3.9 | 3.6 | 4.0 |
| 10 | 2.2 | 1.9 | 2.1 | 2.0 | 1.8 | 1.8 |
| 小计 | 74.4 | 72.9 | 74.2 | 73.8 | 73.0 | 73.2 |

两种语言的语料呈现出明显的类似趋势,也表现出具有系统性的差异。差异在出现频次最高的 3 个(在英文中占比 43%,在中文中占比 36%)中体现尤为明显。动链"1"在两种语言中占比截然不同,在英文中占 16.4%—17.5%,而中文中比例仅为英文中一半左右(8.0%—8.9%)。动链"0+1"在中文中占比高达 16.5%—17.8%,而英文中仅为 11.1%—12.2%。按照动链的定义,动链"0+1"要单独出现,意味着其后是一个配价为 0(即没有从属词)的词,因为 0 才是唯一可能小于 1 的配价数。这意味着中文中更可能出现0、1、0 这样的配价节奏,即一个只有一个从属词的词,前后至少各有一个不带从属词的节点。

另外一个有趣的发现是,与英文语料不同,在中文语料中,动链"0+4"也排在了前 10位(唯一的例外出现在 C3,其排序在 11)。这可能与配价 4 在中文中的比例(3.1%—3.2%)相关,该比例略高于英文(2.4%—2.6%)。

要研究是什么造成了以上不同,还需要分析什么样的词性带来了对应的配价结构,以及对应的动链(比如 0+1)。我们将在后文具体分析。

将上述两套对应的完整数据与齐阿分布进行拟合,结果优异,决定系数 $R^2$ 均在 0.9890 以上。科勒等人提出齐曼分布适合各种动链数据(Köhler & Naumann 2010;Köhler 2015),我们的拟合也证明该模型适合本研究中的数据。切赫等人(Čech et al. 2017)也用之拟合了动词配价的数据,决定系数 $R^2$ 达到 0.9840—0.9962。已经有大量语言数据证明,该模型适合动链分布数据的拟合。

广义配价的动链分布情况回答了研究问题 4.4.3:动链分布符合语言学规律,这也证明了广义配价的动链也是一种基本的语言单位,是语言多样化进程的结果。

**配价动链长度分布**

分析了广义配价的动链分布以后,我们继续分析动链长度的分布。在此之前,我们先仔细查看配价的情况。

图 4.15 和图 4.16 分别为 E1 和 C1 频序排前 200 的词的配价时序,因为子库之间语料的同质性,我们认为 E1 和 C1 应该可以代表两种语言的基本情况。正如之前所预测的,时序图体现了一定的配价节奏,产生这种节奏的原因之一,就是语言使用者不可能平均地使用每个词。

图 4.15 与图 4.16 显示,拥有同样配价的词相邻的情况约占 1/4(在 200 个总节点数中,英文相邻节点配价数相同的有 52 个,中文有 45 个)。在英文中这种情况(34 个)绝大部分出现在相邻两个节点均无从属词的情况中,在中文中只有 22 个。其他相邻节点配价相同的一般为配价为 1 的词。

一个节点拥有多个从属词是为了将该节点讲述得更加清晰,在两种语言中从属词超过 3 个的均占较低比例(10%左右)。而两种语言中拥有两个从属词的比例不同:英文中有 15%属于此类情况,而中文中仅有 10%,这是中英文平均配价能力稍有差别的原因之一。

动链长度的时序也可以展现两种语言配价的部分差异。图 4.17 和图 4.18 分别展现了 C1 和 E1 前 200 个动链长度的时序。动链长度的节律与配价的节律有所不同。显而易

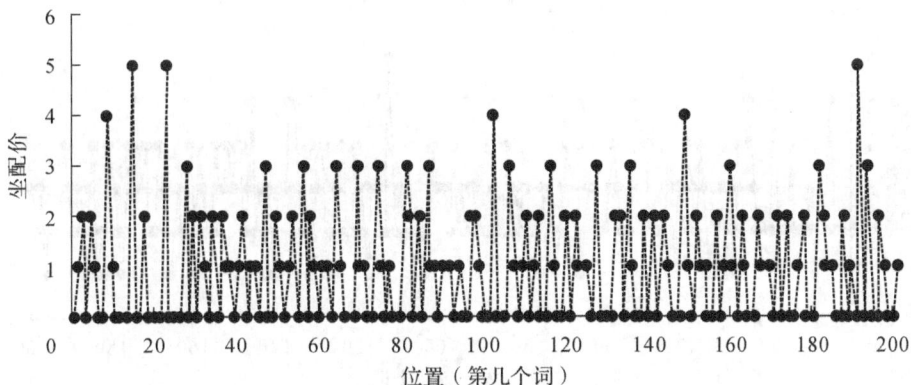

图 4.15　E1 前 200 词配价时序

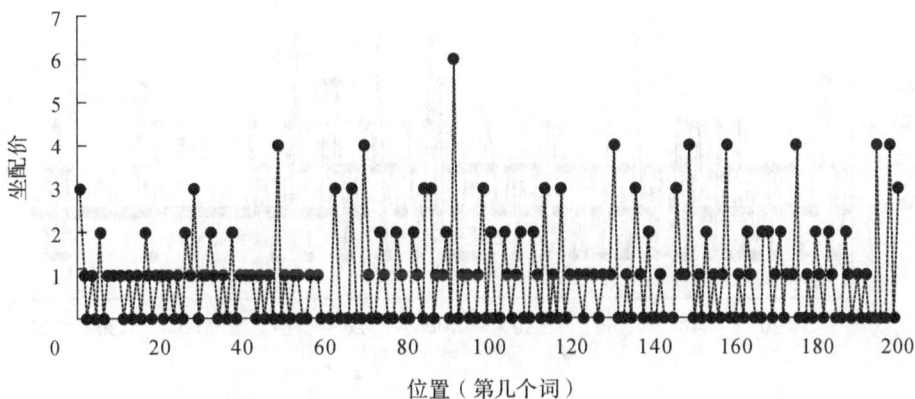

图 4.16　C1 前 200 词配价时序

见的是,在两种语言中,长度为 1 的均不如长度为 2 和 3 的普遍。中文中长度为 4 的比英文中多,甚至比中文中长度为 1 的要多。毗邻等长的在英文中(73 例)比在中文中(47 例)更为普遍。毗邻等长的长度一般为 2 或者 3,该类长度在中文中占所有毗邻等长的 85%,在英文中更高达 95%。英文中长度为 2 的毗邻等长占所有等长数据的 78%,明显高于中文。这些特殊的节奏模式产生的一个原因是不同词性担任一定的功能,处于不同的位置,其配价能力和配价模式也不一样,我们需要在后续的研究中探讨此问题。

　　表 4.56 和表 4.57 分别汇总了中文和英文的配价长度分布。我们发现从排序 1 到 9,同一种语言各库间同样频序的动链长度均相同,除长度 1 外,其余均按照从短到长的顺序依次排列。在英文中长度为 1 的排序第 3,占比高达 18%—19%,而中文中占比只有 9%—10%,因而排序也靠后一些,为第 4。该差异与平均动链长度相关:英文中的平均动链长度为 2.46,而中文是 2.68。这种不均衡的分布方式源于对应的配价模式,我们将在下一部分详细分析该问题。

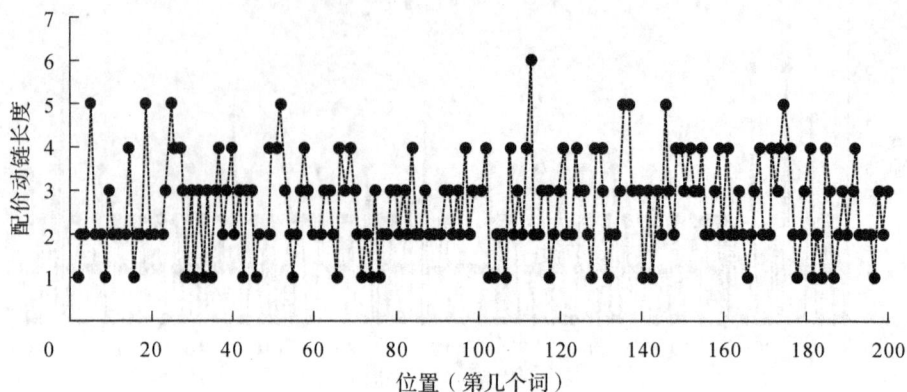

图 4.17　C1 前 200 个配价动链长度时序

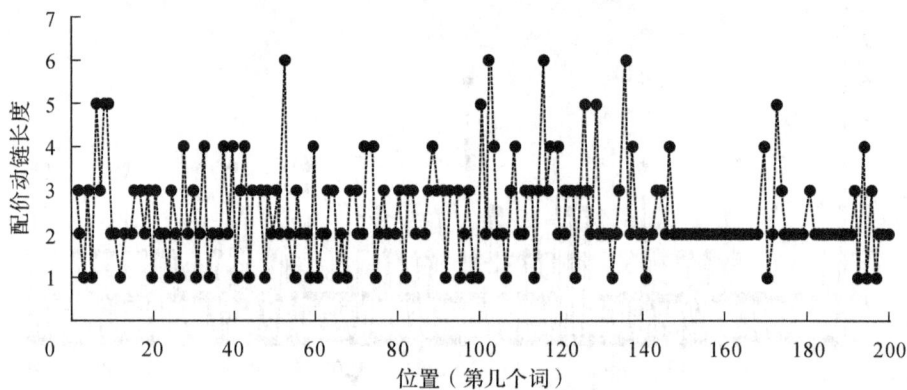

图 4.18　E1 前 200 个配价动链长度时序

**表 4.56　中文动链长度秩频数据**

| 频序 | C1 | | C2 | | C3 | | C4 | | C5 | | C6 | |
|---|---|---|---|---|---|---|---|---|---|---|---|---|
| | 频次 | L | 频次 | L | 频次 | L | 频次 | L | 频次 | L | 频次 | L |
| 1 | 6523 | 2 | 6631 | 2 | 6485 | 2 | 6467 | 2 | 6593 | 2 | 6621 | 2 |
| 2 | 4824 | 3 | 4874 | 3 | 4920 | 3 | 4868 | 3 | 4961 | 3 | 4939 | 3 |
| 3 | 2195 | 4 | 2173 | 4 | 2244 | 4 | 2144 | 4 | 2107 | 4 | 2050 | 4 |
| 4 | 1595 | 1 | 1443 | 1 | 1486 | 1 | 1416 | 1 | 1567 | 1 | 1498 | 1 |
| 5 | 705 | 5 | 728 | 5 | 715 | 5 | 793 | 5 | 727 | 5 | 772 | 5 |
| 6 | 218 | 6 | 199 | 6 | 168 | 6 | 192 | 6 | 188 | 6 | 183 | 6 |
| 7 | 50 | 7 | 41 | 7 | 54 | 7 | 56 | 7 | 40 | 7 | 53 | 7 |
| 8 | 10 | 8 | 11 | 8 | 8 | 8 | 11 | 8 | 11 | 8 | 7 | 8 |
| 9 | 3 | 9 | 1 | 9 | 1 | 9 | 4 | 9 | 2 | 9 | 3 | 9 |
| 10 | 1 | 30 | | | | | 3 | 10 | 2 | 13 | 2 | 11 |
| 11 | 1 | 40 | | | 1 | 11 | 1 | 11 | 1 | 10 | 1 | 12 |

| 频序 | C1 | | C2 | | C3 | | C4 | | C5 | | C6 | |
|---|---|---|---|---|---|---|---|---|---|---|---|---|
| | 频次 | L | 频次 | L | 频次 | L | 频次 | L | 频次 | L | 频次 | L |
| 12 | | | | | | | 1 | 82 | | | 1 | 14 |
| 13 | | | | | | | | | | | 1 | 15 |
| 汇总 | 16125 | | 16101 | | 16081 | | 15956 | | 16199 | | 16131 | |
| 平均长度 | 2.68 | | 2.69 | | 2.69 | | 2.71 | | 2.67 | | 2.68 | |

表 4.57　英文动链长度秩频数据

| 频序 | L | 频次 | | | | | |
|---|---|---|---|---|---|---|---|
| | | E1 | E2 | E3 | E4 | E5 | E6 |
| 1 | 2 | 6659 | 6561 | 6651 | 6636 | 6672 | 6467 |
| 2 | 3 | 5039 | 5133 | 5043 | 5021 | 5159 | 5128 |
| 3 | 1 | 3240 | 3146 | 3344 | 3086 | 3197 | 3185 |
| 4 | 4 | 2069 | 2066 | 2086 | 2117 | 1987 | 2058 |
| 5 | 5 | 516 | 516 | 474 | 519 | 515 | 547 |
| 6 | 6 | 97 | 108 | 101 | 100 | 90 | 101 |
| 7 | 7 | 17 | 13 | 17 | 17 | 17 | 24 |
| 8 | 8 | 4 | 2 | 5 | 4 | 6 | 2 |
| 9 | 9 | 0 | 1 | 1 | 2 | 1 | 0 |
| 汇总 | | 17641 | 17546 | 17722 | 17502 | 17644 | 17512 |
| 平均长度 | | 2.45 | 2.47 | 2.44 | 2.47 | 2.45 | 2.47 |

将齐阿分布拟合表 4.56 和表 4.57 的数据,决定系数 $R^2$ 均超过 0.9700,拟合结果优异(表 4.58)。拟合结果回答了研究问题 4.4.4,也证明了配价动链具有和其他语言单位类似的属性。

表 4.58　齐阿分布拟合配价动链长度数据

| 子库 | $R^2$ | $a$ | $b$ | $n$ | $\alpha$ | $N$ |
|---|---|---|---|---|---|---|
| E1 | 0.9735 | 0.02 | 0.98 | 8 | 0.38 | 17641 |
| E2 | 0.9763 | 0.11 | 0.96 | 9 | 0.37 | 17546 |
| E3 | 0.9706 | 0.01 | 1.00 | 9 | 0.38 | 17722 |
| E4 | 0.9750 | 0.14 | 0.93 | 9 | 0.38 | 17502 |
| E5 | 0.9774 | 0.09 | 0.99 | 9 | 0.38 | 17644 |

续表

| 子库 | $R^2$ | $a$ | $b$ | $n$ | $\alpha$ | $N$ |
|---|---|---|---|---|---|---|
| E6 | 0.9751 | 0.12 | 0.94 | 8 | 0.37 | 17512 |
| C1 | 0.9937 | 0.19 | 0.95 | 11 | 0.40 | 16125 |
| C2 | 0.9957 | 0.19 | 0.95 | 9 | 0.41 | 16101 |
| C3 | 0.9951 | 0.21 | 0.95 | 9 | 0.40 | 16081 |
| C4 | 0.9957 | 0.22 | 0.95 | 12 | 0.41 | 15956 |
| C5 | 0.9936 | 0.23 | 0.95 | 11 | 0.41 | 16199 |
| C6 | 0.9943 | 0.23 | 0.95 | 13 | 0.41 | 16131 |

**配价动链频次和动链长度之间的关系**

本部分回答研究问题 4.4.5,该问题涉及动链频次和动链长度之间的关系。表 4.59 和表 4.60 分别是英文和中文的相关数据,数据按照长度进行排序。

**表 4.59　英语子库中广义配价动链长度和动链频次**

| 长度 | E1 频次 | E2 频次 | E3 频次 | E4 频次 | E5 频次 | E6 频次 |
|---|---|---|---|---|---|---|
| 1 | 3240 | 3146 | 3344 | 3086 | 3197 | 3185 |
| 2 | 6659 | 6561 | 6651 | 6636 | 6672 | 6467 |
| 3 | 5039 | 5133 | 5043 | 5021 | 5159 | 5128 |
| 4 | 2069 | 2066 | 2086 | 2117 | 1987 | 2058 |
| 5 | 516 | 516 | 474 | 519 | 515 | 547 |
| 6 | 97 | 108 | 101 | 100 | 90 | 101 |
| 7 | 17 | 13 | 17 | 17 | 17 | 24 |
| 8 | 4 | 2 | 5 | 4 | 6 | 2 |
| 9 | | 1 | 1 | 2 | 1 | |
| 小计 | 17641 | 17546 | 17722 | 17502 | 17644 | 17512 |

**表 4.60　中文子库中广义配价动链长度和动链频次**

| C1 | | C2 | | C3 | | C4 | | C5 | | C6 | |
|---|---|---|---|---|---|---|---|---|---|---|---|
| 长度 | 频次 | 长度 | 频次 | 长度 | 频次 | 长度 | 频次 | 长度 | 频次 | 长度 | 频次 |
| 1 | 1595 | 1 | 1443 | 1 | 1486 | 1 | 1416 | 1 | 1567 | 1 | 1498 |
| 2 | 6523 | 2 | 6631 | 2 | 6485 | 2 | 6467 | 2 | 6593 | 2 | 6621 |
| 3 | 4824 | 3 | 4874 | 3 | 4920 | 3 | 4868 | 3 | 4961 | 3 | 4939 |
| 4 | 2195 | 4 | 2173 | 4 | 2244 | 4 | 2144 | 4 | 2107 | 4 | 2050 |
| 5 | 705 | 5 | 728 | 5 | 715 | 5 | 793 | 5 | 727 | 5 | 772 |

续表

| C1 | | C2 | | C3 | | C4 | | C5 | | C6 | |
|---|---|---|---|---|---|---|---|---|---|---|---|
| 长度 | 频次 | 长度 | 频次 | 长度 | 频次 | 长度 | 频次 | 长度 | 频次 | 长度 | 频次 |
| 6 | 218 | 6 | 199 | 6 | 168 | 6 | 192 | 6 | 188 | 6 | 183 |
| 7 | 50 | 7 | 41 | 7 | 54 | 7 | 56 | 7 | 40 | 7 | 53 |
| 8 | 10 | 8 | 11 | 8 | 8 | 8 | 11 | 8 | 11 | 8 | 7 |
| 9 | 3 | 9 | 1 | 9 | 1 | 9 | 4 | 9 | 2 | 9 | 3 |
| 30 | 1 | | | | | 10 | 3 | 10 | 1 | 11 | 2 |
| 40 | 1 | | | | | 11 | 1 | 13 | 2 | 12 | 1 |
| | | | | | | 82 | 1 | | | 14 | 1 |
| | | | | | | | | | | 15 | 1 |
| 小计 | 16125 | | 16101 | | 16081 | | 15956 | | 16199 | | 16131 |

我们将数据拟合超泊松模型(参数为 $a$ 和 $b$ ),该模型常用来拟合两个语言属性之间的关系(Köhler 2015),是动链长度和频次之间关系最常用的模型。拟合结果如表 4.61 所示,决定系数 $R^2$ 值均超过 0.9946,拟合结果出色。独立样本 $t$ 检验表明,中文 $b$ 参数( $M=0.227, SD=0.014$ )显著大于英文 $b$ 参数( $M=0.437, SD=0.016$ )( $t=-24.159, p<0.001, 95\% CI=-0.229——-0.191$ ),我们认为参数 b 能区分两种语言。动链长度和长度频次之间的关系佐证了配价动链的语言学地位。

表 4.61　超泊松模型拟合配价动链长度——频次关系

| 子库 | $R^2$ | $a$ | $b$ | N | 子库 | $R^2$ | $a$ | $b$ | N |
|---|---|---|---|---|---|---|---|---|---|
| C1 | 0.9980 | 1.01 | 0.25 | 16125 | E1 | 0.9959 | 1.00 | 0.44 | 17641 |
| C2 | 0.9970 | 0.97 | 0.21 | 16101 | E2 | 0.9946 | 1.00 | 0.42 | 17546 |
| C3 | 0.9986 | 0.99 | 0.23 | 16081 | E3 | 0.9956 | 1.00 | 0.46 | 17722 |
| C4 | 0.9974 | 1.01 | 0.22 | 15956 | E4 | 0.9969 | 1.00 | 0.42 | 17502 |
| C5 | 0.9985 | 0.98 | 0.23 | 16199 | E5 | 0.9951 | 0.98 | 0.43 | 17644 |
| C6 | 0.9974 | 0.98 | 0.22 | 16131 | E6 | 0.9939 | 1.02 | 0.45 | 17512 |

## 4.4.4　小　结

本节将动词的全配价模式扩充到所有的词。使用广义配价模式(Generalized Valency Patterns,GVP)能从配价的角度检查真实文本中词序列的动态特征。这样的动态配价模式来自真实文本,该配价模式既包括必要的补语,也包括可选的说明语。其配价定义为支配词在句中的所有从属词的个数。因为从属词的个数是数值型的,本节中的动链(motif)定义为库中配价不降低的最长的配价串。

研究结果如下：

A. 中英文中的配价分布均符合齐阿分布。

B. "词性＋配价"的组合分布也符合上述模型。

C. 中英文中的配价动链分布、动链长度的秩频分布也符合上述模型。

D. 动链长度和长度频次之间的关系可以用超泊松模型来拟合。

上述发现证明配价、配价动链、配价动链长度都是正常的语言单位/属性，都是语言多样化进程的结果。它们都符合齐普夫定律，是语言自调节、自适应的一种体现，再次体现了语言发展过程中说话者和听话者之间各自省力原则的博弈，这种博弈导致部分配价、配价模式出现的频次比较高，而很多配价和配价模式的频次更低的情况，这也是语言发展过程中减轻记忆负担的一种机制。

本研究只考察了两种语言的新闻体裁，从中所发现的规律是否具有更大的广泛性尚未确定。后继需要研究更多不同类型的语言：其他语言是否有类似的配价模式？其配价是否类似？其他语言的广义配价更像中文，还是更像英文，或者与二者迥异呢？这些问题等待我们进一步研究探讨。

按照本节的方法，我们可以继续探讨动词、名词、形容词、副词等支配词的主动配价能力，也可以探讨所有的词性的被支配能力（被动配价能力），且均可以按照类似的方式进行中英文之间的比较研究。

还有一个值得探讨的问题：是什么原因导致了两种语言的广义配价模式和配价动链之间的表现差异？比如，最明显的是一个差异是两种语言中用同样规模的语料生成的配价动链数目差异甚大，为何？为了回答这个问题，有必要再考察具体的配价模式，以及对应的配价大小。我们将在 4.5 节中进行详细的探讨。

# 4.5 广义配价（功能）模式的分布比较[①]

## 4.5.1 引　言

黑尔比希及申克尔（Helbig & Schenkel 1991）描述了动词对应的句子结构，其模式是"必择论元＋可择论元＋备择论元"，如 SnSa 表示"主格的主语＋宾格的宾语"。他们用齐曼分布为秩频数据建模。该模式只探讨了动词对应的句子结构，而非所有节点对应的结构，且其模式中没有包含动词本身。

周国光（1995）分析了形容词的配价，提出了配价的模式。赫琳（2007）探讨了《诗经》中的一价形容词，按照其对应的句法结构以及一价形容词是否能构成主谓式、谓语前置式以及定中式，提出了五类形容词对句法结构的选择限制，以及形容词对应的句式结构。赫琳（2003，2006）还开展了三类动词、使令动词等配价研究。但这些研究都是定性研究。

---

① 此部分形容词配价能力的研究已经发表于《词汇与句法计量研究》（黄伟，等 2022）。

　　类似的研究还有一些,如莫彭龄和单青(1985)、张国宪(1995a,1995b)等。但是目前还缺乏完整的词性广义配价(功能)模式的计量研究,这正是本节的研究目的。

　　刘海涛和冯志伟(刘海涛、冯志伟 2007;刘海涛 2009)提出了广义配价模式(Generalized Valency Pattern,GVP)的概念,广义配价涵括了词/词类的主动配价能力和被动配价能力,前者为词/词类(作为支配词)能支配其他词/词类的能力,后者为词/词类(作为从属词)被其他词/词类所支配的能力。这两种能力均能使语言单位互相结合以形成更大的语言单位,它们能否实现取决于语义、句法、语用等方面的需求是否得到了满足。广义配价模式将配价拓展到了所有的词性,涵括了词/词类的支配与被支配的能力,因此在该框架下,我们能够考察所有词性的主动和被动配价模式。切赫等人(Čech et al. 2010)提出了动词的全配价,如果将动词扩充到所有的词,就是广义配价中的主动配价。4.4 节探讨的广义配价的分布,其实是广义配价模式的离心力部分,广义配价指词在句中支配的依存关系数量。

　　以图 4.19 为例,动词“read”在句中为根节点,在此句中没有被动配价,其主动配价结构为“yesterday＋student＋read◎＋book”(图 4.19 中虚线大方框),其中◎表示之前的词为该结构的支配词,在依存树中位于其所有从属词上方。为了考察动词“read”各从属词的句法功能/依存关系,本研究将该结构抽象为“adv＋subj＋v◎＋obj”,即“状语＋主语＋动词◎＋宾语”(或“状中关系＋主谓关系＋动词◎＋动宾关系”),这个结构就是“read”在句中的广义主动配价功能结构。该抽象结构同时也是“yesterday”“student”和“book”在句中的广义被动配价功能结构。类似地,句中的形容词“interesting”主动配价功能结构(图 4.19 中椭圆框)为“adv＋jj◎”(即“状语＋形容词◎”,或“状中关系＋形容词◎”),其被动配价功能结构(图 4.19 中实线小方框)为“auxa＋atr＋nn◎”(即“助冠词＋定语＋名词◎”,或“冠中关系＋定中关系＋名词◎”)。如果在真实语言中,上述或者其他功能结构重复出现,我们称之为功能模式(pattern)。该模式考虑了真实语言应用中各词类的动态配价情况,涵括了支配词本身,也考虑了承担各个功能的词与支配词的先后关系。本结构与切赫等人(Čech et al. 2018:55)提出来的依存框架(dependency frame)不同,因为依存框架只体现了从属词的功能和线性顺序,没有包含支配词本身,比如“give”的依存框架是[主语;间接宾语;直接宾语],而在“a good answer”中,“answer”的依存框架为[限定词;前置定语]。

　　按照这种方法,我们可以得到所有的节点对应的这种广义配价(词性)模式。这种结构是一维的线性结构和二维的依存结构的组合,一方面体现了线性的语序,另一方面体现了层级顺序,那么广义配价(词性)模式这样的组合结构有什么样的特点呢?

　　在 4.4 节,我们探讨了广义配价(即配价大小,或者支配词对应的从属词数量)的分布,发现其秩频分布符合齐阿分布,如果该分布(或者其他模型)能拟合广义配价(词性)模式的秩频数据,那么,我们可以证明这种配价模式也是一种正常的语言单位/属性。我们提出4.5 节第一个研究问题:

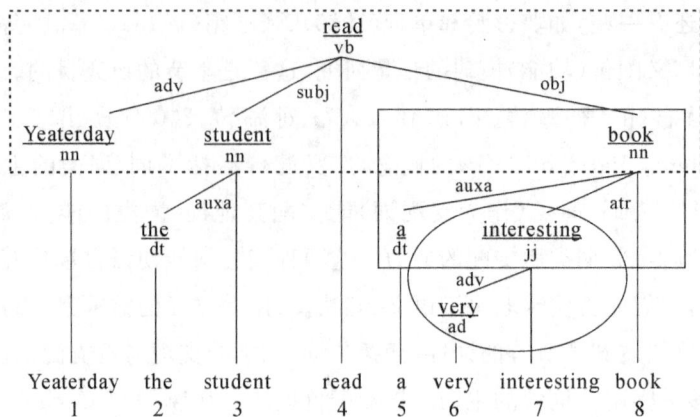

图 4.19　句子"Yesterday the student read a very interesting book"的依存结构树

问题 4.5.1：所有的广义配价（功能）模式是否遵循混合负二项分布（mixed negative binomial)？其参数是否能体现中英文的差异？

在确定了配价模式的语言学地位以后，可以继续从中观角度考察各种词性的广义配价（词性)模式，其中三大实词词性值得特别关注：动词、名词和形容词。因为动词和名词相关的研究已经较多，我们以形容词为例来探讨。

对汉语和英语来说，形容词都是十分重要的词类。形容词可以表示事物的性质、状态、特征等意义，在句子中具有限定、修饰或补充的作用（Givón 2001：81-85）。形容词出现在每一个文本中，且拥有难以计数的属性（Altmann 2018)。

形容词在汉语和英语中的重要地位使其吸引了众多语言研究者的关注，产生了一批研究成果。其中以汉语形容词（程工 1998；张国宪 2000；刘丹青 2005；Paul 2005；Wang & Huang 2010；郭锐 2012；Tham 2013；Zhao & Huang 2015；Lin & Peck 2016；Zhao et al. 2018；Sun 2020）和英语形容词（Bolinger 1967；Taylor 1992；Murphy & Andrew 1993；Tucker 1998；Paradis 2001；Wulff 2003；Kaunisto 2007；Kennedy 2007；González-Díaz 2008；Breban 2010；Mindt 2011；Moon 2011；Meltzer-Asscher 2012；van Linden 2012；Taranto 2013；Matthews 2014；Paradis et al. 2015；Davidse & Breban 2019）为研究对象的成果比较丰富，跨语言视角的形容词研究（Dixon 1982；Wierzbicka 1986；Bouchard 2002；McNally & Kennedy 2008；Cinque 2010；Hofherr & Matushansky 2010；Oltra-Massuet 2013；Rießler 2016）相对较少。

在所有词类配价研究中，学者们对动词的配价最为关注（Allerton 1982；Köhler 2005；Čech et al. 2010；Faulhaber 2011；Liu 2011；Gao et al. 2014；Perini 2015），形容词配价相关研究则并不多见（如莫彭龄、单青 1985；张国宪 1995a，1995b，2000，2002；周国光 1995；赫琳 2007），且多为定性研究。赫布斯特等人（Herbst et al. 2004）的英文配价词典包含了形容词的配价情况，从构式语法的角度考察了 544 个形容词的基本搭配框架。该配价词典着眼于微观，对形容词与其他词类间依存关系的宏观共性考察相对薄弱，也没有明确区分形容词的主动配价与被动配价。基于量化的形容词配价模式汉英对比研究基本属于空白。

因此,本节将增加两个和形容词的广义配价相关的问题:

问题 4.5.2:形容词的广义主动配价功能模式(以下简称"主动配价")呈什么样的分布? 是否符合混合负二项分布模型? 中文和英文的形容词主动配价有何异同?

问题 4.5.3:形容词的广义被动配价功能模式(以下简称"被动配价")呈什么样的分布? 是否符合混合负二项分布模型? 中文和英文的形容词被动配价有何异同?

本节(4.5 节)的第一个研究问题和后两个问题分别从宏观角度和中观角度考察了形容词广义配价(功能)模式的语言学地位。所有问题均考察中文和英文在广义配价(功能)模式方面的异同。

本节接下来的一部分是结果与分析,最后一个部分为本节的小结。

## 4.5.2　结果与分析

在这个部分,我们将依次回答本节引言部分提出来的三个研究问题。

### 4.5.2.1　广义配价(功能)模式秩频分布

首先,我们将查看广义配价(功能)模式的秩频分布。表 4.62 是数据的汇总。表中可见,中文的类别数稍低于英文,因此型例比也稍低。熵和重复率可以区分两种语言,中文熵比英文高,重复率低,这意味着中文的广义配价(功能)模式丰富度高一些。

表 4.62　中英文广义配价(功能)模式数据汇总

| 子库 | 型符 | 例符 | 型例比 | 熵 | 重复率 | 子库 | 型符 | 例符 | 型例比 | 熵 | 重复率 |
|---|---|---|---|---|---|---|---|---|---|---|---|
| C1 | 1496 | 43262 | 0.035 | 5.65 | 0.058 | E1 | 1693 | 43264 | 0.039 | 6.06 | 0.044 |
| C2 | 1561 | 43289 | 0.036 | 5.65 | 0.059 | E2 | 1760 | 43276 | 0.041 | 6.09 | 0.044 |
| C3 | 1521 | 43246 | 0.035 | 5.58 | 0.060 | E3 | 1729 | 43264 | 0.040 | 6.09 | 0.043 |
| C4 | 1614 | 43278 | 0.037 | 5.64 | 0.060 | E4 | 1689 | 43253 | 0.039 | 6.02 | 0.044 |
| C5 | 1527 | 43265 | 0.035 | 5.61 | 0.060 | E5 | 1686 | 43257 | 0.039 | 6.02 | 0.045 |
| C6 | 1653 | 43249 | 0.038 | 5.69 | 0.058 | E6 | 1699 | 43260 | 0.039 | 6.03 | 0.044 |

图 4.20 是中英文广义配价(功能)模式对比图(前 20),图中可见两种语言的各个子库曲线几乎完全重合。

将混合负二项分布与两种语言的全部秩频数据进行拟合,如表 4.63 所示,结果良好,决定系数 $R^2$ 均在 0.9480 以上,我们认为数据符合相关的分布,这表明广义配价(功能)模式是两种语言多样化过程的结果。

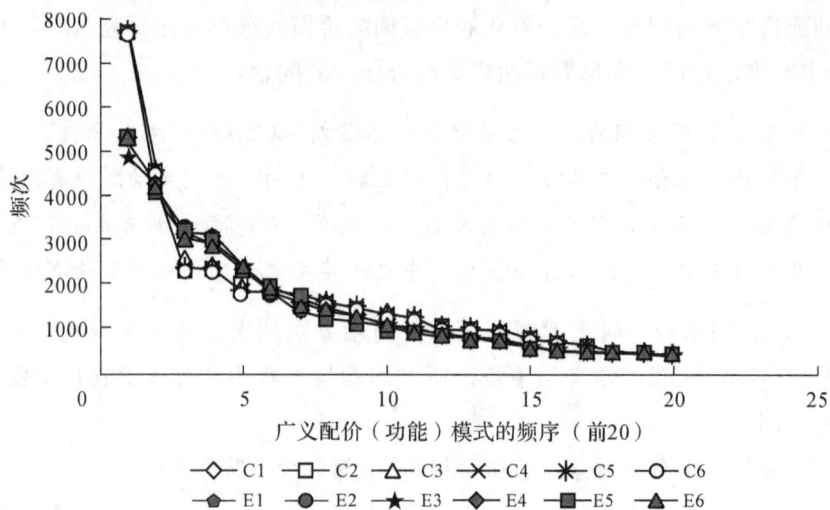

图 4.20  中英文广义配价(功能)模式秩频对比(前 20)

表 4.63  混合负二项分布拟合两种语言的广义配价秩频数据

| 子库 | $X^2$ | DF | $R^2$ | $k$ | $p_1$ | $p_2$ | $\alpha$ | $N$ | $x$-max |
|---|---|---|---|---|---|---|---|---|---|
| C1 | 1869.70 | 1194 | 0.9927 | 0.550 | 0.056 | 0.0019 | 0.831 | 43262 | 1496 |
| C2 | 2062.01 | 1137 | 0.9893 | 0.526 | 0.002 | 0.0571 | 0.194 | 43289 | 1561 |
| C3 | 2106.36 | 1114 | 0.9888 | 0.543 | 0.002 | 0.0613 | 0.187 | 43246 | 1521 |
| C4 | 2480.77 | 1162 | 0.9856 | 0.519 | 0.002 | 0.0586 | 0.204 | 43278 | 1614 |
| C5 | 2096.85 | 1132 | 0.9900 | 0.548 | 0.002 | 0.064 | 0.199 | 43265 | 1527 |
| C6 | 2566.33 | 1443 | 0.9892 | 0.523 | 0.049 | 0.001 | 0.844 | 43249 | 1653 |
| E1 | 2930.30 | 1515 | 0.9568 | 0.574 | 0.046 | 0.0011 | 0.824 | 43264 | 1693 |
| E2 | 2778.56 | 1543 | 0.9618 | 0.571 | 0.045 | 0.0011 | 0.826 | 43276 | 1760 |
| E3 | 3045.73 | 1521 | 0.9480 | 0.578 | 0.044 | 0.0012 | 0.830 | 43264 | 1729 |
| E4 | 3009.21 | 1494 | 0.9588 | 0.575 | 0.045 | 0.0012 | 0.833 | 43253 | 1689 |
| E5 | 3070.68 | 1481 | 0.9547 | 0.563 | 0.043 | 0.0011 | 0.838 | 43257 | 1686 |
| E6 | 2645.99 | 1496 | 0.9664 | 0.567 | 0.044 | 0.0011 | 0.834 | 43260 | 1699 |

　　附表 1 和附表 2 分别示范了中文和英文的广义配价(功能)模式,因为数据繁多,我们只在表中呈现前 25 位,其中中文占数据的 79.1%—80.3%,英文占比 72.9%—74.1%。

　　表 4.64 是广义配价(功能)模式前 15 位中英文对比数据。灰色部分是两种语言前 15 位共有的,但是比例或者频序方面多有不一致。其余的均为两种语言的不同之处。

表 4.64　广义配价(功能)模式前 15 位中英文对比数据

| 频序 | 英文模式 | 说明 | % | 频序 | 中文模式 | 说明 | % |
|---|---|---|---|---|---|---|---|
| 1 | nn | 名词 | 11.2—12.4 | 1 | n | 名词 | 17.5—18 |
| 2 | dt | 限定词 | 9.2—10.1 | 2 | att＋n◎ | 定语＋名词◎ | 9.5—10.8 |
| 3 | atr＋nn◎ | 定语＋名词◎ | 6.4—7.6 | 3 | de＋u◎ | 形容词＋"的","的"标记为支配词 | 5.2—6.0 |
| 4 | jj | 形容词 | 6.4—7.5 | 4 | d | 副词 | 5.0—5.6 |
| 5 | in◎＋adv | 介词◎＋状语 | 5.3—5.6 | 5 | p◎＋pob | 介词＋宾语 | 4.0—4.2 |
| 6 | in◎＋atr | 介词◎＋定语 | 4.0—4.4 | 6 | v | 动词 | 3.6—4.2 |
| 7 | rb | 副词 | 2.8—3.3 | 7 | r | 代词 | 3.3—4.0 |
| 8 | vb | 动词 | 2.5—3.1 | 8 | m | 数词 | 3.5—4.5 |
| 9 | cd | 数词 | 2.6—4.0 | 9 | a | 形容词 | 3.0—3.8 |
| 10 | auxa＋nn◎ | 冠词＋名词◎ | 2.1—2.4 | 10 | att＋att＋n◎ | 定语＋定语＋名词◎ | 2.9—3.2 |
| 11 | prp | 人称代词 | 1.6—2.5 | 11 | c | 连词 | 2.6—2.9 |
| 12 | atr＋atr＋nn◎ | 定语＋定语＋名词◎ | 1.7—1.9 | 12 | v◎＋vob | 动词◎＋宾语 | 2.1—2.4 |
| 13 | auxa＋atr＋nn◎ | 冠词＋定语＋名词◎ | 1.7—1.8 | 13 | u | 助词 | 1.8—2.1 |
| 14 | to◎＋adv | 不定式 to◎＋状语 | 1.4—1.7 | 14 | num＋q◎ | 数词＋量词◎ | 1.5—2.4 |
| 15 | vb◎＋obj | 动词◎＋宾语 | 1.2—1.5 | 15 | t | 时间词 | 1.4—2.1 |

在中文数据(附表 1)中,进入前 10 的有 2 个从属词的广义配价(功能)模式只有 1 个,即名词前有 2 个定语("att＋att＋n◎",2.9%—3.2%)。从第 11 位到第 20 位也有 1 个,即"主动宾"的结构("sbv＋v◎＋vob",1.2%—1.5%)。第 20 位以后,有 2 个从属词的结构,如"状语＋动词＋宾语"的结构("adv＋v◎＋vob",0.7%—0.8%)和"独立分句＋动词＋宾语"("ic＋v◎＋vob",0.5%—0.7%);也有 3 个从属词的"主状谓宾结构"("sbv＋adv＋v◎＋vob",0.6%—0.7%),3 个定语修饰名词的结构("att＋att＋att＋n◎",0.5%—0.6%)。

在英文数据中(附表 2),前 10 位都是配价为 0—1 的,第 12、13 位出现了两种配价为 2 的情况:两个定语修饰名词("atr＋atr＋nn◎",1.7%—1.9%)以及"冠词＋定语＋名词"("auxa＋atr＋nn◎",1.7%—1.8%),如果将冠词也标记为定语的话,2 个定语修饰名词的结构可以进入前 10。

其余进入前 15 位的绝大部分只有 0—1 个支配词,我们在前文已经做过分析。在此不再赘述。

分析了数据的整体表现并确认了广义配价(功能)模式的语言学地位以后,我们将继续以形容词为例,分析形容词的广义配价(功能)模式的情况。因为各种词性的配价属于全部的配价,部分的分布模型应该与整体的一致,我们也将用混合负二项分布与数据进行拟合,并考察其参数的表现。

### 4.5.2.2 形容词广义配价(功能)模式整体秩频分布

在探讨了所有词性的配价情况以后,我们以形容词为例,分析其广义配价功能模式的分布情况。表 4.65 汇总了两种语言各个子库中形容词配价功能模式的整体分布情况。含形容词的结构频次多于形容词的频次,这是因为诸多形容词兼具支配词和从属词的功能,如图 4.19 中"interesting"一词在"very＋interesting◎"中作支配词,在"a＋interesting＋book◎"中作从属词,因其在两个结构中出现,将被统计两次。

**表 4.65　形容词配价功能模式的整体分布**

| 子库 | 形容词频次 | 含形容词的结构频次 | 形容词主动配价 | | 形容词为根节点频次 | 形容词被动配价 | | 兼① | |
|---|---|---|---|---|---|---|---|---|---|
| | | | 频次 | ％ | | 频次 | ％ | 频次 | ％ |
| C1 | 2253 | 2609 | 605 | 23.2 | 59 | 2172 | 83.3 | 168 | 6.4 |
| C2 | 1899 | 2306 | 611 | 26.5 | 63 | 1808 | 78.4 | 113 | 4.9 |
| C3 | 1979 | 2327 | 528 | 22.7 | 42 | 1909 | 82.0 | 110 | 4.7 |
| C4 | 1972 | 2344 | 591 | 25.2 | 71 | 1868 | 79.7 | 115 | 4.9 |
| C5 | 2255 | 2637 | 616 | 23.4 | 58 | 2174 | 82.4 | 153 | 5.8 |
| C6 | 2013 | 2383 | 612 | 25.7 | 68 | 1917 | 80.4 | 146 | 6.1 |
| 均值 | 2061.8 | 2434.3 | 593.8 | 24.5 | 60.2 | 1974.7 | 81.0 | 134.2 | 5.4 |
| E1 | 3671 | 3693 | 447 | 12.1 | 5 | 3267 | 88.5 | 21 | 0.57 |
| E2 | 3347 | 3504 | 486 | 13.9 | 2 | 3049 | 87.0 | 31 | 0.88 |
| E3 | 3550 | 3674 | 524 | 14.3 | 5 | 3184 | 86.7 | 34 | 0.93 |
| E4 | 3525 | 3578 | 436 | 12.2 | 1 | 3175 | 88.7 | 33 | 0.92 |
| E5 | 3405 | 3461 | 431 | 12.5 | 1 | 3073 | 88.8 | 43 | 1.24 |
| E6 | 3220 | 3310 | 431 | 13.0 | 1 | 2904 | 87.7 | 25 | 0.76 |
| 均值 | 3453 | 3536.7 | 459.2 | 13.0 | 2.5 | 2993.8 | 87.9 | 31.2 | 0.88 |

从表 4.65 可见,汉语中含有形容词的结构更少。形容词在汉语中的主动配价频次(均值 593.8,占比 24.4％)明显高于英语(均值 459.2,占比 13.3％);而且形容词在汉语中可以直接作谓语,因而更可能成为根节点(库均 60.2 个),而英语句子基本上是以动词为根节点的,一部分形容词可以作表语,但是在英语子库中均将对应的连系动词标记为形容词的支配词,所以形容词在英语句子中基本上不会作为根节点出现。英语中形容词的被动配价出现的频次(均值 3108.7)比汉语(均值 1974.7)高得多,在比例方面也有显著差异。独立样本 $t$ 检验表明,中文百分比($M=81.033, SD=1.847$)显著小于英文百分比($M=87.900, SD=0.906$)($t=-8.177, p<0.001, 95\%CI=-8.837--4.896$)。在两种语言中,兼有

---

① 兼表示兼有形容词主动和被动配价的结构。

形容词主动和被动配价的结构都不多,汉语中占比均为 5.5%(如"圆满+成功◎"),高于英语中的 0.88%(如"Eastern+European◎")。

在查看了形容词的配价结构整体分布以后,我们将在 4.5.2.3 节探讨形容词主动配价功能模式的分布情况,在 4.5.2.4 节探讨形容词被动配价功能模式的分布情况。

### 4.5.2.3　形容词主动配价功能模式

表 4.66 呈现了形容词主动配价功能模式的汇总情况。其中汉语的型符均值为 124.2,远远高于英语数据的均值 45.8,而汉语例符(均值 593.8)也高于英语数据(均值 459.2),其结果是如何?汉语主动配价的型例比是英语的两倍多,独立样本 $t$ 检验表明,中文 TTR($M=0.207, SD=0.02$)显著大于英文 TTR($M=0.100, SD=0.01$)($t=12.095, p<0.001, 95\%CI=0.086—0.128$)。这表明汉语形容词主动配价功能模式的类型远比英语丰富,换言之,英语主动配价模式的分布相对集中一些。

**表 4.66　形容词主动配价功能模式频次分布汇总**

| 子库 | 型符 | 例符 | 型例比 | 子库 | 型符 | 例符 | 型例比 |
|---|---|---|---|---|---|---|---|
| C1 | 142 | 605 | 0.23 | E1 | 41 | 447 | 0.09 |
| C2 | 113 | 611 | 0.18 | E2 | 53 | 486 | 0.11 |
| C3 | 101 | 528 | 0.19 | E3 | 51 | 524 | 0.10 |
| C4 | 129 | 591 | 0.22 | E4 | 43 | 436 | 0.10 |
| C5 | 126 | 616 | 0.20 | E5 | 40 | 431 | 0.09 |
| C6 | 134 | 612 | 0.22 | E6 | 47 | 431 | 0.11 |

配价功能模式的频次分布情况至少体现了两种相关的属性,如词性和功能,或一维的线性顺序和二维的依存关系。因此,如果配价功能模式是语言多样化(Altmann 1991,2005)的结果,那么应该受至少两种相关属性多样化进程的影响。混合负二项式分布(参数为 $k$、$p_1$、$p_2$、$\alpha$)在语言学中常常用来为两种语言多样化进程建模,该模型的具体推导过程可见阿尔特曼(Altmann 2005)。我们假设形容词的配价模式也是两种语言多样化进程的结果,也符合类似的分布模型。用混合负二项分布来拟合主动配价的完整数据,拟合结果优异(详见表 4.67,决定系数 $R^2$ 均大于 0.9300)。该结果说明,形容词主动配价功能模式和动词配价模式一样,也是两种语言多样化进程的结果,因而也呈现出有类似规律的分布。

**表 4.67　混合负二项分布拟合形容词主动配价功能模式完整数据**

| 子库 | $X^2$ | $P(X^2)$ | $C$ | DF | $R^2$ | $k$ | $p_1$ | $p_2$ | $\alpha$ | $N$ | $x$-max |
|---|---|---|---|---|---|---|---|---|---|---|---|
| C1 | 57.59 | 0.9999 | 0.095 | 103 | 0.9659 | 0.47 | 0.19 | 0.01 | 0.39 | 606 | 142 |
| C2 | 45.77 | 0.9999 | 0.0748 | 87 | 0.9801 | 0.78 | 0.35 | 0.02 | 0.54 | 612 | 113 |
| C3 | 41.90 | 0.9990 | 0.0792 | 74 | 0.9794 | 0.62 | 0.29 | 0.02 | 0.56 | 529 | 101 |

续表

| 子库 | $X^2$ | $P(X^2)$ | $C$ | DF | $R^2$ | $k$ | $p_1$ | $p_2$ | $\alpha$ | $N$ | $x$-max |
|------|-------|----------|-----|-----|-------|-----|-------|-------|----------|-----|---------|
| C4 | 47.00 | 1.0000 | 0.0794 | 97 | 0.9751 | 0.68 | 0.29 | 0.01 | 0.48 | 592 | 129 |
| C5 | 48.82 | 1.0000 | 0.0791 | 95 | 0.9753 | 0.53 | 0.21 | 0.01 | 0.42 | 617 | 126 |
| C6 | 65.40 | 0.9963 | 0.1065 | 99 | 0.9503 | 0.75 | 0.26 | 0.01 | 0.57 | 614 | 134 |
| E1 | 40.68 | 0.1144 | 0.0910 | 31 | 0.9452 | 1.62 | 0.54 | 0.06 | 0.85 | 447 | 41 |
| E2 | 49.70 | 0.0968 | 0.1021 | 38 | 0.9473 | 0.94 | 0.34 | 0.02 | 0.81 | 487 | 53 |
| E3 | 61.53 | 0.0159 | 0.1172 | 40 | 0.9438 | 0.82 | 0.32 | 0.03 | 0.78 | 525 | 51 |
| E4 | 38.73 | 0.2268 | 0.0888 | 33 | 0.9518 | 4.81 | 0.75 | 0.18 | 0.85 | 436 | 43 |
| E5 | 13.82 | 0.9967 | 0.0321 | 31 | 0.9946 | 2.56 | 0.64 | 0.12 | 0.83 | 431 | 40 |
| E6 | 51.06 | 0.0390 | 0.1185 | 35 | 0.9336 | 1.06 | 0.33 | 0.03 | 0.80 | 431 | 47 |

　　考察过形容词主动配价功能模式整体的分布情况以后,我们继续查看中文和英文各个具体结构类型的频次和百分比。前10位占比分别为62.9%—72.4%(汉语)和84.5%—89.5%(英语),出现频次超过20的基本上居各库前5位。在汉语中占首位的都是"状中关系+形容词◎"(如"十分+高兴◎"),占比25.2%—31.9%。排第2、3位的基本上是"主谓关系+形容词◎"(占比5.9%—13.8%,如"通胀率+低◎")以及"主谓关系+状中关系+形容词◎"(占比5.0%—10.3%,如"关系+非常+久远◎")。居第4位的基本是并列的形容词(占比3.4%—9.2%,如"洁白+晶莹◎")。各子库间呈现出一定的共性。在英语中,居于前2位的基本上是"形容词◎+助介词"(占比23.9%—31.6%,如"certain+to◎")和"状中关系+形容词◎"(占比24.8%—31.3%,如"hugely+successful◎")。居于第3、4位的一般为"未识别依存+形容词◎"(占比8.1%—17.4%,如"years+old◎")和"形容词◎+未识别依存"(占比3.4%—7.7%,如"payable◎+Dec."和"effective◎+today")。各子库间也呈现出一定的共性。

　　表4.68汇总了汉语和英语各个子库的前5位主动配价模式,在各库中出现频次基本超过20次。该表呈现了中英形容词主动配价功能模式的异同,我们先简单举例说明相同之处。

表 4.68　汉语与英语形容词主动配价功能模式对比

(在各库中出现频次基本超过20次)

| 频序 | 模式 | 说明 | 汇总频次 | 汇总百分比 | 各库百分比 | 示例 |
|------|------|------|---------|-----------|-----------|------|
| 1 | adv+a◎ | 状中关系+形容词◎ | 975 | 27.31 | 25.2—31.9 | 十分+高兴◎ |
| 2 | sbv+a◎ | 主谓关系+形容词◎ | 391 | 10.95 | 5.9—13.8 | 通胀率+低◎ |
| 3 | sbv+adv+a◎ | 主谓关系+状中关系+形容词◎ | 286 | 8.01 | 5.0—10.3 | 关系+非常+久远◎ |

续表

| 频序 | 模式 | 说明 | 汇总频次 | 汇总百分比 | 各库百分比 | 示例 |
|---|---|---|---|---|---|---|
| 4 | coo＋a◎ | 并列关系＋形容词◎ | 224 | 6.27 | 3.4—9.2 | 洁白＋晶莹◎ |
| 5 | att＋a◎ | 定中关系＋形容词◎ | 96 | 2.69 | 1.3—4.0 | 世界＋和平◎ |
| 1 | jj◎＋auxp | 形容词◎＋助介词 | 783 | 28.40 | 23.9—31.6 | certain＋to◎ |
| 2 | adv＋jj◎ | 状中关系＋形容词◎ | 728 | 26.41 | 24.8—31.3 | hugely＋successful◎ |
| 3 | nr＋jj◎ | 未识别依存＋形容词◎ | 302 | 10.95 | 8.1—17.4 | years＋old◎ |
| 4 | jj◎＋nr | 形容词◎＋未识别依存 | 170 | 6.17 | 3.4—7.7 | payable◎＋Dec. |
| 5 | adv＋jj◎＋auxp | 状中关系＋形容词◎＋助介词 | 165 | 5.98 | 3.5—9.7 | too＋early◎＋to |

注:前5行为汉语的数据,后5行为英语的数据。

一方面,"状中关系＋形容词◎"的结构都是两种语言中多次出现的形容词结构,在汉语和英语中分别居首位和第2位。在汉语中(例如:"十分＋高兴◎")的比例(25.2%—31.9%)与在英语中(例如:"hugely＋successful◎")的比例(24.8%—31.3%)相仿。在汉语中,"主谓关系＋状中关系＋形容词◎"(例如:"关系＋非常＋久远◎")占比5.0%—10.3%,居第3位。

另一方面,汉语的前5位中出现了形容词配价为2(即结构中有两个从属词)的情况("主谓关系＋状中关系＋形容词◎"),其余配价均为1。英语的前5位配价情况类似,除了"状中关系＋形容词◎＋助介词"配价为2以外,其余配价均为1。

与此同时,表4.68也体现了汉英之间的差异。

第一,在汉语中,形容词的从属词基本上在形容词之前。在英语排名前5的结构中,有3种结构出现了形容词的从属词后置的情况,典型情况是助介词位于形容词支配词之后,如"形容词◎＋助介词"结构(例如:"certain＋to◎"),占比高达23.9%—31.6%,居第1位,还有"状中关系＋形容词◎＋助介词"(例如:"too＋early◎＋to"),占比3.5%—9.7%,居第5位。"形容词◎＋未识别依存"占比也达到了3.4%—7.7%,居第4位,例如"effective◎＋today""payable◎＋Dec.",英语库中将此处时间名词标记为了"未识别依存",成为一种特殊的依存关系,实际上该类名词在句中担当了时间状语的功能。

第二,英语中另外一个涉及"未识别依存"关系的模式是"未识别依存＋形容词◎"(例如:"years＋old◎"),占比达到8.1%—17.4%,居第3位。

第三,在汉语中形容词用法比较灵活,可以被定中关系修饰,比如"定中关系＋形容词◎"(例如:"世界＋和平◎")在汉语中占比1.3%—4.0%,居第5位。英语形容词无此用法。

根据表4.68的数据,我们可以绘制出汉语和英语的形容词主动配价功能模式图(图4.21a和图4.21b)。

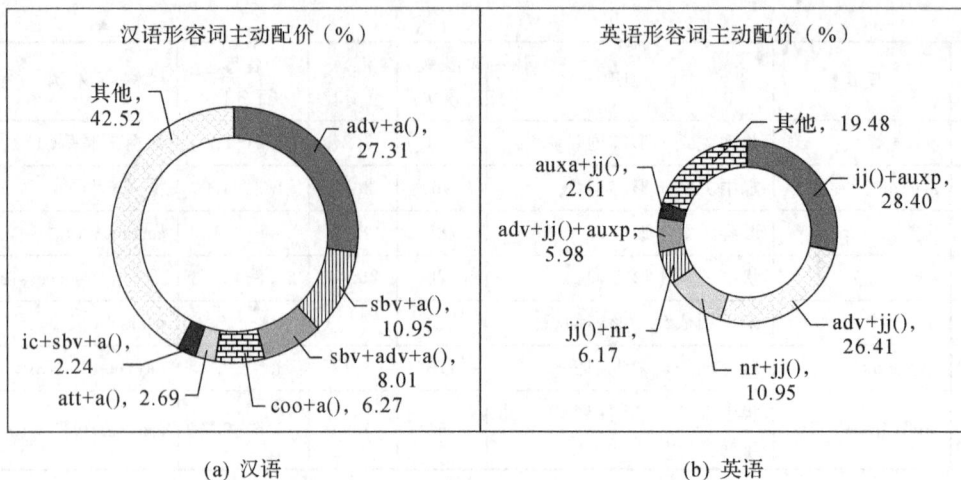

(a) 汉语          (b) 英语

图 4.21　形容词主动配价功能模式

（图中括号＝◎，表示之前的词为该结构中的支配词）

### 4.5.2.4　形容词被动配价功能模式

在考察过形容词的主动配价以后，我们用类似的方式继续探讨形容词的被动配价。表 4.69 汇总了两种语言中形容词被动配价功能模式的情况。其中汉语的型符均值为 380.2，高于英语的 327.5。与主动配价模式例符分布（表 4.66）趋势相反的是，汉语的被动配价模式例符均值（1974.7）远远低于英语的均值（3108.7），因此汉语的型例比高于英语，独立样本 $t$ 检验表明，中文 TTR（$M=0.193, SD = 0.015$）显著大于英文 TTR（$M=0.105, SD = 0.005$）（$t=13.506, p < 0.001, 95\%CI=0.073—0.104$）。表 4.69 在一定程度上再次证明了同一语言的子库存在一定的同质性，也体现了语言之间的差异。

表 4.69　形容词被动配价功能模式频次分布汇总

| 子库 | 型符 | 例符 | 型例比 | 子库 | 型符 | 例符 | 型例比 |
|------|------|------|--------|------|------|------|--------|
| C1 | 394 | 2172 | 0.18 | E1 | 332 | 3267 | 0.10 |
| C2 | 355 | 1808 | 0.20 | E2 | 344 | 3049 | 0.11 |
| C3 | 343 | 1909 | 0.18 | E3 | 341 | 3184 | 0.11 |
| C4 | 391 | 1868 | 0.21 | E4 | 319 | 3175 | 0.10 |
| C5 | 388 | 2174 | 0.18 | E5 | 320 | 3073 | 0.10 |
| C6 | 410 | 1917 | 0.21 | E6 | 309 | 2904 | 0.11 |

类似地，我们用混合负二项分布拟合完整的形容词被动配价数据，发现拟合效果优良，除了 C2 子库的决定系数 $R^2$ 为 0.8932，其余均在 0.9000 以上。这至少说明，形容词的被动配价功能模式也是两种语言属性多样化进程的结果，因而呈现出有规律的分布。

笔者用阿尔特曼拟合器（Altmann-Fitter 1997/2005）中的其他分布模型也拟合了形容

词的主动和被动配价模式的 4 组相关数据,发现混合负二项分布的结果最佳,是唯一一个几乎所有决定系数 $R^2$ 均超过 0.9000 的模型(唯一例外为 0.8932)。在语言多样化进程中,语言使用的双方(说话者和听话者)之间不断博弈,所以才会导致某些模式出现频次更高,而其他模式出现频次较低的情况。这样才能实现双方的省力,这也体现了语言的自调节、自适应的功能。

考察前 10 位形容词被动配价功能模式(汉语数据占比 55.2%—59.6%,英语数据占比 66.5%—69.5%)。我们发现汉语中排名前 2 的一般为形容词后加"的"(如"实际+的◎",占比 14.8%—19.5%)和"定中关系+名词◎"(如"贫困+地区◎",占比 14.4%—18.7%),排名第 3 的均为:"定中关系+定中关系+名词◎"(如"香港+特别+行政区◎",占比 10.1%—11.8%),排名第 4 的均为形容词后加"地"(如"高兴+地◎",占比 2.4%—3.1%)。英语中居首位的均为"定中关系+名词◎"(如"recent+memory◎"),占比约 1/5,接下来两个基本上是"定中关系+定中关系+名词◎"(如"chief+executive+officer◎")和"冠中关系+定中关系+名词◎"(如"a+tough+thing◎"),所占比例相仿,约 10.6%—12.3%。相关结果一定程度上体现了同一语言子库的同质性。

表 4.70 汇总了两种语言中占比超过 1% 的各种模式。汉语排名前 10 的支配词按照出现总频次排序基本为名词(3432)、助词(2460)、动词(525)和形容(176),对应地,各模式中形容词的功能按照汇总频次依次为定中关系(3432)、"的"字结构(2126)、状中关系(525)、"地"字结构(334)和并列关系(176)。英语排名前 13 的支配词按照出现总频次排序为名词(12490)、动词(427)、介词(280)和连(249),基本上集中在名词上;形容词对应的功能依次为定中关系(12490)、表语(427)、未识别依存(280)和并列关系(249),基本上集中在定中关系上。

表 4.70　形容词被动配价功能模式汉英对比(占比 1% 以上)

| 频序 | 模式 | 说明 | 示例 | 汇总频次 | 汇总百分比 | 各库百分比 |
|---|---|---|---|---|---|---|
| 1 | de+u◎ | 形容词+"的","的"标记为支配词 | 实际+的◎ | 2006 | 16.93 | 14.8—19.5 |
| 2 | att+n◎ | 定中关系+名词◎ | 贫困+地区◎ | 1927 | 16.26 | 14.4—18.7 |
| 3 | att+att+n◎ | 定中关系+定中关系+名词◎ | 香港 + 特别 + 行政区◎;的+旺盛+生命力◎ | 1286 | 10.85 | 10.1—11.8 |
| 4 | di+u◎ | 形容词+"地","地"标记为支配词 | 高兴+地◎ | 334 | 2.82 | 2.4—3.1 |
| 5 | att+att+att+n◎ | 定中关系+定中关系+定中关系+名词◎ | 的+国际+新+秩序◎ | 219 | 1.85 | 1.6—2.3 |
| 6 | adv + v ◎ +vob | 状中关系+动词◎+动宾关系 | 充分+利用◎+条件 | 196 | 1.80 | 1.8—2.4 |

续表

| 频序 | 模式 | 说明 | 示例 | 汇总频次 | 汇总百分比 | 各库百分比 |
|---|---|---|---|---|---|---|
| 7 | adv＋v◎ | 状中关系＋动词◎ | 健康＋成长◎ | 185 | 1.64 | 1.1—2.0 |
| 8 | coo＋a◎ | 并列关系＋形容词◎,两个形容词并列,第2个形容词标记为支配词 | 轻松＋欢快◎ | 176 | 1.56 | 1.2—2.3 |
| 9 | sbv＋adv＋v◎＋vob | 主谓关系＋状中关系＋动词◎＋动宾关系 | 人民＋密切＋关注◎＋成就 | 144 | 1.40 | 1.0—1.7 |
| 10 | de＋de＋u◎ | 两个修饰语后加"的",修饰名词 | 蔬菜＋纯真＋的◎(后面的名词:色彩) | 120 | 1.36 | 1.0—1.9 |
| 1 | atr＋nn◎ | 定中关系＋名词◎ | recent＋memory◎ | 3685 | 19.76 | 18.2—20.9 |
| 2 | atr＋atr＋nn◎ | 定中关系＋定中关系＋名词◎ | chief＋executive＋officer◎ | 2154 | 11.55 | 10.6—12.3 |
| 3 | auxa＋atr＋nn◎ | 冠中关系＋定中关系＋名词◎ | a＋tough＋thing◎ | 2103 | 11.27 | 10.8—11.7 |
| 4 | auxa＋atr＋nn◎＋auxp | 冠中关系＋定中关系＋名词◎＋助介词 | an＋apparent＋attempt◎＋to | 1054 | 5.65 | 5.1—6.7 |
| 5 | auxa＋atr＋atr＋nn◎ | 冠中关系＋定中关系＋定中关系＋名词◎ | a＋stronger＋U.S.＋dollar◎ | 915 | 4.91 | 4.1—5.6 |
| 6 | atr＋nn◎＋auxp | 定中关系＋名词◎＋助介词 | associate＋editor◎＋of | 827 | 4.43 | 3.9—5.2 |
| 7 | atr＋atr＋atr＋nn◎ | 定中关系＋定中关系＋定中关系＋名词◎ | their＋present＋financial＋condition◎ | 489 | 2.62 | 2.2—3.0 |
| 8 | atr＋atr＋nn◎＋auxp | 定中关系＋定中关系＋名词◎＋助介词 | its＋legal＋status◎＋as | 471 | 2.53 | 2.4—2.9 |
| 9 | sb＋vb◎＋pnom | 主谓关系＋动词◎＋表语 | panel＋is◎＋unlikely | 427 | 2.29 | 2.1—2.6 |
| 10 | atr＋nn◎＋atr | 定中关系＋名词◎＋定中关系 | rugged＋terrain◎＋inaccessible(后文:to cycles) | 396 | 2.12 | 2.0—2.3 |
| 11 | auxa＋atr＋nn◎＋atr | 冠中关系＋定中关系＋名词◎＋定中关系 | a＋printed＋text◎＋available | 396 | 2.12 | 1.6—2.6 |
| 12 | in◎＋nr | 介词◎＋未识别依存 | if◎＋necessary | 280 | 1.50 | 1.2—2.0 |
| 13 | atr＋cc◎＋atr | 定中关系＋连词◎＋定中关系 | slow＋and◎＋painful | 249 | 1.33 | 1.0—1.6 |

注:前10行为中文的数据,后13行为英文的数据。

从表4.70中可见,在两种语言中,比较常见的结构是1—3个前置定中关系修饰名词。

第一,"定中关系＋名词◎"的模式在汉语中(如"贫困＋地区◎")占比14.4%—18.7%,居第2;在英语中(如"recent＋memory◎")比例更高,达到18.2%—20.9%,居首位。

　　第二,"定中关系＋定中关系＋名词◎"的模式在两种语言中比例也相仿,在汉语中(如"的＋旺盛＋生命力◎"和"香港＋特别＋行政区◎")占比 10.1％—11.8％,居第 3 位;在英语中该模式(如"chief＋executive＋officer◎")占比为 10.6％—12.3％,居第 2 位。

　　第三,名词前的定中关系在两种语言中均可以有多个。比如三个定中关系修饰名词的结构在汉语中占比 1.6％—2.3％,居第 5 位;在英语中占比 2.2％—3.0％,居第 7 位。

　　两种语言中,形容词之间均可以构成并列关系,但是在汉语树库中第 2 个形容词标记为支配词,如"轻松＋欢快◎",这种结构在汉语中占比 1.2％—2.3％,居第 8 位。英语中的形容词并列往往有连词相连,如"slow＋and◎＋painful",在英语库中将连词标记为支配词,两个形容词均为从属词,这种结构在英语中占比 1.0％—1.6％,居第 13 位。

　　两种语言的另外一个共同点是,前 3 种配价模式分布比较集中,占总数据的比例为40％左右。

　　然而,两种语言在形容词的被动配价模式方面差异更多:

　　(1)汉语中形容词后经常加"的",居汉语中首位的是形容词后加"的"的结构(如"实际＋的◎"),占比达 14.8％—19.5％,所占比例与"定中关系＋名词◎"的结构(14.4％—18.7％)相仿。

　　(2)除了"的"字结构,汉语中还有"地"字结构,形容词后加上"地",往往整个结构一起作状语(如"高兴＋地◎")。该结构占比 2.4％—3.1％,居第 4 位。

　　(3)在汉语中占比超过 1％的结构中,无论形容词在这些结构中充当什么成分,都位于支配词之前。英语中居于前 8 位的结构中,形容词都居于支配词前,均与支配词形成定中关系;在第 9—13 位的结构中,均有形容词居于支配词之后,该形容词可能构成后置定语,也可能是表语。形容词置于支配词之后,还可能形成一种特殊的关系,在库中标记为"未识别依存"(如"if◎＋necessary"),这种结构占比 1.2％—2.0％,居第 12 位。英语中,形容词作后置定语有多种情况,比如"available"这样的形容词作定语一般后置;而在"rugged＋terrain◎＋inaccessible"这样的结构的后面还有一个介词词组"to cycles",这是形容词"inaccessible"的固定搭配;而如在"its＋legal＋status◎＋as"这样的结构中,介词"as"是和前面的名词"status"搭配使用的。

　　(4)英语中的形容词一般不直接作谓语,之前需要用对应的连系动词。"主谓关系＋动词◎＋表语"结构(例如"panel＋is◎＋unlikely")占比 2.1％—2.6％,居第 9 位。

　　(5)汉语中形容词可以和后面的动词形成状中关系,如"状中关系＋动词◎＋动宾关系"结构(例如"充分＋利用◎＋条件")占比 1.8％—2.4％,居第 6 位;"状中关系＋动词◎"(例如"健康＋成长◎")占比 1.1％—2.0％,居第 7 位;"主谓关系＋状中关系＋动词◎＋动宾关系"(例如"人民＋密切＋关注◎＋成就")占比 1.0％—1.7％,居第 9 位。在英语中形容词不能直接修饰动词,除非将动词改为动名词。

　　(6)英语库中将冠词与名词支配词之间的关系单独标记为冠中关系(auxa),在形容词被动配价的结构中,冠中关系出现频次比较高,如"冠中关系＋定中关系＋名词◎"(例如"a＋tough＋thing◎")占比 10.8％—11.7％,居第 3 位;"冠中关系＋定中关系＋名词◎＋

助介词"(例如"an＋apparent＋attempt◎＋to")占比 5.1％—6.7％,居第 4 位;"冠中关系＋定中关系＋定中关系＋名词◎"(例如:"a＋stronger＋U.S.＋dollar◎")占比 4.1％—5.6％,居第 5 位;"冠中关系＋名词◎＋定中关系"(如"a＋printed＋text◎＋available"),占比 1.6％—2.6％,居第 11 位。

利用表 4.70 的数据也可以画出汉语和英语形容词的被动配价功能模式环形图,在此不再赘述。

### 4.5.2.5　形容词配价功能模式讨论

汉英形容词在广义配价功能模式方面的异同反映了二者在本语言内部词类地位的异同。亨格维尔德等人(Hengeveld et al. 2004)将人类语言的词类系统分为分化、柔性和刚性三类,英语由于名词、动词、形容词和副词间的划分清晰,被归为分化词类系统,汉语则被归入刚性词类系统。与英语形容词公认的独立地位不同,汉语形容词是不是独立的词类仍有争议。如李和汤普森(Li & Thompson 1989)就认为汉语形容词从属于动词,麦考利(McCawley 1992)则更激进地认为汉语中没有形容词这样一个词类。狄克逊(Dixon 1982)也认可了英语形容词的独立地位,并认为汉语的形容词不如英语丰富。当然,二者之间也具有一定的共性,程工(1998:22)就认为从词与短语对立这一视角考察形容词时,英语和汉语的情况是极为相似的。

汉英形容词词类地位的异同,一定程度上体现了语言对比研究的复杂性。海涅和库特夫(Heine & Kuteva 2007)认为人类语言的演化大致分为六个层次,形容词在第三个层次,前两个层次分别为名词和动词。沈家煊(2012)假设人类语言词类系统的类型演化是循环性的,并认为英语是一种正在向汉语型语言回归的语言。马修斯(Matthews 2014)认为英语形容词作定语和作谓语的用法差异反映了英语的历时演变。这些都说明汉英形容词的对比不仅是共时问题,还是历时问题,很多现代汉语与英语中形容词的差异,都有历史上语言演化的痕迹。石毓智、白解红(2006)认为语法并不是封闭的抽象系统,汉英形容词很多用法上的差别源于概念化方式的差别。概念化方式的差别源自不同民族思维的差异,思维的异同同样是语言对比研究的一个重要因素。除以上因素外,质性与量化、归纳与演绎、部分与整体、微观与宏观等同样是我们在进行此类研究时需要考虑的因素。

### 4.5.3　小　结

本节从宏观方面考察了汉语和英文之间的全部词的广义配价(功能)模式,从中观方面聚焦到某一种词性,单独考察了形容词的配价(功能)模式,分析了这两种语言形容词广义主动和被动配价功能模式的异同,结果显示:

(1)形容词广义(主动与被动)配价功能模式在同一语言内部具有同质性,在汉英两种语言间具有差异性。

(2)虽然汉语的描写度低于英语,形容词频次因此明显低于英语,但汉语形容词主动配价功能模式的类型远比英语丰富。

（3）两种语言中，同一个结构兼有形容词主动配价和被动配价的情况都不多见。

（4）混合负二项分布拟合结果显示，形容词主动配价功能模式与动词配价模式一样，也是两种语言属性多样化进程的结果，因而也呈现出有规律的分布。汉语和英语各个主动配价功能模式中，前 10 位占比分别为 62.9%—72.4%（汉语）和 84.5%—89.5%（英语），出现频次超过 20 个的基本上都居各库前 5 位。通过进一步对比，我们发现汉英形容词主动配价功能模式间呈现如下异同情况：a）在汉语中，形容词的从属词基本上在形容词之前，而英语中形容词的从属词前置和后置情况都比较常见。b）"状中关系＋形容词◎"的结构都是两种语言中多次出现的形容词结构。c）汉语中形容词用法比较灵活，可以被定中关系修饰，比如"世界＋和平◎"。d）汉英主动配价功能模式中频次前 5 位的结构中，形容词的配价能力相似。其中 4 种结构中的形容词配价为 1，1 种结构中的形容词配价为 2。这说明形容词配价能力与主动配价模式的频次间可能具有跨语言的相关性。e）汉语形容词可以直接作句子的谓语，而英语中形容词不单独作谓语，需要和连系动词搭配使用。在英语库中，连系动词标记为表语的支配词。

（5）汉语形容词被动配价功能模式的类型也比英语丰富。两种语言的被动配价模式分布也符合混合负二项分布。汉语和英语各个具体结构类型中，前 10 位占比分别为 55.2%—59.6%（汉语）和 66.5%—69.5%（英语），与主动配价功能模式相比，比重有所下降，说明被动配价功能模式的结构类型分布更加分散。通过进一步对比，我们发现汉英被动配价功能模式间呈现如下异同情况：a）1—3 个前置定中关系修饰名词的结构在两种语言中都比较常见；b）形容词在两种语言中都可以形成并列结构，但并列方式有差异；c）汉语形容词后经常加"的"或"地"；d）在占比超过 1% 的结构中，汉语中的形容词都位于支配词之前，英语中则有不少形容词作为从属词后置的情况；e）汉语形容词可以和后面的动词形成状中关系，如"健康＋成长◎"；f）英语库中将冠词与其修饰的名词之间的关系单独定义为冠中关系，在形容词被动配价的结构中，冠中关系出现频次比较高。

需要强调的是，由于本研究可借鉴的已有成果十分有限，我们并不能对所有结果都给出合理的解释；同时，由于本研究的探索性质较强，所有观点和结论都不是最终定论，我们会在后续的研究中不断修正。比如要更好地解释这两种语言在配价模式方面的异同，还需要我们对各种词性分别承担的功能进行进一步分析。此外，以上结论仅基于汉语和英语两种语言的新闻语料，这些发现是否具有更大的普适性，需要更多语言、更多体裁的验证。

广义配价（功能）模式符合混合负二项分布，这说明它们都是两种语言多样化进程的结果。在语言多样化进程中，语言使用的双方（说话者和听话者）之间不断博弈，所以才会出现某些模式出现频次更高，而很多模式出现频次较少的情况，这样才能实现双方的省力。这也体现了语言的自调节、自适应的功能。

本节仅仅以形容词为示范，对于其他如动词、名词、介词、副词等可以作为中心词的词性，均可以用类似的方法进行考察，在此我们不再赘述。

此外，以"Pierre＋Vinken◎＋old"为例，用词性对这个结构进行抽象化，则对应的配价词性模式为"nn＋nn◎＋jj"，这样的模式我们可以类似地称为广义配价（词性）模式。我们可以用类似的方法研究词性的广义配价(词性)模式。在此我们不再赘述。

本章的前5节研究了依存关系和配价相关的一些句法单位/属性,接下来,我们将探讨其他基于依存和配价的相关句法单位/属性,包括位置、长度、树宽、树高和节点所在层级等。

语言单位的线性位置和其在句法结构中的二维位置等与语言类型、依存距离、信息量等均紧密相关,是一个重要的、值得单独探讨的语言属性。因此,4.6节的探讨将从位置开始。

## 4.6 位置的分布比较

### 4.6.1 引 言

位置与很多语言属性相关,最重要的是,词的位置分布与语言分类相关(Greenberg 1978:58)。刘海涛(Liu 2007a)发现语序类型是一个连续统,也具有语言类型学意义。刘海涛所研究的依存方向体现了支配词和其从属词的前后位置关系。格德斯等人(Gerdes et al. 2021)探讨了语序类型学的计量特征。阎建玮和刘海涛(Yan & Liu 2021)探讨了斯拉夫语族的语序问题。

位置与信息是否已知以及信息的重要性、成分的长度等相关(如 Behaghel 1930:85;Quirk et al. 1972:943;Mathesius 1975:83;Clark & Clark 1977:548;Givón 1984;Gundel 1988;Hawkins 1994,2004;Niv 1992:285;Halliday 1994;Arnold et al. 2000;Fenk-Oczlon & Fenk 2002;Ji 2007;Fan et al. 2010;Köhler 2012;Wang & Liu 2014;Yan & Liu 2021;Niu & Liu 2022)。位置也与频次相关(如 Uhlířová 2009)。

在科勒(Köhler 2012)基于短语结构语法的句法协同模型中,位置有两种定义,其在句子中的线性位置以及其在母成分(mother constituent)中的位置,均按照从左到右的方式进行测量。如图4.22中,各词的线性位置依次为1到6。而如果按照其在母成分的位置,在"The student has an interesting book"一句中,"The"和"student"在NP1中分居1、2位,在VP1中,"has"的位置为1,在NP2中,"an""interesting""book"的位置分别为1至3。在S中,NP1和VP1分别在位置1和2,类似的,在VP1中,V的位置为1,NP2的位置为2。科勒等人(Köhler & Altmann 2000;Köhler 2012)发现在母节点下的位置符合单位移科恩二项分布(1-displaced Cohen-binomial distribution)。

在依存语法的框架下,对于同样的句子而言,各个节点的各种位置和短语结构语法框架相比有异有同。我们还是以"The student has an interesting book"这个短句为例,如图4.23所示,本研究将考虑基于依存关系的三种位置,其定义如下。

位置1:(绝对)线性位置;
位置2:所在层级中的位置(如"an""interesting"分别在第3层的位置2和3上);
位置3:母节点下的位置(如"an""interesting"分居第1、第2个位置)。

S
NP1 1　　　VP1 2
D1 1　N1 2　　V 1　NP2 2
　　　　　　　　D2 1　A 2　N2 3
The　student　has　an interesting book
1　　2　　3　4　5　　6

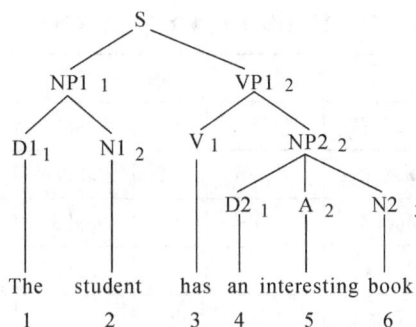

图 4.22　短语结构语法框架下的位置定义

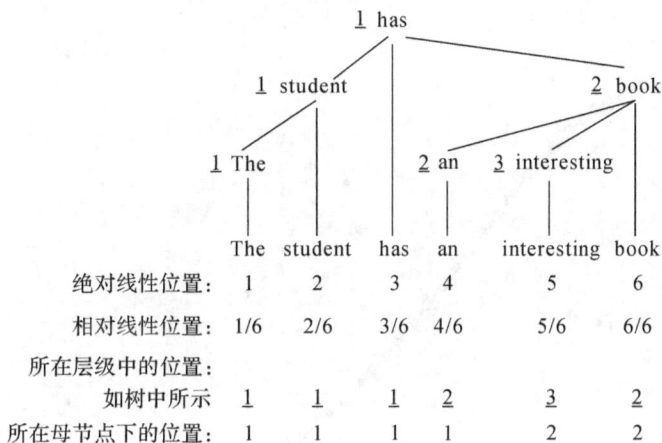

1 has
1 student　　　2 book
1 The　　2 an　3 interesting
The　student　has　an　interesting book

| 绝对线性位置： | 1 | 2 | 3 | 4 | 5 | 6 |
| 相对线性位置： | 1/6 | 2/6 | 3/6 | 4/6 | 5/6 | 6/6 |
| 所在层级中的位置： | | | | | | |
| 如树中所示 | 1 | 1 | 1 | 2 | 3 | 2 |
| 所在母节点下的位置： | 1 | 1 | 1 | 1 | 2 | 2 |

图 4.23　本研究中依存语法框架下的位置定义

在这个部分,我们先提出以下几个研究问题。

问题 4.6.1:节点的线性位置(位置 1)分布有什么规律? 中、英文之间有何异同?

问题 4.6.2:节点在依存树层级中的位置(位置 2)分布有什么规律? 中、英文之间有何异同?

问题 4.6.3:节点在母节点下的位置(位置 3)分布有什么规律? 中、英文之间有何异同?

对于这三个研究问题的回答可以帮助确认三种不同定义和操作化的位置的语言学地位。这些问题从不同的角度验证位置的语言学意义,并且从位置的角度考察中英文之间的异同点。

## 4.6.2　结果与讨论

我们首先考察位置 1(节点的线性位置),齐阿分布拟合位置 1 秩频数据,结果不佳,但是数据符合超泊松分布(表 4.71),决定系数 $R^2$ 都在 0.9915 以上,且参数 $a$ 和 $b$ 紧密相关(相关系数为 1.000,$p=0.000$),中文中这两个值都比英文中对应的值大。图 4.24 示范了 E6 的数据拟合。

表 4.71　超泊松分布拟合节点的线性位置

| 子库 | $R^2$ | $a$ | $b$ | $N$ | 子库 | $R^2$ | $a$ | $b$ | $N$ |
|------|-------|-----|-----|-----|------|-------|-----|-----|-----|
| C1 | 0.9946 | 699.42 | 727.77 | 43259 | E1 | 0.9926 | 395.47 | 403.30 | 43264 |
| C2 | 0.9915 | 767.66 | 801.00 | 43288 | E2 | 0.9986 | 263.05 | 263.07 | 43276 |
| C3 | 0.9965 | 549.89 | 568.67 | 43244 | E3 | 0.9986 | 254.17 | 254.76 | 43264 |
| C4 | 0.9924 | 890.68 | 931.60 | 43277 | E4 | 0.9997 | 214.90 | 213.55 | 43253 |
| C5 | 0.9937 | 741.56 | 772.41 | 43261 | E5 | 0.9959 | 309.91 | 313.22 | 43257 |
| C6 | 0.9951 | 642.63 | 666.14 | 43249 | E6 | 0.9995 | 200.11 | 197.81 | 43260 |

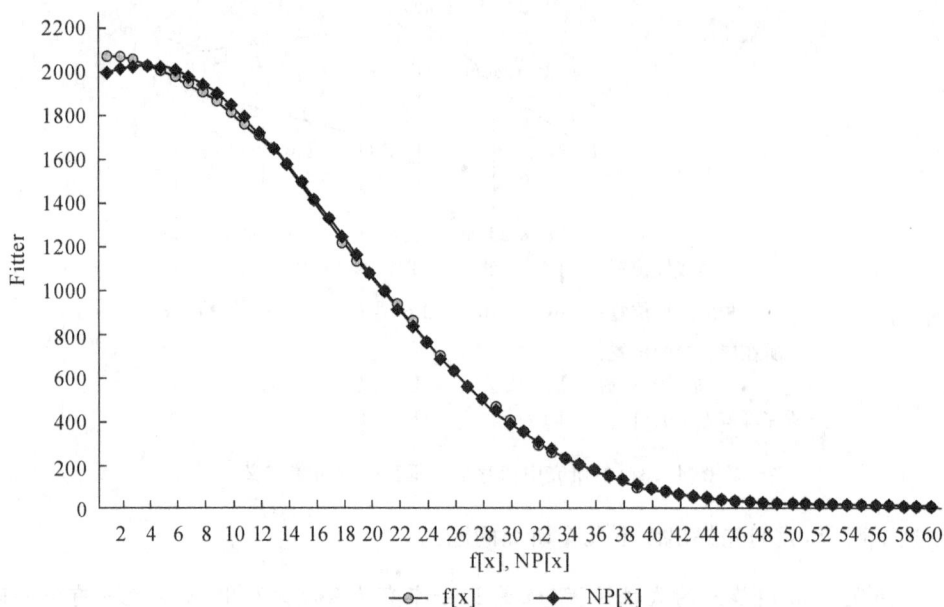

图 4.24　超泊松分布拟合节点的线性位置秩频数据(E6)

节点的线性位置其实也包括了句长,因为最后一个节点的位置即句长。部分数据的分布应该与整体的分布一致,因此,我们假设句长的分布和节点线性位置的分布模型是一致的。将齐阿分布与句长完整数据进行拟合,与位置的拟合类似,结果不佳,决定系数 $R^2$ 仅仅在 0.7300 左右。用超泊松分布进行拟合,决定系数 $R^2$ 的范围是 0.9525—0.9956,验证了我们刚才的假设。虽然两种语言的平均句长相差无几(中文各个子库为 19.9—20.6,英文则为 20.9—22.0),句长分布还是有差异的,参数 $a$、$b$ 依然能区分不同的语言。

我们接下来考察位置 2(节点所在层级中的位置),齐阿分布拟合位置 2 秩频数据(表 4.72),决定系数 $R^2$ 的范围是 0.9769—0.9880,参数 $a$ 和 $b$ 均能用来区分两种语言,独立样本 $t$ 检验表明,中文 $a$ 参数($M = 0.330, SD = 0.020$)显著大于英文 $a$ 参数($M = 0.170, SD = 0.009$)($t = 17.889, p < 0.001, 95\% CI = 0.139—0.181$);中文 $b$ 参数($M = 0.535, SD = 0.014$)显著小于英文 $b$ 参数($M = 0.747, SD = 0.015$)($t = -25.400, p < 0.001, 95\% CI =$

$-0.230$——$-0.193$)。

表 4.72　齐阿分布拟合节点在所在层级中的位置秩频数据

| 子库 | $R^2$ | $a$ | $b$ | $n$ | $\alpha$ | $N$ |
|---|---|---|---|---|---|---|
| C1 | 0.9822 | 0.31 | 0.56 | 41 | 0.31 | 43259 |
| C2 | 0.9780 | 0.34 | 0.53 | 22 | 0.30 | 43288 |
| C3 | 0.9769 | 0.34 | 0.53 | 24 | 0.30 | 43244 |
| C4 | 0.9828 | 0.34 | 0.52 | 92 | 0.30 | 43277 |
| C5 | 0.9785 | 0.35 | 0.54 | 29 | 0.31 | 43261 |
| C6 | 0.9795 | 0.30 | 0.53 | 21 | 0.30 | 43249 |
| E1 | 0.9880 | 0.17 | 0.75 | 29 | 0.35 | 43264 |
| E2 | 0.9873 | 0.16 | 0.75 | 25 | 0.35 | 43276 |
| E3 | 0.9868 | 0.17 | 0.76 | 18 | 0.35 | 43264 |
| E4 | 0.9874 | 0.18 | 0.74 | 30 | 0.35 | 43253 |
| E5 | 0.9873 | 0.18 | 0.72 | 27 | 0.34 | 43257 |
| E6 | 0.9865 | 0.16 | 0.76 | 16 | 0.35 | 43260 |

我们用同样的方式验证了位置 3（所在母节点下的位置）分布，超泊松分布拟合位置秩频数据，拟合结果优异，决定系数 $R^2$ 范围为 0.9949 以上。

以上三种位置（线性位置、依存树中所在层级的位置，以及母节点下的位置）均符合被广泛证实使用的语言学分布函数，这说明它们都是分布有规律性的语言属性，都是多样化进程的结果。

### 4.6.3　小　结

本节探讨了三种不同位置的分布。无论是节点在句子中的线性位置（位置 1），还是在依存树中各个层级的位置（位置 2），或者在支配词下的位置（位置 3），都是分布有规律的语言属性，其中位置 1 和 3 符合超泊松分布，位置 2 符合齐阿分布。

在后续研究中，我们可以以类似的方法探讨句法功能/依存关系在句中的相对位置（位置 4）。该位置是将节点位置归一化（＝节点线性位置/句长）的结果，这样不同句长的各个位置具有可比性。

此外，词性和功能具有一定的对应关系，其分布也非常类似。在以后的研究中，我们可以按照类似的方法研究词性的平均相对位置，我们预测，和依存关系的相对位置类似，词性的该位置也具有规律性，也能区分不同的语言。

由本部分的研究可知，词的位置也能在一定程度上体现其重要性。词的重要性的另外一方面体现在其是否有下面的"子孙"节点。一般来说，下面的节点越多，该节点被阐述得越明细,表明该词的清晰度对于句子而言就越重要。我们在下一节要探讨的长度就体现了词在这方面的重要性。

## 4.7 长度(句长)分布比较

### 4.7.1 引 言

学界对于句长分布已经有了不少相关研究。谢尔曼(Sherman 1888)用统计的方法来研究句长,提出不同作者的作品存在系统性的平均句长差异。研究者们提出了不少研究模型,如威廉姆斯(Williams 1940)的对数正态分布(lognormal distribution)、西谢尔(Sichel 1971,1974)的组合泊松分布(composed Poisson distribution),这两种模型在理论上缺乏可解释性。西格德等人(Sigurd et al. 2004)研究了句长的分布,发现其符合伽马分布。科勒(Köhler 2012)提出按照词的个数衡量的句长符合单位移负超帕斯卡分布(1-displaced negative hyper-Pascal distribution),该模型拟合语料结果不错。维埃拉等人(Vieira et al. 2018)考察了句长的分布以及其时序图,证明句长具有规律性。

除了分布的模型研究,句长分布也能体现其他的规律性和区别性。如尤尔(Yule 1939)提出句长的分布能体现作者的特色。大量其他研究也验证了句长能够用来区分不同的风格或者作者(如 Dzurjuk 2006;Pande & Dhami 2015;Yang et al. 2016;Yang et al, 2017)。

除了分布特征的研究,学者们还发现句长还会影响句法层面的其他因素,如王华和刘海涛(Wang & Liu 2014)研究了英语书面语中长度和复杂度对于语言构式复杂度的影响,蒋景阳和刘海涛(Jiang & Liu 2015)探讨了句长对于依存距离的影响,章红新和刘海涛(Zhang & Liu 2018)探讨了句长、依存树高和依存树宽之间的关系。

在句法层面,长度不仅仅可以指句子的长度,还可能是其他更大(比如段落或者篇章)或者更小语言单位(比如小句、词组等)的长度(如 Ha et al. 2002)。王华(Wang 2012;王华 2018)探讨了名词短语长度的特征。金慧媛和刘海涛(Jin & Liu 2017)探讨了文本规模对于语言单位的长度的影响。

本研究将直接从属成分的个数定义为广义的配价(见 4.4 节),将所有直接、间接从属成分的个数(包括支配词本身)定义为依存子树长度(简称长度),其实就是依存树该节点及其下面的节点组成的字符串的长度。一棵依存树中,最大的长度即句长。

如 4.3 节所述,从时序图中我们可以直观地观察语言属性的线性语言行为,作为时序分析(time series analysis)(参见 Pawłowski 1997)的一个简单应用,我们可以通过时序图在一定程度上窥见单位/属性的节奏性模式。

我们还是以 Pierre 句为例阐释,其图示详见图 3.1,所在层级、长度以及各种位置数据详见表 3.6。其长度时序如图 4.25 所示,从该图中我们可以看出各个节点的重要性,大致推断出各个节点所在的层级,也就是说,根据这样的序列,我们基本可以重构依存树。这样的序列体现出了节点重要性的节奏性模式。

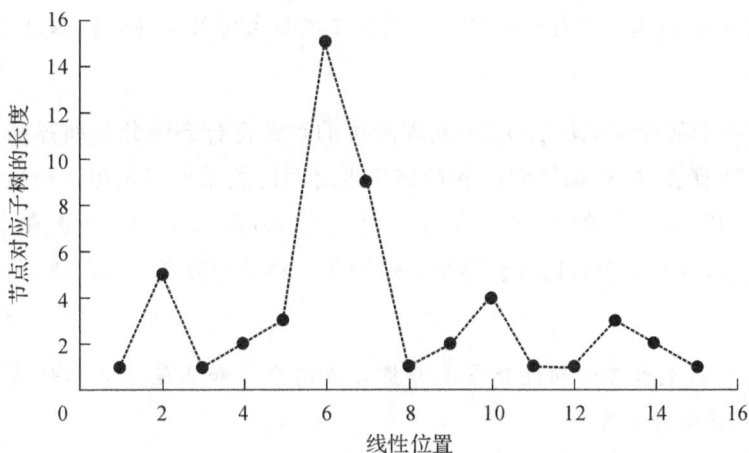

图 4.25　Pierre 例句的节点对应子树长度时序

除了时序图,动链等也可以用于研究语言的线性特征。关于动链的相关内容,我们已经在 3.3 节做过详细的介绍。因为长度为数值,这里的动链是相等或递增属性值的最长连续序列(Köhler 2006,2012,2015)。

如 Pierre 例句:

Pierre (1) Vinken (5) 61 (1) years (2) old (3) will (15) join (9) the (1) board (2) as (4) a (1) nonexecutive (1) director (3) Nov. (2) 29 (1)

对应的长度动链序列为:

1—5

1—2—3—15

9

1—2—4

1—1—3

2

1

第 1 个动链是 1—5,因为其后的长度为 1,小于 5。类似地,第 2 个动链是 1—2—3—15,因为之后的长度为 9,小于 15。

从该序列中我们可以看到这么一些特征:1)很多动链都是以长度 1 开始(例中合计 7 个动链,其中 5 个从长度 1 开始),即这个节点没有任何从属词。2)动链有长有短,动链的长度即该动链中有几个属性值。例中的动链有 3 个长度为 1(对应动链 9、2 和 1),1 个长度为 2(对应动链 1—5),2 个长度为 3 的(对应动链 1—2—4 和 1—1—3),也有 1 个长度为 4(对应动链 1—2—3—15)的,这个动链最长,包含了句子根节点。

上述动链和动链长度的特征似乎能预示一些树库的长度节奏特征。

在本节,我们提出以下研究问题:

问题 4.7.1：句长是特殊的长度，句长的分布是否具有和长度同样的规律性？

问题 4.7.2：长度和句长时序图分别能体现出怎样的节奏性？长度和句长是否具有同构性？

在 4.4 节我们研究了配价的动链，发现配价的动链符合齐阿分布和齐曼分布，配价长度符合齐阿分布模型；配价动链频次和动链长度之间的关系可以用超泊松模型建模，该模型是用来拟合动链长度与频次数据最常见的模型的(Köhler 2006)。我们在本部分研究句长的动链的时候，也需要查看这些模型是否适合句长动链的数据。因此我们提出以下研究问题。

问题 4.7.3：长度的动链分布是否符合齐阿分布和齐曼分布？如果是，其参数能否区分汉、英两种语言？

问题 4.7.4：长度的动链长度分布是否符合齐阿分布？如果是，其参数能否区分汉、英两种语言？

问题 4.7.5：长度的动链长度和频次之间的关系是否符合超泊松模型？如果是，其参数能否区分汉、英两种语言？

以上所有问题均将分析汉语和英语之间的异同。第一个问题为语言堆的研究方法，之后的几个问题都探求语言的线性特征，各个问题从不同的角度交叉验证、确定长度的语言学地位。

4.7.2 节将依次回答上述研究问题，4.7.3 节是本节的小结。

## 4.7.2 结果与讨论

在这个部分，我们会先用词袋的模式来检查长度的分布模型(4.7.2.1 节)。之后是本部分的重点，即长度/句长的线性语言行为。首先，我们先查看长度/句长的时序图，从中我们可以推测长度/句长的一些线性特征(4.7.2.2 节)；然后，我们将进一步研究长度的动链、动链的长度等，以期发现更多的长度节奏性特征(4.7.2.3 节)。

### 4.7.2.1 长度和句长分布模型

表 4.73 是长度的汇总数据。表中可见，中文的长度类型稍多一些，因而型例比偏高一些，但是二者没有显著差别。就熵的值和重复率的值（熵和重复率的相关说明详见 4.1.2 节）而言，两种语言有区别，独立样本 $t$ 检验表明，中文熵($M=2.940, SD=0.018$)显著小于英文熵($M=3.190, SD=0.017$)($t=-25.000, p<0.001, 95\%CI=-0.272--0.228$)；中文重复率($M=0.258, SD=0.004$)显著大于英文重复率($M=0.235, SD=0.005$)($t=8.367, p<0.001, 95\%CI=0.017-0.030$)。

表 4.73 长度的汇总数据

| 子库 | 例符 | 型符 | 型例比 | 熵 | 重复率 | 子库 | 例符 | 型符 | 型例比 | 熵 | 重复率 |
|---|---|---|---|---|---|---|---|---|---|---|---|
| C1 | 77 | 43259 | 0.0018 | 2.96 | 0.26 | E1 | 73 | 43264 | 0.0017 | 3.20 | 0.24 |
| C2 | 75 | 43288 | 0.0017 | 2.92 | 0.26 | E2 | 67 | 43276 | 0.0015 | 3.21 | 0.23 |
| C3 | 72 | 43244 | 0.0017 | 2.94 | 0.26 | E3 | 66 | 43264 | 0.0015 | 3.20 | 0.23 |
| C4 | 73 | 43277 | 0.0017 | 2.92 | 0.26 | E4 | 58 | 43253 | 0.0013 | 3.17 | 0.24 |
| C5 | 78 | 43261 | 0.0018 | 2.96 | 0.25 | E5 | 68 | 43257 | 0.0016 | 3.17 | 0.24 |
| C6 | 77 | 43249 | 0.0018 | 2.94 | 0.26 | E6 | 59 | 43260 | 0.0014 | 3.19 | 0.23 |

为了节约空间,我们只展示了前 20 个长度(表 4.74、表 4.75),中文中这前 20 个占比 96.8%—97.0%,英文中前 20 个占比 95.5%—95.9%。但是由两表可见,库间长度分布比较一致,同一频序对应的长度基本相同,即长度越小,出现频次越多。

表 4.74 中文长度、频序和频次(前 20,占比 96.8%—97.0%)

| 频序 | % | C1长度 | 频次 | C2长度 | 频次 | C3长度 | 频次 | C4长度 | 频次 | C5长度 | 频次 | C6长度 | 频次 |
|---|---|---|---|---|---|---|---|---|---|---|---|---|---|
| 1 | 46.1—46.5 | 1 | 20054 | 1 | 20030 | 1 | 19968 | 1 | 20116 | 1 | 19943 | 1 | 20090 |
| 2 | 16.0—17.0 | 2 | 6921 | 2 | 7346 | 2 | 7063 | 2 | 7132 | 2 | 6915 | 2 | 7020 |
| 3 | 8.5—9.0 | 3 | 3687 | 3 | 3810 | 3 | 3895 | 3 | 3891 | 3 | 3822 | 3 | 3793 |
| 4 | 5.9—6.1 | 4 | 2590 | 4 | 2561 | 4 | 2627 | 4 | 2537 | 4 | 2603 | 4 | 2573 |
| 5 | 4.2—4.4 | 5 | 1915 | 5 | 1812 | 5 | 1898 | 5 | 1808 | 5 | 1890 | 5 | 1822 |
| 6 | 3.0—3.3 | 6 | 1377 | 6 | 1307 | 6 | 1341 | 6 | 1342 | 6 | 1410 | 6 | 1308 |
| 7 | 2.3—2.4 | 7 | 1055 | 7 | 978 | 7 | 985 | 7 | 996 | 7 | 1049 | 7 | 1025 |
| 8 | 1.7—1.9 | 8 | 782 | 8 | 757 | 8 | 766 | 8 | 783 | 8 | 805 | 8 | 755 |
| 9 | 1.3—1.5 | 9 | 633 | 9 | 592 | 9 | 548 | 9 | 598 | 9 | 628 | 9 | 607 |
| 10 | 1.1—1.2 | 10 | 517 | 10 | 474 | 10 | 465 | 10 | 478 | 10 | 487 | 10 | 488 |
| 11 | 0.9—1.0 | 11 | 409 | 11 | 373 | 11 | 402 | 11 | 394 | 11 | 418 | 11 | 395 |
| 12 | 0.7—0.9 | 12 | 344 | 12 | 344 | 12 | 352 | 12 | 313 | 12 | 353 | 12 | 381 |
| 13 | 0.6—0.7 | 13 | 318 | 13 | 284 | 13 | 285 | 13 | 299 | 13 | 313 | 13 | 278 |
| 14 | 0.6—0.7 | 14 | 254 | 14 | 252 | 15 | 257 | 14 | 251 | 14 | 251 | 14 | 272 |
| 15 | 0.5—0.6 | 15 | 212 | 16 | 211 | 14 | 234 | 15 | 217 | 15 | 238 | 15 | 233 |
| 16 | 0.4—0.5 | 16 | 186 | 15 | 208 | 17 | 184 | 16 | 215 | 16 | 183 | 16 | 206 |
| 17 | 0.4—0.5 | 18 | 171 | 17 | 198 | 18 | 183 | 17 | 198 | 17 | 174 | 19 | 171 |
| 18 | 0.4—0.5 | 17 | 159 | 18 | 152 | 16 | 179 | 18 | 165 | 18 | 152 | 17 | 170 |
| 19 | 0.3—0.4 | 19 | 157 | 19 | 146 | 19 | 138 | 19 | 141 | 18 | 136 | 18 | 154 |
| 20 | 0.3—0.4 | 23 | 130 | 21 | 132 | 20 | 134 | 20 | 120 | 21 | 127 | 20 | 125 |

表 4.75　英文长度、频序和频次(前 20,占比 95.5%—95.9%)

| 频序 | % | E1 长度 | 频次 | E2 长度 | 频次 | E3 长度 | 频次 | E4 长度 | 频次 | E5 长度 | 频次 | E6 长度 | 频次 |
|---|---|---|---|---|---|---|---|---|---|---|---|---|---|
| 1 | 44.8—45.2 | 1 | 19571 | 1 | 19455 | 1 | 19473 | 1 | 19572 | 1 | 19433 | 1 | 19388 |
| 2 | 12.1—12.9 | 2 | 5356 | 2 | 5344 | 2 | 5214 | 2 | 5489 | 2 | 5594 | 2 | 5496 |
| 3 | 8.6—9.3 | 3 | 3719 | 3 | 3726 | 3 | 3726 | 3 | 3836 | 3 | 4008 | 3 | 3861 |
| 4 | 5.5—5.7 | 4 | 2379 | 4 | 2400 | 4 | 2446 | 4 | 2388 | 4 | 2458 | 4 | 2413 |
| 5 | 3.9—4.2 | 5 | 1714 | 5 | 1700 | 5 | 1822 | 5 | 1751 | 5 | 1674 | 5 | 1735 |
| 6 | 3.1—3.3 | 6 | 1394 | 6 | 1425 | 6 | 1400 | 6 | 1372 | 6 | 1398 | 6 | 1345 |
| 7 | 2.5—2.6 | 7 | 1144 | 7 | 1117 | 7 | 1125 | 7 | 1105 | 7 | 1080 | 7 | 1129 |
| 8 | 2.0—2.3 | 8 | 878 | 8 | 958 | 8 | 999 | 8 | 893 | 8 | 869 | 8 | 934 |
| 9 | 1.8—1.9 | 9 | 823 | 9 | 837 | 9 | 792 | 9 | 767 | 9 | 798 | 9 | 785 |
| 10 | 1.5—1.6 | 10 | 650 | 10 | 699 | 10 | 675 | 10 | 638 | 10 | 652 | 10 | 680 |
| 11 | 1.3—1.4 | 11 | 585 | 11 | 606 | 11 | 615 | 11 | 569 | 11 | 578 | 11 | 588 |
| 12 | 1.1—1.3 | 12 | 521 | 12 | 524 | 12 | 557 | 12 | 561 | 12 | 492 | 12 | 543 |
| 13 | 1.0—1.1 | 13 | 440 | 13 | 446 | 13 | 474 | 13 | 435 | 13 | 460 | 13 | 465 |
| 14 | 0.9—1.0 | 14 | 395 | 14 | 417 | 14 | 394 | 14 | 422 | 14 | 380 | 14 | 413 |
| 15 | 0.8—0.9 | 15 | 377 | 15 | 362 | 15 | 374 | 15 | 354 | 16 | 337 | 15 | 361 |
| 16 | 0.7—0.8 | 16 | 336 | 16 | 326 | 16 | 321 | 16 | 301 | 15 | 335 | 17 | 318 |
| 17 | 0.6—0.7 | 18 | 283 | 17 | 291 | 17 | 310 | 17 | 299 | 17 | 260 | 16 | 311 |
| 18 | 0.5—0.6 | 17 | 264 | 18 | 258 | 18 | 261 | 18 | 249 | 18 | 234 | 18 | 267 |
| 19 | 0.5—0.6 | 19 | 249 | 19 | 234 | 19 | 249 | 19 | 229 | 19 | 219 | 20 | 232 |
| 20 | 0.5 | 20 | 234 | 20 | 232 | 20 | 230 | 20 | 225 | 21 | 202 | 19 | 225 |

表 4.76 为长度为 1—50 时中文和英文的子库平均长度频次,从表中可见:

1)中文长度为 1 的频次(均 20033.5)稍微多于英文长度为 1 的频次(均 19482)。

2)中文长度为 2 的频次是英文对应频次的 1.3 倍。

3)长度为 3 的中英文频次几乎相同。

4)从长度为 6 到 40,对应的长度都是英文的频次更高。到长度为 40 时,两种语言再次相同。

5)长度为 40 以上,中文长度的频次高于对应英文的频次。

这样的差异主要源于两种语言词性的不同分布(参见 4.1 节)以及同一种词性的不同配价能力(参见 4.4.3.2 节)。

表 4.76　长度为 1—50 时,中文和英文对应的平均长度频次

| 长度 | 频次 | | 长度 | 频次 | | 长度 | 频次 | | 长度 | 频次 | | 长度 | 频次 | |
|---|---|---|---|---|---|---|---|---|---|---|---|---|---|---|
| | 中文 | 英文 | | 中文 | 英文 | | 中文 | 英文 | | 中文 | 英文 | | 中文 | 英文 |
| 1 | 20034 | 19482 | 11 | 399 | 590 | 21 | 120 | 197 | 31 | 55 | 74 | 41 | 16 | 16 |
| 2 | 7066 | 5416 | 12 | 348 | 533 | 22 | 106 | 184 | 32 | 45 | 61 | 42 | 17 | 15 |
| 3 | 3816 | 3813 | 13 | 296 | 453 | 23 | 94 | 171 | 33 | 40 | 52 | 43 | 15 | 11 |
| 4 | 2582 | 2414 | 14 | 252 | 404 | 24 | 96 | 144 | 34 | 36 | 43 | 44 | 14 | 10 |
| 5 | 1858 | 1733 | 15 | 228 | 361 | 25 | 82 | 132 | 35 | 33 | 36 | 45 | 10 | 10 |
| 6 | 1348 | 1389 | 16 | 197 | 322 | 26 | 76 | 123 | 36 | 31 | 34 | 46 | 15 | 6 |
| 7 | 1015 | 1117 | 17 | 181 | 290 | 27 | 73 | 107 | 37 | 29 | 35 | 47 | 10 | 6 |
| 8 | 775 | 922 | 18 | 160 | 259 | 28 | 64 | 98 | 38 | 25 | 27 | 48 | 10 | 6 |
| 9 | 601 | 800 | 19 | 151 | 234 | 29 | 60 | 92 | 39 | 25 | 23 | 49 | 10 | 4 |
| 10 | 485 | 666 | 20 | 124 | 224 | 30 | 52 | 75 | 40 | 19 | 20 | 50 | 9 | 3 |

在分析了所有长度以后,我们开始分析依存树顶点对应的长度的分布,即句长的分布。

表 4.77 是句长的汇总数据。与长度的汇总数据类似的是,中文中的型符更多,因而型例比更高,但是与长度相反的是,中文中的句长丰富性更高,因而熵更高,重复率更低。

表 4.77　句长的汇总数据

| 子库 | 例符 | 型符 | 型例比 | 熵 | 重复率 | 子库 | 例符 | 型符 | 型例比 | 熵 | 重复率 |
|---|---|---|---|---|---|---|---|---|---|---|---|
| C1 | 72 | 2173 | 0.033 | 5.46 | 0.026 | E1 | 66 | 2002 | 0.033 | 5.36 | 0.028 |
| C2 | 74 | 2155 | 0.034 | 5.46 | 0.027 | E2 | 64 | 1966 | 0.033 | 5.33 | 0.028 |
| C3 | 72 | 2153 | 0.033 | 5.47 | 0.026 | E3 | 60 | 2025 | 0.030 | 5.29 | 0.029 |
| C4 | 72 | 2164 | 0.033 | 5.45 | 0.027 | E4 | 57 | 2073 | 0.027 | 5.30 | 0.029 |
| C5 | 75 | 2139 | 0.035 | 5.48 | 0.027 | E5 | 63 | 2008 | 0.031 | 5.32 | 0.029 |
| C6 | 70 | 2106 | 0.033 | 5.48 | 0.026 | E6 | 58 | 2069 | 0.028 | 5.27 | 0.030 |

附表 3 是句长和频次的汇总数据,句长大于 60 的因为出现次数少,没有列入。图 4.26 是句长-频次关系图(完整数据),其中实线簇为英文曲线,虚线簇为中文曲线,从图中可见,中文中的句长分布与英文相比总体偏左。分析数据,我们发现,从句长为 2 到句长为 24,都是中文中的频次更高,句长为 24 时,两种语言相差不多,句长为 24 以上时,英文对应句长的频次更高。

接下来,我们用相关的一些模型拟合长度秩频数据。混合负二项分布(参数为 $k$、$p_1$、$p_2$、$\alpha$)以及波利亚分布(Polya,参数为 $s$、$p$、$n$)对于两种长度和句长的数据拟合结果均不错,混合负二项分布拟合句长数据,决定系数 $R^2$ 取值范围是 0.9257—0.9887,拟合长度时决定系数 $R^2$ 取值范围是 0.9955—0.9997。波利亚分布拟合效果更好。如表 4.78 所示,波利

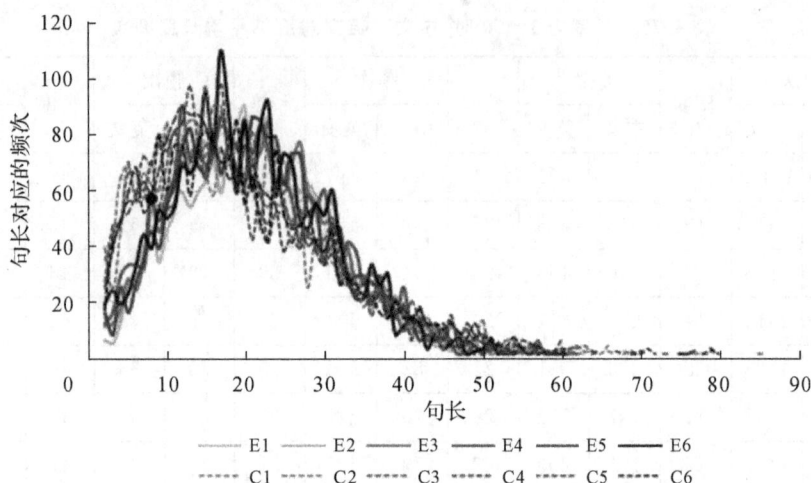

图 4.26　句长-频次关系（完整数据）

亚分布拟合句长数据时决定系数 $R^2$ 取值范围是 0.9631—0.9940。基于这样的结果，我们认为分布很好地拟合了相关的数据。且句长作为特殊的长度，也符合一般的长度的分布。

表 4.78　波利亚分布拟合长度和句长的秩频数据

| 数据 | DF | $R^2$ | s | p | n | N |
|---|---|---|---|---|---|---|
| 长度-C1 | 56 | 0.9907 | 0.15 | 0.04 | 82 | 43259 |
| 长度-C2 | 66 | 0.9805 | 0.00 | 0.00 | 3849 | 43288 |
| 长度-C3 | 57 | 0.9904 | 0.01 | 0.00 | 1511 | 43244 |
| 长度-C4 | 66 | 0.9815 | 0.00 | 0.00 | 2695 | 43277 |
| 长度-C5 | 68 | 0.9823 | 0.01 | 0.00 | 1355 | 43261 |
| 长度-C6 | 56 | 0.9890 | 0.15 | 0.04 | 82 | 43249 |
| 长度-E1 | 57 | 0.9989 | 0.19 | 0.05 | 74 | 43264 |
| 长度-E2 | 54 | 0.9992 | 0.19 | 0.06 | 69 | 43276 |
| 长度-E3 | 53 | 0.9991 | 0.20 | 0.06 | 67 | 43264 |
| 长度-E4 | 54 | 0.9992 | 0.12 | 0.04 | 104 | 43253 |
| 长度-E5 | 54 | 0.9973 | 0.19 | 0.05 | 70 | 43257 |
| 长度-E6 | 55 | 0.9991 | 0.14 | 0.04 | 87 | 43260 |
| 句长-C1 | 62 | 0.9884 | 0.22 | 0.23 | 73 | 2172 |
| 句长-C2 | 62 | 0.9885 | 0.20 | 0.22 | 76 | 2154 |
| 句长-C3 | 62 | 0.9826 | 0.23 | 0.24 | 72 | 2152 |
| 句长-C4 | 63 | 0.9887 | 0.20 | 0.21 | 78 | 2163 |
| 句长-C5 | 63 | 0.9933 | 0.21 | 0.22 | 76 | 2138 |

| 数据 | DF | $R^2$ | $s$ | $p$ | $n$ | $N$ |
|---|---|---|---|---|---|---|
| 句长-C6 | 62 | 0.9897 | 0.21 | 0.22 | 75 | 2105 |
| 句长-E1 | 56 | 0.9940 | 0.21 | 0.23 | 67 | 2001 |
| 句长-E2 | 56 | 0.9631 | 0.18 | 0.22 | 70 | 1965 |
| 句长-E3 | 51 | 0.9886 | 0.23 | 0.25 | 59 | 2024 |
| 句长-E4 | 50 | 0.9912 | 0.25 | 0.27 | 56 | 2072 |
| 句长-E5 | 53 | 0.9926 | 0.21 | 0.24 | 63 | 2007 |
| 句长-E6 | 51 | 0.9901 | 0.26 | 0.25 | 57 | 2068 |

上述拟合证明了长度（节点对应子树的大小）的分布具有同样的规律性。句长作为特殊的长度——即依存树顶点所对应的长度，也符合同样的分布模式。

以上都是用"词袋"/"语言堆"方式来研究长度的，即把所有的长度放在一起考虑，而忽略其线性顺序。接下来我们分析长度的线性表现。

#### 4.7.2.2　长度和句长时序图

我们用 E1 和 C1 的约前 200 个节点对应的长度时序图来直观地观察相关的趋势（图 4.27、图 4.28）。为了方便看清句内的结构模式，图中将各个句子分开了。

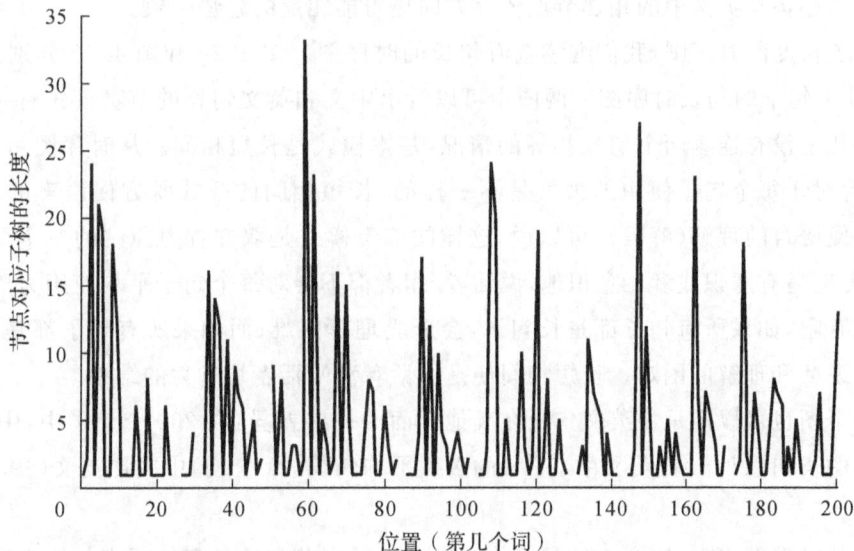

图 4.27　英文约前 200 个词对应的长度时序

图 4.27 和图 4.28 比较明显地体现了句长的节律，因为最高点就是句长。此外，也能看出，根节点在句中的位置在中文中是总体偏后的，而英文中是总体偏前的。

英文在最末尾的几个节点倾向于构式长度偏短，而中文中的最末尾似乎倾向于有个比较重要的节点。但是两种语言中的共同点是根节点以外次长的构式基本上出现在根节点

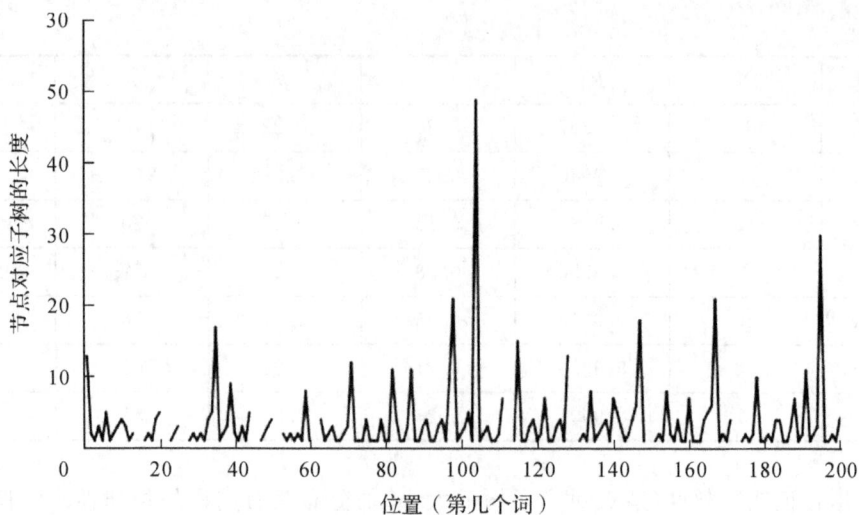

图 4.28　中文约前 200 个词对应的长度时序

之后。

英文中还有两个很有意思的节奏特征,在根节点以后(不包括根节点),节点对应的长度总体趋势是长度降低。这种降低有两种主要情况:第一种是单调一路降低,后一个节点的长度比前一个的小;另外一种是有一个比根节点长度稍低的节点 a,然后是一个长度为 1 的节点,再接下来是一个比 a 长度再低一些的节点,然后是一个长度为 1 的节点,这样一直到句末。该趋势与英文中的相邻节点依存方向更可能相反的趋势一致。

分析了长度的时序图,我们继续查看句长的时序图。图 4.29 和图 4.30 分别是 C1 和 E1 前 200 个句子的句长时序图。两图中可以看出中文和英文句长的节奏模式有一定的共性,比如,几乎没有连续两个句长相等的情况,基本模式是长短相间。从时序图可见,很明显,说话者对于每个句子使用的力气是不一样的,长短相间的模式既方便语言的组织(编码),也方便语言的理解(解码),可以说,这样的节奏模式是双方省力原则的一个平衡。如前所述,无论是有意识或者无意识地,说话者/作者都不会对每个句子平均使用力气。因为工作记忆有限,如果所有句子都是长句子,会造成理解困难;而如果所有句子都是短句子,也会带来说话和理解的困难。长短相间便是说话者和听话者均省力的结果。

这两个图也可以展示中英文句长在其他方面的一些差异:在 200 个句子中,中文中 40 个词以上的长句(17 个)比英文中(6 个)的多。平均句长(21 个词)中文比英文(19.8 个词)稍长一点。

至少从时序图来看,篇章中的句子的时序和句子内节点的长度的时序都体现了语言的节奏性。"节奏是人的生理、心理和自然界运动的普遍法则,语言自然也不出其外。一切可以在时间的序列里延伸的语篇,都存在周期性的节奏变化,只是因其单位的性质和组合规则的差异而存在着不同的表现形式而已。"(丁金国 2009:140-141)

这两种不同的长度都是几方面因素共同作用的结果,这些因素主要有语法、语义和语用方面的需要,以及工作记忆有限带来的依存距离最小化需求;另外两个相互对抗的语言

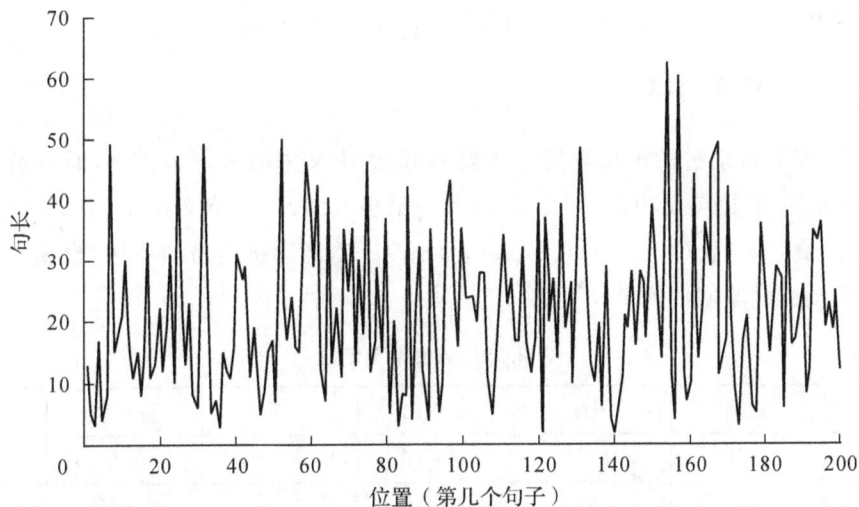

图 4.29 C1 前 200 个句子的句长时序

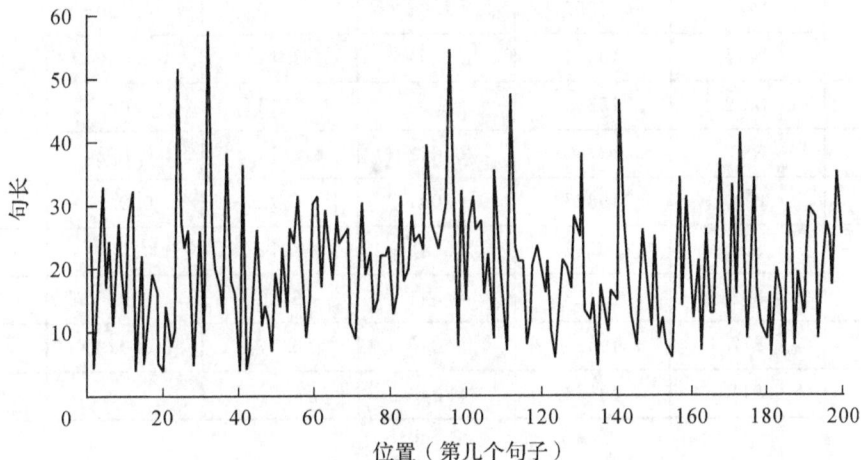

图 4.30 E1 前 200 个句子的句长时序

需求(简洁的需求和精细的需求)也会影响这两种节奏性。

但是这两种节奏性具有不同的表现形式,呈现出不同的特点,从这个方面来说,句子和篇章并不具有同构性。比如,各个句子的长度之间没有直接紧密的数字联系。但是句子中大的长度与小的长度存在数字上的关联——上层的节点长度是包含了下层的节点长度的,节点对应的子树长度不同主要受几个因素影响,比如:1)不同的词性具有不同的句法功能;2)不同的词性具有不同的配价;3)也与该语言中的语序是否灵活,形态是否有变化等紧密相关。

前 200 个词的时序图(图 4.27—4.30)等在一定程度上体现出长度的节奏性,如果要确认这种节奏性是否确实是语料的一个特征,且要确认两种语言在这种节奏性方面有什么异同,则需要检查所有的子库。

如果说时序图能体现出一定的节奏性,则动链可将这种节奏性量化。

所以,我们在接下来的部分继续探讨所有子库中长度的动链。

### 4.7.2.3 长度动链

表4.79是长度动链的汇总数据。从表中可见,中文中的型符多得多,而例符少,因而型例比(均0.0935)比英文中的(均0.042)大一倍多。因此,和英文相比,中文长度动链的熵高,重复率高,单现比(hapax percentage,只出现一次的动链所占的比例)也高,这体现了中文中长度动链的丰富度比英文更高。

表 4.79 长度动链汇总

| 子库 | 型符 | 例符 | 型例比 | 熵 | 重复率 | 单现比 |
|------|------|------|--------|------|--------|--------|
| C1 | 1459 | 15271 | 0.096 | 7.22 | 0.029 | 0.056 |
| C2 | 1415 | 15388 | 0.092 | 7.08 | 0.033 | 0.053 |
| C3 | 1441 | 15297 | 0.094 | 7.15 | 0.031 | 0.056 |
| C4 | 1426 | 15257 | 0.093 | 7.13 | 0.030 | 0.055 |
| C5 | 1444 | 15374 | 0.094 | 7.17 | 0.030 | 0.055 |
| C6 | 1422 | 15389 | 0.092 | 7.14 | 0.031 | 0.054 |
| E1 | 830 | 19733 | 0.042 | 6.79 | 0.022 | 0.019 |
| E2 | 821 | 19827 | 0.041 | 6.78 | 0.022 | 0.017 |
| E3 | 825 | 19788 | 0.042 | 6.77 | 0.022 | 0.018 |
| E4 | 803 | 19433 | 0.041 | 6.80 | 0.022 | 0.016 |
| E5 | 877 | 19536 | 0.045 | 6.76 | 0.023 | 0.020 |
| E6 | 841 | 19666 | 0.043 | 6.77 | 0.022 | 0.019 |

将齐阿分布与长度的动链数据进行拟合,决定系数 $R^2$ 均超过 0.9900(表 4.80),结果优异,独立样本 $t$ 检验表明,中文 $b$ 参数($M=0.092, SD=0.012$)显著小于英文 $b$ 参数($M=0.140, SD=0$)($t=-10.127, p<0.001, 95\%CI=-0.061--0.036$);中文 $\alpha$ 参数($M=0.140, SD=0.006$)显著大于英文 $\alpha$ 参数($M=0.072, SD=0.004$)($t=22.235, p<0.001, 95\%CI=0.061-0.075$)。这表明,参数 $b$ 和 $\alpha$ 均呈现出同一种语言各个子库之间的同质性,以及语言间的差异。数据也符合齐曼分布,但是结果没有前述拟合好,其决定系数 $R^2$ 取值范围是:0.9034—0.9912。上述研究从另外一个角度证明了长度的语言学地位,即长度的动链分布具有规律性,也是正常的语言单位。

表 4.80 齐阿分布拟合长度的动链秩频数据

| 子库 | $C$ | DF | $R^2$ | $a$ | $b$ | $n$ | $\alpha$ | $N$ | $x\text{-max}$ |
|------|------|------|-------|------|------|------|----------|------|-------|
| C1 | 0.0291 | 1099 | 0.9958 | 0.33 | 0.10 | 1459 | 0.13 | 15271 | 1459 |
| C2 | 0.0306 | 1059 | 0.9958 | 0.34 | 0.10 | 1415 | 0.15 | 15388 | 1415 |

| 子库 | $C$ | DF | $R^2$ | $a$ | $b$ | $n$ | $\alpha$ | $N$ | $x$-max |
|---|---|---|---|---|---|---|---|---|---|
| C3 | 0.0248 | 1108 | 0.9964 | 0.45 | 0.09 | 1441 | 0.14 | 15297 | 1441 |
| C4 | 0.026 | 1092 | 0.9956 | 0.45 | 0.09 | 1426 | 0.14 | 15257 | 1426 |
| C5 | 0.0243 | 1146 | 0.9925 | 0.56 | 0.07 | 1444 | 0.14 | 15374 | 1444 |
| C6 | 0.0275 | 1075 | 0.9965 | 0.35 | 0.10 | 1422 | 0.14 | 15389 | 1422 |
| E1 | 0.0100 | 728 | 0.9953 | 0.19 | 0.14 | 830 | 0.07 | 19733 | 830 |
| E2 | 0.0094 | 724 | 0.9953 | 0.21 | 0.14 | 821 | 0.07 | 19827 | 821 |
| E3 | 0.0087 | 722 | 0.9952 | 0.21 | 0.14 | 825 | 0.07 | 19788 | 825 |
| E4 | 0.0077 | 714 | 0.9951 | 0.19 | 0.14 | 803 | 0.07 | 19433 | 803 |
| E5 | 0.0074 | 744 | 0.9969 | 0.20 | 0.14 | 877 | 0.08 | 19536 | 877 |
| E6 | 0.0100 | 731 | 0.9941 | 0.21 | 0.14 | 841 | 0.07 | 19666 | 841 |

　　表 4.81 和表 4.82 分别是中文和英文前 20 个长度动链,前者占比 51.1%—53.2%,后者占比 53.8%—54.9%。中文前 3 位排序全部一致,都是 1+2(占比 13.4%—14.5%)、1+2+3(占比 4.5%—5.0%)、1+4(占比 3.4%—3.7%)。其后,频序 4 或 5 为 1+1+2 或 2,第 6 个又都是 1+3。英文中前 4 位排序几乎完全一致,基本是 1+2(占比 6.8%—7.7%)、3(占比 5.6%—5.9%)、2(5.6%—5.9%)、4(3.9%—4.6%),第 5 个基本上是 1+1+3(占比 3.1%—3.5%)。

表 4.81　中文前 20 个长度动链,占比 51.2%—52.5%

| 频序 | C1 动链 | 频次 | % | C2 动链 | 频次 | % | C3 动链 | 频次 | % |
|---|---|---|---|---|---|---|---|---|---|
| 1 | 1+2 | 2049 | 13.4 | 1+2 | 2236 | 14.5 | 1+2 | 2142 | 14.0 |
| 2 | 1+2+3 | 691 | 4.5 | 1+2+3 | 740 | 4.8 | 1+2+3 | 769 | 5.0 |
| 3 | 1+4 | 542 | 3.5 | 1+4 | 575 | 3.7 | 1+4 | 550 | 3.6 |
| 4 | 1+1+2 | 540 | 3.5 | 1+1+2 | 547 | 3.6 | 2 | 494 | 3.2 |
| 5 | 2 | 535 | 3.5 | 2 | 534 | 3.5 | 1+1+2 | 470 | 3.1 |
| 6 | 1+3 | 387 | 2.5 | 1+3 | 402 | 2.6 | 1+3 | 410 | 2.7 |
| 7 | 1+5 | 350 | 2.3 | 1+1+3 | 394 | 2.6 | 1+5 | 399 | 2.6 |
| 8 | 1+1+3 | 342 | 2.2 | 1+5 | 389 | 2.5 | 1+1+3 | 359 | 2.3 |
| 9 | 1+6 | 294 | 1.9 | 3 | 295 | 1.9 | 3 | 334 | 2.2 |
| 10 | 3 | 289 | 1.9 | 1+6 | 283 | 1.8 | 1+6 | 311 | 2.0 |
| 11 | 1+7 | 242 | 1.6 | 1+7 | 267 | 1.7 | 1+7 | 230 | 1.5 |
| 12 | 1+2+3+4 | 212 | 1.4 | 1+2+3+4 | 212 | 1.4 | 1+2+3+4 | 227 | 1.5 |
| 13 | 1+8 | 210 | 1.4 | 1+8 | 207 | 1.3 | 1+1+2+3 | 216 | 1.4 |

续表

| 频序 | C1 动链 | 频次 | % | C2 动链 | 频次 | % | C3 动链 | 频次 | % |
|---|---|---|---|---|---|---|---|---|---|
| 14 | 4 | 183 | 1.2 | 1+1+2+3 | 204 | 1.3 | 1+8 | 199 | 1.3 |
| 15 | 1+9 | 175 | 1.1 | 4 | 188 | 1.2 | 4 | 184 | 1.2 |
| 16 | 1+1+2+3 | 174 | 1.1 | 1+9 | 174 | 1.1 | 1+1+5 | 149 | 1.0 |
| 17 | 1+10 | 168 | 1.1 | 1+2+5 | 157 | 1.0 | 1+2+5 | 142 | 0.9 |
| 18 | 1+2+5 | 162 | 1.1 | 1+10 | 145 | 0.9 | 1+9 | 141 | 0.9 |
| 19 | 1+1+5 | 145 | 1.0 | 1+2+4 | 143 | 0.9 | 5 | 129 | 0.8 |
| 20 | 1+11 | 133 | 0.9 | 1+1+5 | 136 | 0.9 | 1+10 | 125 | 0.8 |
| 频序 | C4 动链 | 频次 | % | C5 动链 | 频次 | % | C6 动链 | 频次 | % |
| 1 | 1+2 | 2089 | 13.7 | 1+2 | 2107 | 13.7 | 1+2 | 2152 | 14.0 |
| 2 | 1+2+3 | 762 | 5.0 | 1+2+3 | 772 | 5.0 | 1+2+3 | 706 | 4.6 |
| 3 | 1+4 | 548 | 3.6 | 1+4 | 526 | 3.4 | 1+4 | 574 | 3.7 |
| 4 | 1+1+2 | 532 | 3.5 | 2 | 496 | 3.2 | 2 | 531 | 3.5 |
| 5 | 2 | 524 | 3.4 | 1+1+2 | 495 | 3.2 | 1+1+2 | 512 | 3.3 |
| 6 | 1+3 | 408 | 2.7 | 1+3 | 388 | 2.5 | 1+3 | 418 | 2.7 |
| 7 | 1+1+3 | 382 | 2.5 | 1+5 | 383 | 2.5 | 1+1+3 | 380 | 2.5 |
| 8 | 1+5 | 362 | 2.4 | 3 | 362 | 2.4 | 1+5 | 364 | 2.4 |
| 9 | 3 | 322 | 2.1 | 1+1+3 | 356 | 2.3 | 3 | 323 | 2.1 |
| 10 | 1+6 | 315 | 2.1 | 1+6 | 286 | 1.9 | 1+6 | 302 | 2.0 |
| 11 | 1+2+3+4 | 250 | 1.6 | 1+2+3+4 | 247 | 1.6 | 1+7 | 224 | 1.5 |
| 12 | 1+7 | 241 | 1.6 | 1+7 | 245 | 1.6 | 1+2+3+4 | 219 | 1.4 |
| 13 | 1+8 | 205 | 1.3 | 1+8 | 224 | 1.5 | 1+8 | 205 | 1.3 |
| 14 | 1+1+2+3 | 194 | 1.3 | 4 | 176 | 1.1 | 1+9 | 190 | 1.2 |
| 15 | 1+10 | 165 | 1.1 | 1+9 | 174 | 1.1 | 1+1+2+3 | 186 | 1.2 |
| 16 | 1+9 | 164 | 1.1 | 1+1+2+3 | 164 | 1.1 | 4 | 183 | 1.2 |
| 17 | 1+2+5 | 157 | 1.0 | 1+1+5 | 148 | 1.0 | 1+2+5 | 152 | 1.0 |
| 18 | 4 | 137 | 0.9 | 1+2+5 | 142 | 0.9 | 1+1+5 | 148 | 1.0 |
| 19 | 1+1+5 | 137 | 0.9 | 5 | 142 | 0.9 | 1+10 | 133 | 0.9 |
| 20 | 1+1+4 | 120 | 0.8 | 1+1+6 | 142 | 0.9 | 1+2+4 | 131 | 0.9 |

表 4.82　英文前 20 个长度动链,占比 53.7%—56.0%

| 频序 | E1 动链 | 频次 | % | E2 动链 | 频次 | % | E3 动链 | 频次 | % |
|---|---|---|---|---|---|---|---|---|---|
| 1 | 1+2 | 1450 | 7.3 | 1+2 | 1359 | 6.9 | 1+2 | 1337 | 6.8 |
| 2 | 3 | 1143 | 5.8 | 3 | 1136 | 5.7 | 3 | 1160 | 5.9 |
| 3 | 2 | 1099 | 5.6 | 2 | 1124 | 5.7 | 2 | 1099 | 5.6 |
| 4 | 4 | 844 | 4.3 | 4 | 873 | 4.4 | 4 | 902 | 4.6 |
| 5 | 1+1+3 | 618 | 3.1 | 1+1+3 | 674 | 3.4 | 5 | 628 | 3.2 |
| 6 | 1+3 | 601 | 3.0 | 1+3 | 621 | 3.1 | 1+1+3 | 623 | 3.1 |
| 7 | 5 | 591 | 3.0 | 5 | 568 | 2.9 | 1+3 | 591 | 3.0 |
| 8 | 1+4 | 548 | 2.8 | 1+4 | 508 | 2.6 | 1+5 | 534 | 2.7 |
| 9 | 6 | 468 | 2.4 | 6 | 487 | 2.5 | 1+4 | 505 | 2.6 |
| 10 | 1+5 | 453 | 2.3 | 1+5 | 441 | 2.2 | 6 | 474 | 2.4 |
| 11 | 7 | 390 | 2.0 | 7 | 417 | 2.1 | 7 | 403 | 2.0 |
| 12 | 1+6 | 383 | 1.9 | 1+6 | 408 | 2.1 | 1+6 | 384 | 1.9 |
| 13 | 1+7 | 313 | 1.6 | 8 | 333 | 1.7 | 1+7 | 303 | 1.5 |
| 14 | 8 | 292 | 1.5 | 1+7 | 283 | 1.4 | 8 | 300 | 1.5 |
| 15 | 1+9 | 256 | 1.3 | 1+8 | 278 | 1.4 | 1+8 | 285 | 1.4 |
| 16 | 9 | 254 | 1.3 | 9 | 268 | 1.4 | 9 | 262 | 1.3 |
| 17 | 1+8 | 248 | 1.3 | 1+9 | 230 | 1.2 | 1+9 | 231 | 1.2 |
| 18 | 1+2+3 | 246 | 1.2 | 1+2+3 | 214 | 1.1 | 1+2+3 | 222 | 1.1 |
| 19 | 10 | 208 | 1.1 | 10 | 214 | 1.1 | 1+1+2 | 215 | 1.1 |
| 20 | 1+1+5 | 202 | 1.0 | 1+1+2 | 206 | 1.0 | 1+1+5 | 204 | 1.0 |

| 频序 | E4 动链 | 频次 | % | E5 动链 | 频次 | % | E6 动链 | 频次 | % |
|---|---|---|---|---|---|---|---|---|---|
| 1 | 1+2 | 1417 | 7.3 | 1+2 | 1508 | 7.7 | 1+2 | 1365 | 6.9 |
| 2 | 2 | 1121 | 5.8 | 3 | 1160 | 5.9 | 3 | 1177 | 6.0 |
| 3 | 3 | 1081 | 5.6 | 2 | 1095 | 5.6 | 2 | 1165 | 5.9 |
| 4 | 4 | 765 | 3.9 | 4 | 866 | 4.4 | 4 | 873 | 4.4 |
| 5 | 1+1+3 | 686 | 3.5 | 1+1+3 | 644 | 3.3 | 1+1+3 | 662 | 3.4 |
| 6 | 1+3 | 615 | 3.2 | 1+3 | 643 | 3.3 | 5 | 612 | 3.1 |
| 7 | 5 | 565 | 2.9 | 5 | 551 | 2.8 | 1+3 | 607 | 3.1 |
| 8 | 1+5 | 535 | 2.8 | 1+4 | 524 | 2.7 | 1+4 | 493 | 2.5 |
| 9 | 1+4 | 533 | 2.7 | 1+5 | 486 | 2.5 | 6 | 467 | 2.4 |
| 10 | 6 | 475 | 2.4 | 1+6 | 440 | 2.3 | 1+5 | 466 | 2.4 |
| 11 | 1+6 | 366 | 1.9 | 6 | 419 | 2.1 | 7 | 359 | 1.8 |

续表

| 频序 | E4 动链 | 频次 | % | E5 动链 | 频次 | % | E6 动链 | 频次 | % |
|---|---|---|---|---|---|---|---|---|---|
| 12 | 7 | 343 | 1.8 | 7 | 352 | 1.8 | 1+6 | 341 | 1.7 |
| 13 | 1+7 | 324 | 1.7 | 1+2+3 | 314 | 1.6 | 1+7 | 330 | 1.7 |
| 14 | 1+8 | 275 | 1.4 | 1+7 | 293 | 1.5 | 8 | 318 | 1.6 |
| 15 | 1+2+3 | 266 | 1.4 | 8 | 271 | 1.4 | 9 | 248 | 1.3 |
| 16 | 8 | 249 | 1.3 | 9 | 261 | 1.3 | 1+2+3 | 247 | 1.3 |
| 17 | 9 | 229 | 1.2 | 1+1+2 | 248 | 1.3 | 1+8 | 239 | 1.2 |
| 18 | 1+9 | 206 | 1.1 | 1+9 | 241 | 1.2 | 1+9 | 219 | 1.1 |
| 19 | 10 | 195 | 1.0 | 1+8 | 236 | 1.2 | 1+1+2 | 209 | 1.1 |
| 20 | 1+1+2 | 192 | 1.0 | 10 | 196 | 1.0 | 10 | 208 | 1.1 |

我们先分析中文中最常见的 3 种结构。

中文和英文中出现频次最高的均为 1+2 的长度动链,在中文中占比为在英文中的两倍。该结构在中文中主要出现在以下名词结构中。

1)名词修饰名词的结构,如

例 1:"中共中央(1)总书记(2)"

例 2:"中国(1)政府(2)"

2)有很多"的"字结构,如果在它们修饰的名词前面还有另外一个修饰语,也会出现这样的动链,比如

例 3:"香港(1)的(2)繁荣(1)稳定(4)"

在例 3 中,"香港的"和"繁荣"都是修饰"稳定"的,因此,这里的 2 个动链就是 1—2,1—4。其实,这里"繁荣"和"稳定"为并列结构,中文库中统一将并列结构的后面一个标注为前一个的支配词。

3)其他情况下的很多名词结构也可能出现 1—2 的长度动链,如

例 4:不少(1)困难(2)

例 5:看护(1)维修费(2)

4)并列结构的前面一部分结构,如

例 6:高(1)增长(2)低(1)通胀(4)

如前所述,按照中文库的标注法,例 4 中"增长"和"通胀"这样的并列结构均将后者标记为支配词。

中文中排序第 2 的是 1—2—3 的长度动链,主要对应以下结构。

1)3 个名词中,前面 2 个修饰的名词是并列结构,该结构再一起修饰第 3 个名词。如

例 7：民主(1)法制(2)建设(3)

例 8：经济(1)文化(2)交流(3)

2)"的"字结构修饰名词,如

例 9：新(1)的(2)进展(3)

3)和前面类似,"的"字结构后面还有别的词修饰名词,如

例 10：日益(1)密切(2)的(3)世界(1)经济(2)联系(6)

4)定语—主语—谓语结构

例 11：局部(1)冲突(2)时有发生(3)

排序第 3 的是 1—4 的长度动链结构,主要有：
1)"的"字结构后的并列结构,如之前的例 3："香港(1)的(2)繁荣(1)稳定(4)"。
2)"的"字结构后还有其他非并列的修饰语

例 12：新(1)的(2)一(1)年(4)

3)两个并列的动宾结构,如

例 13：充满(2)生机(1)充满(4)希望(1)

由以上的分析,我们提出,中文长度动链节奏模式产生的一些重要的原因是：1)名词在中文中具有特别的重要性;2)"的"字结构在中文中频序比较高;3)中文中存在大量的并列结构,而并列结构的标注方式为以将其中的后者标记为支配词为主。

在英文中最常见的结构也是 1—2 的动链,但是比例仅仅为中文中的一半。主要出现在支配词在后的以下类型的结构中：
1)基本上为名词结构,如冠词/名词/形容词＋名词,如

例 14：the (1) franchise (2)

例 15：gasturbine (1) generators (2)

例 16：Paragould (1) Ark (2)

例 17：50 (1) percent (2)

名词比例高是自然语言的一个普遍特征。英文长度动链为 1—2 的结构中,相当一部分结构是专有名词/数词名词,这可能与新闻体裁的特征相关。

2) 其他结构如副词形容词/分词等,如

例 18：financially (1) troubled (2)

与中文不同的是,在英文中,接下来的 3 个常见的动链结构都是长度为 1 的。它们分别是 3、2、4。我们先分析动链结构为 3 的情况。这种情况多为支配词在前的情况,如：
1)因为介词为支配词,介词后接包含两个词的名词结构(如例 19 中的"first refusal"),

因此介词单独对应一个动链：

例 19：of（3）first（1）refusal（2）

例 20：to（3）general（1）levels（2）

2）动词＋两个词的名词结构：

例 21：build（3）gasturbine（1）generators（2）

3）不定式结构：

例 22：to（3）build（2）bridges（1）

4）其他支配词在前的情况，如：

例 23：effective（3）Nov（2）20（1）

动链为 2 的在英文中基本居于第 3 位，主要对应的结构主要有：
介词＋1 个词的宾语，如

例 24：in（2）Nov.（1）

新闻英文中时间词比较常见，月份＋日期结构中，月份标记为支配词，如

例 25：Nov.（2）23（1）

居于英文第 4 位的是动链 4。其对应的主要结构是：
动词＋3 个词组成的名词宾语
不定式符号＋动词＋2 个词的名词结构

例 26：to（4）build（3）gasturbine（1）generators（2）

总体而言，英文中常见的动链结构出现的主要原因是：1）和中文中一样，名词占很大比重；2）与中文不同的是，英文中介词结构出现更频繁；3）英文中的不定式结构出现频次也比较高。

两种语言的数据表明了长度在文中的确具有清晰的节奏结构，而中文和英文的长度节奏又稍有不同。

在分析了长度动链本身以后，我们继续查看长度动链的长度，这有助于进一步了解长度的节奏性模式。表 4.83 是长度动链长度的汇总数据。与表 4.79（长度动链汇总）类似的是，中文中的长度动链的长度型符多得多，而例符少，因而型例比比英文中的大。和英文相比，中文长度动链长度的熵高，这体现了中文中长度动链长度的丰富度比英文更高。

表 4.83　长度动链的长度汇总

| 子库 | 型符 | 例符 | 型例比 | 熵 | 子库 | 型符 | 例符 | 型例比 | 熵 |
|---|---|---|---|---|---|---|---|---|---|
| C1 | 12 | 15271 | 0.000786 | 2.23 | E1 | 8 | 19733 | 0.000405 | 2.05 |
| C2 | 11 | 15388 | 0.000715 | 2.19 | E2 | 8 | 19827 | 0.000403 | 2.04 |
| C3 | 10 | 15297 | 0.000654 | 2.21 | E3 | 9 | 19788 | 0.000455 | 2.05 |
| C4 | 12 | 15257 | 0.000787 | 2.21 | E4 | 8 | 19433 | 0.000412 | 2.07 |
| C5 | 12 | 15374 | 0.000781 | 2.22 | E5 | 9 | 19536 | 0.000461 | 2.06 |
| C6 | 13 | 15389 | 0.000845 | 2.20 | E6 | 8 | 19666 | 0.000407 | 2.06 |

　　表 4.84 是中文长度动链的长度秩频数据。表中可见,动链长度为 1 的并没有排在第 1,而只是排第 4,占比仅为 8.6%—9.3%。动链长度为 1,表示至少 3 个长度下降的节点相邻,如长度分别为 9、7、5 的 3 个节点相邻;长度为 7 的子树对应的动链长度一定为 1;另外 2 个则不确定。在中文中这种节奏模式并不多见。除了长度为 1 的动链,其余的长度均展示出同样的趋势:长度越长,频次越少。也就是说,连续的节点长度增加越来越难。

表 4.84　中文长度动链长度的秩频数据

| 频序 | % | C1 | | C2 | | C3 | | C4 | | C5 | | C6 | |
|---|---|---|---|---|---|---|---|---|---|---|---|---|---|
| | | 长度 | 频次 | 长度 | 频次 | 长度 | 频次 | 长度 | 频次 | 长度 | 频次 | 长度 | 频次 |
| 1 | 37.1—38.2 | 2 | 5706 | 2 | 5884 | 2 | 5686 | 2 | 5713 | 2 | 5703 | 2 | 5848 |
| 2 | 28.6—29.8 | 3 | 4363 | 3 | 4468 | 3 | 4484 | 3 | 4539 | 3 | 4531 | 3 | 4520 |
| 3 | 14.3—15.2 | 4 | 2333 | 4 | 2289 | 4 | 2328 | 4 | 2247 | 4 | 2254 | 4 | 2202 |
| 4 | 8.6—9.3 | 1 | 1422 | 1 | 1343 | 1 | 1368 | 1 | 1315 | 1 | 1458 | 1 | 1389 |
| 5 | 6.1—6.5 | 5 | 929 | 5 | 965 | 5 | 996 | 5 | 1010 | 5 | 959 | 5 | 985 |
| 6 | 1.9—2.4 | 6 | 373 | 6 | 318 | 6 | 318 | 6 | 296 | 6 | 342 | 6 | 312 |
| 7 | 0.6—0.7 | 7 | 105 | 7 | 92 | 7 | 92 | 7 | 90 | 7 | 95 | 7 | 103 |
| 8 | 0.1—0.2 | 8 | 28 | 8 | 24 | 8 | 19 | 8 | 29 | 8 | 22 | 8 | 14 |
| 9 | 0.0—0.1 | 9 | 8 | 9 | 3 | 9 | 5 | 9 | 11 | 9 | 7 | 9 | 9 |
| 10 | 0.0 | 10 | 2 | 10 | 1 | 11 | 1 | 10 | 4 | 10 | 1 | 11 | 4 |
| 11 | 0.0 | 30 | 1 | 11 | 1 | | | 11 | 2 | 13 | 1 | 12 | 1 |
| 12 | 0.0 | 40 | 1 | | | | | 82 | 1 | 14 | 1 | 14 | 1 |
| 13 | 0.0 | | | | | | | | | | | 15 | 1 |

　　英文动链长度的趋势在各库间非常一致(见表 4.85):长度与频序完全相同。最频繁的长度是 1(占比 31.9%—33.8%),也就是说,在英文中有约 1/3 的节奏模式是连续 3 个节点在一起,其长度呈下降趋势。从前面的英文时序图(图 4.27)中可以看到,很多的句子最末尾的部分,连续几个长度下降,这样就产生了很多长度为 1 的长度动链了。这与英文

中很多支配词居前是紧密相关的,我们在之前就此进行过详细的探讨。

**表 4.85　英文长度动链长度的秩频数据**

| 频序 | % | 动链长度 | E1频次 | E2频次 | E3频次 | E4频次 | E5频次 | E6频次 |
|---|---|---|---|---|---|---|---|---|
| 1 | 31.9—33.8 | 1 | 6591 | 6729 | 6695 | 6197 | 6272 | 6646 |
| 2 | 29.8—31.4 | 2 | 6100 | 6028 | 6023 | 6094 | 6113 | 5856 |
| 3 | 22.8—23.6 | 3 | 4491 | 4546 | 4499 | 4511 | 4616 | 4580 |
| 4 | 9.5—10.1 | 4 | 1910 | 1892 | 1963 | 1961 | 1906 | 1916 |
| 5 | 2.5—2.7 | 5 | 508 | 520 | 495 | 547 | 511 | 532 |
| 6 | 0.5—0.6 | 6 | 113 | 100 | 96 | 107 | 99 | 116 |
| 7 | 0.1 | 7 | 18 | 11 | 14 | 14 | 15 | 18 |
| 8 | 0.0 | 8 | 2 | 1 | 2 | 2 | 3 | 2 |
| 9 | 0.0 | 9 | | | 1 | | 1 | |

图 4.31 汇总了两种语言完整的长度动链的长度秩频数据。

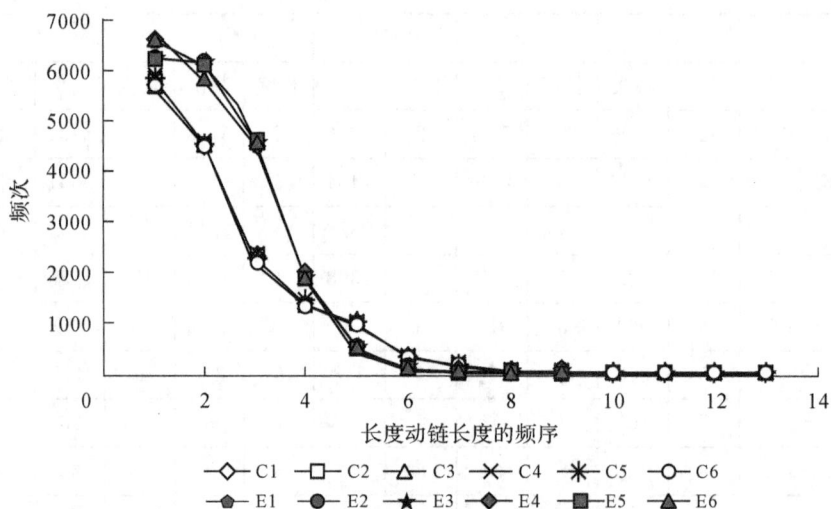

图 4.31　长度动链长度的秩频

　　将齐阿分布与长度动链长度的秩频进行拟合,结果如表 4.86 所示,决定系数 $R^2$ 的范围是 0.9400—0.9953;参数 $\alpha$ 在同一种语言中具有同质性,与另外一种语言稍有差别;独立样本 $t$ 检验表明,中文 $\alpha$ 参数($M=0.373, SD=0.005$)显著大于英文 $\alpha$ 参数($M=0.332, SD=0.01$)($t=9.190, p<0.001, 95\%CI=0.031—0.052$)。

表 4.86　齐阿分布拟合长度动链长度的秩频数据

| 子库 | $X^2$ | $C$ | DF | $R^2$ | $a$ | $b$ | $n$ | $\alpha$ | $N$ | $x$-max |
|---|---|---|---|---|---|---|---|---|---|---|
| C1 | 494.82 | 0.032 | 7 | 0.9950 | 0.08 | 0.89 | 12 | 0.37 | 15271 | 12 |
| C2 | 524.82 | 0.034 | 6 | 0.9953 | 0.16 | 0.87 | 11 | 0.38 | 15388 | 11 |
| C3 | 519.83 | 0.034 | 5 | 0.9947 | 0.11 | 0.88 | 10 | 0.37 | 15297 | 10 |
| C4 | 573.42 | 0.038 | 7 | 0.9948 | 0.21 | 0.86 | 12 | 0.37 | 15257 | 12 |
| C5 | 572.57 | 0.037 | 7 | 0.9944 | 0.21 | 0.85 | 12 | 0.37 | 15374 | 12 |
| C6 | 595.23 | 0.039 | 8 | 0.9947 | 0.19 | 0.87 | 13 | 0.38 | 15389 | 13 |
| E1 | 1385.62 | 0.07 | 3 | 0.9472 | 0.28 | 0.95 | 8 | 0.33 | 19733 | 8 |
| E2 | 1435.59 | 0.072 | 3 | 0.9453 | 0.19 | 0.98 | 8 | 0.34 | 19827 | 8 |
| E3 | 1540.27 | 0.078 | 4 | 0.9483 | 0.21 | 0.98 | 9 | 0.34 | 19788 | 9 |
| E4 | 1467.09 | 0.076 | 3 | 0.9422 | 0.39 | 0.88 | 8 | 0.32 | 19433 | 8 |
| E5 | 1625.25 | 0.083 | 4 | 0.9400 | 0.38 | 0.92 | 9 | 0.32 | 19536 | 9 |
| E6 | 1453.15 | 0.074 | 3 | 0.9404 | 0.11 | 1.00 | 8 | 0.34 | 19666 | 8 |

最后,我们用超泊松模型拟合长度动链长度与频次数据,决定系数 $R^2$ 均在 0.9700 以上(表 4.87),拟合结果优异。该模型是用来拟合动链长度与频次数据最常见的模型(Köhler 2006)。这说明,长度动链长度也是语言多样化进程的结果。

表 4.87　超泊松模型拟合长度动链长度与频次数据

| 子库 | $X^2$ | $C$ | DF | $R^2$ | $a$ | $b$ | $N$ | $x$-max |
|---|---|---|---|---|---|---|---|---|
| C1 | 266.05 | 0.0174 | 6 | 0.9884 | 1.23 | 0.31 | 15271 | 40 |
| C2 | 201.80 | 0.0131 | 6 | 0.9867 | 1.16 | 0.26 | 15388 | 11 |
| C3 | 144.18 | 0.0094 | 6 | 0.9900 | 1.19 | 0.29 | 15297 | 11 |
| C4 | 287.97 | 0.0189 | 6 | 0.9905 | 1.21 | 0.28 | 15257 | 82 |
| C5 | 185.10 | 0.0120 | 6 | 0.9909 | 1.21 | 0.31 | 15374 | 14 |
| C6 | 293.01 | 0.0190 | 6 | 0.9869 | 1.19 | 0.28 | 15389 | 15 |
| E1 | 150.03 | 0.0076 | 5 | 0.9908 | 1.51 | 1.47 | 19733 | 8 |
| E2 | 197.13 | 0.0099 | 6 | 0.9884 | 1.54 | 1.53 | 19827 | 8 |
| E3 | 202.21 | 0.0102 | 6 | 0.9898 | 1.55 | 1.53 | 19788 | 9 |
| E4 | 140.22 | 0.0072 | 5 | 0.9914 | 1.46 | 1.33 | 19433 | 8 |
| E5 | 164.85 | 0.0084 | 6 | 0.9900 | 1.43 | 1.31 | 19536 | 9 |
| E6 | 216.45 | 0.0110 | 5 | 0.9859 | 1.61 | 1.62 | 19666 | 8 |

### 4.7.3 小 结

本节将依存树中节点对应的子树大小定义为其"长度",包括该节点以及其所有直接和间接从属词的个数,句长对应依存树顶点的长度。

本节研究结果如下:

1)长度和句长的秩频数据符合波利亚分布。

2)本节开始引入线性研究的方法。本研究的时序图展示了长度和句长的节奏模式。

3)动链是另外一种研究线性语言行为的方法。本节中的动链为相等或递增长度在子库中的最长连续序列。研究动链的首要研究问题之一是检查其是否遵循某种定律。研究发现:该动链的秩频符合齐阿分布;动链的长度(即一个动链中有几个长度数值)秩频也符合同样的分布;动链长度与频次之间关系符合超泊松模型。

以上研究结果从多个方面交叉验证了长度的语言学地位,长度、其动链以及动链的长度均符合规律的分布,是正常的语言单位,是语言多样化进程的结果。长度以及句长都是长短交叉的方式,这是一种人类语言的节奏模式,也体现了语言使用者的省力原则,有助于降低理解难度。句长以及某个节点对应的长度为多少,主要取决于几个语言外的力量的均衡作用。比如,一方面是语义和语用等方面的需要,另一方面是工作记忆有限带来的依存距离最小化需求;还有语言简洁的需求和精细的需求也会影响长度。

节点对应的长度能体现节点的重要性,另外一个能体现节点重要性的是节点所在的层级。毫无疑问,层级越高,节点对应的长度会越高,因为长度包含了该节点以及其下所有节点的数量。我们有必要在后面的研究中探讨层级和长度的关系。

在4.8节,我们先分析层级的重要意义并探讨其分布模式。

## 4.8 所在层级的分布比较

### 4.8.1 引 言

人类语言句法结构主要指线性顺序(linear order)和层级顺序(hierarchical order),理解句子其实就是将一维的线性句子转换为二维的层级结构,而生成句子就是将二维的层级结构转换为一维的线性句子。在这两种语言属性中,层级顺序比线性顺序更能说明语言的本质,而探究二者之间的转换规则正是句法研究的主要任务(Tesnière 1959:16)。冯志伟(2011)认为,人类语言系统基本属性之一是其层级性,在句子结构方面,层级性表现得比较明显。

在自然与社会科学的众多领域中多用树形图来表示层级性(刘海涛 2009:1-22)。在依存句法框架下,通过将从属词放在其支配词下方,可以确定整棵依存树的层级以及整个树形,可见层级是通过依存关系实现的。

句子的层级性不仅反映了句子中各单词的重要性不同,也能衡量句子有多复杂

(Culicover 2013：19)。句子是由词组成的,但是每个词的重要性不同。在依存树中,这样的重要性可以通过两个方面来体现。一个是它在依存树中的层级,比如位于最上方的节点,按照依存语法的惯例,一般是谓语,该词对于句子的结构而言是最重要的信息点,如果将一棵依存树理解为一个小的网络,撤去最高的那个节点则该网络就会散架。而如果是位于最下方的节点,将其删除以后,相对而言,不容易影响依存树的基本结构,同时语义完整性方面的损失也远远小于缺少顶端谓语所带来的损失(刘海涛 2017a)。词的重要性的另外一方面体现在其是否有下面的“子孙”节点。一般来说,下面的节点越多,该节点被阐述得越明细,表明该词的清晰度对于句子而言越重要。在 4.7 节探讨的长度就体现了词在这方面的重要性。

大部分关于句子层级的已有研究偏重于定性研究(Owens 1984；Nichols 1986；Osborne et al. 2011；Osborne 2019),但是近年来,出现了一些计量方面的相关研究。敬应奇和刘海涛(Jing & Liu 2015)使用平均依存距离和平均层级距离这两个指标计算了这两种顺序中的句法长度。刘海涛和方昱(Liu & Fang 2016)开展了层级动链的研究。刘海涛和敬应奇(2016)进一步指出,描写句子层级结构是语言研究的重要内容,既有助于开展语言研究,也有助于探索人类的普遍认知以及语言自身的演化规律。利用汉语、英语和捷克语依存树库的数据,刘海涛(2017a)发现混合负二项分布(参数为 $k$、$p_1$、$p_2$、$\alpha$)和波利亚分布(Polya,参数为 $s$、$p$、$n$)符合层级的秩频分布。刘海涛和敬应奇(2016)与刘海涛(2017a)对于层级的操作化稍微有所不同,前者将最上面的层级(即根节点所在层级)定义为 0,而后者定义为 1,我们按照后者进行定义。

也有其他一些相关的定义,比如亚达夫等人(Yadav et al. 2020)提出的纵向距离(hierarchical distance)指的是两个具有直接依存关系的词之间有几个词是别的词的支配词,研究发现,大部分语言倾向于避免长的结构深度。布拉西等人(Blasi et al. 2019)则探讨了小句嵌套的深度问题。

刘海涛(2017a)研究所用语料中,英语和捷克语为平行语料库,但是汉语语库的规模与英语和捷克语树库的规模不一致,模型拟合后得来的参数可能与语料规模相关,该研究得出的结果还应该用更多的语料进行验证。

本研究统一了语料的规模,且两种语言各分为 6 个子库,我们在之前已经多次证明了同一种语料各子库间的同质性。所在层级方面的同质性也需要验证,这样更能说明层级的分布能体现汉语和英语的语言特色,同时也能再次验证刘海涛(2017a)文中的相关模型。

因此,在本研究中,我们将首先验证刘海涛(2017a)文中验证的相关模型是否能拟合本研究数据,并且查看模型的参数是否能区分汉语和英文。对应的研究问题如下。

问题 4.8.1:库中节点所在层级的秩频是否符合负二项分布和波利亚分布? 中文、英文层级分布有何异同?

问题 4.8.2:层级与在该层级的词的频次之间存在什么数量上的关系? 中文、英文在这个方面有何异同?

如果前面两个问题能进一步证明所在层级的语言学地位，我们就可以取所有子库依存树各个层级的均值来构建一种语言的典型树。

因此，本节第三个研究问题是：

> 问题 4.8.3：如果取依存树各个层级的均值来构建一种语言的典型树，中文、英文的典型树有何异同？

刘海涛和方昱（Liu & Fang 2016）开展了层级动链的研究。他们使用了刘海涛（2017a）研究中同样的语料，从三种语言中各随机选了 20 篇语料（378—600 词），因为所选语料规模不大，未能呈现出同一种语言在各篇中各种动链的频序、频次和百分比等方面的同质性。我们还可以再继续查看语料规模增加到一定程度以后，同一种语言各库间的共性以及不同语言之间的差异性能否更清晰地浮现出来；同时也能再次验证刘海涛和方昱（Liu & Fang 2016）文中的相关模型。

因此，在本研究中，在探索和验证过非线性的层级的分布以后，我们再来探索层级的线性语言行为。除了之前使用的动链、动链长度，在本节，我们进一步抽象，检查动链长度构成的动链（本书称之为 L-动链）是否也是一个分布有规律的、具有语言学意义的单位。这样的研究也体现了计量语言学和一般的本体语言学的一个区别：即计量语言学抽象程度更强，是在"更抽象的层面上探讨语言系统及其运作规律"（林燕妮、刘海涛 2018：75）。之前我们研究的词性、依存关系、树高、树宽、配价等属性，就是从句法层面抽象出来的属性，在模型中就不再出现具体的词或者句子。层级是一种抽象，其动链的长度是进一步的抽象，我们还可以更抽象一些，比如提取动链长度的动链（L-动链）。我们需要探讨 L-动链是否依然呈现一种有规律的分布。因其复杂性，我们将在下一个部分单独说明如何提取这样的 L-动链。

这样的抽象化过程当然还可以继续进行，我们在此只是进行一个简单的尝试，而且还应该确认这样的抽象具有语言学意义。

所以，接下来的几个研究问题是探寻层级动链的语言学意义。如前所述，语言研究中，常用来拟合秩频数据的是齐阿分布，同时，齐曼分布也是为动链建模的常规模型，我们验证这两个模型是否适合层级相关数据。对应的研究问题如下。

> 问题 4.8.4：各个词在依存树中的层级所构成的动链秩频数据是否符合齐阿分布和齐曼分布？如果是，其参数能否区分两种语言？
>
> 问题 4.8.5：层级所构成的动链的长度分布有什么特点？中文、英文有何异同？
>
> 问题 4.8.6：L-动链分布是否符合齐阿分布和齐曼分布？如果是，其参数能否区分两种语言？

本节的六个研究问题从层级的"词袋"分布、层级构成的典型树以及层级的线性分布三个角度，进一步交叉验证层级的语言学地位。

在 4.8.2 节，我们将举例说明层级、层级动链、长度以及 L-动链分别是如何定义的。

4.8.3 节将展示研究的结果并进行讨论。4.8.4 节为本节小结。

## 4.8.2　研究方法

我们还是以英文库的第一个句子"Pierre Vinken，61 years old will join the board as a nonexecutive director Nov. 29"为例进行阐释。为了更清晰地说明,我们重现该句的依存结构树(图 4.32)。我们按照刘海涛(2017a)的操作法,将根节点定义为位于第 1 层级,其从属词位于第 2 层级,并依此类推。对应的各个节点的层级、其动链、动链长度以及其长度的动链(L-动链)如表 4.88 所示。为了更清楚地说明前后节点之间的关系,我们在表中创造了几个术语,比如"长辈节点"(含支配词的"父节点",支配词的"爷爷节点""阿姨节点"等)、"子孙节点/晚辈节点""姐妹节点"(同一个支配词的另一个从属词)等,其义与家庭树中的家庭成员类似。

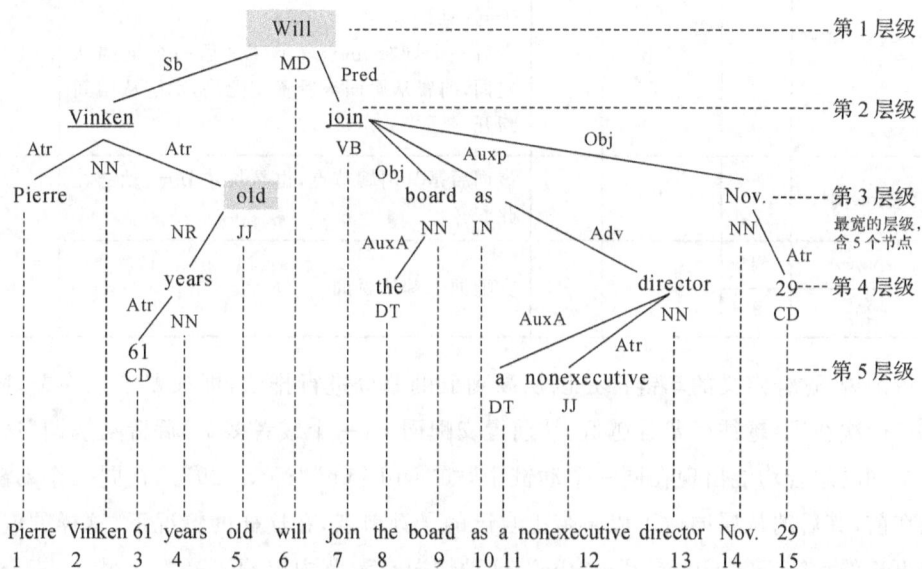

图 4.32　Pierrer 例句层级

**表 4.88　Pierrer 例句层级分析**

| 位置 | 文本 | 层级 | 对应层级动链 | 动链长度和分析 | | L-动链 |
|------|------|------|------|------|------|------|
| 1 | Pierre | 3 | 3 | 1 | 前置从属词+后置支配词,动链从中间断开 | |
| 2 | Vinken | 2 | 2-5 | 2 | 长辈节点+晚辈节点 | 1—2 |
| 3 | 61 | 5 | | | | |
| 4 | years | 4 | 4 | 1 | 前置从属词+后置支配词,动链从中间断开 | 1—1—3—4 |
| 5 | old | 3 | 3 | 1 | 前置从属词+后置支配词,动链从中间断开 | |

续表

| 位置 | 文本 | 层级 | 对应层级动链 | | 动链长度和分析 | L-动链 |
|---|---|---|---|---|---|---|
| 6 | will | 1 | 1—2—4 | 3 | 前置支配词＋后置从属词 A＋A 的孙节点 | |
| 7 | join | 2 | | | | |
| 8 | the | 4 | | | | |
| 9 | board | 3 | 3—3—5—5 | 4 | 节点 A＋姐妹节点 B＋B 的孙节点 C＋B 的孙节点 D<br>"board"和"as"属于同一个词"join"的配价,是姐妹节点,所以位于同一层<br>"a"和"nonexecutive"都是"as"的孙节点,同属于"board"的配价,也是姐妹配价,所以位于同一层<br>最后一个词"nonexecutive"是后一个词的从属词,前置从属词＋后置支配词,动链从中间断开 | 1—1—3—4 |
| 10 | as | 3 | | | | |
| 11 | a | 5 | | | | |
| 12 | nonexecutive | 5 | | | | |
| 13 | director | 4 | 4 | 1 | 该词后是其阿姨节点,也是长辈节点,动链在此断开 | 1—2 |
| 14 | Nov. | 3 | 3—4 | 2 | 支配词＋其从属词 | |
| 15 | 29. | 4 | | | | |

简单地说,这样定义的动链都是以从高到低的辈分进行排队,即长辈节点在前,同辈、子孙节点依次在后,越往后辈分越低。"前置支配词＋(一个或者多个)后置从属词"这样两个或多个词的组合均能出现在同一个动链中,如"will join""Nov. 29"。在同一个动链中,支配词在前,其后的从属词后可以再带上自己的子孙节点,在这样的情况下,这样的嵌套可能形成更长的动链,如"will join"＋"the",这种情况在示范中出现了一次。另外,一个或者多个同级别的长辈节点后面再加上一个或者多个同级别的晚辈节点,容易形成更长的动链,如"board"＋"as"＋"a"＋"nonexecutive",这样的例子在示范中也出现了一次。在这样定义的动链中,所有"前置从属词＋后置支配词/长辈节点"的组合均会从中间断开,分属于两个不同的动链,因此,对于更倾向于支配词居前的语言中,短的动链出现频次会更高一些。

因此,归根结底地说,层级是词的配价和依存方向结合的一种产物,其动链体现了这种依存和配价的线性特征和节奏性分布的规律。

从表 4.88 中,我们可以看到,原始句子有 15 个节点,对应 15 个节点所在层级,再通过动链的线性组合,抽象为 8 个层级动链,平均每个动链涵括的内容是原来每个节点所在层级涵括内容的近一倍,动链再进一步升级为 L-动链时,动链数目减少到 3,只有原来节点数的 1/5。这样抽象的结果是,每个动链单位涵盖的内容更多,用更少的动链就可以将整个框架单位毫无遗漏地切分完毕。本研究中的动链框架单位是整个子库,这样的抽象进行多少次以后,其动链不再呈规律性的分布,这应该也是一个有意思的话题,不过篇幅所限,在本研究中我们就不再探讨这个话题了。

接下来,在 4.8.3 节,我们将依次回答之前提到的几个研究问题。

## 4.8.3　结果与讨论

### 4.8.3.1　层级数的秩频

首先,我们获得层级频次关系汇总表(表 4.89)。图 4.33 是两种语言的层级秩频对比图。同一种语言的各个子库的曲线基本重合。第 1 层体现的是句子的数量,中文句子频次稍高于英文句子。中文的第 2 层到第 5 层均比英文的宽,之后趋势反转,英文对应层级的频次高于中文。

**表 4.89　层级频次关系汇总**

| 层级 | 频次 | | | | | | | | | | | |
|---|---|---|---|---|---|---|---|---|---|---|---|---|
| | E1 | E2 | E3 | E4 | E5 | E6 | C1 | C2 | C3 | C4 | C5 | C6 |
| 1 | 2002 | 1965 | 2024 | 2072 | 2007 | 2068 | 2176 | 2156 | 2157 | 2164 | 2139 | 2105 |
| 2 | 6081 | 6065 | 6105 | 6362 | 6329 | 6221 | 7374 | 7794 | 7756 | 7732 | 7442 | 7507 |
| 3 | 7825 | 7684 | 7751 | 7974 | 8104 | 8043 | 9850 | 10325 | 9984 | 10182 | 9827 | 9748 |
| 4 | 7193 | 7239 | 7444 | 7659 | 7771 | 7584 | 8545 | 8790 | 8598 | 8757 | 8697 | 8797 |
| 5 | 5963 | 5961 | 5933 | 5872 | 6016 | 5874 | 6529 | 6208 | 6448 | 6419 | 6388 | 6534 |
| 6 | 4743 | 4728 | 4674 | 4608 | 4638 | 4685 | 4198 | 3945 | 4154 | 4058 | 4161 | 4106 |
| 7 | 3378 | 3502 | 3394 | 3260 | 3223 | 3292 | 2441 | 2155 | 2277 | 2157 | 2363 | 2353 |
| 8 | 2310 | 2385 | 2332 | 2115 | 2050 | 2145 | 1227 | 1100 | 1095 | 1031 | 1217 | 1174 |
| 9 | 1474 | 1584 | 1496 | 1363 | 1277 | 1318 | 575 | 481 | 480 | 490 | 617 | 541 |
| 10 | 954 | 944 | 955 | 804 | 783 | 866 | 225 | 189 | 189 | 181 | 259 | 225 |
| 11 | 530 | 565 | 517 | 521 | 445 | 526 | 70 | 80 | 73 | 76 | 101 | 95 |
| 12 | 318 | 298 | 294 | 288 | 235 | 321 | 30 | 40 | 26 | 21 | 35 | 42 |
| 13 | 195 | 184 | 157 | 162 | 175 | 166 | 12 | 9 | 7 | 9 | 13 | 16 |
| 14 | 123 | 86 | 85 | 87 | 74 | 76 | 3 | 5 | | | 2 | 3 |
| 15 | 86 | 47 | 39 | 60 | 50 | 41 | 1 | 8 | | | | 3 |
| 16 | 37 | 18 | 17 | 25 | 32 | 16 | 2 | 3 | | | | |
| 17 | 16 | 10 | 4 | 12 | 15 | 13 | 1 | | | | | |
| 18 | 6 | 5 | 3 | 3 | 12 | 3 | | | | | | |
| 19 | 3 | 6 | 3 | 4 | 7 | 2 | | | | | | |
| 20 | 7 | | | 1 | 4 | | | | | | | |
| 21 | 8 | | | 1 | 3 | | | | | | | |
| 22 | 8 | | | | 3 | | | | | | | |
| 23 | 4 | | | | 3 | | | | | | | |
| 24 | | | | | 1 | | | | | | | |

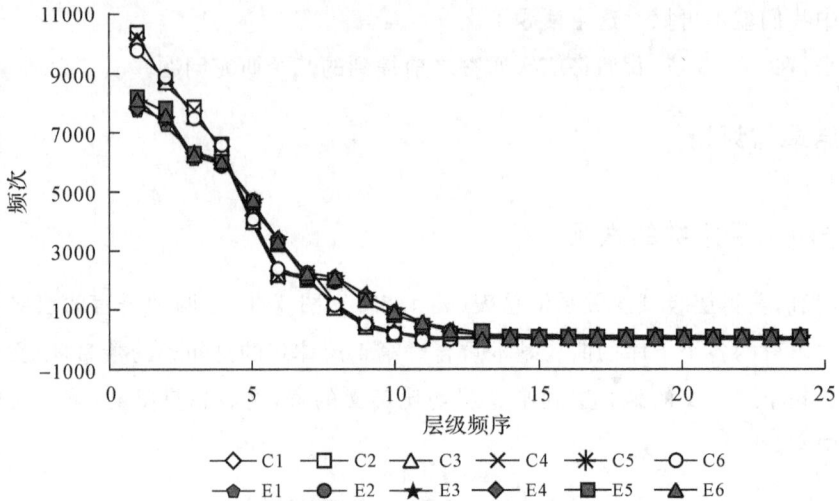

图 4.33　层级秩频对比

首先,我们用秩频数据"万能公式",即齐阿分布拟合所在层级的秩频数据,拟合结果良好,其决定系数 $R^2$ 的范围是 0.9241—0.9419。接下来,我们拟合刘海涛(2017a)提到的混合负二项分布和波利亚分布,结果均更优。前者决定系数 $R^2$ 均在 0.9760 以上,后者均在 0.9870 以上。表 4.90 为混合负二项分布拟合层级秩频数据的结果,独立样本 $t$ 检验表明,中文 $k$ 参数($M=2.023, SD=0.051$)显著小于英文 $\alpha$ 参数($M=10.105, SD=1.335$)($t=-14.815, p<0.001, 95\% CI=-9.483—-6.681$);中文 $p_1$ 参数($M=0.463, SD=0.008$)显著小于英文 $p_1$ 参数($M=0.732, SD=0.084$)($t=-7.810, p<0.001, 95\% CI=-0.345—-0.192$);中文 $p_2$ 参数($M=0.037, SD=0.015$)显著小于英文 $p_2$ 参数($M=0.862, SD=0.119$)($t=-16.862, p<0.001, 95\% CI=-0.934—-0.716$);中文 $\alpha$ 参数($M=1.000, SD=0$)显著大于英文 $\alpha$ 参数($M=0.540, SD=0.083$)($t=13.584, p<0.001, 95\% CI=0.373—0.547$),这表明四个参数 $k$、$p_1$、$p_2$、$\alpha$ 均能区分两种语言,也均能证明子库之间的同质性。数据验证了刘海涛(2017a)的研究。无论哪种拟合,都说明节点所在的层级也是语言多样化进程的结果。混合负二项分布是否符合其他语言的层级秩频数据,其参数是否具有语言分类意义,需要我们用更多的语言进一步进行验证。

表 4.90　混和负二项分布拟合层级秩频数据

| 子库 | $C$ | DF | $R^2$ | $k$ | $p_1$ | $p_2$ | $\alpha$ | $N$ | $x$-max |
|---|---|---|---|---|---|---|---|---|---|
| C1 | 0.0238 | 12 | 0.9801 | 2.02 | 0.46 | 0.05 | 1.00 | 43259 | 17 |
| C2 | 0.0212 | 11 | 0.9840 | 1.95 | 0.46 | 0.04 | 1.00 | 43288 | 16 |
| C3 | 0.0234 | 8 | 0.9766 | 2.08 | 0.47 | 0.01 | 1.00 | 43244 | 13 |
| C4 | 0.0232 | 8 | 0.9784 | 2.04 | 0.47 | 0.01 | 1.00 | 43277 | 13 |
| C5 | 0.0199 | 9 | 0.9824 | 1.98 | 0.45 | 0.04 | 1.00 | 43261 | 14 |
| C6 | 0.0190 | 10 | 0.9830 | 2.07 | 0.47 | 0.03 | 1.00 | 43249 | 15 |

| 子库 | $C$ | DF | $R^2$ | $k$ | $p_1$ | $p_2$ | $\alpha$ | $N$ | $x$-max |
|------|------|------|---------|---------|---------|---------|----------|-------|---------|
| E1 | 0.0137 | 17 | 0.9854 | 7.68 | 0.90 | 0.62 | 0.38 | 43264 | 23 |
| E2 | 0.0093 | 14 | 0.9879 | 11.27 | 0.71 | 0.92 | 0.61 | 43276 | 19 |
| E3 | 0.0121 | 14 | 0.9784 | 9.47 | 0.67 | 0.89 | 0.53 | 43227 | 19 |
| E4 | 0.0097 | 15 | 0.9887 | 10.76 | 0.70 | 0.91 | 0.57 | 43253 | 21 |
| E5 | 0.0141 | 15 | 0.9870 | 10.53 | 0.70 | 0.91 | 0.56 | 43257 | 24 |
| E6 | 0.0098 | 14 | 0.9883 | 10.92 | 0.71 | 0.92 | 0.59 | 43260 | 19 |

#### 4.8.3.2　层级与频次之间的关系

图 4.34 是层级与频次关系的对照。由图中可见：英文数据显得比中文数据更加平缓一些，同一种语言的各个子库之间的曲线基本重合，最高频次均出现在第 3 层级。

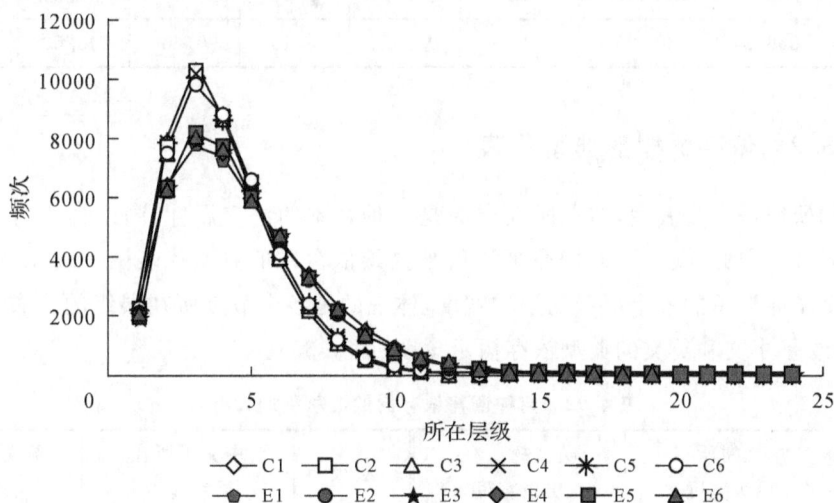

图 4.34　层级与频次关系的对照

图 4.34 中完美的图形让我们继续假设，各个层级之间存在一定的比例，该关系符合二项模型，我们用该模型拟合所在层级和频次数据，发现的确符合负二项模型（negative binomial model，参数为 $k$、$p$）（表 4.91），其决定系数 $R^2$ 均大于 0.9920。独立样本 $t$ 检验表明，中文 $k$ 参数（$M=18.817,SD=2.370$）显著大于英文 $k$ 参数（$M=5.337,SD=0.283$）（$t=13.835,p<0.001,95\%CI=10.996—15.964$）；中文 $p$ 参数（$M=0.86,SD=0.017$）显著大于英文 $p$ 参数（$M=0.590,SD=0.015$）（$t=29.003,p<0.001,95\%CI=0.249—0.291$），这表明两个参数（$p$ 和 $k$）均能区分这两种不同的语言。

表 4.91　负二项模型拟合层级-频次关系

| 子库 | $X^2$ | $C$ | DF | $R^2$ | $k$ | $p$ | $N$ | $x$-max |
|---|---|---|---|---|---|---|---|---|
| C1 | 197.66 | 0.0046 | 12 | 0.9947 | 17.54 | 0.85 | 43259 | 17 |
| C2 | 390.85 | 0.009 | 11 | 0.9932 | 18.23 | 0.86 | 43288 | 16 |
| C3 | 245.78 | 0.0057 | 10 | 0.9922 | 20.76 | 0.88 | 43244 | 13 |
| C4 | 239.69 | 0.0055 | 10 | 0.9929 | 22.53 | 0.88 | 43277 | 13 |
| C5 | 232.9 | 0.0054 | 11 | 0.9936 | 16.10 | 0.84 | 43261 | 14 |
| C6 | 217.88 | 0.0050 | 12 | 0.9947 | 17.74 | 0.85 | 43249 | 15 |
| E1 | 383.5 | 0.0089 | 19 | 0.9927 | 4.81 | 0.56 | 43264 | 23 |
| E2 | 237.29 | 0.0055 | 16 | 0.9927 | 5.50 | 0.59 | 43276 | 19 |
| E3 | 227.01 | 0.0053 | 16 | 0.9933 | 5.62 | 0.60 | 43227 | 19 |
| E4 | 281.81 | 0.0065 | 18 | 0.9927 | 5.29 | 0.59 | 43253 | 21 |
| E5 | 398.47 | 0.0092 | 18 | 0.9926 | 5.34 | 0.60 | 43257 | 24 |
| E6 | 266.24 | 0.0062 | 16 | 0.9925 | 5.46 | 0.60 | 43260 | 19 |

### 4.8.3.3　依存树树形典型代表

上面的研究进一步表明,节点所在层级是一种基本的语言属性,同一种语言各子库之间呈现同质性。因此,我们可以按照平均值来描绘依存树的典型代表图。表 4.92 是两种语言各 6 个子库汇总的各个层级的平均宽度,体现的是各个节点所在层级的分布。根据此表,我们描绘了中文和英文的典型依存树示意图(图 4.35)。

表 4.92　两种语言依存树的汇总平均大小

| 层级 | 中文树所在层级宽度 | 英文树所在层级宽度 | 层级 | 中文树所在层级宽度 | 英文树所在层级宽度 |
|---|---|---|---|---|---|
| 1 | 1.00 | 1.00 | 10 | 0.10 | 0.44 |
| 2 | 3.54 | 3.06 | 11 | 0.04 | 0.26 |
| 3 | 4.65 | 3.90 | 12 | 0.02 | 0.14 |
| 4 | 4.05 | 3.70 | 13 | 0.01 | 0.09 |
| 5 | 2.99 | 2.93 | 14 | 0.00 | 0.04 |
| 6 | 1.91 | 2.31 | 15 | 0.00 | 0.03 |
| 7 | 1.07 | 1.65 | 16 | 0.00 | 0.01 |
| 8 | 0.53 | 1.10 | 17 | 0.00 | 0.01 |
| 9 | 0.25 | 0.70 | | | |

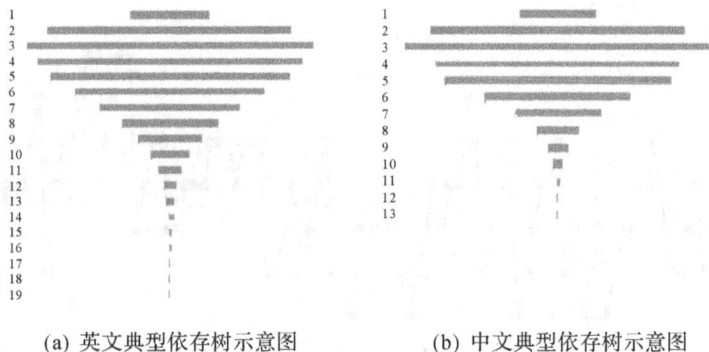

(a) 英文典型依存树示意图      (b) 中文典型依存树示意图

图 4.35　典型依存树

由表 4.92 以及图 4.35 可见,中文的第 2 层更宽,这意味着中文谓语的平均配价比英文的大。这从一个侧面说明了中文更加紧凑。两种语言中,位于第 3 层级的节点都是最多的,之后节点数开始下降,但是中文各层的宽度一直大于英文的宽度。从第 6 层开始,趋势开始翻转,英文比中文依存树要宽一些。而且平均层级数更多,这从一个侧面说明了英文中的嵌套更多,这也是英语中平均依存距离更小的一个重要原因。

#### 4.8.3.4　层级动链分布

上文按照"词袋"模式验证确认节点层级的语言学地位。在这个部分,我们通过分析层级的动链,来进一步探讨层级的线性语言行为。本节动链的定义如前节所述,因为层级属于数值型变量,层级的动链即最长的层级不降低的序列。

图 4.36 和图 4.37 分别是 C1 和 E1 语料库前 100 个节点的层级时序图,从时序图可见,两种语言的节点层级和节点与其支配点之间的位置有一定的共性,但是也有显而易见的差异。比如中文的节点分布更集中一些,基本在 2—5 层(占比例 85%),而英文的分布基本上在 2—8 层级(占比例 88%)。具体说来,C1 库中,层级为 3 的约占 1/4,而层级为 4、2、5 的比例差不多,都约为 1/5,其他层级的比例都不高。而在 E1 库中,层级为 3、6、4、2 的比例差不多,大约都是 1/7 左右,其余层级比例都不高。

中文和英文前 100 个节点的层级时序图体现了一个重要的区别。在 E1 库前 100 个节点的层级时序图中,有四处明显的盘旋式上升的倾向,如图 4.37 所示,这样的盘旋式上升,体现的是支配词居前和置后的一种交替,这也是英文中依存距离均值趋近 0 的一个重要原因。但是英文依存树大体上还是更倾向于不断深化,某些节点拥有众多的"子孙节点",说明英文更加注意语言的明晰度。而图形中下行的基本上是突降至第 2 层或者第 3 层。层级的这种趋势也与图 4.37 英文约前 200 个词对应的长度时序图的表现相关。

与英文趋势不同的是,在中文层级时序图(图 4.36)中,我们可以看到,中文中的层级上升经常是突然上升,而不是渐次上升的。而且,在中文的图中,第 2 层、第 3 层的节点比较多,这说明中文相对英文而言更加简洁。

从上面的分析中,我们可以预见,在英文中,含 2 个以上层级的动链会比中文中的多。

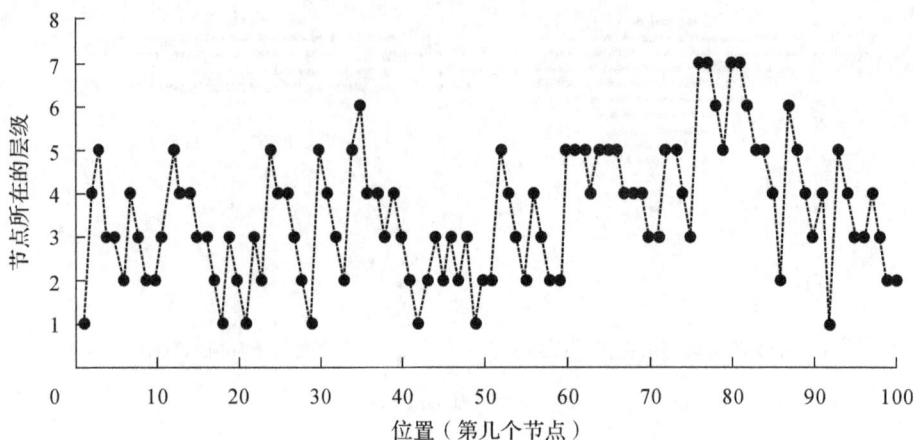

图 4.36  C1 语料库前 100 个节点的层级时序

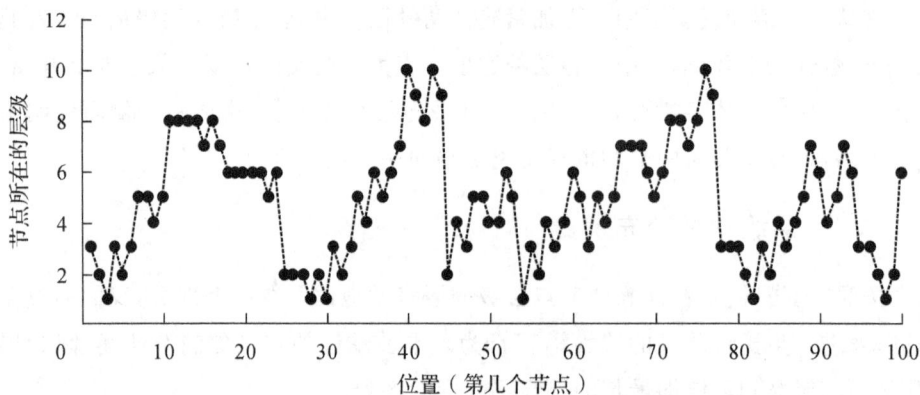

图 4.37  E1 语料库前 100 个节点的层级时序

还可以预见,英文的动链例符会少一些,但是型符多一些,即英文的动链丰富度会更高。此外,在中文库中,3、4、2 层级比较容易成为单独动链。比如,在 C1 前 100 个词中,这样的单元素动链的情形约占了总动链比例的 1/3。而 E1 中这样的动链比例小很多。

上述特点在全部的库中亦可体现出来,表 4.93 是全部数据的基本汇总情况。如之前所预料,英文的动链种类(均 1133)比中文(均 997)更多,但是英文频数(均 18261)比中文(均 21957)少,因此英文型例比和熵比中文高很多,重复率低很多,验证了我们之前做出的英文的动链丰富度更高的假设。

表 4.93  层级动链类型和频数汇总

| 子库 | 型符 | 例符 | 型例比 | 熵 | 重复率 | 子库 | 型符 | 例符 | 型例比 | 熵 | 重复率 |
|---|---|---|---|---|---|---|---|---|---|---|---|
| C1 | 1028 | 21849 | 0.047 | 6.29 | 0.039 | E1 | 1151 | 18127 | 0.063 | 7.11 | 0.021 |
| C2 | 980 | 22032 | 0.044 | 6.19 | 0.040 | E2 | 1185 | 18053 | 0.066 | 7.14 | 0.021 |
| C3 | 954 | 21960 | 0.043 | 6.22 | 0.040 | E3 | 1121 | 18180 | 0.062 | 7.07 | 0.022 |
| C4 | 980 | 21897 | 0.045 | 6.22 | 0.040 | E4 | 1118 | 18429 | 0.061 | 7.03 | 0.023 |
| C5 | 1010 | 22098 | 0.046 | 6.25 | 0.040 | E5 | 1088 | 18595 | 0.059 | 6.96 | 0.023 |
| C6 | 1030 | 21911 | 0.047 | 6.26 | 0.039 | E6 | 1133 | 18184 | 0.062 | 7.06 | 0.022 |

因为篇幅所限,表 4.94、表 4.95 分别汇总了排名前 20 的相关动链在中文和英文中的分布情况,其中中文数据占总比 64.6%—65.8%,英文占总比 50.9%—53.3%。从表 4.94 来看,中文排名前 6 位的动链顺序基本一致(C2 稍有不同),均为 4、3、5、6、2、3+3,前 5 个均为独立一个层级成为动链的情况,占总量的比例约为 38.0%。如前所述,这种情况表示从属词位于其支配词之前。从表 4.95 来看,英文排名前 9 的顺序基本一致,第 6 和第 7 层级的排序可能在各个库中稍有偏差。在前 7 个排序中,长度为 1 的动链约占 29%,比例低于中文对应数据。

表 4.94　中文层级动链汇总(前 20,占比 64.6%—65.8%)

| 频序 | C1 | | | C2 | | | C3 | | |
|---|---|---|---|---|---|---|---|---|---|
| | 频次 | % | 动链 | 频次 | % | 动链 | 频次 | % | 动链 |
| 1 | 2408 | 11 | 4 | 2407 | 10.9 | 3 | 2473 | 11.3 | 4 |
| 2 | 2233 | 10.2 | 3 | 2400 | 10.9 | 4 | 2326 | 10.6 | 3 |
| 3 | 1681 | 7.7 | 5 | 1707 | 7.7 | 5 | 1687 | 7.7 | 5 |
| 4 | 1059 | 4.8 | 6 | 960 | 4.4 | 6 | 1015 | 4.6 | 6 |
| 5 | 865 | 4 | 2 | 865 | 3.9 | 3+3 | 827 | 3.8 | 2 |
| 6 | 732 | 3.4 | 3+3 | 827 | 3.8 | 2 | 749 | 3.4 | 3+3 |
| 7 | 547 | 2.5 | 4+4 | 542 | 2.5 | 2+4 | 557 | 2.5 | 4+4 |
| 8 | 546 | 2.5 | 7 | 526 | 2.4 | 4+4 | 491 | 2.2 | 7 |
| 9 | 476 | 2.2 | 2+3 | 518 | 2.4 | 2+3 | 487 | 2.2 | 2+2 |
| 10 | 462 | 2.1 | 3+4 | 506 | 2.3 | 3+4 | 485 | 2.2 | 2+3 |
| 11 | 441 | 2 | 2+2 | 484 | 2.2 | 7 | 469 | 2.1 | 3+4 |
| 12 | 391 | 1.8 | 2+4 | 476 | 2.2 | 2+2 | 423 | 1.9 | 2+4 |
| 13 | 369 | 1.7 | 5+5 | 352 | 1.6 | 4+5 | 375 | 1.7 | 4+5 |
| 14 | 341 | 1.6 | 4+5 | 325 | 1.5 | 5+5 | 346 | 1.6 | 5+5 |
| 15 | 289 | 1.3 | 2+5 | 321 | 1.5 | 2+5 | 317 | 1.4 | 2+5 |
| 16 | 289 | 1.3 | 8 | 314 | 1.4 | 1+3 | 279 | 1.3 | 1+3 |
| 17 | 276 | 1.3 | 3+5 | 274 | 1.2 | 3+5 | 250 | 1.1 | 3+5 |
| 18 | 262 | 1.2 | 1+3 | 252 | 1.1 | 1+4 | 243 | 1.1 | 1+4 |
| 19 | 240 | 1.1 | 1+4 | 216 | 1 | 8 | 239 | 1.1 | 8 |
| 20 | 205 | 0.9 | 6+6 | 195 | 0.9 | 3+3+3 | 232 | 1.1 | 5+6 |
| 小计 | | 64.6 | | | 65.8 | | | 64.9 | |

**续表**

| 频序 | C4 | | | C5 | | | C6 | | |
|---|---|---|---|---|---|---|---|---|---|
| | 频次 | % | 动链 | 频次 | % | 动链 | 频次 | % | 动链 |
| 1 | 2459 | 11.2 | 4 | 2415 | 10.9 | 4 | 2435 | 11.1 | 4 |
| 2 | 2322 | 10.6 | 3 | 2321 | 10.5 | 3 | 2262 | 10.3 | 3 |
| 3 | 1718 | 7.8 | 5 | 1767 | 8 | 5 | 1675 | 7.6 | 5 |
| 4 | 992 | 4.5 | 6 | 1097 | 5 | 6 | 1004 | 4.6 | 6 |
| 5 | 850 | 3.9 | 2 | 822 | 3.7 | 2 | 825 | 3.8 | 2 |
| 6 | 692 | 3.2 | 3+3 | 727 | 3.3 | 3+3 | 693 | 3.2 | 3+3 |
| 7 | 569 | 2.6 | 4+4 | 563 | 2.5 | 7 | 574 | 2.6 | 4+4 |
| 8 | 564 | 2.6 | 2+3 | 552 | 2.5 | 4+4 | 558 | 2.5 | 7 |
| 9 | 507 | 2.3 | 3+4 | 488 | 2.2 | 2+3 | 542 | 2.5 | 3+4 |
| 10 | 505 | 2.3 | 7 | 458 | 2.1 | 2+4 | 481 | 2.2 | 2+3 |
| 11 | 428 | 2 | 2+2 | 454 | 2.1 | 3+4 | 447 | 2 | 2+2 |
| 12 | 412 | 1.9 | 2+4 | 448 | 2 | 2+2 | 424 | 1.9 | 2+4 |
| 13 | 369 | 1.7 | 4+5 | 344 | 1.6 | 4+5 | 351 | 1.6 | 5+5 |
| 14 | 360 | 1.6 | 5+5 | 334 | 1.5 | 5+5 | 337 | 1.5 | 4+5 |
| 15 | 293 | 1.3 | 3+5 | 322 | 1.5 | 2+5 | 311 | 1.4 | 2+5 |
| 16 | 280 | 1.3 | 2+5 | 260 | 1.2 | 8 | 310 | 1.4 | 3+5 |
| 17 | 266 | 1.2 | 1+3 | 245 | 1.1 | 3+5 | 264 | 1.2 | 1+4 |
| 18 | 247 | 1.1 | 1+4 | 244 | 1.1 | 1+3 | 260 | 1.2 | 8 |
| 19 | 233 | 1.1 | 8 | 239 | 1.1 | 1+4 | 238 | 1.1 | 1+3 |
| 20 | 215 | 1 | 5+6 | 223 | 1 | 5+6 | 224 | 1 | 3+3+3 |
| 小计 | | 65.2 | | | 64.9 | | | 64.7 | |

**表 4.95 英文层级动链汇总(前 20,占比 50.9%—53.3%)**

| 频序 | E1 | | | E2 | | | E3 | | |
|---|---|---|---|---|---|---|---|---|---|
| | 频次 | % | 动链 | 频次 | % | 动链 | 频次 | % | 动链 |
| 1 | 1294 | 7.1 | 3 | 1319 | 7.3 | 3 | 1368 | 7.5 | 3 |
| 2 | 1053 | 5.8 | 4 | 1029 | 5.7 | 4 | 1025 | 5.6 | 4 |
| 3 | 984 | 5.4 | 2 | 970 | 5.4 | 2 | 1008 | 5.5 | 2 |
| 4 | 878 | 4.8 | 5 | 810 | 4.5 | 5 | 914 | 5 | 5 |
| 5 | 657 | 3.6 | 6 | 652 | 3.6 | 6 | 676 | 3.7 | 6 |
| 6 | 484 | 2.7 | 7 | 517 | 2.9 | 7 | 479 | 2.6 | 2+4 |

| 频序 | E1 | | | E2 | | | E3 | | |
|---|---|---|---|---|---|---|---|---|---|
| | 频次 | % | 动链 | 频次 | % | 动链 | 频次 | % | 动链 |
| 7 | 470 | 2.6 | 2+4 | 468 | 2.6 | 2+4 | 461 | 2.5 | 7 |
| 8 | 432 | 2.4 | 1+3 | 424 | 2.3 | 1+3 | 443 | 2.4 | 1+3 |
| 9 | 390 | 2.2 | 3+3 | 408 | 2.3 | 3+3 | 391 | 2.2 | 3+3 |
| 10 | 332 | 1.8 | 8 | 348 | 1.9 | 8 | 324 | 1.8 | 8 |
| 11 | 323 | 1.8 | 2+2 | 316 | 1.8 | 2+2 | 305 | 1.7 | 2+2 |
| 12 | 253 | 1.4 | 3+4 | 262 | 1.5 | 3+5 | 272 | 1.5 | 3+5 |
| 13 | 250 | 1.4 | 3+5 | 258 | 1.4 | 9 | 238 | 1.3 | 9 |
| 14 | 240 | 1.3 | 9 | 236 | 1.3 | 3+4 | 230 | 1.3 | 2+3+5 |
| 15 | 222 | 1.2 | 2+3 | 233 | 1.3 | 2+3+5 | 224 | 1.2 | 2+3 |
| 16 | 222 | 1.2 | 2+3+5 | 228 | 1.3 | 2+3 | 219 | 1.2 | 3+4 |
| 17 | 214 | 1.2 | 3+4+6 | 190 | 1.1 | 3+4+6 | 217 | 1.2 | 3+4+6 |
| 18 | 189 | 1.0 | 2+4+4 | 190 | 1.1 | 2+4+4 | 207 | 1.1 | 2+4+4 |
| 19 | 186 | 1.0 | 1+4 | 189 | 1 | 4+5 | 193 | 1.1 | 4+6 |
| 20 | 186 | 1.0 | 4+6 | 181 | 1 | 1+3+3 | 189 | 1.0 | 4+5 |
| 小计 | | 50.9 | | | 51.3 | | | 51.4 | |

| 频序 | E4 | | | E5 | | | E6 | | |
|---|---|---|---|---|---|---|---|---|---|
| | 频次 | % | 动链 | 频次 | % | 动链 | 频次 | % | 动链 |
| 1 | 1456 | 7.9 | 3 | 1401 | 7.5 | 3 | 1378 | 7.6 | 3 |
| 2 | 1084 | 5.9 | 4 | 1179 | 6.3 | 4 | 1035 | 5.7 | 4 |
| 3 | 1025 | 5.6 | 2 | 1051 | 5.7 | 2 | 1009 | 5.5 | 2 |
| 4 | 877 | 4.8 | 5 | 1013 | 5.4 | 5 | 933 | 5.1 | 5 |
| 5 | 698 | 3.8 | 6 | 748 | 4 | 6 | 714 | 3.9 | 6 |
| 6 | 534 | 2.9 | 2+4 | 493 | 2.7 | 2+4 | 477 | 2.6 | 7 |
| 7 | 508 | 2.8 | 7 | 471 | 2.5 | 7 | 450 | 2.5 | 2+4 |
| 8 | 455 | 2.5 | 1+3 | 451 | 2.4 | 1+3 | 437 | 2.4 | 1+3 |
| 9 | 400 | 2.2 | 3+3 | 392 | 2.1 | 3+3 | 365 | 2 | 3+3 |
| 10 | 312 | 1.7 | 8 | 379 | 2 | 3+4 | 297 | 1.6 | 8 |
| 11 | 304 | 1.7 | 2+2 | 300 | 1.6 | 8 | 283 | 1.6 | 2+2 |
| 12 | 288 | 1.6 | 3+4 | 295 | 1.6 | 2+2 | 274 | 1.5 | 3+4 |
| 13 | 275 | 1.5 | 3+5 | 252 | 1.4 | 2+3 | 251 | 1.4 | 2+3 |
| 14 | 225 | 1.2 | 2+4+4 | 244 | 1.3 | 3+5 | 244 | 1.3 | 3+5 |

续表

| 频序 | E4 | | | E5 | | | E6 | | |
|---|---|---|---|---|---|---|---|---|---|
| | 频次 | ％ | 动链 | 频次 | ％ | 动链 | 频次 | ％ | 动链 |
| 15 | 216 | 1.2 | 2＋3 | 237 | 1.3 | 2＋3＋5 | 238 | 1.3 | 2＋4＋4 |
| 16 | 207 | 1.1 | 9 | 214 | 1.2 | 9 | 227 | 1.2 | 2＋3＋5 |
| 17 | 205 | 1.1 | 2＋3＋5 | 210 | 1.1 | 3＋4＋6 | 221 | 1.2 | 3＋4＋6 |
| 18 | 200 | 1.1 | 4＋6 | 210 | 1.1 | 4＋5 | 204 | 1.1 | 9 |
| 19 | 195 | 1.1 | 4＋4 | 200 | 1.1 | 2＋4＋4 | 190 | 1.0 | 1＋4 |
| 20 | 194 | 1.1 | 3＋4＋6 | 181 | 1.0 | 4＋4 | 185 | 1.0 | 4＋4 |
| 小计 | | 52.8 | | | 53.3 | | | 51.5 | |

　　另外一个方面的不同体现在动链的长度上,在中文中,只有 C2 库中有一个频序体现了动链长度为 3(即 3－3－3,含 3 个相同的层级),排列在第 20。而在英文中,前 14—15 个均出现了长度超过 2 的动链。这个趋势与我们之前的预测一致。

　　图 4.38 是层级动链秩频的对比,为了使趋势更清楚易见,只呈现了前 50 个频序。每种语言各个子库的曲线几乎重合。

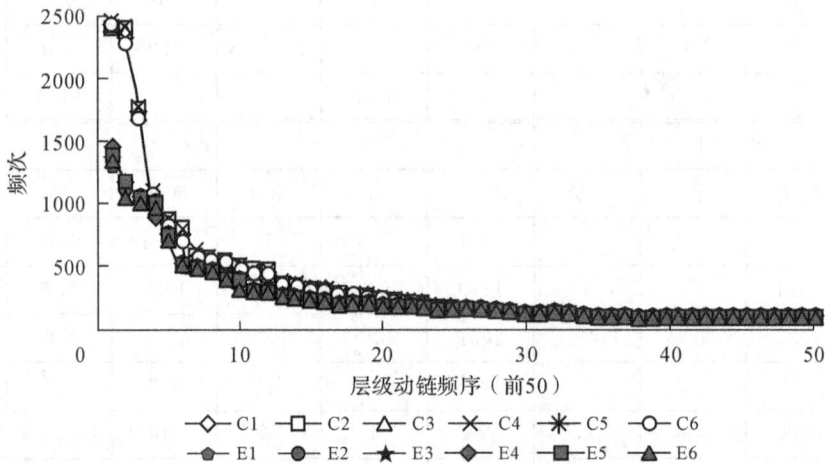

图 4.38　层级动链秩频(前 50)

　　用齐阿分布拟合数据,结果良好,其决定系数 $R^2$ 的范围是 0.9674—0.9952,用动链常规模型齐曼分布拟合数据,结果更佳(表 4.96),决定系数 $R^2$ 都在 0.9760 以上。这两种模型也是刘海涛和方昱(Liu & Fang 2016)验证过的模型。

表 4.96　齐曼分布拟合层级动链秩频数据

| 子库 | $R^2$ | $a$ | $b$ | $n$ | $N$ | $x$-max |
|---|---|---|---|---|---|---|
| C1 | 0.9856 | 1.54 | 3.48 | 1028 | 21849 | 1028 |
| C2 | 0.9766 | 1.56 | 3.51 | 980 | 22032 | 980 |
| C3 | 0.9818 | 1.56 | 3.70 | 954 | 21960 | 954 |
| C4 | 0.9818 | 1.56 | 3.54 | 980 | 21897 | 980 |
| C5 | 0.9809 | 1.56 | 3.65 | 1010 | 22098 | 1010 |
| C6 | 0.9840 | 1.55 | 3.56 | 1030 | 21911 | 1030 |
| E1 | 0.9857 | 1.53 | 7.58 | 1151 | 18127 | 1151 |
| E2 | 0.9866 | 1.53 | 7.80 | 1185 | 18053 | 1185 |
| E3 | 0.9632 | 1.64 | 10.39 | 1121 | 18180 | 1121 |
| E4 | 0.9697 | 1.61 | 9.24 | 1118 | 18429 | 1118 |
| E5 | 0.9883 | 1.49 | 5.71 | 1088 | 18595 | 1088 |
| E6 | 0.9871 | 1.48 | 5.97 | 1133 | 18184 | 1133 |

　　上述拟合结果再一次说明,层级的动链也是基本语言单位,也是语言多样化进程的结果,其分布符合一定的规律。

### 4.8.3.5　层级动链长度分布

　　从图 4.36 和图 4.37(C1 和 E1 前 100 个词的层级时序图)可以预测动链长度分布的一些基本情况。比如,如前所述,中文中长度短的动链比例可能会高些,因此,动链型符会多些。而英文的动链长度的型符会更多些。

　　图 4.39 和图 4.40 分别为 C1 和 E1 前 100 个层级动链的长度时序图。图中可见,在中文数据中,约有 1/4 的情况下相邻 2 个动链长度相等,其中动链长度基本上为 1 或者 2。有时候甚至是 3 个或 3 个以上的情况。英文中相邻动链长度相等的情况要少很多,占比不到 1/5,长度为 1、2、3 的各占 1/3,鲜少有连续 3 个动链长度相等的情况。

　　从图 4.39 和图 4.40 可见,中文中动链长度为 1 或者 2 的比例均比英文的高。总体说来,中文中的分布相对集中一些,基本上动链的长度为 1—3,其中 1 和 2 的比例相仿;而英文的长度集中在 1—4,其中 1—3 的比例相仿。但是在这两个语言素材片段中,都能观察到随着长度增加,频次降低的情况。

　　我们收集了全部 12 个子库的动链长度数据,汇总情况如表 4.97 所示。中文动链长度的型例比低于英文,两种语言的长度型符相差不大,但是例符在中文中多一些,因此中文的型例比低于英文。中文的熵比英文低,其重复率更高一些。

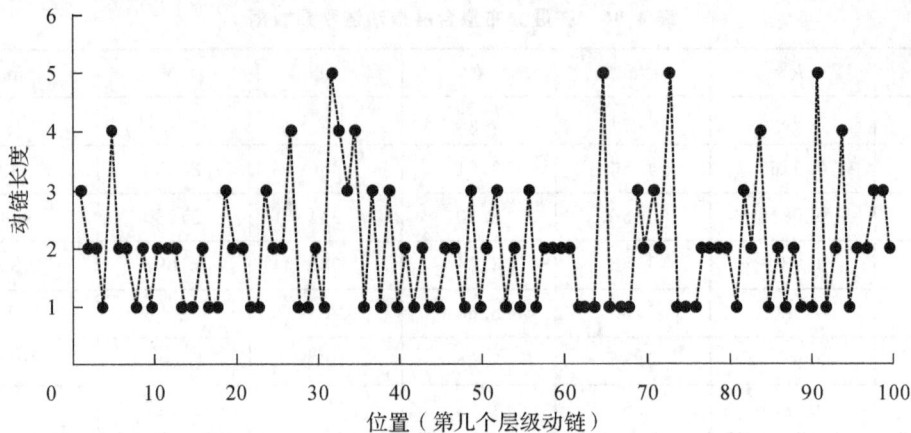

图 4.39　C1 语料库前 100 个层级动链长度时序

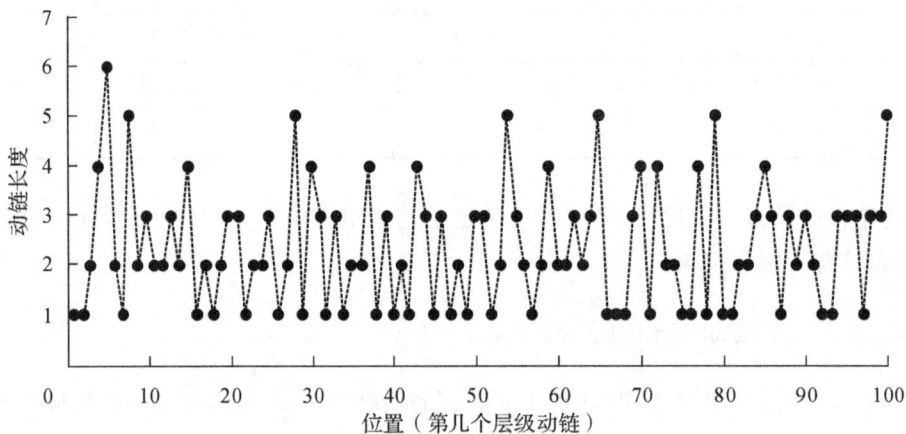

图 4.40　E1 语料库前 100 个层级动链长度时序

表 4.97　层级动链长度汇总基本数据

| 子库 | 型符 | 例符 | 型例比 | 熵 | 重复率 | 子库 | 型符 | 例符 | 型例比 | 熵 | 重复率 |
|------|------|------|--------|------|--------|------|------|------|--------|------|--------|
| C1 | 12 | 21847 | 0.00055 | 1.93 | 0.31 | E1 | 11 | 18126 | 0.00061 | 2.28 | 0.24 |
| C2 | 10 | 22030 | 0.00045 | 1.90 | 0.31 | E2 | 11 | 18052 | 0.00061 | 2.29 | 0.24 |
| C3 | 9 | 21958 | 0.00041 | 1.91 | 0.31 | E3 | 13 | 18179 | 0.00072 | 2.27 | 0.24 |
| C4 | 12 | 21895 | 0.00055 | 1.92 | 0.31 | E4 | 11 | 18428 | 0.00060 | 2.25 | 0.25 |
| C5 | 11 | 22096 | 0.00050 | 1.90 | 0.31 | E5 | 12 | 18594 | 0.00065 | 2.23 | 0.25 |
| C6 | 14 | 21909 | 0.00064 | 1.92 | 0.31 | E6 | 12 | 18183 | 0.00066 | 2.27 | 0.24 |

　　表 4.98 为中文的动链长度数据汇总，其中长度为 1—8 的其排序亦为 1—8，与预测的"随着长度增加，频率降低"一致。其中出现了长度为 30、40 以及 82 的情况，这是因为在中文新闻中，列举大量人名的时候，语料将所有列举项最后一个标记为支配词，因此长度为 82 即意味着有 80 个左右的人名排列在一起。

表 4.98  中文层级动链长度数据汇总

| 频序 | C1 | | | C2 | | | C3 | | |
|---|---|---|---|---|---|---|---|---|---|
| | 长度 | 频次 | % | 长度 | 频次 | % | 长度 | 频次 | % |
| 1 | 1 | 9243 | 42.3 | 1 | 9155 | 41.6 | 1 | 9210 | 41.9 |
| 2 | 2 | 6828 | 31.3 | 2 | 7254 | 32.9 | 2 | 7012 | 31.9 |
| 3 | 3 | 3696 | 16.9 | 3 | 3658 | 16.6 | 3 | 3702 | 16.9 |
| 4 | 4 | 1444 | 6.6 | 4 | 1381 | 6.3 | 4 | 1456 | 6.6 |
| 5 | 5 | 457 | 2.1 | 5 | 434 | 2 | 5 | 431 | 2 |
| 6 | 6 | 128 | 0.6 | 6 | 96 | 0.4 | 6 | 116 | 0.5 |
| 7 | 7 | 29 | 0.1 | 7 | 39 | 0.2 | 7 | 22 | 0.1 |
| 8 | 8 | 13 | 0.1 | 8 | 10 | 0 | 8 | 8 | 0 |
| 9 | 9 | 4 | 0 | 9 | 2 | 0 | 11 | 1 | 0 |
| 10 | 10 | 3 | 0 | 10 | 1 | 0 | | | |
| 11 | 30 | 1 | 0 | | | | | | |
| 12 | 40 | 1 | 0 | | | | | | |

| 频序 | C4 | | | C5 | | | C6 | | |
|---|---|---|---|---|---|---|---|---|---|
| | 长度 | 频次 | % | 长度 | 频次 | % | 长度 | 频次 | % |
| 1 | 1 | 9223 | 42.1 | 1 | 9453 | 42.8 | 1 | 9191 | 42 |
| 2 | 2 | 7017 | 32 | 2 | 6962 | 31.5 | 2 | 7047 | 32.2 |
| 3 | 3 | 3609 | 16.5 | 3 | 3641 | 16.5 | 3 | 3635 | 16.6 |
| 4 | 4 | 1389 | 6.3 | 4 | 1466 | 6.6 | 4 | 1408 | 6.4 |
| 5 | 5 | 459 | 2.1 | 5 | 417 | 1.9 | 5 | 451 | 2.1 |
| 6 | 6 | 147 | 0.7 | 6 | 116 | 0.5 | 6 | 122 | 0.6 |
| 7 | 7 | 34 | 0.2 | 7 | 25 | 0.1 | 7 | 30 | 0.1 |
| 8 | 8 | 10 | 0.0 | 8 | 12 | 0.1 | 8 | 14 | 0.1 |
| 9 | 9 | 2 | 0.0 | 13 | 2 | 0.0 | 9 | 5 | 0.0 |
| 10 | 10 | 2 | 0.0 | 9 | 1 | 0.0 | 11 | 2 | 0.0 |
| 11 | 11 | 2 | 0.0 | 10 | 1 | 0.0 | 10 | 1 | 0.0 |
| 12 | 82 | 1 | 0.0 | | | | 12 | 1 | 0.0 |
| 13 | | | | | | | 14 | 1 | 0.0 |
| 14 | | | | | | | 15 | 1 | 0.0 |

中文各库之间横向比较,同样的长度其比例相仿,这再次说明了材料的同质性以及动链长度分布的规律性。

表 4.99 汇总了英文层级动链长度数据。与中文的一些趋势类似,在英文中长度 1—10 与排序一致,各库之间同样长度的比例类似。但是和中文相比,长度为 1 和 2 的比例明显要小,而长度为 3 和 4 的比例明显要大。中文中约 90% 的情况下动链长度为 1—3,而英文中约 90% 的情况下动链长度为 1—4。

表 4.99 英文层级动链长度数据汇总

| 频序 | E1 | | | E2 | | | E3 | | |
|---|---|---|---|---|---|---|---|---|---|
| | 长度 | 频次 | % | 长度 | 频次 | % | 长度 | 频次 | % |
| 1 | 1 | 6231 | 34.4 | 1 | 6224 | 34.5 | 1 | 6327 | 34.8 |
| 2 | 2 | 4502 | 24.8 | 2 | 4499 | 24.9 | 2 | 4491 | 24.7 |
| 3 | 3 | 3900 | 21.5 | 3 | 3770 | 20.9 | 3 | 3847 | 21.2 |
| 4 | 4 | 2024 | 11.2 | 4 | 2033 | 11.3 | 4 | 2079 | 11.4 |
| 5 | 5 | 903 | 5.0 | 5 | 918 | 5.1 | 5 | 872 | 4.8 |
| 6 | 6 | 352 | 1.9 | 6 | 375 | 2.1 | 6 | 360 | 2.0 |
| 7 | 7 | 142 | 0.8 | 7 | 138 | 0.8 | 7 | 133 | 0.7 |
| 8 | 8 | 48 | 0.3 | 8 | 65 | 0.4 | 8 | 38 | 0.2 |
| 9 | 9 | 15 | 0.1 | 9 | 17 | 0.1 | 9 | 21 | 0.1 |
| 10 | 10 | 8 | 0.0 | 10 | 12 | 0.1 | 10 | 7 | 0.0 |
| 11 | 13 | 1 | 0.0 | 13 | 1 | 0.0 | 11 | 2 | 0.0 |
| 12 | | | | | | | 12 | 1 | 0.0 |
| 13 | | | | | | | 13 | 1 | 0 |

| 频序 | E4 | | | E5 | | | E6 | | |
|---|---|---|---|---|---|---|---|---|---|
| | 长度 | 频次 | % | 长度 | 频次 | % | 长度 | 频次 | % |
| 1 | 1 | 6475 | 35.1 | 1 | 6653 | 35.8 | 1 | 6359 | 35 |
| 2 | 2 | 4705 | 25.5 | 2 | 4701 | 25.3 | 2 | 4444 | 24.4 |
| 3 | 3 | 3800 | 20.6 | 3 | 3838 | 20.6 | 3 | 3807 | 20.9 |
| 4 | 4 | 2112 | 11.5 | 4 | 2097 | 11.3 | 4 | 2098 | 11.5 |
| 5 | 5 | 826 | 4.5 | 5 | 803 | 4.3 | 5 | 945 | 5.2 |
| 6 | 6 | 309 | 1.7 | 6 | 325 | 1.7 | 6 | 338 | 1.9 |
| 7 | 7 | 110 | 0.6 | 7 | 113 | 0.6 | 7 | 130 | 0.7 |
| 8 | 8 | 64 | 0.3 | 8 | 44 | 0.2 | 8 | 36 | 0.2 |
| 9 | 9 | 18 | 0.1 | 9 | 14 | 0.1 | 9 | 17 | 0.1 |
| 10 | 10 | 7 | 0 | 10 | 2 | 0 | 10 | 5 | 0 |
| 11 | 11 | 2 | 0 | 11 | 2 | 0 | 11 | 2 | 0 |
| 12 | | | | 12 | 2 | 0 | 12 | 2 | 0 |

　　除了极个别的数据,动链的长度与其排序基本相同,因此我们认为探讨的结果既能反映长度与频次之间的关系,也能体现动链长度的分布规律。

　　图 4.41 是层级动链长度秩频对比图。同一种语言各库的曲线几乎重合。图中可见,中文中长度为 1 和 2(频序也为 1 和 2)的频次超过英文对应频次,长度/频序为 3 时,两种语言数据相当,之后对于同样的长度,英文频次超过中文。层级动链都是从高到低按照"辈分"节点的层级进行排队,队伍遇到高"辈分"层级的时候,就自动中断。动链的结果表明,中文中更可能遇到这样的中断。换言之,随着线性位置的增加,新加的节点在中文中更可能是位于较为上层的节点,因而中文更为简洁、紧凑,这也是中文依存距离更大的一个重要原因。而在英文中新加的节点更可能会增加依存树的高度(此时从属词与其支配词相邻),这也从另外一个方面说明了为何英文的平均依存距离更小。

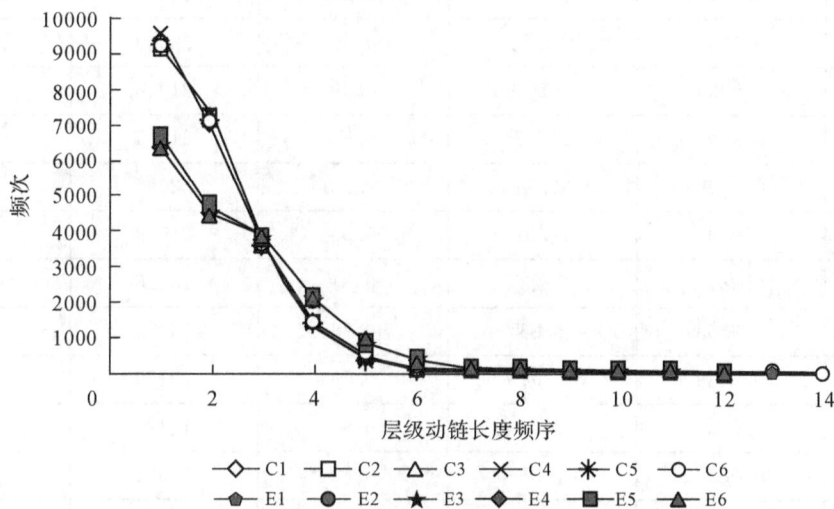

图 4.41　层级动链长度秩频对比

　　我们认为动链的长度也是多样化的结果。因为长度更长的动链是在短的动链的基础上增加一个或者多个元素组成的。简而言之,出现新的长度要以已有的长度为基础。为了简单起见,一般只考虑用相邻长度的频次(Altmann 1991)。可以用科勒和阿尔特曼的方法(Köhler & Altmann 1986)来表达二者之间的这种相互依存:动链长度 $x$ 的概率和长度 $x-1$ 的概率成正比,二者的比例关系是一个线性函数。此外,语言的清晰度需求和简洁度需求是两个相互竞争的需求,二者均会影响层级动链的长度。前者用 $b$ 表示,后者用 $a$ 表示。上述概率分布可以用如下公式表示:

$$P_x = \frac{a+bx}{x} P_{x-1} \tag{4.3}$$

　　用 $a/b = k-1$ 和 $b = q$ 进行替换,就得到了负二项分布:

$$P_x = \binom{k+x-1}{x} p^k q^x, \quad x = 0, 1, \cdots \tag{4.4}$$

　　因为不存在长度为 0 的情况,$P_0 = 0$,得到零截尾负二项分布:

$$P_x = \frac{\begin{bmatrix} k+x-1 \\ x \end{bmatrix}}{1-p^k} p^k q^x, \quad x=1,2,\cdots \tag{4.5}$$

将长度与频次之间的关系数据与该模型进行拟合（表 4.100），得到的结果颇佳，决定系数 $R^2$ 均在 0.9800 以上，参数 $P$ 能区分两种不同的语言：独立样本 $t$ 检验表明，中文 $p$ 参数（$M=0.955, SD=0.029$）显著大于英文 $p$ 参数（$M=0.792, SD=0.013$）（$t=12.366, p<0.001, 95\%CI = 0.132—0.195$）。

表 4.100　层级动链长度与频次之间的关系拟合零截尾负二项分布

| 子库 | $R^2$ | $k$ | $p$ | $N$ | $x$-max |
|---|---|---|---|---|---|
| C1 | 0.9998 | 19.08 | 0.93 | 21847 | 12 |
| C2 | 0.9997 | 121.54 | 0.99 | 22030 | 10 |
| C3 | 0.9999 | 180.71 | 0.99 | 21958 | 9 |
| C4 | 0.9998 | 21.77 | 0.93 | 21895 | 12 |
| C5 | 0.9999 | 32.14 | 0.96 | 22096 | 11 |
| C6 | 0.9996 | 19.02 | 0.93 | 21909 | 14 |
| E1 | 0.9819 | 8.28 | 0.81 | 18126 | 11 |
| E2 | 0.9853 | 6.86 | 0.78 | 18052 | 11 |
| E3 | 0.9839 | 6.94 | 0.78 | 18179 | 13 |
| E4 | 0.9863 | 7.98 | 0.80 | 18428 | 11 |
| E5 | 0.9850 | 7.86 | 0.80 | 18594 | 12 |
| E6 | 0.9818 | 6.96 | 0.78 | 18183 | 12 |

除此以外，层级动链的长度秩频数据还符合齐阿分布，其决定系数 $R^2$ 居于 0.9385 和 0.9928 之间，这些拟合说明节点层级动链的长度是正常的语言属性，其分布具有规律性，也是语言多样化进程的结果。

### 4.8.3　小　结

在本节中，我们研究了节点所在的层级（简称为层级）的分布规律，研究发现：

1）刘海涛（2017a）提到的混合负二项分布和波利亚分布符合本研究中的层级秩频分布，模型的参数能区分中文和英文。

2）层级与在该层级的词的频次之间的关系符合负二项模型。

3）上面两个发现进一步证明所在层级的语言学地位，在此基础上，我们取所有子库依存树各个层级的均值，构建了两种语言的典型依存树。

4）在本研究中，我们称齐阿分布为秩频数据的"万能"模型，称齐曼分布为动链秩频的常规模型。这两个模型都能为层级动链秩频数据建模。

5)层级动链的长度与频序基本一致,该长度也是语言多样化的结果。

6)我们将层级动链长度进一步抽象,提取为该长度的动链,该动链也符合本研究中的齐阿分布和齐曼分布。

在本书中,这是第一次研究动链长度的动链(L-动链),其实其他的很多语言属性均可以开展此类研究,这里仅仅是一个示范。这样的抽象还可以继续进行下去,但是没有必要进行过度的抽象,因为抽象的目的还是解释语言现象。

还有很多层级相关的问题值得探讨,比如我们可以分析根节点的配价能力,该能力确定了依存树第 2 层的宽度,类似地,第 2 层、第 3 层、第 4 层等的节点的词性、配价能力、依存距离、对应宽度等都是值得探讨的问题,这些问题我们留待将来继续探讨。

之前探讨的位置、长度、层级等都是针对某个节点而言的。这些节点共同构成了完整的依存树,节点的这些属性也影响着依存树的基本树形。看待一棵大自然中的树,我们首先会看这棵树有多高,树冠有多大。对于依存树,我们可以进行类似的探讨。所以接下来的两节,我们将从两个维度来探讨依存树的树形特征:一个是依存树的宽度(树宽),另外一个是依存树的高度(树高)。

我们先考察树宽。在依存树中,位于同一个层级的词形成的组合是一种特殊的动态组合,这种组合有什么样的特征呢?这需要我们进一步去探索、去发现。

## 4.9　树宽分布比较

### 4.9.1　引　言

按照刘海涛定义的方式(刘海涛 2017a),依存树最上层的节点位于第 1 层,一般为谓词。其从属词位于第 2 层,然后依此类推。就这样,通过从属词放在其支配词下方的方式,依存树的层级得以确认。

位于某一层级的词是一种特殊的动态组合。可以说,依存树某一个层级的宽度是其上一层节点的所有配价能力的总和。比如,第 2 层的宽度是第 1 层的词(即根节点)的配价能力在数量上的体现,类似地,第 3 层则为第 2 层配价能力的总和。根节点的配价能力会影响依存树第 2 层的宽度。

本研究定义拥有最多节点的那一层为最宽的层级,该层的节点数就是依存结构句法树的宽度,该宽度定义与图论的定义(如 Harary 1969;West 2001;Bondy & Murty 2008)稍有差别的是:本研究这样定义的树宽比图论定义得到的结果大 1。

位于某一层级的词体现的是上一个层级的词在句中实现了的配价能力的总和,因此,我们假设宽度的分布将和广义配价的分布方式一致,其动链也与广义配价动链方式一致。如 4.4 节所示,广义配价符合修正过的齐阿分布,其动链符合齐曼分布。这两种分布方式均能为多种语言单位/属性建模(Köhler 2015)。

因此,我们提出以下研究问题。

问题4.9.1:树宽的秩频分布是否符合齐阿分布？中、英文依存树的树宽分布有何异同？

问题4.9.2:树宽与频次之间的关系如何？中、英文依存树树宽与频次之间关系有何异同？

问题4.9.3:树宽的动链是否符合齐曼分布或者齐阿分布？中、英文依存树树宽的动链有何异同？

这三个问题从三个不同的角度交叉验证树宽的语言学地位，并且探寻中文和英文在依存树树宽方面的异同。

## 4.9.2 结果与分析

### 4.9.2.1 树宽秩频分布

表4.101和表4.102分别是中文子库和英文子库中树宽的秩频分布情况。中文的前15个树宽排序基本一致，英文的前11个树宽排序基本一致。图4.42为两种语言对比的树宽秩频，各种语言内6个子库曲线基本重合。数据和图示再次验证了同一种语言中各个子库之间数据的同质性。

表4.101 中文子库中树宽分布

| 频序 | % | C1 | | C2 | | C3 | | C4 | | C5 | | C6 | |
|---|---|---|---|---|---|---|---|---|---|---|---|---|---|
| | | 树宽 | 频次 | 树宽 | 频次 | 树宽 | 频次 | 树宽 | 频次 | 树宽 | 频次 | 树宽 | 频次 |
| 1 | 15.6—16.9 | 5 | 343 | 5 | 352 | 5 | 364 | 5 | 349 | 5 | 333 | 4 | 318 |
| 2 | 12.9—15.7 | 4 | 310 | 4 | 339 | 4 | 328 | 4 | 300 | 4 | 328 | 5 | 317 |
| 3 | 11.7—13.5 | 6 | 288 | 6 | 263 | 6 | 251 | 6 | 293 | 6 | 272 | 7 | 249 |
| 4 | 10.5—11.8 | 3 | 262 | 7 | 227 | 7 | 240 | 3 | 255 | 3 | 244 | 6 | 248 |
| 5 | 9.4—11.5 | 7 | 209 | 3 | 203 | 3 | 227 | 7 | 204 | 7 | 228 | 3 | 243 |
| 6 | 7.5—8.6 | 8 | 163 | 8 | 181 | 8 | 185 | 8 | 172 | 8 | 168 | 8 | 179 |
| 7 | 6.5—7.1 | 2 | 144 | 2 | 154 | 2 | 139 | 2 | 147 | 2 | 150 | 2 | 139 |
| 8 | 5.4—6.1 | 9 | 129 | 9 | 124 | 9 | 119 | 9 | 132 | 9 | 115 | 9 | 122 |
| 9 | 3.6—4.6 | 1 | 91 | 10 | 84 | 10 | 83 | 10 | 91 | 1 | 99 | 10 | 75 |
| 10 | 2.7—4.0 | 10 | 86 | 1 | 72 | 1 | 69 | 1 | 64 | 1 | 57 | 11 | 61 |
| 11 | 2.3—2.8 | 11 | 57 | 11 | 54 | 11 | 55 | 11 | 61 | 11 | 51 | 1 | 48 |
| 12 | 1.4—2.1 | 12 | 32 | 12 | 42 | 12 | 42 | 12 | 38 | 12 | 30 | 12 | 45 |
| 13 | 0.7—1.4 | 13 | 24 | 13 | 21 | 13 | 15 | 13 | 20 | 13 | 29 | 13 | 19 |
| 14 | 0.5—0.8 | 14 | 15 | 15 | 12 | 14 | 12 | 14 | 15 | 14 | 10 | 14 | 17 |

| 频序 | % | C1 | | C2 | | C3 | | C4 | | C5 | | C6 | |
|---|---|---|---|---|---|---|---|---|---|---|---|---|---|
| | | 树宽 | 频次 | 树宽 | 频次 | 树宽 | 频次 | 树宽 | 频次 | 树宽 | 频次 | 树宽 | 频次 |
| 15 | 0.3—0.6 | 15 | 8 | 14 | 12 | 15 | 11 | 15 | 8 | 15 | 7 | 17 | 9 |
| 16 | 0.1—0.3 | 18 | 3 | 16 | 7 | 17 | 4 | 16 | 6 | 17 | 7 | 15 | 7 |
| 17 | 0.1—0.3 | 16 | 2 | 17 | 3 | 16 | 4 | 19 | 4 | 16 | 3 | 16 | 6 |
| 18 | 0—0.1 | 22 | 1 | 22 | 1 | 18 | 3 | 18 | 1 | 20 | 3 | 19 | 1 |
| 19 | 0—0.1 | 32 | 1 | 19 | 1 | 21 | 1 | 20 | 1 | 22 | 2 | 18 | 1 |
| 20 | 0.0 | 21 | 1 | 18 | 1 | 24 | 1 | 92 | 1 | 19 | 1 | 21 | 1 |
| 21 | 0.0 | 41 | 1 | 20 | 1 | | | 17 | 1 | 29 | 1 | | |
| 22 | 0.0 | 17 | 1 | | | | | | | | | | |
| 23 | 0.0 | 24 | 1 | | | | | | | | | | |
| 汇总 | | | 2172 | | 2154 | | 2153 | | 2163 | | 2138 | | 2105 |
| 平均 | | 5.77 | | 5.87 | | 5.85 | | 5.90 | | 5.86 | | 5.95 | |

**表 4.102　英文子库中树宽分布**

| 频序 | % | E1 | | E2 | | E3 | | E4 | | E5 | | E6 | |
|---|---|---|---|---|---|---|---|---|---|---|---|---|---|
| | | 树宽 | 频次 | 树宽 | 频次 | 树宽 | 频次 | 树宽 | 频次 | 树宽 | 频次 | 树宽 | 频次 |
| 1 | 19.9—21.8 | 5 | 406 | 5 | 392 | 4 | 416 | 5 | 413 | 5 | 424 | 4 | 450 |
| 2 | 18.7—21.4 | 4 | 379 | 4 | 379 | 5 | 408 | 4 | 388 | 4 | 387 | 5 | 443 |
| 3 | 15.7—18.2 | 6 | 365 | 6 | 339 | 6 | 365 | 6 | 325 | 6 | 336 | 6 | 353 |
| 4 | 10.7—12.6 | 3 | 239 | 7 | 234 | 3 | 256 | 3 | 272 | 7 | 215 | 3 | 223 |
| 5 | 9.9—12.0 | 7 | 221 | 3 | 234 | 7 | 188 | 7 | 249 | 3 | 208 | 7 | 205 |
| 6 | 5.5—6.9 | 8 | 137 | 8 | 135 | 8 | 136 | 8 | 132 | 8 | 130 | 8 | 113 |
| 7 | 3.8—4.6 | 9 | 76 | 9 | 92 | 2 | 76 | 2 | 96 | 2 | 90 | 2 | 85 |
| 8 | 3.7—4.2 | 2 | 74 | 2 | 80 | 9 | 75 | 9 | 86 | 9 | 76 | 9 | 85 |
| 9 | 1.4—2.4 | 10 | 29 | 10 | 32 | 10 | 42 | 10 | 40 | 10 | 48 | 10 | 46 |
| 10 | 1.1—1.6 | 11 | 25 | 11 | 27 | 11 | 22 | 11 | 31 | 11 | 33 | 1 | 25 |
| 11 | 0.3—1.0 | 1 | 20 | 1 | 6 | 1 | 19 | 1 | 16 | 1 | 21 | 11 | 17 |
| 12 | 0.4—0.8 | 12 | 16 | 14 | 5 | 12 | 12 | 13 | 9 | 12 | 13 | 13 | 13 |
| 13 | 0.2—0.5 | 13 | 5 | 12 | 4 | 13 | 4 | 12 | 8 | 13 | 11 | 12 | 6 |
| 14 | 0.1—0.2 | 15 | 3 | 15 | 2 | 14 | 2 | 14 | 3 | 14 | 5 | 14 | 2 |
| 15 | 0.0—0.1 | 14 | 2 | 20 | 1 | 18 | 1 | 30 | 1 | 16 | 3 | 16 | 2 |
| 16 | 0.0—0.1 | 18 | 1 | 25 | 1 | 15 | 1 | 16 | 1 | 15 | 2 | | |

**续表**

| 频序 | % | E1 | | E2 | | E3 | | E4 | | E5 | | E6 | |
|---|---|---|---|---|---|---|---|---|---|---|---|---|---|
| | | 树宽 | 频次 | 树宽 | 频次 | 树宽 | 频次 | 树宽 | 频次 | 树宽 | 频次 | 树宽 | 频次 |
| 17 | 0.0—0.1 | 20 | 1 | 17 | 1 | 17 | 1 | 15 | 1 | 21 | 1 | | |
| 18 | 0.0—0.1 | 29 | 1 | 13 | 1 | | | 20 | 1 | 20 | 1 | | |
| 19 | 0.0—0.1 | 25 | 1 | | | | | | | 27 | 1 | | |
| 20 | 0.0—0.1 | | | | | | | | | 17 | 1 | | |
| 21 | 0.0—0.1 | | | | | | | | | 22 | 1 | | |
| 汇总 | | | 2001 | | 1965 | | 2024 | | 2072 | | 2007 | | 2068 |
| 平均 | | 5.46 | | 5.48 | | 5.36 | | 5.43 | | 5.55 | | 5.34 | |

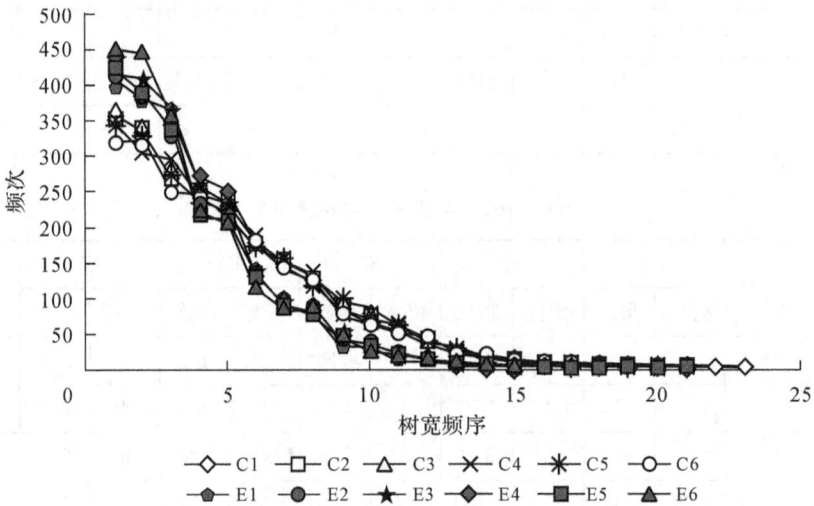

图 4.42　树宽秩频

齐阿分布与树宽秩频数据拟合，决定系数 $R^2$ 的范围是 0.9017—0.9760，拟合的结果肯定地回答了研究问题 4.9.1，并说明树宽是多样化进程的结果（Altmann 1991）。

用混合负二项分布拟合数据，其决定系数 $R^2$ 均在 0.9840 以上（表 4.103），这个结果比之前的模型拟合效果好很多。贝连科、科勒和璐曼（Beliankou,Köhler & Naumann 2013）指出，两种多样化进程可能会导致混合的分布，这两种进程均可能导致负二项分布，但是分布的参数不同。我们认为，这里的两种多样化进程既包括了树宽的多样化进程，也包含了句长的多样化进程。为了证明这个假设，我们需要证明树宽的分布也符合负二项分布。因为树宽不可能为 0，$P_0 = 0$，我们需要验证的是零截尾的负二项分布（positive negative binomial distribution）。数据如表 4.104 所示，拟合结果令人满意，决定系数 $R^2$ 均在 0.9700 以上。

表 4.103 用混合负二项分布拟合树宽秩频分布

| 子库 | $X^2$ | $P(X^2)$ | $C$ | DF | $R^2$ | $k$ | $p_1$ | $p_2$ | $\alpha$ | $N$ | $x$-max |
|------|-------|----------|-----|-----|-------|-----|-------|-------|----------|-----|---------|
| C1 | 24.23 | 0.0612 | 0.0112 | 15 | 0.9866 | 6.33 | 0.86 | 0.54 | 0.36 | 2172 | 23 |
| C2 | 16.57 | 0.3450 | 0.0077 | 15 | 0.9933 | 5.99 | 0.85 | 0.54 | 0.35 | 2154 | 21 |
| C3 | 18.01 | 0.2065 | 0.0084 | 14 | 0.9933 | 6.34 | 0.88 | 0.55 | 0.34 | 2153 | 20 |
| C4 | 19.08 | 0.2102 | 0.0088 | 15 | 0.9840 | 6.39 | 0.86 | 0.54 | 0.36 | 2163 | 21 |
| C5 | 15.08 | 0.4458 | 0.0071 | 15 | 0.9935 | 6.35 | 0.86 | 0.54 | 0.36 | 2138 | 21 |
| C6 | 29.68 | 0.0131 | 0.0141 | 15 | 0.9843 | 6.62 | 0.87 | 0.55 | 0.34 | 2105 | 20 |
| E1 | 25.26 | 0.0213 | 0.0126 | 13 | 0.9892 | 1.75 | 0.39 | 0.03 | 1.00 | 2001 | 19 |
| E2 | 38.31 | 0.0001 | 0.0195 | 12 | 0.9844 | 1.94 | 0.42 | 0.05 | 1.00 | 1965 | 18 |
| E3 | 14.41 | 0.2755 | 0.0071 | 12 | 0.9967 | 1.75 | 0.40 | 0.03 | 1.00 | 2024 | 17 |
| E4 | 32.03 | 0.0024 | 0.0155 | 13 | 0.9837 | 1.81 | 0.39 | 0.04 | 1.00 | 2072 | 18 |
| E5 | 13.94 | 0.5297 | 0.0069 | 15 | 0.9938 | 1.48 | 0.34 | 0.03 | 1.00 | 2007 | 21 |
| E6 | 29.13 | 0.0012 | 0.0141 | 10 | 0.9921 | 1.56 | 0.37 | 0.04 | 1.00 | 2068 | 15 |

表 4.104 用零截尾的负二项分布拟合树宽秩频分布

| 子库 | $X^2$ | $P(X^2)$ | $C$ | DF | $R^2$ | $k$ | $p$ | $N$ | $x$-max |
|------|-------|----------|-----|-----|-------|-----|-----|-----|---------|
| C1 | 44.89 | 0.0011 | 0.0207 | 20 | 0.9825 | 2.35 | 0.34 | 2172 | 23 |
| C2 | 45.93 | 0.0003 | 0.0213 | 18 | 0.9733 | 2.22 | 0.33 | 2154 | 21 |
| C3 | 48.42 | 0.0001 | 0.0225 | 17 | 0.9700 | 2.23 | 0.34 | 2153 | 20 |
| C4 | 40.13 | 0.0020 | 0.0186 | 18 | 0.9794 | 2.34 | 0.34 | 2163 | 21 |
| C5 | 30.90 | 0.0295 | 0.0145 | 18 | 0.9837 | 2.39 | 0.35 | 2138 | 21 |
| C6 | 35.46 | 0.0054 | 0.0168 | 17 | 0.9769 | 2.48 | 0.35 | 2105 | 20 |
| E1 | 22.53 | 0.0684 | 0.0113 | 14 | 0.9917 | 2.56 | 0.44 | 2001 | 19 |
| E2 | 29.39 | 0.0058 | 0.015 | 13 | 0.9883 | 3.19 | 0.49 | 1965 | 18 |
| E3 | 12.52 | 0.5650 | 0.0062 | 14 | 0.9971 | 2.71 | 0.46 | 2024 | 17 |
| E4 | 22.85 | 0.0628 | 0.011 | 14 | 0.9887 | 2.82 | 0.46 | 2072 | 18 |
| E5 | 11.84 | 0.7549 | 0.0059 | 16 | 0.9944 | 2.00 | 0.38 | 2007 | 21 |
| E6 | 28.45 | 0.0047 | 0.0138 | 12 | 0.9895 | 2.36 | 0.43 | 2068 | 15 |

因此,我们认为混合负二项分布是为树宽秩频分布建模比较合适的模型。由表 4.103 可见,参数 $k$、$p_1$、$p_2$、$\alpha$ 在同一种语言中均表现一致,均与另一种语言有着显著差异:独立样本 $t$ 检验表明,中文 $k$ 参数($M=6.337, SD=0.202$)显著大于英文 $k$ 参数($M=1.715, SD=0.168$)($t=43.105, p<0.001, 95\%CI=4.383$—$4.861$);中文 $p_1$ 参数($M=0.863, SD=0.010$)显著大于英文 $p_1$ 参数($M=0.385, SD=0.027$)($t=40.031, p<0.001, 95\%CI=0.452$—$0.505$);中文 $p_2$ 参数($M=0.543, SD=0.005$)显著大于英文 $p_2$ 参数($M=0.037$,

$SD=0.008$)($t=128.463, p<0.001, 95\%CI=0.498—0.515$);中文 $\alpha$ 参数($M=0.352, SD=0.01$)显著小于英文 $\alpha$ 参数($M=1, SD=0$)($t=-161.523, p<0.001, 95\%CI=-0.639—-0.638$)。因此,这几个参数能用来区分中文和英文。

### 4.9.2.2 树宽与频次之间的关系

我们继续研究问题 4.9.2,即宽度与频次之间的关系。将表 4.101、表 4.102 中的数据进行重新排序,即得到了表 4.105(中文)和表 4.106(英文)的相关数据。

表 4.105 中文子库中树宽与频次之间的关系

| C1 | | C2 | | C3 | | C4 | | C5 | | C6 | |
|---|---|---|---|---|---|---|---|---|---|---|---|
| 宽度 | 频次 | 宽度 | 频次 | 宽度 | 频次 | 宽度 | 频次 | 宽度 | 频次 | 宽度 | 频次 |
| 1 | 91 | 1 | 72 | 1 | 69 | 1 | 64 | 1 | 57 | 1 | 48 |
| 2 | 144 | 2 | 154 | 2 | 139 | 2 | 147 | 2 | 150 | 2 | 139 |
| 3 | 262 | 3 | 203 | 3 | 227 | 3 | 255 | 3 | 244 | 3 | 243 |
| 4 | 310 | 4 | 339 | 4 | 328 | 4 | 300 | 4 | 328 | 4 | 318 |
| 5 | 343 | 5 | 352 | 5 | 364 | 5 | 349 | 5 | 333 | 5 | 317 |
| 6 | 288 | 6 | 263 | 6 | 251 | 6 | 293 | 6 | 272 | 6 | 248 |
| 7 | 209 | 7 | 227 | 7 | 240 | 7 | 204 | 7 | 228 | 7 | 249 |
| 8 | 163 | 8 | 181 | 8 | 185 | 8 | 172 | 8 | 168 | 8 | 179 |
| 9 | 129 | 9 | 124 | 9 | 119 | 9 | 132 | 9 | 115 | 9 | 122 |
| 10 | 86 | 10 | 84 | 10 | 83 | 10 | 91 | 10 | 99 | 10 | 75 |
| 11 | 57 | 11 | 54 | 11 | 55 | 11 | 61 | 11 | 51 | 11 | 61 |
| 12 | 32 | 12 | 42 | 12 | 42 | 12 | 38 | 12 | 30 | 12 | 45 |
| 13 | 24 | 13 | 21 | 13 | 15 | 13 | 20 | 13 | 29 | 13 | 19 |
| 14 | 15 | 14 | 12 | 14 | 12 | 14 | 15 | 14 | 10 | 14 | 17 |
| 15 | 8 | 15 | 12 | 15 | 11 | 15 | 8 | 15 | 7 | 15 | 7 |
| 16 | 2 | 16 | 7 | 16 | 4 | 16 | 6 | 16 | 3 | 16 | 6 |
| 17 | 1 | 17 | 3 | 17 | 4 | 17 | 1 | 17 | 7 | 17 | 9 |
| 18 | 3 | 18 | 1 | 18 | 3 | 18 | 1 | 19 | 1 | 18 | 1 |
| 21 | 1 | 19 | 1 | 21 | 1 | 19 | 4 | 20 | 3 | 19 | 1 |
| 22 | 1 | 20 | 1 | 24 | 1 | 20 | 1 | 22 | 2 | 21 | 1 |
| 24 | 1 | 22 | 1 | | | 92 | 1 | 29 | 1 | | |
| 32 | 1 | | | | | | | | | | |
| 41 | 1 | | | | | | | | | | |
| 汇总 | 2172 | | 2154 | | 2153 | | 2163 | | 2138 | | 2105 |

表 4.106　英文子库中树宽与频次之间的关系

| E1 | | E2 | | E3 | | E4 | | E5 | | E6 | |
|---|---|---|---|---|---|---|---|---|---|---|---|
| 宽度 | 频次 | 宽度 | 频次 | 宽度 | 频次 | 宽度 | 频次 | 宽度 | 频次 | 宽度 | 频次 |
| 1 | 20 | 1 | 6 | 1 | 19 | 1 | 16 | 1 | 21 | 1 | 25 |
| 2 | 74 | 2 | 80 | 2 | 76 | 2 | 96 | 2 | 90 | 2 | 85 |
| 3 | 239 | 3 | 234 | 3 | 256 | 3 | 272 | 3 | 208 | 3 | 223 |
| 4 | 379 | 4 | 379 | 4 | 416 | 4 | 388 | 4 | 387 | 4 | 450 |
| 5 | 406 | 5 | 392 | 5 | 408 | 5 | 413 | 5 | 424 | 5 | 443 |
| 6 | 365 | 6 | 339 | 6 | 365 | 6 | 325 | 6 | 336 | 6 | 353 |
| 7 | 221 | 7 | 234 | 7 | 188 | 7 | 249 | 7 | 215 | 7 | 205 |
| 8 | 137 | 8 | 135 | 8 | 136 | 8 | 132 | 8 | 130 | 8 | 113 |
| 9 | 76 | 9 | 92 | 9 | 75 | 9 | 86 | 9 | 76 | 9 | 85 |
| 10 | 29 | 10 | 32 | 10 | 42 | 10 | 40 | 10 | 48 | 10 | 46 |
| 11 | 25 | 11 | 27 | 11 | 22 | 11 | 31 | 11 | 33 | 11 | 17 |
| 12 | 16 | 12 | 4 | 12 | 12 | 12 | 8 | 12 | 13 | 12 | 6 |
| 13 | 5 | 13 | 1 | 13 | 4 | 13 | 9 | 13 | 11 | 13 | 13 |
| 14 | 2 | 14 | 5 | 14 | 2 | 14 | 3 | 14 | 5 | 14 | 2 |
| 15 | 3 | 15 | 2 | 15 | 1 | 15 | 1 | 15 | 2 | 16 | 2 |
| 18 | 1 | 17 | 1 | 17 | 1 | 16 | 1 | 16 | 3 | | |
| 20 | 1 | 20 | 1 | 18 | 1 | 20 | 1 | 17 | 1 | | |
| 25 | 1 | 25 | 1 | | | 30 | 1 | 20 | 1 | | |
| 29 | 1 | | | | | | | 21 | 1 | | |
| | | | | | | | | 22 | 1 | | |
| | | | | | | | | 27 | 1 | | |
| 汇总 | 2001 | | 1965 | | 2024 | | 2072 | | 2007 | | 2068 |

图 4.43 是树宽和频次之间的关系图。为了使趋势更清晰可见一些,中文一例树宽为 92 的未呈现。同一种语言的曲线基本重合。

我们认为宽度是多样化进程的结果,宽度 $x$ 是在宽度 $x-1$ 的基础上形成的,也就是说,新的宽度的出现依存于已有的宽度,为了简单便捷起见,一般只考虑相邻的宽度,因此宽度 $x$ 的概率与宽度 $x-1$ 的概率成比例(Altmann 1991)。

表 4.105 和表 4.106 的数据表明,依存树的形成受到一些可能因素的影响,比如:

1)句子长度影响树宽。我们用数量 $b$ 表示这种倾向。

2)句宽代表其上一层所有词的广义配价,因此配价的增加也会导致树宽的增加。我们用数量 $a$ 表示这种影响。

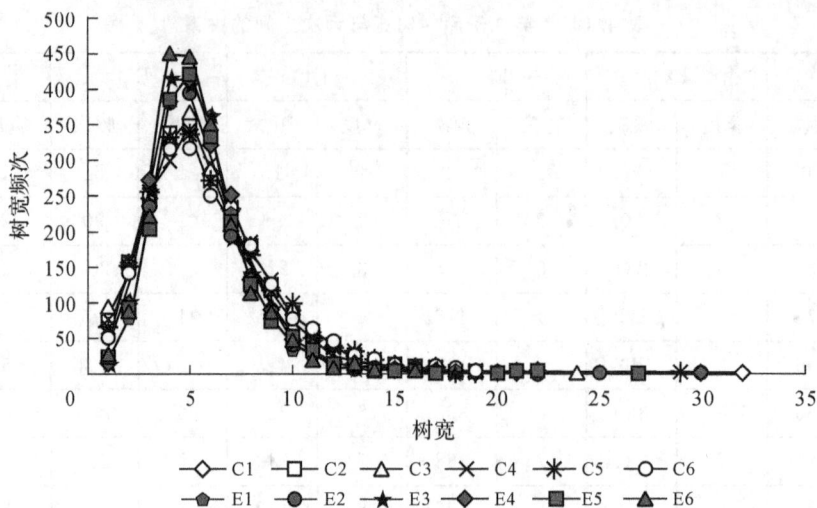

图 4.43　树宽和频次关系

3)在所有的子库中,出现最多的树宽是 4 和 5。在这个宽度之前,树宽的频次随着句宽而增加,而在树宽超过 4/5 时,趋势完全相反,随着树宽增加,频次降低。但是总体趋势还是频次随着树宽 $x$ 增加而下降。

以上因素综合起来,我们用公式

$$P_x = \frac{a+bx}{x}P_{x-1} \tag{4.6}$$

为句宽和频次进行建模。

用 $a/b = k-1, b = q$ 进行替换,即得到负二项分布:

$$P_x = \binom{k+x-1}{x} p^k q^x, \quad x = 0,1,\cdots \tag{4.7}$$

因为树宽最小为 1,$P_0 = 0$,所以 $x = 1, 2, \cdots$ 这就是前面提到的零截尾的负二项分布:

$$P_x = \frac{\binom{k+x-1}{x}}{1-p^k} p^k q^x, \quad x = 1,2,\cdots \tag{4.8}$$

将公式 4.8 与数据进行拟合,结果如表 4.107 所示,决定系数 $R^2$ 值都在 0.9400 以上,参数 $p$ 能区分两种语言,结果良好。独立样本 $t$ 检验表明,中文 $p$ 参数($M = 0.648, SD = 0.021$)显著小于英文 $p$ 参数($M = 0.980, SD = 0.030$)($t = -21.896, p < 0.001, 95\%CI = -0.365 \sim -0.298$)。树宽和频次之间的关系再次验证了树宽是一个正常的语言属性,是多样化进程的结果。

表 4.107　将零截尾的负二项模型与树宽-频次关系进行拟合

| 子库 | $X^2$ | $P(X^2)$ | $C$ | DF | $R^2$ | $k$ | $p$ | $N$ | $x$-max |
|---|---|---|---|---|---|---|---|---|---|
| C1 | 27.28 | 0.0385 | 0.0126 | 16 | 0.9901 | 9.50 | 0.62 | 2172 | 41 |
| C2 | 31.56 | 0.0114 | 0.0147 | 16 | 0.9763 | 11.20 | 0.66 | 2154 | 22 |
| C3 | 34.46 | 0.0047 | 0.016 | 16 | 0.979 | 12.34 | 0.68 | 2153 | 24 |
| C4 | 32.90 | 0.0048 | 0.0152 | 15 | 0.9904 | 14.13 | 0.71 | 2163 | 92 |
| C5 | 51.72 | 0.0000 | 0.0242 | 16 | 0.9858 | 9.94 | 0.63 | 2138 | 29 |
| C6 | 42.97 | 0.0003 | 0.0204 | 16 | 0.9815 | 10.91 | 0.65 | 2105 | 21 |
| E1 | 127.63 | 0.0000 | 0.0638 | 12 | 0.9607 | 645.1 | 0.99 | 2001 | 29 |
| E2 | 122.31 | 0.0000 | 0.0622 | 12 | 0.9641 | 267.06 | 0.98 | 1965 | 25 |
| E3 | 112.01 | 0.0000 | 0.0553 | 11 | 0.9436 | 1332.53 | 1.00 | 2024 | 18 |
| E4 | 83.13 | 0.0000 | 0.0401 | 11 | 0.9762 | 359.81 | 0.99 | 2072 | 30 |
| E5 | 137.19 | 0.0000 | 0.0684 | 12 | 0.9453 | 66.58 | 0.92 | 2007 | 27 |
| E6 | 146.83 | 0.0000 | 0.071 | 11 | 0.9215 | 1155.79 | 1.00 | 2068 | 16 |

#### 4.9.2.3　树宽动链分布

这个部分探讨本节第三个研究问题,检验树宽动链是否符合齐曼分布。

我们首先获取动链的数据。以 C1 前 20 个句子(其树宽分别是:4、2、1、5、1、4、14、4、4、6、8、5、4、4、4、6、8、5、4、6)为例,按照数字型动链是不下降的数值(包含增值或者等值)序列的定义,这 20 个句子对应的动链是:

4

2

1—5

1—4—14

4—4—6—8

5

4—4—4—6—8

5

4-6

第 1 个动链只有 4 这一个值,因为后面的 2 比 4 小。同样,第 3 个动链是 1—5,因为接下来的句子的宽度为 1。从这 20 个句子呈现出来的趋势看,只有一个树宽的动链(即长度为 1 的动链)可能最常见(此处有 4 个),其次是长度为 2 的动链(此处有 2 个)。从此例看,动链越长,其概率会越低。数据似乎呈现出句宽的某种波浪形分布模式。

表 4.108 汇总了相关数据。中文中树宽动链的类型比英文中的多,但因为例符也稍微

多一些,所以型例比比英文稍微多一些。类似的,中文树宽动链的熵稍高于英文。

表 4.108　树宽动链数据汇总

| 子库 | 型符 | 例符 | 型例比 | 熵 | 重复率 | 子库 | 型符 | 例符 | 型例比 | 熵 | 重复率 |
|---|---|---|---|---|---|---|---|---|---|---|---|
| C1 | 350 | 977 | 0.36 | 7.33 | 0.01 | E1 | 259 | 871 | 0.30 | 6.79 | 0.02 |
| C2 | 352 | 946 | 0.37 | 7.35 | 0.01 | E2 | 278 | 828 | 0.34 | 6.87 | 0.02 |
| C3 | 334 | 966 | 0.35 | 7.22 | 0.02 | E3 | 284 | 834 | 0.34 | 7.05 | 0.02 |
| C4 | 355 | 945 | 0.38 | 7.39 | 0.01 | E4 | 275 | 887 | 0.31 | 6.87 | 0.02 |
| C5 | 348 | 953 | 0.37 | 7.34 | 0.01 | E5 | 288 | 853 | 0.34 | 6.93 | 0.02 |
| C6 | 341 | 927 | 0.37 | 7.32 | 0.01 | E6 | 273 | 864 | 0.32 | 6.91 | 0.02 |

　　齐曼分布模型拟合数据结果良好,决定系数 $R^2$ 为 0.9591—0.9909。

　　出现频次最高的 10 种树宽动链如表 4.109 所示。数据体现了语言之间的异同点。最为常见的动链长度为 1 或者 2(包含 1 到 2 个树宽)。其中长度为 1 的排序更靠前。在中文数据中,树宽为 5、6、7 且其后的树宽更小的情况(即树宽为 5、6、7 各自单独成为一个动链)最为常见,且频次依次降低。动链为 4 的情况比较有意思:绝大部分情况下排序为第 4,但是在所有的情况下,动链为 4 都比动链为 3 的情况更多见。排序 7 到 10 的动链长度基本上均为 2(C3 例外)。与中文数据不同的是,动链为 3 和 8 的在英文数据中并没有名列前10。进入前 10 的更多的是动链长度为 2 的情况。动链为宽度 5、6、4、7 的情况最为常见,唯一的例外是 E1 中动链为 7 排序到了第 12。

表 4.109　出现频次最高的 10 种树宽动链

| 频序 | C1 | C2 | C3 | C4 | C5 | C6 | % |
|---|---|---|---|---|---|---|---|
| 1 | 5 | 5 | 5 | 5 | 5 | 4 | 5.2—6.6 |
| 2 | 6 | 6 | 4 | 6 | 6 | 5 | 4.1—5.7 |
| 3 | 7 | 7 | 6 | 7 | 7 | 6 | 3.9—5.1 |
| 4 | 4 | 4 | 7 | 4 | 4 | 7 | 3.0—4.4 |
| 5 | 3 | 3 | 3 | 3 | 8 | 9 | 2.3—3.1 |
| 6 | 8 | 8 | 4+8 | 8 | 3 | 3 | 2.0—2.6 |
| 7 | 4+6 | 5+5 | 8 | 5+6 | 4+6 | 4+7 | 1.7—2.5 |
| 8 | 4+8 | 5+9 | 5+6 | 4+6 | 3+7 | 8 | 1.5—2.0 |
| 9 | 3+7 | 4+8 | 4+5 | 3+7 | 5+7 | 3+6 | 1.4—1.7 |
| 10 | 5+6 | 4+7 | 3+7 | 3+6 | 4+5 | 3+7 | 1.3—1.6 |
| 频序 | E1 | E2 | E3 | E4 | E5 | E6 | % |
| 1 | 5 | 5 | 5 | 5 | 5 | 5 | 7.2—8.0 |
| 2 | 6 | 6 | 6 | 6 | 6 | 6 | 5.0—7.4 |

| 频序 | E1 | E2 | E3 | E4 | E5 | E6 | % |
|---|---|---|---|---|---|---|---|
| 3 | 4 | 4 | 4 | 4 | 4 | 4 | 4.0-5.1 |
| 4 | 3+6 | 4+7 | 4+7 | 4+7 | 7 | 4+6 | 2.8-3.6 |
| 5 | 4+7 | 7 | 4+6 | 4+6 | 4+7 | 4+7 | 2.5-3.2 |
| 6 | 4+5 | 4+6 | 7 | 7 | 4+6 | 3+6 | 2.3-3.0 |
| 7 | 5+7 | 3+6 | 3+6 | 3+6 | 3+6 | 4+5 | 2.3-2.7 |
| 8 | 4+6 | 4+5 | 3+7 | 3+5 | 4+5 | 7 | 2.0-2.5 |
| 9 | 3+5 | 5+7 | 4+8 | 4+5 | 3+7 | 5+6 | 2.0-2.3 |
| 10 | 5+6 | 3+7 | 4+5 | 5+6 | 5+5 | 5+7 | 1.8-2.1 |

我们认为这种特殊的动链分布方式与句长的节奏模式相关。这里我们先用两幅简单的图来展示这种依存关系。图 4.44、图 4.45 分别是 C1 和 E1 前 100 个句子的句长和树宽时序,实线为树宽曲线,虚线为句长曲线,图中相关清晰可见。句长和树宽在中文和英文中的相关分别为 0.884 和 $0.719(p=0.000)$。

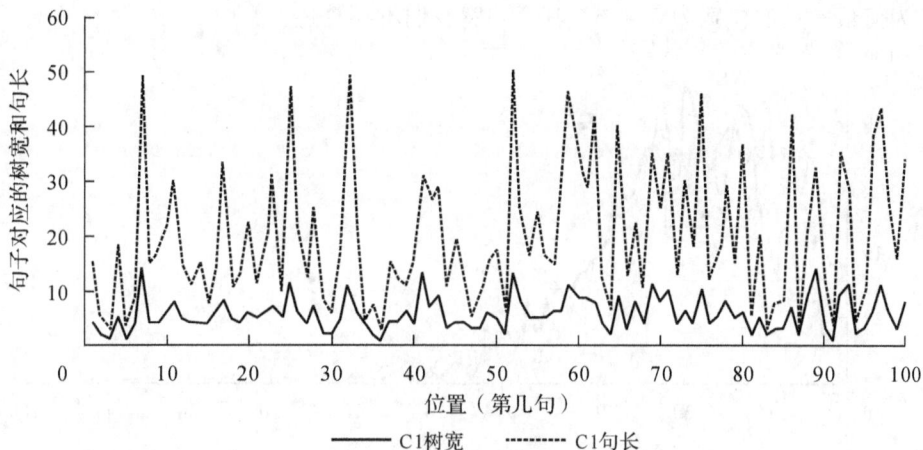

图 4.44 C1 前 100 句树宽和句长时序

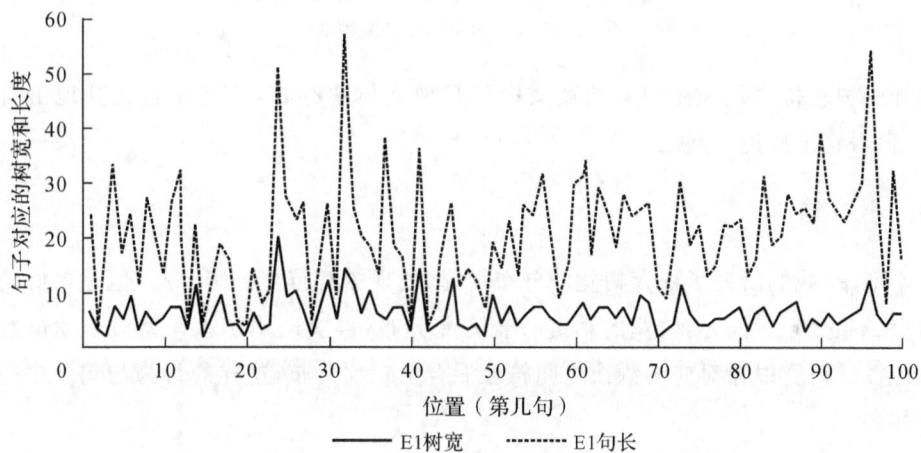

图 4.45 E1 前 100 句树宽和句长时序

但是这种相关并非严格的一一对应关系。树宽也是广义配价的结果,广义配价的分布我们在4.4节进行了探讨。

为何有些宽度比其他宽度更为常见呢？我们将在4.9.2.4节进行探讨。

### 4.9.2.4 一些树宽的分析

从表4.101(中文子库中树宽分布)和表4.102(英文子库中树宽分布)中可见,两种语言中最常见的7种树宽都是5、4、6、3、7、8、9。树宽的分布取决于句长的分布,因此只要分析句长的分布,我们就能理解树宽为何呈现出这样的特殊规律了。这种树宽与句长之间的关系与刘海涛和敬应奇(2016)的研究结果相同。

附表4是C1和E1句长以及对应的平均树宽和树高的数据。图4.46是C1和E1句长频次的图示。在此,我们只举例说明E1子库中最常见的两种树宽。在E1中,句长18—20最为频繁,这些句长的平均树宽都接近5。在其之前的句长12—15出现频次较高,它们对应的平均树宽约为4;在其之后的句长22—25也是比较常见的,其平均树宽约为6。这说明了为何最常见的树宽为5、4、6。其余句宽我们不再赘述。

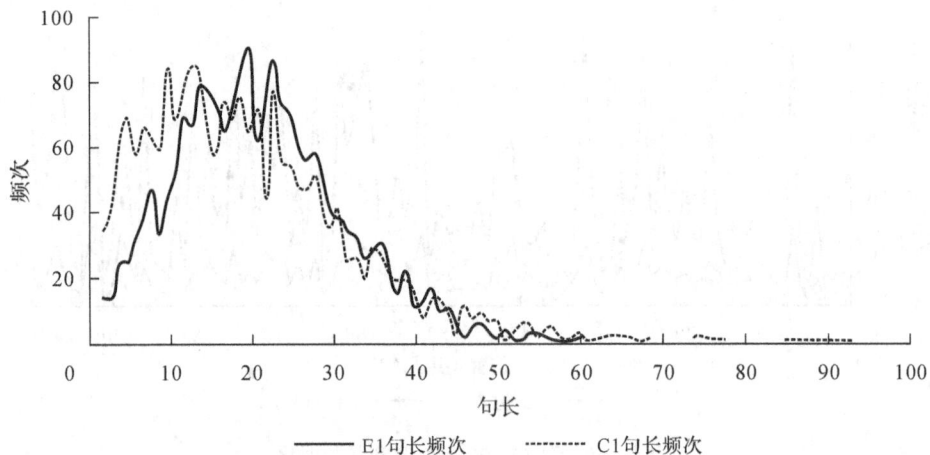

图4.46 C1和E1的句长频次

这样的树宽排序是否在中文和英文中的其他文体中存在,或者是否在其他语言中存在,也是值得将来探讨的问题。

## 4.9.3 小 结

在本节中,我们研究了依存树宽的分布情况,发现树宽符合齐阿分布,但是更好的模型是混合负二项分布。同时,树宽的动链符合齐曼分布,再次证明了该模型对于动链数据的广泛适应性。树宽以及对应的频次之间符合混合负二项分布,这样的行为与句子序列的动态特征相关。

树宽的分布依存于句长的分布,导致部分树宽在两种语言中均出现频次较高的情况,且排序相同。

据我们所知,本研究是第一个确认树宽这个单位/属性的语言学地位的研究。

树宽是依存树所有层级宽度中的最大值,每一层宽度的分布也是值得研究的问题。处于不同层级的词是一种特殊的动态组合关系,我们还可以研究同一层级的词性动链,篇幅有限,我们在此均不再展开。

此外,依存树的宽度也与标注的方式相关,这样的特征是否也存在于其他的依存标注方式[比如普遍依存(universal dependency)标注方式]? 我们需要在将来开展相关的研究来回答这个问题。

基本的依存树的树形取决于树的宽度以及高度。依存树的高度是否拥有和宽度类似的特征呢? 树宽与句长高度相关,那么树高是否也是与句长高度相关的呢? 这些问题有待我们在 4.10 节中一起探讨。

# 4.10　树高分布比较

## 4.10.1　引　言

之前我们探讨了层级的分布(4.8 节),在这个部分的研究中,我们只考虑依存树的最高层级,其数为该依存树的所有层级数,即本研究定义的树的高度。

该依存树高的定义与类似于本研究的图论的定义(Harary 1969;West 2001;Bondy & Murty 2008)稍有差别的是:本研究这样定义的树高比图论定义得到的结果大 1。

我们假设,因为树高属于所有层级里面的一部分数据,应该也是符合刘海涛(2017a)的相关分布的,即混合负二项分布和波利亚分布。此外,在 4.9 节中我们发现,树宽和其频次之间的关系符合零截尾的负二项模型,那么该模型是否能为树高和其频次之间的关系建模?

因此,我们提出以下研究问题:

问题 4.10.1:树高的秩频分布是否符合混合负二项分布和波利亚分布? 树高的秩频分布在中、英文之间有何异同?

问题 4.10.2:树高与频次之间的关系是否符合零截尾的负二项模型? 树高与频次之间的关系在中、英文之间有何异同?

这两个问题从分布和关系两个不同的角度交叉验证树高的语言学地位,并考察两种语言的异同点。

4.10.2 节是结果和分析,将依次回答上述研究问题;4.10.3 节为本节小结。

## 4.10.2 结果和分析

### 4.10.2.1 树高秩频分布

表 4.110 和表 4.111 分别呈现了中文和英文各子库的树高秩频数据。在 4.9 节,我们查看树宽分布的时候,发现中文有 20—23 种树宽,英文有 15—21 种,中文更多一点。而树高的结果相反,中文只有 12—14 种,英文有 17—21 种。我们推断,中文的依存距离大于英文的依存距离(参见 Liu 2007a,2007b)的原因之一是中文中更倾向于将新增加的节点用来增加树宽,而非树高。在后续的研究中,我们需要进一步深入探讨此问题。

表 4.110　中文子库树高秩频数据

| 频序 | % | C1 | | C2 | | C3 | | C4 | | C5 | | C6 | |
|---|---|---|---|---|---|---|---|---|---|---|---|---|---|
| | | 频次 | 树高 | 频次 | 树高 | 频次 | 树高 | 频次 | 树高 | 频次 | 树高 | 频次 | 树高 |
| 1 | 18.1—20.4 | 393 | 6 | 439 | 6 | 419 | 6 | 422 | 6 | 422 | 6 | 386 | 6 |
| 2 | 17.4—18.2 | 384 | 7 | 391 | 5 | 384 | 7 | 393 | 5 | 373 | 7 | 367 | 7 |
| 3 | 16.5—17.4 | 361 | 5 | 364 | 7 | 375 | 5 | 376 | 7 | 368 | 5 | 348 | 5 |
| 4 | 11.8—13.3 | 263 | 4 | 269 | 4 | 253 | 8 | 287 | 4 | 265 | 8 | 274 | 8 |
| 5 | 11.0—12.6 | 254 | 8 | 258 | 8 | 243 | 4 | 239 | 8 | 258 | 4 | 266 | 4 |
| 6 | 6.4—8.1 | 177 | 9 | 138 | 9 | 168 | 3 | 146 | 9 | 143 | 3 | 149 | 9 |
| 7 | 6.2—7.0 | 151 | 3 | 136 | 3 | 134 | 9 | 136 | 3 | 133 | 9 | 136 | 3 |
| 8 | 2.8—3.6 | 73 | 10 | 61 | 10 | 72 | 10 | 60 | 10 | 77 | 10 | 75 | 10 |
| 9 | 2.1—3.2 | 69 | 2 | 58 | 2 | 60 | 2 | 57 | 2 | 44 | 2 | 57 | 2 |
| 10 | 0.8—1.4 | 29 | 11 | 18 | 12 | 27 | 11 | 31 | 11 | 30 | 11 | 27 | 11 |
| 11 | 0.5—0.8 | 10 | 12 | 17 | 11 | 13 | 12 | 10 | 12 | 15 | 12 | 13 | 12 |
| 12 | 0.1—0.4 | 5 | 13 | 2 | 13 | 13 | 13 | 6 | 13 | 8 | 13 | 4 | 13 |
| 13 | 0.0—0.1 | 2 | 14 | 2 | 15 | | | | | 2 | 14 | 2 | 15 |
| 14 | 0.0—0.1 | 1 | 17 | 1 | 16 | | | | | | | 1 | 14 |
| 汇总 | | 2172 | | 2154 | | 2153 | | 2163 | | 2138 | | 2105 | |

表 4.111　英文子库树高秩频数据

| 频序 | % | E1 | | E2 | | E3 | | E4 | | E5 | | E6 | |
|---|---|---|---|---|---|---|---|---|---|---|---|---|---|
| | | 频次 | 树高 | 频次 | 树高 | 频次 | 树高 | 频次 | 树高 | 频次 | 树高 | 频次 | 树高 |
| 1 | 14.9—18.4 | 307 | 7 | 304 | 7 | 326 | 7 | 309 | 6 | 370 | 7 | 334 | 7 |
| 2 | 13.9—15.5 | 289 | 6 | 285 | 8 | 281 | 6 | 307 | 7 | 312 | 6 | 307 | 6 |
| 3 | 12.4—14.0 | 279 | 8 | 244 | 6 | 277 | 8 | 279 | 8 | 258 | 8 | 290 | 8 |

续表

| 频序 | % | E1 | | E2 | | E3 | | E4 | | E5 | | E6 | |
|---|---|---|---|---|---|---|---|---|---|---|---|---|---|
| | | 频次 | 树高 | 频次 | 树高 | 频次 | 树高 | 频次 | 树高 | 频次 | 树高 | 频次 | 树高 |
| 4 | 11.0—12.5 | 221 | 5 | 226 | 9 | 227 | 5 | 253 | 5 | 251 | 5 | 236 | 5 |
| 5 | 9.5—11.1 | 198 | 9 | 215 | 5 | 218 | 9 | 229 | 9 | 191 | 9 | 206 | 9 |
| 6 | 7.6—9.6 | 175 | 10 | 171 | 10 | 175 | 10 | 199 | 4 | 156 | 10 | 158 | 10 |
| 7 | 6.6—8.2 | 141 | 4 | 162 | 4 | 155 | 4 | 136 | 10 | 148 | 4 | 155 | 4 |
| 8 | 4.4—6.3 | 109 | 11 | 123 | 11 | 121 | 11 | 92 | 11 | 100 | 11 | 95 | 11 |
| 9 | 3.3—4.2 | 84 | 3 | 66 | 3 | 70 | 3 | 84 | 3 | 67 | 3 | 84 | 3 |
| 10 | 2.7—3.3 | 66 | 12 | 58 | 12 | 64 | 12 | 59 | 12 | 54 | 12 | 63 | 12 |
| 11 | 1.5—2.7 | 38 | 2 | 48 | 13 | 42 | 13 | 37 | 13 | 31 | 2 | 55 | 13 |
| 12 | 1.2—2.2 | 29 | 13 | 24 | 14 | 24 | 2 | 37 | 2 | 28 | 13 | 45 | 2 |
| 13 | 0.7—1.2 | 24 | 15 | 16 | 15 | 23 | 14 | 22 | 14 | 15 | 14 | 21 | 14 |
| 14 | 0.5—1.0 | 21 | 14 | 15 | 2 | 11 | 15 | 15 | 15 | 14 | 14 | 10 | 15 |
| 15 | 0.2—0.5 | 11 | 16 | 4 | 16 | 6 | 16 | 8 | 16 | 4 | 16 | 5 | 16 |
| 16 | 0.1—0.2 | 5 | 17 | 2 | 17 | 2 | 17 | 5 | 17 | 2 | 17 | 2 | 17 |
| 17 | 0.0—0.1 | 1 | 19 | 2 | 19 | 2 | 19 | 1 | 21 | 2 | 18 | 2 | 19 |
| 18 | 0.0 | 1 | 18 | | | | | | | 1 | 21 | | |
| 19 | 0.0 | 1 | 23 | | | | | | | 1 | 20 | | |
| 20 | 0.0 | 1 | 20 | | | | | | | 1 | 24 | | |
| 21 | 0.0 | | | | | | | | | 1 | 19 | | |
| 汇总 | | 2001 | | 1965 | | 2024 | | 2072 | | 2007 | | 2068 | |

图 4.47 是树高秩频对应的对比图示,同一种语言的曲线基本重合。在树宽曲线中(见图 4.42 树宽秩频图示),中文最初几个频序对应的频次更低一些,到频序为 5 的时候,两种语言基本持平,之后同样频序的中文频次更高。而从图 4.47 中我们可以看到,在最初的几个频序,中文树高的频次更高,此趋势与树宽的正好相反。但是无论是树高还是树宽的秩频数据,其曲线都是极相似的。

和树宽拟合相似,我们也用混合负二项分布拟合秩频数据,拟合结果(表 4.112)优异,所有决定系数 $R^2$ 均超过 0.9640。零截尾负二项(参数为 $k, p$)分布拟合数据也是可行的(表 4.113)。这说明了树高也是两种语言多样化进程的结果。混合负二项分布的拟合结果中,$k$、$p_1$、$p_2$、$\alpha$ 参数在同一种语言中均表现出同质性,同时与另外一种语言有显著的差异:独立样本 $t$ 检验表明,中文 $k$ 参数($M = 2.010, SD = 0.084$)显著小于英文 $k$ 参数($M = 7.150, SD = 0.553$)($t = -22.514, p < 0.001, 95\% CI = -5.719 \sim -4.561$);中文 $p_1$ 参数($M = 0.415, SD = 0.008$)显著小于英文 $p_1$ 参数($M = 0.873, SD = 0.02$)($t = -52.536, p <$

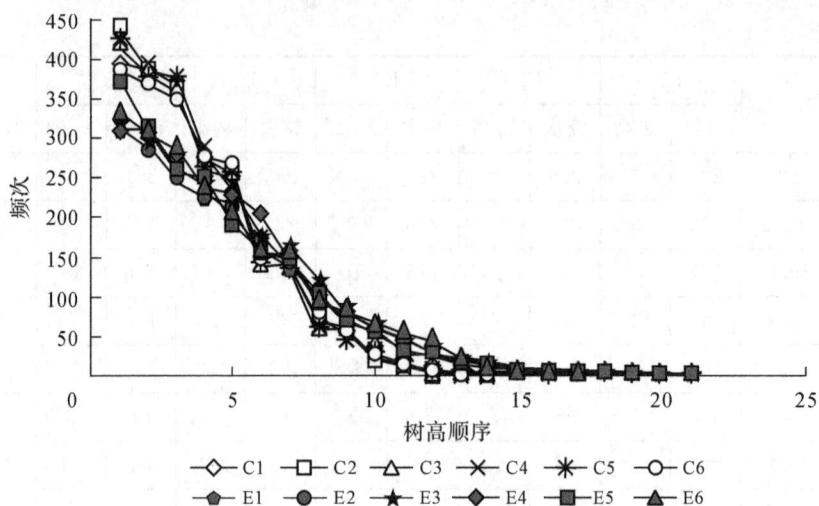

图 4.47 树高秩频

$0.001,95\%CI=-0.479--0.438)$；中文 $p_2$ 参数$(M=0.030,SD=0.011)$显著小于英文
$p_2$ 参数$(M=0.577,SD=0.035)(t=-36.490,p<0.001,95\%CI=-0.583--0.510)$；
中文 $\alpha$ 参数$(M=1.000,SD=0)$显著大于英文 $\alpha$ 参数$(M=0.363,SD=0.039)(t=$
$39.654,p<0.001,95\%CI=0.595-0.678)$。

表 4.112 将混合负二项分布与树高秩频数据进行拟合

| 子库 | $X^2$ | $P(X^2)$ | $C$ | DF | $R^2$ | $k$ | $p_1$ | $p_2$ | $\alpha$ | $N$ | $x$-max |
|---|---|---|---|---|---|---|---|---|---|---|---|
| C1 | 72.77 | 0.0000 | 0.0335 | 9 | 0.9692 | 2.08 | 0.41 | 0.03 | 1 | 2172 | 14 |
| C2 | 69.22 | 0.0000 | 0.0321 | 9 | 0.9704 | 1.92 | 0.41 | 0.03 | 1 | 2154 | 14 |
| C3 | 62.16 | 0.0000 | 0.0289 | 7 | 0.9647 | 1.96 | 0.41 | 0.05 | 1 | 2153 | 12 |
| C4 | 52.72 | 0.0000 | 0.0244 | 7 | 0.9747 | 2.00 | 0.42 | 0.03 | 1 | 2163 | 12 |
| C5 | 55.9 | 0.0000 | 0.0261 | 8 | 0.9650 | 1.96 | 0.41 | 0.03 | 1 | 2138 | 13 |
| C6 | 60.2 | 0.0000 | 0.0286 | 9 | 0.967 | 2.14 | 0.43 | 0.02 | 1 | 2105 | 14 |
| E1 | 19.66 | 0.1856 | 0.0098 | 15 | 0.9878 | 6.58 | 0.86 | 0.54 | 0.38 | 2001 | 20 |
| E2 | 18.72 | 0.0954 | 0.0095 | 12 | 0.9915 | 7.97 | 0.90 | 0.62 | 0.31 | 1965 | 17 |
| E3 | 24.54 | 0.0171 | 0.0121 | 12 | 0.9820 | 7.62 | 0.88 | 0.61 | 0.33 | 2024 | 17 |
| E4 | 35.27 | 0.0004 | 0.017 | 12 | 0.9806 | 7.15 | 0.85 | 0.59 | 0.36 | 2072 | 17 |
| E5 | 28.66 | 0.0116 | 0.0143 | 14 | 0.9853 | 6.63 | 0.89 | 0.56 | 0.38 | 2007 | 21 |
| E6 | 46.53 | 0.0000 | 0.0225 | 12 | 0.9724 | 6.95 | 0.86 | 0.54 | 0.42 | 2068 | 17 |

表 4.113　将零截尾负二项分布与树高秩频数据进行拟合

| 子库 | $X^2$ | $P(X^2)$ | $C$ | DF | $R^2$ | $k$ | $p$ | $N$ | $x$-max |
|------|-------|----------|------|-----|--------|------|------|------|---------|
| C1 | 56.16 | 0.0000 | 0.0259 | 11 | 0.9698 | 4.05 | 0.53 | 2172 | 14 |
| C2 | 53.54 | 0.0000 | 0.0249 | 11 | 0.9783 | 3.18 | 0.49 | 2154 | 14 |
| C3 | 48.31 | 0.0000 | 0.0224 | 9 | 0.9663 | 3.74 | 0.52 | 2153 | 12 |
| C4 | 40.32 | 0.0000 | 0.0186 | 9 | 0.9789 | 3.79 | 0.53 | 2163 | 12 |
| C5 | 40.39 | 0.0000 | 0.0189 | 10 | 0.9726 | 3.47 | 0.50 | 2138 | 13 |
| C6 | 41.79 | 0.0000 | 0.0199 | 11 | 0.9776 | 3.70 | 0.51 | 2105 | 14 |
| E1 | 28.01 | 0.0448 | 0.0140 | 17 | 0.9888 | 2.28 | 0.34 | 2001 | 20 |
| E2 | 52.4 | 0.0000 | 0.0267 | 14 | 0.9617 | 2.71 | 0.38 | 1965 | 17 |
| E3 | 46.68 | 0.0000 | 0.0231 | 14 | 0.9634 | 2.76 | 0.39 | 2024 | 17 |
| E4 | 29.14 | 0.0100 | 0.0141 | 14 | 0.9834 | 2.79 | 0.39 | 2072 | 17 |
| E5 | 34.73 | 0.0102 | 0.0173 | 18 | 0.9789 | 2.19 | 0.35 | 2007 | 21 |
| E6 | 50.9 | 0.0000 | 0.0246 | 14 | 0.9842 | 2.19 | 0.33 | 2068 | 17 |

### 4.10.2.2　树高与频次关系

从表 4.110 和表 4.111 中可以提取出树高和频次的相关数据,为了节约空间,我们在此不呈现。图 4.48 是树高和频次的图示,同一种语言的曲线基本重合。由图中可见,树高和树宽的分布有些相似,但是中英文出现频次最高的树宽均为 5;而中文树高频次最多的是 6,英文的最高频次是 7。

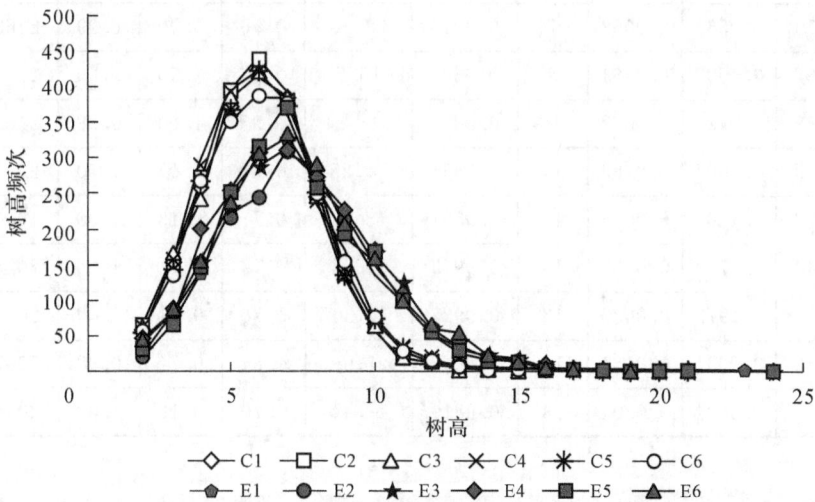

图 4.48　树高和频次关系

类似于树宽的分布,树高的分布也依存于句长的分布,这导致部分树高在两种语言中均出现频次较高的情况，且其排序相仿，证明方法同 4.9 节，在此不再赘述，这种相关在附表 4 的数据中也可窥见一斑。

此外，树高和树宽的曲线基本形状类似，又均依存于句长的分布，似乎我们可以预计到树高和树宽之间也存在一定的关系，我们将在后续的研究中继续探讨这个问题。

将表 4.110（中文子库树高秩频数据）和表 4.111（英文子库树高秩频数据）按照高度排序，可以获得相关的高度频次表，为了节约空间，此处不再重新呈现。

树高与频次之间的关系模型和树宽与频次之间关系的模型不一样，所有的子库数据都不符合零截尾的负二项模型，原因是宽度的起始值是 1，而高度的起始值为 2。出现这种差异的原因是，在我们的新闻语料中没有出现句长为 1 的情况。我们将数据和刘海涛（2017a）研究中提到的模型进行拟合，其结果一致，比如相关数据符合混合负二项模型和波利亚模型，其拟合情况分别如表 4.114、表 4.115 所示。从参数的表现情况来看，似乎混合负二项模型更能区分两种语言：独立样本 $t$ 检验表明，中文 $k$ 参数（$M=107.045$，$SD=46.89$）显著大于英文 $k$ 参数（$M=16.645$，$SD=6.171$）（$t=4.682$，$p<0.001$，$95\%CI=41.262$—$139.538$）；中文 $k$ 参数（$M=0.957$，$SD=0.023$）显著大于英文 $k$ 参数（$M=0.742$，$SD=0.063$）（$t=7.865$，$p<0.001$，$95\%CI=0.149$—$0.281$）。混合负二项模型是否能为更多语言的层级和高度的分布建模，需要更多的语言来进行验证。

表 4.114　将混合负二项模型与树高-频次数据进行拟合

| 子库 | $X^2$ | $P(X^2)$ | $C$ | DF | $R^2$ | $k$ | $p_1$ | $p_2$ | $\alpha$ | $N$ | $x$-max |
|------|-------|----------|-----|-----|-------|-----|-------|-------|----------|-----|---------|
| C1 | 37.96 | 0 | 0.0175 | 9 | 0.9745 | 45.38 | 0.92 | 1.00 | 0.99 | 2172 | 17 |
| C2 | 25.94 | 0.0011 | 0.012 | 8 | 0.9897 | 171.20 | 0.98 | 1.00 | 0.98 | 2154 | 16 |
| C3 | 28.43 | 0.0002 | 0.0132 | 7 | 0.9741 | 67.01 | 0.94 | 0.99 | 0.98 | 2153 | 13 |
| C4 | 13.70 | 0.0569 | 0.0063 | 7 | 0.9910 | 98.73 | 0.96 | 1.00 | 0.99 | 2163 | 13 |
| C5 | 13.67 | 0.0907 | 0.0064 | 8 | 0.9894 | 116.71 | 0.97 | 1.00 | 0.99 | 2138 | 14 |
| C6 | 17.42 | 0.0426 | 0.0083 | 9 | 0.9895 | 143.24 | 0.97 | 1.00 | 0.98 | 2105 | 15 |
| E1 | 37.30 | 0.0007 | 0.0186 | 14 | 0.9855 | 11.25 | 0.67 | 0.07 | 0.99 | 2001 | 23 |
| E2 | 18.76 | 0.1307 | 0.0095 | 13 | 0.9861 | 18.44 | 0.77 | 0.18 | 1.00 | 1965 | 19 |
| E3 | 11.43 | 0.5749 | 0.0056 | 13 | 0.9943 | 18.14 | 0.77 | 0.11 | 1.00 | 2024 | 19 |
| E4 | 17.05 | 0.1972 | 0.0082 | 13 | 0.9925 | 12.11 | 0.70 | 0.31 | 1.00 | 2072 | 21 |
| E5 | 32.82 | 0.0031 | 0.0164 | 14 | 0.985 | 27.49 | 0.84 | 0.71 | 0.98 | 2007 | 24 |
| E6 | 42.26 | 0.0001 | 0.0204 | 13 | 0.9819 | 12.44 | 0.70 | 0.12 | 1.00 | 2068 | 19 |

表 4.115　将波利亚模型与树高-频次数据进行拟合

| 子库 | $X^2$ | $P(X^2)$ | $C$ | DF | $R^2$ | $s$ | $p$ | $n$ | $N$ |
|---|---|---|---|---|---|---|---|---|---|
| C1 | 34.09 | 0.0001 | 0.0157 | 9 | 0.9857 | 0.03 | 0.26 | 16 | 2172 |
| C2 | 27.73 | 0.0005 | 0.0129 | 8 | 0.9929 | 0.03 | 0.27 | 15 | 2154 |
| C3 | 24.14 | 0.0022 | 0.0112 | 8 | 0.9814 | 0.05 | 0.34 | 12 | 2153 |
| C4 | 18.96 | 0.0151 | 0.0088 | 8 | 0.9941 | 0.05 | 0.34 | 12 | 2163 |
| C5 | 19.65 | 0.0117 | 0.0092 | 8 | 0.9927 | 0.04 | 0.32 | 13 | 2138 |
| C6 | 18.45 | 0.0181 | 0.0088 | 8 | 0.9889 | 0.04 | 0.30 | 14 | 2105 |
| E1 | 39.16 | 0.0002 | 0.0196 | 13 | 0.9843 | 0.05 | 0.25 | 22 | 2001 |
| E2 | 18.94 | 0.0900 | 0.0096 | 12 | 0.9895 | 0.05 | 0.31 | 18 | 1965 |
| E3 | 11.39 | 0.4960 | 0.0056 | 12 | 0.9936 | 0.05 | 0.31 | 18 | 2024 |
| E4 | 24.43 | 0.0178 | 0.0118 | 12 | 0.9904 | 0.05 | 0.26 | 20 | 2072 |
| E5 | 50.96 | 0.0000 | 0.0254 | 12 | 0.9751 | 0.03 | 0.23 | 23 | 2007 |
| E6 | 33.27 | 0.0009 | 0.0161 | 12 | 0.9809 | 0.06 | 0.30 | 18 | 2068 |

### 4.10.3　小　结

在本节中,我们研究了依存树高的分布情况,发现和树宽一样,树高的秩频数据符合混合负二项分布,树高-频次的关系符合波利亚模型和混合负二项模型。

本节的研究再次证明了树高也是一种基本的语言属性,其分布符合一定规律。这样,我们在后续的研究中,就可以进一步探索树高与其他依存树属性之间的关系。

本节的研究都基于"词袋"模式,以后我们还可以研究其动链分布,我们预测,其分布将与树宽的动链分布类似。

此外,依存树的高度也与标注的方式相关,本节中发现的树高特征是否也存在其他的依存标注方式(比如普遍依存标注方式)？我们需要在将来开展相关的研究来回答这个问题。

## 4.11　本章小结

本章的前 10 个小节各自探讨了一种语言单位/属性的分布情况。

4.1—4.4 节探讨了依存相关的四个句法单位/属性,依次是词性、依存关系、依存距离和依存方向、广义配价。

4.1 节考察了所有词性的分布,以及从属词、支配词的分布,主要目的是验证同一种语言的各个子库之间的同质性。

在 4.1 节的基础上,4.2 节考察了句法功能/依存关系的分布,进一步验证了语料的同质性。

4.3节考察了依存距离和依存方向的分布规律,并重点分析了依存距离为1、-1、2、-2的情况。分析了依存距离正负交替变化的总趋势,并探讨了依存距离最小化的一些机制。

4.4节考察了广义配价的分布,此处广义配价包括了所有的节点的配价数。本节引入了配价的动链、动链的长度等线性句子的分析方法,考察了动链频次和动链长度之间的关系,以及词性和配价的关系。

4.5节进一步考察了语言结构的组合分布,即一维的线性结构和二维的依存结构结合起来的广义配价模式的分布,重点是形容词的结构分析。以"Pierre＋Vinken◎＋old"为例,如果用依存关系/句法功能对从属词进行抽象,其对应的广义配价(功能)模式是"atr＋nn◎＋atr",表示名词中心词前后各有一个定语。这一节从宏观方面探讨了这种抽象的配价模式的分布,研究发现,它们都符合混合负二项分布,是至少两种语言多样化进程的结果。此外,该节也从中观方面考察了形容词的这种配价模式的分布。

接下来的几节考察了基于依存关系和配价关系的其他几个句法属性,依次为:位置、长度、层级、树宽、树高。

4.6节考察了各种定义下的位置的分布。

4.7节考察了长度/句长的分布。长度的定义为中心节点及其下的所有直接和间接从属词数之和。

4.8节考察了层级(节点所在层级)的分布,分析了层级数的秩频分布、层级与频次之间的关系,画出了中英文依存结构的典型树。该节也考察了所在层级的动态特征,不仅仅考察了层级动链分布、动链长度分布,也进一步将动链抽象化,考察了动链长度的动链(L-动链)分布。

4.9节考察了依存树树宽的分布,树宽的定义为位于最宽依存树层级的节点数。除了考察了树宽秩频分布以及树宽与频次之间的关系,还考察了其线性特征——动链的分布,并对一些树宽进行了分析。

4.10节用与4.9节类似的方式考察了依存树树高的分布。依存树高的定义为依存树所拥有的层级数。

第4章已经验证的数学模型如表4.116所示,其中齐阿分布能为大多数的秩频数据建模,因此被称为本研究中的"万能"秩频分布模型。齐曼分布能为所有的动链秩频建模,因此在本研究中被称为常规的动链模型。

表 4.116 本章已验证的数学模型

| 模型 | 拟合数据 |
|---|---|
| 右截尾齐普夫-阿列克谢耶夫分布（Right truncated modified Zipf-Alekseev，参数为 $a$、$b$、$n = x\text{-max}$，$\alpha$ 为固定值），即齐阿分布 | 词性的秩频（含从属词词性、支配词词性）（4.1 节） |
| | 句法功能/依存关系秩频（4.2 节） |
| | 依存距离秩频（4.3 节） |
| | 依存距离为 2 时位于支配词和从属词之间的词的词性秩频（4.3 节） |
| | 广义配价的秩频（4.4 节） |
| | "词性＋配价"组合的秩频（4.4 节） |
| | 配价能力的秩频（4.4 节） |
| | 广义配价动链的秩频（4.4 节） |
| | 广义配价动链长度的秩频（4.4 节） |
| | 节点所在层级中的位置秩频（位置 2，4.6 节） |
| | 长度动链的秩频（4.7 节） |
| | 长度动链长度的秩频（4.7 节） |
| | 节点所在层级（层级）的秩频（4.8 节） |
| | 层级动链的秩频（4.8 节） |
| | 层级动链长度的动链秩频（4.8 节） |
| | 树宽的秩频（4.9 节） |
| 齐普夫-曼德尔布罗分布（Zipf-Mandelbrot，参数为 $a$、$b$、$n = x\text{-max}$），即齐曼分布 | 广义配价动链的秩频（4.4 节） |
| | 长度动链的秩频（4.7 节） |
| | 层级动链的秩频（4.8 节） |
| | 树宽动链的秩频（4.9 节） |
| 负二项模型（negative binomial，参数为 $k$、$p$） | 所在层级与频次之间的关系（4.8 节） |
| 混合负二项模型（mixed negative binomial，参数为 $k$、$p_1$、$p_2$、$\alpha$） | 形容词主动配价（功能）模式秩频（4.5 节） |
| | 形容词被动配价（功能）模式秩频（4.5 节） |
| | 长度和句长的秩频数据（4.7 节） |
| | 节点所在层级（层级）的秩频（4.8 节） |
| | 树宽秩频（4.9 节） |
| | 树高秩频（4.10 节） |
| | 树高与频次之间的关系（4.10 节） |

续表

| 模型 | 拟合数据 |
| --- | --- |
| 零截尾负二项模型（positive negative binomial，参数为 $k$、$p$） | 层级动链长度与频次之间的关系（4.8节） |
| | 树宽与频次之间的关系（4.9节） |
| | 树宽秩频（4.10节） |
| 超泊松模型（Hyperpoisson，参数为 $a$、$b$） | 配价动链频次与动链长度之间的关系（4.4节） |
| | 节点的线性位置秩频（位置1，4.6节） |
| | 所在母节点下的位置秩频（位置3，4.6节） |
| | 长度动链长度与频次（4.7节） |
| 波利亚模型（Polya，参数为 s、p、n） | 长度和句长的秩频数据（4.7节） |
| | 节点所在层级（层级）的秩频（4.8节） |
| | 树高秩频（4.9节） |
| | 树高与频次之间的关系（4.10节） |
| 负超几何分布（negative hypergeometric distribution，参数为 $r$、$N$、$M$） | 词性的秩频（含从属词词性、支配词词性）（4.1节） |

这些经过验证的模型，对于中文和英文来说，对应的参数一般都有差异，因为我们已经排除了语料的规模以及体裁可能对参数带来的影响，因此从理论上说，这些参数的不同应该反映了中文和英文在结构方面的差异（刘海涛 2017a）：英文和中文都属于 SVO（"主语—动词—宾语"语序模式）的语言，但是英文中有比较多的形态变化，因而语序比中文中的灵活，而中文缺乏形态变化，其语序方面就更固定一些。语序的差异会带来位置、依存距离等差异。此外，两种语言的各种词性的配价能力也有差异，这就带来了依存、配价和依存关系等方面的差异，进而影响了层级、树宽、树高、长度等属性。

但是两种不同语言的同一种属性符合同样的分布，也说明了它们之间的共同性，这些共同性有可能体现更多其他语言的共性，这需要我们开展更多语言的相关研究。如果能发现它们具有更大的普适性，那么上述模型的参数就具有成为计量类型学指标的潜能。我们认为，在这方面的研究还大有可为，我们可以就此拓宽计量类型学研究的指标库，并借此发现更多语言或者语族等的共性。

我们推导了部分模型，但是还有一些模型未进行详细的推导和分析。此外，我们只用了两种语言的新闻体裁，所以这些参数能代表何种语言类型特征，尚需要更多的语言和体裁类型来厘清，理论推导方面也可以再加强，这些是下一步研究中值得开展的工作。

在分析了若干种语言单位/属性的分布，确认其语言学地位以后，我们可以在后续研究中探讨它们之间的协同关系，这些关系进一步体现了依存树的各种结构特征。最后，我们可以在这些关系的基础上，建立起基于依存关系和配价关系的句法协同模型。

# 第 5 章  结  语

## 5.1  研究成果小结

本研究以依存语法以及配价理论为指导，将汉语与英语的新闻语料（依存树库）各建成6个同样规模的子库，从词性的角度验证了同一种语言中的子库语料的同质性，在此基础上，从配价、位置、长度、所在层级、依存树树宽和树高等方面探讨了汉语和英语在句法层面共同的语言结构规律和一些差异。

本研究的主要发现和创新如下。

1) 依存距离体现了支配词和从属词之间的距离和依存的方向，计算方法为支配词的线性位置减去从属词的线性位置。研究发现依存距离为正（支配词置后）与依存距离为负（支配词居前）的秩次在两种语言中有一种基本上相互间隔的特点，中文中前4个出现频次最高的依存距离在各库中均为1、2、−1、3，而英文中前7个依存距离在各库中均为1、−1、2、−2、−3、3、−4。依存距离绝对值短的出现频次高，这是自然语言中依存距离最小化的实现机制之一。这些距离符合齐阿分布。

2) 研究以4个典型依存距离(±1,±2)为例，证明了在功能结构相同，依存距离相同时，中间间隔的可能词性的秩频分布符合齐阿分布。

3) 分析了依存距离从小到大的变化规律以及对应依存结构的变化，发现了依存距离正负交替变化的总趋势：在中文中几乎所有情况下都是先出现正的依存距离（支配词置后），然后再出现负的值（支配词居前）。而在英文中，随着支配词和从属词之间的距离增大，一直到它们之间相隔6个词（即不考虑依存方向时的绝对依存距离为7），都是支配词在前的情况更多。这是中文绝对依存距离和依存距离均值均大于英文的一个重要原因。

4) 从依存距离的角度，探讨了依存距离最小化、降低认知负担的几个机制：(1)绝对依存距离与秩次基本一致(Liu 2007a)，即短的绝对依存距离频次更高，也减轻了认知负担。(2)依存距离本身符合规律的分布，超过一半的依存都出现在相邻的两个词中，其依存距离为±1，认知负担最轻。(3)中英文中均出现了正负依存距离秩次交叉出现的情况。这样可以使得依存距离正负相抵，其结果是平均依存距离大大降低。(4)至少从本研究中的语料来看，有形态变化、语序相对自由一些的语言，平均依存距离和平均绝对依存距离都会更小一些。(5)中英文中均出现了很多长短绝对依存距离交叉出现的情况，类似于句子长短交叉出现，这样也有助于降低理解难度。

5）研究了配价的分布。刘海涛（2009）提出的广义配价的概念将动词的全配价扩展到所有词的配价,既包含主动配价,也包含被动配价。本研究中的配价就是广义的配价中的主动配价,指的是节点的从属词的数量。研究发现,中英文中的配价、配价动链分布、动链长度的分布均符合齐阿分布。动链长度和长度频次之间的关系可以用超泊松模型来建模。

6）"词性＋配价"的组合分布符合齐阿分布,这为"词性配价能力概率模式"的提出提供了数据支持,证明了其合理性。在此基础上,我们可以在后续的研究中给出动词、名词以及其他任何词性的配价能力概率模式。

7）探讨了广义配价（功能）模式,如"Maria＋ reads◎＋books"对应的模式为"subj＋reads◎＋obj"（主语＋reads 支配词＋宾语）,◎表示之前的词为支配词。从宏观方面考察了中文和英文之间的全部词的广义配价模式,为从中观方面聚焦到某一种词性提供了数据支持,单独考察形容词的广义主动和被动配价功能模式。所有分布均符合混合负二项分布模型。

8）发现节点在依存树中层级中的位置符合齐阿分布。节点在支配词下的位置符合超泊松分布。

9）考察了所有节点对应的子树的长度,和句长一样符合混合负二项分布以及波利亚分布。长度的动链符合齐阿分布和齐曼分布。

10）在探索节点所在层级（本研究称为"层级"）的秩频分布与层级和频次之间的关系的基础上,按照各层级的平均节点,给出了中英文的典型依存树示意图。发现层级的动链、层级动链的长度和层级动链长度的动链均符合齐阿分布。

11）定义"树宽"为依存树最宽层级的节点数。发现树宽符合齐阿分布和混合负二项分布。树宽的动链符合齐曼分布。树宽以及对应的频次之间的关系符合混合负二项分布模型。

12）定义"树高"为依存树的层级数。发现和树宽一样,树高的秩频数据符合混合负二项分布,树高-频次的关系符合波利亚分布和混合二项分布。

从研究思路和研究方法来看,本研究具有以下主要特点或创新:

1）语言是一个自组织、自适应的系统,本研究用翔实的数据、科学的方法再一次证明了计量的方法可以用来研究语言系统,而且可以发现很多其他研究方法不能（或难以）发现的句法属性的分布规律以及属性之间的关系规律。

2）在语料方面,本研究使用了大规模的真实语言语料库,中文和英文各有 6 个规模为 4 万多词的新闻子库,各种分布和关系证明了各子库之间存在同质性,也有用很多其他的语料处理办法没有发现的语言规律和共性浮现出来,有助于更进一步了解这些语言规律后的成因。这种处理大数据的方法可以用来开展更多相关的研究,因为这种方法可以降低大数据的冗余性,降低方法的鲁棒性,排除了随机波动的情况,从而可能发现更普适的语言规律。

3）在语言的选择方面,因为汉语和英语为两种不同类型的语言,汉语和英语之间表现出来的系统性的语言差异性具有更大的普遍意义,可能具有语言类型学的意义。使用不同的两种语言在语言类型学上开展语言比较研究的方法,有助于发现更多语言之间的共性以及差异。

探索汉语和英语的句法结构规律异同,并尽量解释差异是如何产生的,能更好地理解两种语言的特点,尤其有助于确立汉语的独特地位。大数据时代的汉语语言研究者"有责任去挖掘和发现新的、有价值的汉语事实",详尽地描写并且合理地解释这些事实(詹卫东 2013:76)。希望通过语言的对比研究,本研究也做到了这点。

4) 在探索语言现象的维度方面,不仅仅从宏观角度考虑了每种语言的整体表现,也从中观角度考虑了不同层级的语言属性的表现和不同词性、不同依存关系/句法功能的表现,还从微观角度深入到句子、到节点进行细致的考察,尽量做到见林、见树、见枝、见叶。

5) 在确立语言变量的语言学地位的时候,除了研究的多维度,还从多角度进行交叉验证,能更清晰地发现语言单位/属性在各个方面的表现都呈现一定规律性,这种交叉验证的方法是验证新单位的语言学地位的切实可行的方法。本研究比较全面地考察了 10 类基于依存关系的各种句法单位/属性的分布,有助于将来在协同系统中纳入句法层面的更多语言属性和属性之间的关系,使得句法协同模型更加完备。这种交叉验证、探索新的语言属性的方法可以在将来应用于语言各个层级的单位/属性的研究。

6) 将线性语言材料研究方法添加到协同语言学的工具箱中。除了简单、直观的时序图的运用,也探讨了一些动链以及动链长度的分布,如子树长度动链、配价动链、树宽动链、层级动链、层级动链长度、层级动链长度的动链,揭示了这些语言单位/属性的动态行为模式和独特的节奏模式。

7) 本研究尝试了多种组合分布,比如广义配价(功能)模式,词性与配价组合等。通过这样组合的研究,拓展了语言单位的定义。提出了其他更多组合的思路,如加入依存距离、所在层级、配价数等。

8) 将语言属性的分布、语言多样化进程、齐普夫定律和省力原则结合起来讨论。

各种语言变量的秩频分布都符合齐普夫相关的模型,这种分布都是语言自调节、自适应功能的体现,是说话者和听话者之间在长期语言发展过程中省力原则的博弈结果,语言使用者不会对所有的单位/属性平均使用力量,由于语言使用者有意识或者无意识的原因,有些词性或者功能是使用者经常使用的,而一部分是出现频次较低的,从而出现了秩频分布中的长尾结果,这样的分布模式使说话者和听话者双方都省力。语言属性之间的关系也能用省力原则来进行解释。

为语言属性建模和为它们之间的关系建模,都是基于这些属性是语言多样化进程的结果这个基本假设而开展的。语言多样化的过程中,省力原则的应用起了很重要的作用,语言多样化的结果就是语言属性分布符合齐普夫定律。

9) 采取了不同的抽象级别。研究中探讨的各种单位/属性是句中词以及关系的抽象,此时具体的词不再出现,动链、动链长度、动链长度的动链等是进一步的抽象。各个单位/属性的分布模型、关系模型更是一种抽象,事实上,"采用从真实文本中抽象出的数量关系描述与理解语言系统及其组成成分的发展和运作规律,当是计量语言学的根本任务"(刘海涛 2012:16)。

最后,如果我们能够构建基于依存关系的句法协同子系统,将是一种构建语言学理论的尝试,是比本研究中更高级别的抽象。按照协同语言学的方法进行语言研究从而构建的理论是符合科学哲学意义的语言"理论",我们希望也能实现这个美好的愿望。

## 5.2　展望未来

研究中发现还有很多值得继续研究的内容,仅举几例说明:

1) 本研究更多的是基于"词袋"模式,将来我们可以开展更多语言单位/属性线性语言行为相关的研究,比如可以对比研究中文和英文库中词性动链和依存关系动链,事实上,研究中提到的各种语言单位/属性均可以组成动链。

2) 句法单位的节奏性模式及其成因值得更加深入的研究。

3) 本研究中发现的一些语言单位/属性的行为特征是否与标注方式相关,这样的特征是否也存在其他的依存标注方式(比如普遍依存的标注方式)? 这是一个值得探索的问题。

4) 还有很多和层级相关的问题值得探讨,比如可以分析根节点的配价能力,该能力确定了依存树第 2 层的宽度,那么第 2 层、第 3 层、第 4 层等的节点其词性、配价能力、依存距离、对应宽度等如何? 这些都是值得探讨的问题。

5) 本研究中的组合分布主要是"词性＋配价"的组合以及广义配价的功能模式,还可以尝试更多不同属性的组合分布研究,比如可以加入依存距离、所在层级、配价数等。

6) 研究中的各种分布和关系的参数能区分两种不同的语言,如果将研究拓展到更多的语言,有望发现某些参数具有语言分类学的意义,因而可能成为语言分类的指标。

7) 就本研究中已经确立过语言学地位的句法子系统的语言属性和变量而言,还有很多方面可以拓展,比如还有更多的语言单位/属性以及它们的组合值得我们研究,在已经讨论过的子树长度、层级、宽度等变量的基础上增加新的变量,通过建立新的假设,将其与其他变量中的至少一个联系起来,如果假设经过验证,我们就可以构建一个基于配价理论和依存语法的句法协同子系统模型。

我们期待有更多相关的研究,来回答这些有趣的问题,以揭示出语言系统,尤其是句法子系统的一些科学规律,这样能增加对我们每日使用的语言的认知和理解,哪怕这种新的认知和理解微不足道。

科学是"解释事物规律的体系"(刘海涛 2017b:24),科学有三个核心要素:"对象""途径"和"理论"。"对象"为第一要素,包括事物、属性、关系、结构、功能、过程、历史和系统等。在接下来的探索中,为了更好地了解句法子系统这个最高研究对象,我们可以更深入地探讨系统中的语言实体的属性,确立它们的语言学地位,并在此基础上探索属性之间的相互影响并竞争的关系(即协同关系),厘清各类关系的结构,更理想的是,用一个综合的系统来涵括所有这些研究对象,这也就是协同语言学的任务了。简而言之,下一步,我们要研究"系统"这一科学研究的最高对象,以研究上述语言研究对象之间的动态关系。

科学的第二要素是"途径",涵括视角、目标、问题和方法。在接下来的研究中,我们依然基于依存语法的视角,用计量语言学的方法,探索语言属性之间的关系,并以此建立一个基于依存关系的句法协同子系统/模型。

科学的第三要素是"理论",涵括概念、定律和假设。本研究回答了很多研究问题,验证或者推翻了很多研究假设,这些经过验证的假设就成了语言定律。在下一步研究中,我们如果能验证更多的语言假设,使它们成为语言定律,再将这些语言定律加入一个定律的网络,构建一个基于依存关系的句法协同子系统,这个成果本身也可以上升到理论的层次。

从上述科学的定义和科学的要素来看,我们在本书中已经开展的研究也是科学的研究,从对象上看,尚未上升到科学研究的最高对象(在句法子系统中是"句法协同模型/系统"),但是也是探索这个最高对象的必由之路,为我们下一步构建句法协同子系统奠定了必要的基础。

最后,关于语料,我们要强调的是,本研究仅仅使用了汉语和英语两种语言的语料,且只使用了新闻体裁,因此获得的句法定律的广适性还需要加强。后续还要进行大量的调查研究,研究数据应该从尽可能多的语言中获得,且这些语言类型也要多样,语言体裁也要多样,这样才能获得更满意的实证支持。

计量语言学和协同语言学均为跨学科的研究,拓展已有的模型,还可能涉及与其他领域的结合,比如可以结合心理语言学、社会语言学等来拓展模型。大数据和学科交叉结合起来,是计量语言学的一个组合武器(刘海涛 2015;梁君英、刘涛海 2016)。如刘海涛所言,"学科交叉是发现语言规律的利器"(刘海涛 2015:3)。沿着这条道路走下去,相信我们能发现更多有趣的语言规律。

# 参考文献

Abeillé, A. 2003. *Treebank: Building and Using Parsed Corpora*. Dordrecht: Kluwer.

Ágel, V., Eichinger, L., Eroms, H., Hellwig, P., Heringer, H. J. & Lobin, H. (eds.). 2003. *Dependency and Valency: An International Handbook of Contemporary Research* (vol. 1). Berlin/ New York: De Gruyter.

Allerton, D. J. 1982. *Valency and the English Verb*. London: Academic Press.

Altmann, G. 1991. Modelling diversification phenomena in language. In Rothe, U. (ed.). *Diversification Processes in Language: Grammar*. Hagen: Rottmann: 33-46.

Altmann, G. 1993. Science and linguistics. In Köhler, R. & Rieger, B. (eds.). *Contributions to Quantitative Linguistics*. Dordrecht: Kluwer: 3-10.

Altmann, G. 1996. The nature of linguistic units. *Journal of Quantitative Linguistics*, 3(1), 1-7.

Altmann, G. 2005. Diversification process. In Köhler, R., Altmann, G. & Piotrowski, G. (eds.). *Quantitative Linguistik: Ein Internationales Handbuch* (*Quantitative Linguistics: An International Handbook*). Berlin/New York: De Gruyter: 646-658.

Altmann, G. 2018. Some properties of adjectives in texts. *Glottometrics*, 41, 67-79.

Altmann, G. & Burdinski, V. 1982. Towards a law of word repetitions in text-blocks. *Glottometrika*, 4, 147-167.

Altmann-Fitter. 1997/2005. *Iterative Fitting of Probability Distributions*. Lüdenscheid: RAM-Verlag. (http://www.ram-verlag.eu/software-neu/software/, accessed 2022-4-12.)

Anderson, J. 1977. *On Case Grammar: Prolegomena to A Theory of Grammatical Relations*. London: Croom Helm.

Arnold, J. E., Losongco, A., Wasow, T. & Ginstrom, R. 2000. Heaviness vs. newness: The effects of structural complexity and discourse status on constituent ordering. *Language*, 76, 28-55.

Aziz, A., Saleem, T., Maqsood, B. & Ameen, Z. 2020. Grammatical and syntactical functions of auxiliaries in English and Urdu. *Revista Amazonia Investiga*, 9(35), 34-50.

Behaghel, O. 1930. Von deutscher Wortstellung. *Zeitschrift für Deutschkunde*, 44, 81-89.

Beliankou, A., Köhler, R. & Naumann, S. 2013. Distribution of the depth of argumentation relations. In Köhler, R. & Altmann, G (eds.), *Issues in Quantitative Linguistics* 3. Lüdenscheid: RAM-Verlag: 195-205.

Beliankou, A., & Köhler, R. 2018. Empirical analyses of valency structures. In Liu, H. & Jiang J. (eds.). *Quantitative Analysis of Dependency Structure*. Berlin/Boston: De Gruyter: 93-100.

Beöthy, E. & Altmann, G. 1984a. The diversification of meaning of Hungarian verbal prefixes. II. ki-.

*Finnisch-Ugrische Mitteilungen*,8，29-37.

Beöthy, E. &. Altmann, G. 1984b. Semantic diversification of Hungarian verbal prefixes. III. "föl-", "el-", "be-". In Rothe, U. (ed.), *Glottometrika*, Bochum: Brockmeyer: 45-56.

Best, K-H. 1994. Word class frequencies in contemporary German short prose texts. *Journal of Quantitative Linguistics*,1(2)，144-147.

Best, K-H. 1998. Zur Interaktion der Wortarten in Texten. *Papiere zur Linguistik*, 58，83-95.

Best, K-H. 2000. Verteilungen der Wortarten in Anzeigen. *Göttinger Beiträge zur Sprachwissenschaft*, 4，37-51.

Best, K-H. 2001. Zur Gesetzmäßigkeit der Wortartenverteilungen in deutschen Pressetexten. *Glottometrics*,1，1-26.

Blasi, D. E., Cotterell, R., Wolf-Sonkin, L., Stoll, S., Bickel, B. &. Baroni, M. 2019. On the distribution of deep clausal embeddings: A large cross-linguistic study. The 57th Annual Meeting of the Association for Computational Linguistics. Florence, Italy, July 28 – August 2.

Bloomfield, L. 1933. *Language*. New York: Henry Holt.

Bod, R. 2005. Towards unifying perception and cognition: The ubiquity of trees. Prepublication. https://www. researchgate. net/publication/228915922_Towards_Unifying_Perception_and_Cognition _The_Ubiquity_of_Trees (accessed 2023-01-16).

Bolinger, D. 1967. Adjectives in English: Attribution and predication. *Lingua*,18，1-34.

Bondy, J. A. &. Murty, U. 2008. *Graph Theory (Graduate Texts in Mathematics)*, 5th edn. New York: Springer.

Boroda, M. G. 1982. Häufigkeitsstrukturen musikalischer texte. In Orlov, J. K., Boroda, M. G. &. Nadarejšvili, I. (eds.). *Sprache, Text, Kunst. Quantitative Analysen*. Bochum: Brockmeyer: 231-262.

Bouchard, D. 2002. *Adjectives, Number and Interfaces: Why Languages Vary*. Oxford: Elsevier.

Breban, T. 2010. *English Adjectives of Comparison: Lexical and Grammaticalized Uses* (vol. 63). Berlin/New York: De Gruyter.

Buch-Kromann, M. 2006. Discontinuous grammar: A dependency-based model of human parsing and language acquisition. Copenhagen: Copenhagen Business School (Doctoral Dissertation).

Buk, S. &. Rovenchak, A. 2008. Menzerath-Altmann law for syntactic structures in Ukrainian. *Glottotheory*, 1(1)，10-17.

Bunge, M. 2007. *Philosophy of Science*(vol. 1). *From Problem to Theory*, 4th edn. New Brunswick/ London: Transaction Publishers.

Čech, R. &. Mačutek, J. 2010. On the quantitative analysis of verb valency in Czech. In Grzybek, P., Kelih, E. &. Mačutek, J. (eds.). *Text and Language: Structure • Functions • Interrelations*. Wien: Preasen Verlag: 21-29.

Čech, R., Milička, J., Mačutek, J., Koščová, M. &. Lopatková, M. 2018. Quantitative analysis of syntactic dependency in Czech. In Jiang, J. &. Liu, H. (eds.). *Quantitative Analysis of Dependency Structure*. Berlin/Boston: De Gruyter: 53-70.

Čech, R., Pajas, P. &. Mačutek, J. 2010. Full valency: Verb valency without distinguishing complements and adjuncts. *Journal of Quantitative Linguistics*, 17(4), 291-302.

Čech, R., Vincze, V. & Altmann, G. 2017. On motifs and verb valency. In Liu, H. & Liang, J. (eds.). *Motifs in Language and Text*. Berlin/Boston: De Gruyter: 231-260.

Chen, H. & Liu, H. 2016. How to measure word length in spoken and written Chinese. *Journal of Quantitative Linguistics*, 23(1), 5-29.

Chen, R. 2017. Quantitative Text Classification Based on POS-motifs. In Liu, H. & Liang, J. (eds.). *Motifs in Language and Text*. Berlin/Boston: De Gruyter: 65-86.

Chen, R., Deng, S. & Liu, H. 2021. Syntactic complexity of different text types: From the perspective of dependency distance both linearly and hierarchically. *Journal of Quantitative Linguistics*, 1-31. DOI: 10.1080/09296174.2021.2005960.

Chen, X. 2013. Dependency network syntax: From dependency treebanks to a classification of Chinese function words. The Second International Conference on Dependency Linguistics. Prague, Czech Republic, Aug. 27-30.

Chen, X. & Gerdes, K. 2022. Dependency distances and their frequencies in Indo-European language. *Journal of Quantitative Linguistics*, 29(1), 106-125.

Chomsky, N. 1965. *Aspects of the Theory of Syntax*. Cambridge: The MIT Press.

Cinque, G. 2010. *The Syntax of Adjectives: A Comparative Study* (vol. 57). Cambridge: The MIT Press.

Clark, H. H. & Clark, E. V. 1977. *Psychology and Language: An Introduction to Psycholinguistics*. New York: Harcourt Brace Jovanovich.

Collins, M. 1996. A new statistical parser based on bigram lexical dependencies. The 34th Meeting on Associations for Computational Linguistics. California, US, Jun. 24-27.

Collins, M. 2003. Head-driven statistical models for natural language parsing. *Computational Linguistics*, 29(4), 589-637.

Covington, M. A. 2003. Free-Word-Order Dependency Parser in Prolog. Artificial Intelligence Center, The University of Georgia. (http://www. covingtoninnovations. com/mc/dparser/dparser. pdf, accessed 2022-01-19).

Cowan, N. 2001. The magical number 4 in short-term memory: A reconsideration of mental storage capacity. *Behavioral and Brain Sciences*, 24, 87-114.

Cowan, N. 2005. *Working Memory Capacity*. Hove, East Sussex, UK: Psychology Press.

Cowan, N. 2010. The magical mystery four: How is working memory capacity limited, and why? *Current Directions in Psychological Science*, 19(1), 51-57.

Culicover, P. 2013. *Grammar and Complexity: Language at the Intersection of Competence and Performance*. Oxford: Oxford University Press.

Davidse, K. & Breban, T. 2019. A cognitive-functional approach to the order of adjectives in the English noun phrase. *Linguistics*, 57(2), 327-371.

Dixon, M. W. 1982. *Where Have All the Adjectives Gone? And Other Essays in Semantics and Syntax*. Berlin: De Gruyter.

Dryer, M. S. 1992. The Greenbergian word order correlations. *Language*, 68(1), 81-138.

Dzurjuk, T. 2006. Sentence length as a feature of style (applied to works of German writers). *Glottometrics*, 12, 55-62.

Ebert, R. P. 1978. *Historische Syntax des Deutschen*. Stuttgart: Sammlung Metzler.

Eisner, J. & Smith, N. 2005. Parsing with soft and hard constraints on dependency length. The Ninth International Workshop on Parsing Technology. Vancouver, Canada, Oct. 9-10.

Elst, G. & Habermann, M. 1997. *Syntaktische Analyse*, 6th edn. Erlangen: Palm und Enke.

Elts, J. 1992. A readability formula for text on biology. In Rimsa, V. (ed.). *Psychological Problems of Reading*. New York/London: Harper and Brothers: 42-44.

Engel, U. 1994. *Syntax der deutshen Gegenwartssprache*. 3rd edn. Berlin: Erich Schmidt.

Eroms, H. 2000. *Syntax der deutschen Sprache*. Berlin: De Gruyter.

Fan, F., Grezybek, P. & Altmann, G. 2010. Dynamics of word length in Sentence. *Glottometrics*, 20, 70-109.

Fang, Y. & Liu, H. 2018. What factors are associated with dependency distances to ensure easy comprehension? A case study of *ba* sentences in Mandarin Chinese. *Language Sciences*, 67, 33-45.

Fang, Y. & Wang, Y. 2017. Quantitative linguistic research of contemporary Chinese. *Journal of Quantitative Linguistics*, 25(2), 107-121.

Faulhaber, S. 2011. *Verb Valency Patterns: A Challenge for Semantics-based Accounts* (vol. 71). Berlin/New York: De Gruyter.

Fedorenko, E., Woodbury R. & Gibson, E. 2013. Direct evidence of memory retrieval as a source of difficulty in non-local dependencies in language. *Cognitive Science*, 37(2), 378-394.

Fenk-Oczlon, G. & Fenk, A. 2002. Zipf's tool analogy and word order. *Glottometrics*, 5, 22-28.

Ferrer-i-Cancho, R. 2004. Euclidean distance between syntactically linked words. *Physical Review E*, 70 (5), 056135.

Ferrer-i-Cancho, R. 2006. Why do syntactic links not cross? *Europhysics Letters*, 76(6), 1228-1234.

Ferrer-i-Cancho, R. 2013. Hubiness, length, crossings and their relationships in dependency trees. *Glottometrics*, 25, 1-21.

Ferrer-i-Cancho, R. 2016. Non-crossing dependencies: Least effort, not grammar. In Mehler, A., Lücking, A., Banisch, S., Blanchard, P. & Frank-Job, B. (eds.). *Towards a Theoretical Framework for Analyzing Complex Linguistic Networks*. Berlin/Heidelberg: Springer: 203-234.

Ferrer-i-Cancho, R. & Liu, H. 2014. The risks of mixing dependency lengths from sequences of different length. *Glottotheory*, 5(2): 143-155.

Ferrer-i-Cancho, R., Herna'ndez-Ferna'ndez, A., Lusseau, D., Agoramoorthy, G., Hsu, M. J. & Semple, S. 2013. Compression as a universal principle of animal behavior. *Cognitive Science*, 37(8), 1565-1578.

Fisch, A., Guo, J. & Barzilay, R. 2019. Working hard or hardly working: Challenges of integrating typology into neural dependency parsers. The 2019 Conference on Empirical Methods in Natural Language Processing and the 9th International Joint Conference on Natural Language Processing (EMNLP-IJCNLP). Hong Kong, China, Nov. 3 - 7.

Frazier, L. 1979. On comprehending sentences: Syntactic parsing strategies. Storcs: University of

Connecticut (Doctoral Dissertation).

Frazier, L. 1985. Syntactic complexity. In David, R., Karttunen, L. & Zwicky, A. (eds.). *Natural Language Parsing: Psychological, Computational, and Theoretical Perspectives*. Cambridge: Cambridge University Press: 129-189.

Futrell, R., Mahowald, K. & Gibson, E. 2015. Large-scale evidence for dependency length minimization in 37 languages. *Proceedings of the National Academy of Sciences of the United States of America*, 112(33), 10336-10341.

Gao, J. & Liu, H. 2019. Valency and English learners' thesauri. *International Journal of Lexicography*, 32(3), 326-361.

Gao, J. & Liu, H. 2020. Valency dictionaries and Chinese vocabulary acquisition for foreign learners. *Lexikos*, 30, 1-32.

Gao, S., Zhang, H. & Liu, H. 2014. Synergetic properties of Chinese verb valency. *Journal of Quantitative Linguistics*, 21(1), 1-21.

Garside, R., Leech, G. & Sampson, G. 1987. *The Computational Analysis of English: A Corpus-based Approach*. London: Longman.

Gerdes, K., Kahane, S. & Chen, X. 2021. Typometrics: From implicational to quantitative universals in word order typology. *Glossa: A Journal of General Linguistics*, 6(1), 1-31.

Gibson, E. 1998. Linguistic complexity: Locality of syntactic dependencies. *Cognition*, 68(1), 1-76.

Gibson, E. 2000. The dependency locality theory: A distance-based theory of linguistic complexity. In Marantz, A., Miyashita, Y. & O'Nei, W. (eds.). *Image, Language, Brain*. Cambridge: The MIT Press: 96-126.

Gibson, E. & Pearlmutter, N. J. 1998. Constraints on sentence comprehension. *Trends in Cognitive Sciences*, 2(7), 262-268.

Gildea, D. & Temperley, D. 2010. Do grammars minimize dependency length? *Cognitive Science*, 34(2), 286-310.

Givón, T. 1984. *Syntax: A Functional-Typological Introduction*. Amsterdam: Benjamins Publishing Company.

Givón, T. 2001. *Syntax: An Introduction* (vol. 1). Amsterdam: John Benjamins Publishing.

Goebl, H. 1984. *Dialektometrische Studien I*. Tübingen: Narr.

González-Díaz, V. 2008. *English Adjective Comparison: A Historical Perspective* (vol. 299). Amsterdam: John Benjamins Publishing.

Greenberg, J. H. et al. 1978. *Universals of Human Language*, 4 vols. Redwood City: Stanford University Press.

Grodner, D. & Gibson, E. 2005. Consequences of the serial nature of linguistic input for sentential complexity. *Cognitive Science*, 29(2), 261-290.

Groß, T. 1999. *Theoretical Foundations of Dependency Syntax*. Munich: Iudicium.

Grune, D. & Jacobs, C. 1990. *Parsing Techniques*. Chichester: Ellis Horwood.

Gundel, J. K. 1988. Universals of topic-comment structure. *Studies in Syntactic Typology*, 17(1), 209-239.

Guntern, G. 1982. Auto-organization in human systems. *Behavioral Science*, 27(4), 323-337.

Gustison, M. L. , Semple, S. , Ferrer-i-Cancho, R. & Bergman, T. J. 2016. Gelada vocal sequences follow Menzerath's linguistic law. *Proceedings of the National Academy of Sciences of the United States of America*, 113(19), E2750-E2758.

Ha, L. Q. , Sicilia-Garcia,E. I. , Ming, J. & Smith, F. J. 2002. Extension of Zipf's law to words and phrases. The 19th International Conference on Computational Linguistics. Taipei, China, Aug. 24 – Sep. 1.

Hajič, J. , Hajičová, E. , Panevová, J. , Sgall, P. , Cinková S. , Fučíková, E. , Mikulová, M. , Pajas, P. , Popelka, J. , Semecký, J. , Šindlerová, J. , Štěpánek, J. , Toman, J. , Urešová, Z. & Žabokrtský, Z. 2012. *Prague Czech-English Dependency Treebank* 2. 0. *Philadelphia*: *Linguistic Data Consortium*. (https://doi. org/10. 35111/mv82-j246, accessed 2021-06-05).

Halliday, M. A. K. 1994. *An Introduction to Functional Grammar*. London: Edward Arnold.

Hammerl, R. 1990. Untersuchungen zur Verteilung der Wortarten im Text. In Hřebíček, L. (ed. ). *Glottometrika*. Bochum: Brockmeyer: 142-156.

Hao, Y. , Wang, X. & Lin, Y. 2021. Dependency distance and its probability distribution: Are they the universals for measuring second language learners' language proficiency? *Journal of Quantitative Linguistics*,1-25. DOI: 10. 1080/09296174. 2021. 1991684.

Harary, F. 1969. *Graph Theory*. Reading, MA: Addison-Wesley Publishing Company.

Hawkins, J. A. 1994. *A Performance Theory of Order and Constituency*. Cambridge: Cambridge University Press.

Hawkins, J. A. 2004. *Efficiency and Complexity in Grammars*. Oxford: Oxford University Press.

Hays, D. 1964. Dependency theory: A formalism and some observations. *Language*, 40(4), 511-525.

Heesen, R. , Hobaiter, C. , Ferrer-i-Cancho, R. & Semple, S. 2019. Linguistic laws in chimpanzee gestural communication. *Proceedings of the Royal Society B: Biological Sciences*, 286 (1896), 20182900.

Heine, B. & Kuteva, T. 2007. *The Genesis of Grammar: A Reconstruction* (vol. 9). Oxford: Oxford University Press.

Helbig, G. 2002. *Linguistische Theorien der Moderne*. Berlin: Weidler Buchverlag.

Helbig, G. & Schenkel, W. 1991. *Wörterbuch zur Valenz und Distribution deutscher Verben*. 8. durch- gesehene Auflage. Tübingen: Max Niemeyer Verlag.

Hengeveld, K. , Rijkhoff, J. & Siewierska, A. 2004. Parts-of-speech systems and word order. *Journal of Linguistics*, 40(3), 527-570.

Herbst, R. 1988. A valency model for nouns in English. *Journal of Linguistics*, 24(2), 265-301.

Herbst, T. , Heath,D. , Roe, I. F. , & Götz,D. 2004. *A Valency Dictionary of English: A Corpus- Based Analysis of the Complementation Patterns of English Verbs, Nouns and Adjectives*. Berlin/ Boston: De Gruyter Mouton.

Herdan, G. 1966. The Advanced Theory of Language as Choice and Chance. Berlin: Springer.

Heringer, H. 1996. *Deutsche Syntax Dependentiell*. Tübingen: Stauffenberg.

Heringer, H. J. , Strecker, B. & Wimmer, R. 1980. *Syntax: Fragen-Lösungen-Alternativen*.

München: Wilhelm Fink Verlag.

Hinrichs, E. & Kübler, S. 2005. Treebank Profiling of Spoken and Written German. *Proceedings of the Fourth Workshop on Treebanks and Linguistic Theories*: 65-75.

Hoffmann, L. 1976. *Kommunikationsmittel Fachsprache: Eine Einführung*. Berlin: Akademie Verlag.

Hofherr, P. C. & Matushansky, O. (eds.). 2010. *Adjectives: Formal Analyses in Syntax and Semantics* (vol. 153). Amsterdam/Philadelphia: John Benjamins Publishing.

Hopper, P. J. 1975. *The Syntax of the Simple Sentence in Proto-Germanic*. Berlin: De Gruyter.

Hou, R. & Jiang, M. 2016. Analysis on Chinese quantitative stylistic features based on text mining. *Digital Scholarship in the Humanities*,31(2), 357-367.

Hřebíček, L. 1996. Word associations and text. *Glottometrika*, 57(15): 96-101.

Hudson, R. 1984. *Word Grammar*. New York: Basil Blackwell.

Hudson, R. 1990. *An English Word Grammar*. Oxford: Basil Blackwell.

Hudson, R. 1995. Measuring syntactic difficulty. Unpublished paper. (http://www.phon.ucl.ac.uk/home/dick/difficulty.html, accessed 2018-05-05).

Hudson, R. 1996. The difficulty of (so-called) self-embedded structures. UCL Working Papers in Linguistics,8, 1-33.

Hudson. R. 1998. *English Grammar*. Oxford: Blackwell.

Hudson, R. 2003. The psychological reality of syntactic dependency relations. *Proceedings of First International Conference on Meaning-Text Theory*: 181-192.

Hudson. R. 2007. *Language Networks: The New Word Grammar*. Oxford: Oxford University Press.

Hudson, R. 2010. *An Introduction to Word Grammar*. Cambridge: Cambridge University Press.

Jay, T. B. 2004. *The Psychology of Language*. Beijing: Beijing University Press.

Jespersen, O. 1922. *Language: Its Nature, Development and Origin*. London:George Allen & Unwin.

Ji, S. 2007. A textual perspective on Givón's quantity principle. *Journal of Pragmatics*, 39(2), 292-304.

Jiang, J. & Liu, H. 2015. The effects of sentence length on dependency distance, dependency direction and the implications—based on a parallel English-Chinese dependency treebank. *Language Sciences*, 50, 93-104.

Jiang, J. & Liu, H. (eds.). 2018. *Quantitative Analysis of Dependency Structures*. Berlin/Boston: De Gruyter.

Jiang, J. & Ouyang, J. 2017. Dependency distance: A new perspective on the syntactic development in second language acquisition. *Physics of Life Reviews*, 21, 209-210.

Jiang, J., Yu, W. & Liu, H. 2019. Does scale-free syntactic network emerge in second language learning?. *Frontiers in Psychology*,10, 925.

Jiang, X. & Jiang, Y. 2020. Effect of dependency distance of source text on disfluencies in interpreting. *Lingua*,243, 1-18.

Jin, H. & Liu, H. 2017. How will text size influence the length of its linguistic constituents? *Poznań Studies in Contemporary Linguistics*, 53(2), 197-225.

Jin, H. & Liu, H. 2018. Regular dynamic patterns of verbal valency ellipsis in modern spoken Chinese.

In Jiang, J. & Liu, H. (eds.). *Quantitative Analysis of Dependency Structures*. Berlin/Boston: De Gruyter: 101-118.

Jing, Y. & Liu, H. 2015. Mean hierarchical distance: Augmenting mean dependency distance. *The Third International Conference on Dependency Linguistics*. Uppsala, Sweden, Aug. 24-26.

Jing, Y. & Liu, H. 2017. Dependency distance motifs in 21 Indo-European languages. In Liu, H. & Liang, J. (eds.). *Motifs in Language and Text*. Berlin/Boston: De Gruyter: 133-150.

Jung, W. 1995. *Syntaktische Relationen im Rahmen der Dependenzgrammatik*. Hamburg: Buske.

Kahane, S. (ed.). 2000. *Les grammaires de dépendance (Dependency Grammars), (Traitement automatique des langues 41)*. Paris: Hermes.

Kaunisto, M. 2007. *Variation and Change in the Lexicon: A Corpus-based Analysis of Adjectives in English Ending in -ic and -ical* (vol. 63). Amsterdam: Rodopi.

Kennedy, C. 2007. Vagueness and grammar: The semantics of relative and absolute gradable adjectives. *Linguistics and philosophy*, 30(1), 1-45.

Köhler, R. 1990. Elemente der synergetischen Linguistik. In Hammerl, R. (ed.). *Glottometrika*. Bochum: Brockmeyer, 12:179-188.

Köhler, R. 1999. Syntactic structures: Properties and interrelations. *Journal of Quantitative Linguistics*, 6(1), 46-57.

Köhler, R. 2005. Synergetic linguistics. In Köhler, R., Altmann, G. & Piotrowski, R. G. (eds.). *Quantitative Linguistik: Ein Internationales Handbuch (Quantitative Linguistics: An International Handbook)*. Berlin: De Gruyter: 760-774.

Köhler, R. 2006. The frequency distribution of the length of length sequences. In Genzor, J. & Bucková, M. (eds.). *Favete Linguis: Studies in honour of Viktor Krupa*. Bratislava: Slovak Academy Press: 145-152.

Köhler, R. 2012. *Quantitative Syntax Analysis*. Berlin/Bosten: De Gruyter.

Köhler, R. 2015. Linguistic motifs. In George, K. M. & Mačutek, J. (eds.). *Sequences in Language and Text*. Berlin/Boston: De Gruyter: 107-129.

Köhler, R. & Altmann, G. 1986. Synergetische aspekte der linguistik. *Zeitschrift für Sprachwissenschaft*, 5(2), 253-265.

Köhler, R. & Altmann, G. 2000. Probability distributions of syntactic units and properties. *Journal of Quantitative Linguistics*, 7(3), 189-200.

Köhler, R. & Altmann, G. 2009. *Problems in Quantitative Linguistics*. Lüdenscheid: RAM.

Köhler, R. & Naumann, S. 2008. Quantitative text analysis using L-, F- and T-segments. In Preisach, B. & Schmidt-Thieme, D. (eds.). *Data Analysis, Machine Learning and Applications*. Berlin/Heidelberg: Springer: 637-646.

Köhler, R. & Naumann, S. 2010. A syntagmatic approach to automatic text classification: Statistical properties of F- and L-motifs as text characteristics. In Grzybek, P., Kelih, E. & Mačutek, J. (eds.). *Text and Language: Structures • Functions • Interrelations*. Wien: Praesens Verlag: 81-90.

Lei, L. & Wen, J. 2020. Is dependency distance experiencing a process of minimization? A diachronic study based on the State of the Union addresses. *Lingua*, 239, 102762.

Levy, R., Fedorenko, E. & Gibson, E. 2013. The syntactic complexity of Russian relative clauses. *Journal of Memory and Language*, 69(4), 461-495.

Li, C. N. & Thompson, S. A. 1989. *Mandarin Chinese: A Functional Reference Grammar* (vol. 3). Berkeley: University of California Press.

Li, W. & Yan, J. 2021. Probability distribution of dependency distance based on a treebank of Japanese EFL Learners' Interlanguage. *Journal of Quantitative Linguistics*, 28(2), 172-186.

Liang, J. 2017. Dependency distance differences across interpreting types: Implications for cognitive demand. *Frontiers in Psychology*, 8, 2132.

Liang, J. & Liu, H. 2013. Noun distribution in natural languages. *Poznań Studies in Contemporary Linguistics*, 49(4), 509-529.

Lin, J. & Peck, J. 2016. Classification of Mandarin Chinese simple adjectives: A scale-based analysis of their quantitative denotations. *Language and Linguistics*, 17(6), 827-855.

Linguistic Data Consortium. 1999. Penn Treebank 3. LDC99T42.

Liu, B. & Chen, X. 2017. Dependency distance in language evolution: Comment on "Dependency distance: A new perspective on syntactic patterns in natural languages" by Haitao Liu et al. *Physics of Life Reviews*, 21, 194-196.

Liu, H. 2006. Syntactic parsing based on dependency relations. *Grkg/Humankybernetik*, 47 (3), 124-135.

Liu, H. 2007a. Probability distribution of dependency distance. *Glottometrics*, 15, 1-12.

Liu, H. 2007b. Dependency relations and dependency distance: A statistical view based on treebank. In *Wiener Slawistischer Almanach*, *Sonderband* 69 (pp. 269-278). MTT 2007, Klagenfurt, May 21 –24.

Liu, H. 2008. Dependency distance as a metric of language comprehension difficulty. *Journal of Cognitive Science*, 9(2), 159-191.

Liu, H. 2009. Probability distribution of dependencies based on a Chinese dependency treebank. *Journal of Quantitative Linguistics*, 16(3), 256-273.

Liu, H. 2010. Dependency direction as a means of word-order typology: A method based on dependency treebanks. *Lingua*, 120(6), 1567-1578.

Liu, H. 2011. Quantitative properties of English verb valency. *Journal of Quantitative Linguistics*, 18 (3), 207-233.

Liu, H. & Cong, J. 2014. Empirical characterization of modern Chinese as a multi-level system from the complex network approach. *Journal of Chinese Linguistics*, 42(1), 1-38.

Liu, H. & Fang, Y. 2016. Quantitative aspects of hierarchical motifs. *Issues in Quantitative Linguistics*, 4, 9-26.

Liu, H. & Liang, J. (eds.). 2017. *Motifs in Language and Text*. Berlin/Boston: De Gruyter.

Liu, H., Xu, C. & Liang, J. 2017. Dependency distance: A new perspective on syntactic patterns in natural languages. *Physics of Life Review*, 21, 171-193.

Lobin, H. 1993. *Koordinationssyantax als Prozedurales Phänomen: Studien zur Deutschen Grammatik*, (vol. 46). Tübingen: Narr.

Lu, J. & Liu, H. 2020. Do English noun phrases tend to minimize dependency distance?. *Australian Journal of Linguistics*, 40(2): 246-262.

Lu, Q. , Lin, Y. & Liu, H. 2018. Dynamic Valency and Dependency Distance. In Jiang, J. & Liu, H. (eds. ). *Quantitative Analysis of Dependency Structures*. Berlin/Boston: De Gruyter: 145-166.

Martinet, A. 1955/2005. *Économie des Changements Phonetiques*. Paris: Maisonneuve & Larose.

Mathesius, V. 1975. On information bearing structure of the sentence. *Harvard Studies in Syntax and Semantics*, 1, 467-480.

Matthews, P. H. 1981. *Syntax*. Cambridge: Cambridge University Press.

Matthews, P. H. 2014. *The Positions of Adjectives in English*. Oxford: Oxford University Press.

McCawley, J. D. 1992. Justifying part-of-speech assignments in Mandarin Chinese. *Journal of Chinese Linguistics*, 20(2), 211-246.

McNally, L. & Kennedy, C. (eds. ). 2008. *Adjectives and Adverbs: Syntax, Semantics, and Discourse*. Oxford: Oxford University Press.

Mel'čuk, I. 1988. *Dependency Syntax: Theory and Practice*. Albany: State University of New York Press.

Meltzer-Asscher, A. 2012. The subject of adjectives: Syntactic position and semantic interpretation. *Linguistic Review*, 29(2), 149-189.

Mikk, J. 1997. Parts of speech in predicting reading comprehension. *Journal of Quantitative Linguistics*, 4(1-3), 156-163.

Mikk, J. & Elts, J. 1992. Dependence of interest in reading on text characteristics. Psychological problems of reading. Theses of papers. Vilnius,Lithuania, May 6 – 7.

Mikk, J. & Elts, J. 1993. Comparison of texts on familiar or unfamiliar subject matter. In Hřebíček, L. & Altmann, G. (eds. ). *Quantitative Text Analysis*. Trier: WVT: 229-238.

Miller, G. A. 1956. The magical number seven, plus or minus two: Some limits on our capacity for processing information. *Psychological Review*, 63(2), 81-97.

Miller, G. A. & Chomsky, N. 1963. Finitary models of language users. In Luce, R. D. , Bush, R. R. & Galanter, E. (eds. ). *Handbook of Mathematical Psychology* (vol. II). New York: Wiley: 419-491.

Mindt, I. 2011. *Adjective Complementation: An Empirical Analysis of Adjectives Followed by That-Clauses* (vol. 42). Amsterdam/Philadelphia: John Benjamins Publishing.

Moon, R. 2011. English adjectives in-like, and the interplay of collocation and morphology. *International Journal of Corpus Linguistics*, 16(4), 486-513.

Murphy, G. L. & Andrew, J. M. 1993. The conceptual basis of antonymy and synonymy in adjectives. *Journal of Memory and Language*,32(3), 301-319.

Nichols, J. 1986. Head-marking and dependent-marking grammar. *Language*, 62(1), 56-119.

Ninio, A. 1998. Acquiring a dependency grammar: The first three stages in the acquisition of multiword combinations in Hebrew-speaking children. In Makiello-Jarza, G. , Kaiser, J. & Smolczynska, M. (eds. ). *Language Acquisition and Developmental Psychology*. Cracow: Universitas: 201-210.

Niu, R. & Liu, H. 2022. Effects of syntactic distance and word order on language processing: An investigation based on a psycholinguistic treebank of English. *Journal of Psycholinguistic Research*.

Niv, M. 1992. Right association revisited. The 30th annual meeting on Association for Computational Linguistics. Newark, US, Jun. 28 – Jul. 2.

Nivre, J. 2005. *Dependency Grammar and Dependency Parsing*. (MSI report 05133). Växjö University: School of Mathematics and Systems Engineering.

Nugues, M. P. 2006. *An Introduction to Language Processing with Perl and Prolog*. Berlin: Springer.

Oltra-Massuet, I. 2013. *Deverbal Adjectives at the Interface: A Crosslinguistic Investigation into the Morphology, Syntax and Semantics of -ble* (vol. 28). Berlin/New York: De Gruyter.

Ord, J. K. 1972. *Families of Frequency Distributions* (No. 30). Royal Oak, MI: Hafner Publishing Company.

Osborne T. , Putnam, M. & Gross, T. M. 2011. Bare phrase structure, label-less trees, and specifier-less syntax: Is Minimalism becoming a dependency grammar? *The Linguistic Review*, 28 (3), 315-384.

Osborne, T. 2019. *A Dependency Grammar of English: An Introduction and beyond*. Amsterdam/ Philadelphia: John Benjamins Publishing Company.

Ouyang, J. & Jiang, J. 2018. Can the probability distribution of dependency distance measure language proficiency of second language learners? *Journal of Quantitative Linguistics*, 25(4), 295-313.

Ouyang, J. , Jiang, J. & Liu, H. 2022. Dependency distance measures in assessing L2 writing proficiency. *Assessing Writing*,51, 100603.

Owens, J. 1984. On getting a head: A problem in dependency grammar. *Lingua*,62(1-2), 25-42.

Pan, X. & Liu, H. 2014. Adnominals in modern Chinese and their distribution properties. *Glottometrics*, 29, 1-30.

Pan, X. , Chen, X. & Liu, H. 2018. Harmony in diversity: The language codes in English-Chinese poetry translation. *Digital Scholarship in the Humanities*, 33(1), 128-142.

Pande, H. & Dhami, H. S. 2015. Determination of the distribution of sentence length frequencies for Hindi language texts and utilization of sentence length frequency profiles for authorship attribution. *Journal of Quantitative Linguistics*, 22(4), 338-348.

Paradis, C. 2001. Adjectives and boundedness. *Cognitive Linguistics*,12(1), 47-65.

Paradis, C. , Löhndorf, S. , Van de Weijer, J. & Willners, C. 2015. Semantic profiles of antonymic adjectives in discourse. *Linguistics*, 53(1), 153-191.

Paul, W. 2005. Adjectival modification in Mandarin Chinese and related issues. *Linguistics*, 43(4), 757-793.

Pawłowski, A. 1997. Time-Series analysis in linguistics: Application of the ARIMA method to cases of spoken Polish. *Journal of Quantitative Linguistics*, 4(1-3), 203-221.

Pawłowski, A. 1999. Language in the line vs. language in the mass: On the efficiency of sequential modelling in the analysis of rhythm. *Journal of Quantitative Linguistics*, 6(1), 70-77.

Perini, M. A. 2015. *Describing Verb Valency: Practical and Theoretical Issues*. Berlin/Heidelberg: Springer.

Pickering, M. & Barry, G. 1993. Dependency categorial grammar and coordination. *Linguistics*, 31(5),

855-902.

Popescu, I-I., Altmann, G. & Köhler, R. 2010. Zipf's law—another view. *Quality & Quantity*, 44(4), 713-731.

Pyles, T. 1971. *The Origins and Development of the English Language*. New York: Harcourt Brace Jovanovich.

Qiu, L., Zhang, Y., Jin, P. & Wang, H. 2014. Multi-view Chinese treebanking. The 25th International Conference on Computational Linguistics. Dublin, Ireland, Aug. 23 – 29.

Quirk, R., Greenbaum, S., Leech, G. N. & Svartvik, J. 1972. *A Grammar of Contemporary English*. London: Longman.

Rießler, M. 2016. *Adjective Attribution*. Berlin: Language Science Press.

Sampson, G. 1997. Depth in English grammar. *Journal of Linguistics*, 33(1), 131-151.

Samuelsson, C. & Wiren, M. 2000. *Parsing Techniques: Handbook of Natural Language Processing*. New York/Basel: Marcel Dekker, Inc.

Savoy, J. 2017. Analysis of the style and the rhetoric of the American presidents over two centuries. *Glottometrics*, 38(1), 55-76.

Schubert, K. 1986. *Syntactic Tree Structures*. Utrecht: BSO/Research.

Schubert, K. 1988. *Metataxis: Contrastive Dependency Syntax for Machine Translation*. Dordrecht: Foris.

Schweers, A. & Zhu, J. 1991. Wortartenklassifizierung im Lateinischen, Deutschen und Chinesischen. In Rothe, U. (ed.). *Diversification Processes in Language: Grammar*. Hagen: Margit Rottmann Medienverlag: 157-165.

Semple, S., Hsu, M. J. & Agoramoorthy, G. 2010. Efficiency of coding in macaque vocal communication. *Biological Letters*, 6(4), 469-471.

Sherman, L. A. 1888. Some observations upon the sentence-length in English prose. *University of Nebraska Studies*, 1, 119-130.

Sichel, H. S. 1971. On a family of discrete distributions particularly suited to represent long-tailed data. In Laubscher, N. F. (ed.). *Proceedings of the 3rd Symposium on Mathematical Statistics*. Pretoria: Council for Scientific and Industrial Research: 51-97.

Sichel, H. S. 1974. On a distribution representing sentence-length in prose. *Journal of the Royal Statistical Society* (A), 137(1), 25-34.

Sigurd, B., Eeg-Olofsson, M. & Weijer, J. V. 2004. Word length, sentence length and frequency: Zipf revisited. *Studia Linguistica*, 58(1), 37-52.

Sleator, D. & Temperley, D. 1991. Parsing English with a link grammar. Carnegie Mellon University Computer Science technical report CMU-CS-91-196. (https://www.cs.cmu.edu/afs/cs.cmu.edu/project/link/pub/www/papers/ps/tr91-196.pdf, accessed 2022-04-12).

Smith, J. 1996. *An Historical Study of English: Function, Form, and Change*. London: Routledge.

Starosta, S. 1988. *The Case for Lexicase: An Outline of Lexicase Grammatical Theory*. New York: Pinter Publishers.

Sun, C. 2020. Non-specific degree: Chinese gradable adjectives. In Xing, J. Z. (ed.). *A Typological*

*Approach to Grammaticalization and Lexicalization*: *East Meets West*. Berlin/Boston: De Gruyter: 319-349.

Taranto, G. 2013. *Discourse Adjectives*. London: Routledge.

Tarvainen, K. 2000. *Einführung in die Dependenzgrammatik* (*Reihe germanistische Linguistik* 35). Tübingen: Niemeyer.

Taylor, J. R. 1992. Old problems: Adjectives in cognitive grammar. *Cognitive Linguistics*, 3(1), 1-36.

Temperley, D. 2007. Minimization of dependency length in written English. *Cognition*, 105(2), 300-333.

Temperley, D. 2008. Dependency-length minimization in natural and artificial languages. *Journal of Quantitative Linguistics*, 15(3), 256-282.

Tesnière, L. 1959. *Éléments de syntaxe structurale*. Paris: Klincksieck.

Tham, S. W. 2013. Change of state verbs and result state adjectives in Mandarin Chinese. *Journal of Linguistics*, 49(3), 647-701.

Tucker, G. 1998. *The Lexicogrammar of Adjectives*: *A Systemic Functional Approach to Lexis*. London/New York: Cassell.

Tuldava, J. & Villup, A. 1976. Sõnaliikide sagedusest ilukirjandusproosa autorikõnes. Töid keelestatistika alalt I (pp. 61-102). Tartu. (Summary in English, pp. 105-106).

Tuzzi, A., Popescu, I-I. & Altmann, G. 2009. Zipf's laws in Italian Texts. *Journal of Quantitative Linguistics*, 16(4), 354-367.

Uhlířová, L. 2009. Word frequency and position in sentence. In Popescu, I-I. et al. (eds.). *Word Frequency Studies*. Berlin/New York: De Gruyter: 203-230.

Uresova, Z., Fucikova, E. & Hajic, J. 2016. Non-projectivity and valency. *Proceedings of the Workshop on Discontinuous Structures in Natural Language Processing*: 12-21.

van Linden, A. 2012. *Modal Adjectives*: *English Deontic and Evaluative Constructions in Diachrony and Synchrony* (vol. 75). Berlin/New York: De Gruyter.

Vieira, D. S., Picoli, S. & Mendes, R. S. 2018. Robustness of sentence length measures in written texts. *Physica A*, 506, 749-754.

Vulanović, R. 2008a. The combinatorics of word order in flexible parts-of-speech systems. *Glottotheory*, 1(1), 74-84.

Vulanović, R. 2008b. A mathematical analysis of parts-of-speech systems. *Glottometrics*, 17, 51-65.

Vulanović, R. 2009. Efficiency of flexible parts-of-speech systems. In Köhler, R. (ed.). *Issues in Quantitative Linguistics*. Lüdenscheid: RAM-Verlag: 155-175.

Vulanović, R. & Köhler, R. 2009. Word order, marking, and parts-of-speech systems. *Journal of Quantitative Linguistics*, 16(4), 289-306.

Wang, H. 2012. Length and complexity of NPs in written English. *Glottometrics*, 24: 79-87.

Wang, H. & Liu, H. 2014. The effects of length and complexity on constituent ordering in written English. *Poznań Studies in Contemporary Linguistics*, 50(4), 477-494.

Wang, S. & Huang, C. R. 2010. Adjectival modification to nouns in Mandarin Chinese: Case studies on "cháng+ noun" and "adjective+ tú shū guǎn". The 24th Pacific Asia Conference on Language, Information and Computation. Sendai, Japan, Nov. 4 - 7.

Wang, Y. & Liu, H. 2017. The effects of genre on dependency distance and dependency direction. *Language Sciences*, 59, 135-147.

Wang, Y. & Liu, H. 2022. Revisiting Zipf's Law: A new indicator of lexical diversity. In Yamazaki et al. (eds.). *Quantitative Approaches to Universality and Individuality in Language*. Berlin/Boston: De Gruyter:193-202.

West, D. B. 2001. *Introduction to Graph Theory* (vol. 2). Upper Saddle River: Prentice hall.

Wierzbicka, A. 1986. What's in a noun? (or: How do nouns differ in meaning from adjectives?). *Studies in Language*, 10(2), 353-389.

Wiio, O. A. 1968. Readability, comprehension and readership. *Acta Universitatis Tamperensis*, ser. A, 22. Tampere.

Williams, C. B. 1940. A note on the statistical analysis of sentence-length as a criterion of literary style. *Biometrika*, 31(3/4), 356-361.

Wulff, S. 2003. A multifactorial corpus analysis of adjective order in English. *International Journal of Corpus Linguistics*, 8(2), 245-282.

Xu, C. & Liu, H. 2022. The role of working memory in shaping syntactic dependency structures. In Schwieter, J. & Wen, E. (eds.). *The Cambridge Handbook of Working Memory and Language*. Cambridge: Cambridge University Press:343-367.

Yadav, H., Vaidya, A., Shukla, V. & Husain, S. 2020. Word order typology interacts with linguistic complexity: A cross-linguistic corpus study. *Cognitive Science*, 44(4), 1-44.

Yan, J. 2017. The rank-frequency distribution of part-of-speech motif and dependency motif in the deaf learners' compositions. In Liu, H. & Liang, J. (eds.). *Motifs in Language and Text*. Berlin/Boston: De Gruyter: 181-200.

Yan, J. & Liu, H. 2021. Quantitative analysis of Chinese and English verb valencies based on the probabilistic valency pattern theory. Chinese lexical semantic workshop. The 22 nd Chinese Lexical Semantics Workshop. Nanjing, China, May 15 – 16.

Yan, J. & Liu, S. 2017. The distribution of dependency relations in *Great Expectations* and *Jane Eyre*. *Glottometircs*, 37, 13-33.

Yang, T., Gu, C. & Yang, H. 2016. Long-range correlations in sentence series from *A Story of the Stone*. *PLoS One*, 11(9), e0162423.

Yang, Y., Gu, C., Xiao, Q. & Yang, H. 2017. Evolution of scaling behaviors embedded in sentence series from *A Story of the Stone*. *PLoS One*, 12(2), e0171776.

Yngve, V. H. 1960. A model and a hypothesis for language structure. *Proceedings of the American Philosophical Society*, 104(5), 444-466.

Yu, S., Xu, C. & Liu, H. 2018. Zipf's law in 50 languages: Its structural pattern, linguistic interpretation, and cognitive motivation. https://arxiv.org/abs/1807.01855.

Yu, S., Liang, J. & Liu, H. 2016. Existence of hierarchies and human's pursuit of top hierarchy lead to power law. http://arxiv.org/abs/1609.07680.

Yule, G. U. 1939. On sentence-length as a statistical characteristic of style in prose: With application to two cases of disputed authorship. *Biometrika*, 30(3/4), 363-390.

Zhang，H. & Liu，H. 2017. Motifs in reconstructed RST discourse trees. *Journal of Quantitative Linguistics*，24(2-3)，107-127.

Zhang，H. & Liu，H. 2018. Interrelations among dependency tree widths，heights and sentence lengths. In Liu，H. & Jiang，J. (eds.). *Quantitative Analysis of Dependency Structure*. Berlin/Boston：De Gruyter，72：31-52.

Zhang，Z. 2012. A corpus study of variation in written Chinese. *Corpus Linguistics and Linguistic Theory*，8(1)，209-240.

Zhao，Q. & Huang，C. R. 2015. A corpus-based study on synaesthetic adjectives in Modern Chinese. In Lu，Q. & Gao，H. H. (eds.). *Chinese Lexical Semantics*. Gewerbestrasse：Springer International Publishing：535-542.

Zhao，Q.，Huang，C. R. & Long，Y. 2018. Synaesthesia in Chinese：A corpus-based study on gustatory adjectives in Mandarin. *Linguistics*，56(5)，1167-1194.

Zhou，C. 2021. On mean dependency distance as a metric of translation quality assessment. *Indian Journal of Language and Linguistics*，2(4)，23-30.

Zhu，H.，Liu，X. & Pang，N. 2022. Investigating diachronic change in dependency distance of Modern English：A genre-specific perspective. *Lingua*，272，103307.

Zhu，J. & Best，K-H. 1992. Zum Wort im modernen Chinesisch. *Oriens Extremus*，35(1/2)，45-60.

Ziegler，A. 1998. Word class frequencies in Brazilian-Portuguese press texts. *Journal of Quantitative Linguistics*，5(3)，269-280.

Ziegler，A. 2001. Word class frequencies in Portuguese press texts. In Uhlířová，L.，Wimmer，G.，Altmann，G. & Köhler，R. (eds.). *Text as a Linguistic Paradigm：Levels，Constituents，Constructs. Festschrift in honour of Luděk Hřebíček*. Trier：Wissenschaftlicher Verlag Trier：295-312.

Ziegler，A.，Best，K-H. & Altmann，G. 2001. A contribution to text spectra. *Glottometrics*，1，97-108.

Zipf，G. K. 1932. *Selected Studies of the Principle of Relative Frequency in Language*. Cambridge，MA：Harvard University Press.

Zipf，G. K. 1935. *The Psycho-Biology of Language. An Introduction to Dynamic Philology*. Boston：Houghton Mifflin.

Zipf，G. K. 1949. *Human Behavior and the Principle of Least Effort*. Cambridge，Mass.：Addison-Wesley.

阿尔特曼,2017. 序一//刘海涛. 计量语言学导论. 北京:商务印书馆:1-2.

陈小荷,1999. 从自动句法分析角度看汉语词类问题. 语言教学与研究(3):63-72.

程工,1998. 从跨语言的角度看汉语中的形容词. 现代外语(2):17-26.

程娟,2004.《现代汉语词典》词语功能义项计量考察. 语文研究(1):45-51.

丁金国,2009. 语体风格分析纲要. 广州:暨南大学出版社.

冯志伟,周建,2017. 马尔丁内与法国功能语言学派. 现代语文(语言研究版)(8):4-6.

冯志伟,1983. 特思尼耶尔的从属关系语法. 国外语言学(1):57,63-65.

冯志伟,2011. 语言与数学. 北京:世界图书出版公司.

冯志伟,2013. 现代语言学流派(增订版). 北京:商务印书馆.

高松,2010. 基于依存树库的现代汉语名词语法功能的计量研究. 华文教学与研究(2):54-60.

高松,2013. 基于概率配价模式理论的花园幽径句研究. 语言文字应用(3):126-132.

高松,颜伟,刘海涛,2010. 基于树库的现代汉语动词句法功能的计量研究. 汉语学习(5):105-112.

耿国锋,2008. 关于二价名词的两个问题. 北方论丛(2):54-56.

郭锐,2002. 现代汉语词类研究. 北京:商务印书馆.

郭锐,2012. 形容词的类型学和汉语形容词的语法地位. 汉语学习(5):3-16.

赫琳,2003.《诗经》"给予"类三价动词及其句式研究. 北京:学苑出版社.

赫琳,2006.《诗经》使令动词配价研究. 长江学术(4):112-116.

赫琳,2007.《诗经》形容词的配价研究. 诗经研究丛刊(1):264-274.

华宗德,1996. 德语形容词配价刍议. 现代外语(1):59-62.

黄伟,刘海涛,2009. 汉语语体的计量特征在文本聚类中的应用. 计算机工程与应用(29):25-27,33.

黄伟,等. 词汇与句法计量研究. 杭州:浙江大学出版社,2022.

计量语言学研究中心,2022. 词汇与句法计量研究. 杭州:浙江大学出版社.

金慧媛,2018. 基于依存句法的聋生汉语书面语句句法能力发展研究//刘海涛. 计量语言学研究进展. 杭州:浙江大学出版社:315-328.

黎锦熙,1924/2007. 新著国语文法. 长沙:湖南教育出版社.

黎锦熙,1992. 新著国语文法. 北京:商务印书馆.

李雯雯,2018. 汉英主宾语句法计量特征的对比研究//刘海涛主编. 计量语言学研究进展. 杭州:浙江大学出版社:244-267.

李晓甄,何凯悦,李筱夏,2015. 基于语料库的法语词汇特征研究. 教学研究(31):116-117.

梁君英,刘海涛,2016. 语言学的交叉学科研究:语言普遍性、人类认知、大数据. 浙江大学学报(人文社会科学版)(1):108-118.

林燕妮,刘海涛,2018. 大数据时代语言研究的方法和趋向. 新疆师范大学学报(哲学社会科学版)(1):72-83.

刘丙丽,刘海涛,2011. 基于语料库的汉语动词句法配价历时研究. 语言教学与研究(6):83-89.

刘丙丽,牛雅娴,刘海涛,2012. 基于依存句法标注树库的汉语语体差异研究. 语言文字应用(4):134-142.

刘丙丽,徐春山,2018. 汉语白话依存距离与依存方向历时统计分析//刘海涛主编. 计量语言学研究进展. 杭州:浙江大学出版社:329-343.

刘丹青,2005. 形容词和形容词短语的研究框架. 民族语文(5):28-38.

刘国辉,2016. 基于语料库的英语名词性成分使用频率及其文体分布考察. 山东外语教学(4):3-11,42.

刘海涛,2017a. 句子结构层级的分布规律. 外语教学与研究(3):345-352,479.

刘海涛,2017b. 计量语言学导论. 北京:商务印书馆.

刘海涛,2018. 计量语言学研究进展. 杭州:浙江大学出版社.

刘海涛,2009. 依存语法的理论与实践. 北京:科学出版社.

刘海涛,2012. 计量语言学:语言研究的科学化途径. 光明日报,02-15(16).

刘海涛,2015. 学科交叉是发现语言规律的利器. 浙江大学学报,11-13(3).

刘海涛,冯志伟,2007. 自然语言处理的概率配价模式理论. 语言科学(3):32-41.

刘海涛,黄伟,2012. 计量语言学的现状、理论与方法. 浙江大学学报(人文社会科学版)(2):178-192.

刘海涛,敬应奇,2016. 英语句子层级结构计量分析. 外国语(6):2-11.

刘顺,2005. 一价名词及其名元的句法实现形式考察. 语言与翻译(2):35-39.

刘颖,肖天久,2014. 金庸与古龙小说计量风格学研究. 清华大学学报(哲学社会科学版)(5):135-147,179.

陆前,2018. 交叉、根位置与组块对依存距离的影响//刘海涛. 计量语言学研究进展. 杭州:浙江大学出版社:198-210.

陆前,刘海涛,2016a. 人类语言中交叉与距离关系的计量分析. 山西大学学报(哲学社会科学版)(4):49-56.

陆前,刘海涛,2016b. 依存距离分布有规律吗?. 浙江大学学报(人文社会科学版)(4):63-76.

吕叔湘,1982. 中国文法要略(再版). 北京:商务印书馆.

莫彭龄,单青,1985. 三大类实词句法功能的统计分析. 南京师大学报(社会科学版)(3):55-63.

彭艳,2007. 短语结构语法与依存语法的心理现实性研究. 上海:上海外国语大学博士毕业论文.

沈家煊,2012. 怎样对比才有说服力——以英汉名动对比为例. 现代外语(1):1-13,108.

石毓智,白解红,2006. 汉英形容词概念化的差别及其句法后果. 四川外国语学报(6):77-82.

孙立鹏,2006. 论俄语形容词比较级配价. 绥化学院学报(6):136-137.

索绪尔,1980. 普通语言学教程. 高名凯,译. 北京:商务印书馆.

王华,2018. 汉英名词短语长度的计量研究//刘海涛. 计量语言学研究进展. 杭州:浙江大学出版社:268-280.

王雅琴,2015. BNC语料库书面英语不同语域依存距离分布的研究. 大连:大连海事大学.

邢福义,2003. 词类辩难. 北京:商务印书馆.

徐春山,2018. 现代汉语介词"在"与主语的依存距离研究//刘海涛. 计量语言学研究进展. 杭州:浙江大学出版社:211-230.

徐艳华,2006. 现代汉语实词语法功能考察及词类体系重构. 南京:南京师范大学.

严菁琦,2018. 基于树库的聋生书面语介词句法发展计量研究//刘海涛. 计量语言学研究进展. 杭州:浙江大学出版社:329-343.

尹百利,2014. 现代中文范围副词的分布考察和句法功能. 焦作大学学报(3):20-21.

于水源,2018. 齐普夫定律的语言学解释//刘海涛. 计量语言学研究进展. 杭州:浙江大学出版社:1-25.

袁毓林,1992. 现代汉语名词的配价研究. 中国社会科学(3):205-223.

袁毓林,1995. 词类范畴的家族相似性. 中国社会科学(1):154-170.

袁毓林,1998a. 汉语动词的配价研究. 南昌:江西教育出版社.

袁毓林,1998b. 语言的认知研究和计算分析. 北京:北京大学出版社.

袁毓林,2000. 一个汉语词类的准公理系统. 语言研究(4):1-28.

詹卫东,2000. 基于配价的汉语语义词典. 语言文字应用(1):37-43.

詹卫东,2013. 大数据时代的汉语语言学研究. 山西大学学报(哲学社会科学版)(5):70-77.

张国宪,1995a. 论单价形容词. 语言研究(1):52-65.

张国宪,1995b. 双价形容词对语义结构的选择. 汉语学习(4):8-13.

张国宪,2000. 现代汉语形容词的典型特征. 中国语文(5):447-458.

张国宪,2002. 三价形容词的配价分析与方法思考. 世界汉语教学(1):28-33.

赵怿怡,刘海涛,2014. 歧义结构理解中的依存距离最小化倾向. 计算机工程与应用(6):7-10.

周国光,1995. 现代汉语形容词配价研究述评. 汉语学习(2):13-21.

朱德熙,1978.“的”字结构和判断句. 中国语文(1-2):23-27,104-109.

朱德熙,1982. 语法讲义. 北京:商务印书馆.

朱德熙,1985. 语法答问. 北京:商务印书馆.

朱德熙,1991. 词义和词类. 北京:语文出版社.

# 附　表

## 附表1　中文广义配价(功能)模式(前25)

| 频序 | C1 | | | C2 | | | C3 | | |
|---|---|---|---|---|---|---|---|---|---|
| | 模式 | 频次 | % | 模式 | 频次 | % | 模式 | 频次 | % |
| 1 | n | 7623 | 17.6 | n | 7688 | 17.8 | n | 7664 | 17.7 |
| 2 | att＋n◎ | 4100 | 9.5 | att＋n◎ | 4502 | 10.4 | att＋n◎ | 4603 | 10.6 |
| 3 | de＋u◎ | 2577 | 6.0 | d | 2297 | 5.3 | de＋u◎ | 2435 | 5.6 |
| 4 | d | 2150 | 5.0 | de＋u◎ | 2241 | 5.2 | d | 2282 | 5.3 |
| 5 | p◎＋pob | 1837 | 4.2 | m | 1955 | 4.5 | p◎＋pob | 1818 | 4.2 |
| 6 | a | 1648 | 3.8 | p◎＋pob | 1740 | 4.0 | m | 1764 | 4.1 |
| 7 | m | 1624 | 3.8 | v | 1565 | 3.6 | v | 1687 | 3.9 |
| 8 | r | 1583 | 3.7 | r | 1483 | 3.4 | r | 1563 | 3.6 |
| 9 | v | 1577 | 3.6 | a | 1288 | 3.0 | a | 1451 | 3.4 |
| 10 | att＋att＋n◎ | 1244 | 2.9 | att＋att＋n◎ | 1279 | 3.0 | att＋att＋n◎ | 1365 | 3.2 |
| 11 | c | 1219 | 2.8 | c | 1108 | 2.6 | c | 1180 | 2.7 |
| 12 | v◎＋vob | 958 | 2.2 | num＋q◎ | 1037 | 2.4 | v◎＋vob | 984 | 2.3 |
| 13 | t | 910 | 2.1 | v◎＋vob | 944 | 2.2 | num＋q◎ | 872 | 2.0 |
| 14 | u | 864 | 2.0 | u | 816 | 1.9 | u | 809 | 1.9 |
| 15 | num＋q◎ | 752 | 1.7 | t | 764 | 1.8 | t | 693 | 1.6 |
| 16 | att＋f◎ | 703 | 1.6 | att＋f◎ | 699 | 1.6 | att＋f◎ | 649 | 1.5 |
| 17 | sbv＋v◎＋vob | 633 | 1.5 | sbv＋v◎＋vob | 537 | 1.2 | sbv＋v◎＋vob | 584 | 1.4 |
| 18 | sbv＋v◎ | 339 | 0.8 | b | 445 | 1.0 | adv＋v◎ | 358 | 0.8 |
| 19 | b | 321 | 0.7 | adv＋v◎ | 377 | 0.9 | b | 345 | 0.8 |
| 20 | adv＋v◎＋vob | 310 | 0.7 | adv＋v◎＋vob | 320 | 0.7 | sbv＋v◎ | 333 | 0.8 |
| 21 | sbv＋adv＋v◎＋vob | 305 | 0.7 | sbv＋v◎ | 309 | 0.7 | adv＋v◎＋vob | 320 | 0.7 |

| 频序 | C1 | | | C2 | | | C3 | | |
|---|---|---|---|---|---|---|---|---|---|
| | 模式 | 频次 | % | 模式 | 频次 | % | 模式 | 频次 | % |
| 22 | adv＋v◎ | 301 | 0.7 | sbv＋adv＋v◎＋vob | 305 | 0.7 | sbv＋adv＋v◎＋vob | 305 | 0.7 |
| 23 | att＋t◎ | 270 | 0.6 | num＋n◎ | 257 | 0.6 | att＋t◎ | 248 | 0.6 |
| 24 | att＋att＋att＋n◎ | 250 | 0.6 | att＋t◎ | 244 | 0.6 | att＋att＋att＋n◎ | 217 | 0.5 |
| 25 | num＋n◎ | 236 | 0.5 | ic＋v◎＋vob | 220 | 0.5 | ic＋v◎＋vob | 214 | 0.5 |
| 小计 | | | 79.4 | | | 79.5 | | | 80.3 |

| 频序 | C4 | | | C5 | | | C6 | | |
|---|---|---|---|---|---|---|---|---|---|
| | 模式 | 频次 | % | 模式 | 频次 | % | 模式 | 频次 | % |
| 1 | n | 7774 | 18.0 | n | 7619 | 17.6 | n | 7567 | 17.5 |
| 2 | att＋n◎ | 4656 | 10.8 | att＋n◎ | 4614 | 10.7 | att＋n◎ | 4253 | 9.8 |
| 3 | de＋u◎ | 2258 | 5.2 | de＋u◎ | 2543 | 5.9 | de＋u◎ | 2487 | 5.8 |
| 4 | d | 2194 | 5.1 | d | 2335 | 5.4 | d | 2413 | 5.6 |
| 5 | p◎＋pob | 1820 | 4.2 | p◎＋pob | 1816 | 4.2 | p◎＋pob | 1774 | 4.1 |
| 6 | v | 1733 | 4.0 | v | 1811 | 4.2 | v | 1774 | 4.1 |
| 7 | r | 1613 | 3.7 | a | 1639 | 3.8 | r | 1713 | 4.0 |
| 8 | m | 1599 | 3.7 | m | 1518 | 3.5 | m | 1561 | 3.6 |
| 9 | a | 1381 | 3.2 | r | 1442 | 3.3 | a | 1401 | 3.2 |
| 10 | att＋att＋n◎ | 1287 | 3.0 | att＋att＋n◎ | 1280 | 3.0 | att＋att＋n◎ | 1249 | 2.9 |
| 11 | c | 1191 | 2.8 | c | 1254 | 2.9 | c | 1203 | 2.8 |
| 12 | v◎＋vob | 930 | 2.1 | v◎＋vob | 1046 | 2.4 | v◎＋vob | 1001 | 2.3 |
| 13 | u | 904 | 2.1 | u | 775 | 1.8 | u | 798 | 1.8 |
| 14 | num＋q◎ | 764 | 1.8 | att＋f◎ | 647 | 1.5 | num＋q◎ | 747 | 1.7 |
| 15 | t | 718 | 1.7 | num＋q◎ | 643 | 1.5 | t | 679 | 1.6 |
| 16 | att＋f◎ | 671 | 1.6 | sbv＋v◎＋vob | 635 | 1.5 | att＋f◎ | 667 | 1.5 |
| 17 | sbv＋v◎＋vob | 588 | 1.4 | t | 625 | 1.4 | sbv＋v◎＋vob | 564 | 1.3 |
| 18 | adv＋v◎ | 383 | 0.9 | adv＋v◎ | 409 | 0.9 | adv＋v◎ | 388 | 0.9 |
| 19 | sbv＋v◎ | 356 | 0.8 | b | 379 | 0.9 | b | 343 | 0.8 |
| 20 | b | 349 | 0.8 | adv＋v◎＋vob | 359 | 0.8 | adv＋v◎＋vob | 340 | 0.8 |
| 21 | att＋t◎ | 300 | 0.7 | sbv＋v◎ | 329 | 0.8 | sbv＋adv＋v◎＋vob | 307 | 0.7 |
| 22 | adv＋v◎＋vob | 292 | 0.7 | sbv＋adv＋v◎＋vob | 257 | 0.6 | sbv＋v◎ | 299 | 0.7 |

续表

| 频序 | C4 | | | C5 | | | C6 | | |
|---|---|---|---|---|---|---|---|---|---|
| | 模式 | 频次 | % | 模式 | 频次 | % | 模式 | 频次 | % |
| 23 | sbv＋adv＋v◎＋vob | 274 | 0.6 | ic＋v◎＋vob | 246 | 0.6 | ic＋v◎＋vob | 247 | 0.6 |
| 24 | ic＋v◎＋vob | 270 | 0.6 | att＋att＋att＋n◎ | 234 | 0.5 | num＋n◎ | 222 | 0.5 |
| 25 | num＋n◎ | 210 | 0.5 | num＋n◎ | 189 | 0.4 | app＋n◎ | 215 | 0.5 |
| 小计 | | | 79.8 | | | 80.1 | | | 79.1 |

# 附表 2　英文广义配价(功能)模式(前 25)

| 频序 | E1 | | | E2 | | | E3 | | |
|---|---|---|---|---|---|---|---|---|---|
| | 模式 | 频次 | % | 模式 | 频次 | % | 模式 | 频次 | % |
| 1 | nn | 5158 | 11.9 | nn | 5234 | 12.1 | nn | 4849 | 11.2 |
| 2 | dt | 4257 | 9.8 | dt | 4144 | 9.6 | dt | 4367 | 10.1 |
| 3 | jj | 3224 | 7.5 | atr＋nn◎ | 2907 | 6.7 | jj | 3026 | 7.0 |
| 4 | atr＋nn◎ | 2780 | 6.4 | jj | 2861 | 6.6 | atr＋nn◎ | 2832 | 6.5 |
| 5 | in◎＋adv | 2336 | 5.4 | in◎＋adv | 2408 | 5.6 | in◎＋adv | 2345 | 5.4 |
| 6 | in◎＋atr | 1884 | 4.4 | in◎＋atr | 1789 | 4.1 | in◎＋atr | 1862 | 4.3 |
| 7 | rb | 1394 | 3.2 | rb | 1370 | 3.2 | rb | 1343 | 3.1 |
| 8 | vb | 1200 | 2.8 | vb | 1325 | 3.1 | vb | 1258 | 2.9 |
| 9 | cd | 1183 | 2.7 | cd | 1227 | 2.8 | cd | 1142 | 2.6 |
| 10 | auxa＋nn◎ | 1025 | 2.4 | prp | 934 | 2.2 | prp | 1065 | 2.5 |
| 11 | prp | 899 | 2.1 | auxa＋nn◎ | 920 | 2.1 | auxa＋nn◎ | 998 | 2.3 |
| 12 | atr＋atr＋nn◎ | 795 | 1.8 | atr＋atr＋nn◎ | 829 | 1.9 | auxa＋atr＋nn◎ | 754 | 1.7 |
| 13 | auxa＋atr＋nn◎ | 761 | 1.8 | auxa＋atr＋nn◎ | 791 | 1.8 | atr＋atr＋nn◎ | 729 | 1.7 |
| 14 | to◎＋adv | 595 | 1.4 | to◎＋adv | 681 | 1.6 | to◎＋adv | 628 | 1.5 |
| 15 | vb◎＋obj | 586 | 1.4 | vb◎＋obj | 639 | 1.5 | vb◎＋obj | 624 | 1.4 |
| 16 | prp $ | 485 | 1.1 | pos | 483 | 1.1 | prp $ | 497 | 1.1 |
| 17 | pos | 471 | 1.1 | prp $ | 456 | 1.1 | auxa＋nn◎＋auxp | 470 | 1.1 |
| 18 | auxa＋nn◎＋auxp | 426 | 1.0 | auxa＋nn◎＋auxp | 424 | 1.0 | pos | 457 | 1.1 |

| 频序 | E1 | | | E2 | | | E3 | | |
|---|---|---|---|---|---|---|---|---|---|
| | 模式 | 频次 | % | 模式 | 频次 | % | 模式 | 频次 | % |
| 19 | atr＋nn◎＋auxp | 419 | 1.0 | atr＋nn◎＋auxp | 393 | 0.9 | atr＋nn◎＋auxp | 389 | 0.9 |
| 20 | vb◎＋auxp | 416 | 1.0 | nn◎＋auxp | 352 | 0.8 | auxa＋atr＋nn◎＋auxp | 341 | 0.8 |
| 21 | nn◎＋atr | 362 | 0.8 | vb◎＋auxp | 346 | 0.8 | vb◎＋auxp | 329 | 0.8 |
| 22 | nn◎＋auxp | 342 | 0.8 | nn◎＋atr | 333 | 0.8 | nn◎＋auxp | 328 | 0.8 |
| 23 | in◎＋coord | 278 | 0.6 | in◎＋coord | 284 | 0.7 | in◎＋coord | 323 | 0.7 |
| 24 | auxa＋atr＋nn◎＋auxp | 278 | 0.6 | auxa＋atr＋nn◎＋auxp | 278 | 0.6 | nn◎＋atr | 322 | 0.7 |
| 25 | atr＋nn◎＋atr | 267 | 0.6 | atr＋nn◎＋atr | 265 | 0.6 | atr＋nn◎＋atr | 281 | 0.7 |
| 小计 | | | 73.6 | | | 73.2 | | | 72.9 |

| 频序 | E4 | | | E5 | | | E6 | | |
|---|---|---|---|---|---|---|---|---|---|
| | 模式 | 频次 | % | 模式 | 频次 | % | 模式 | 频次 | % |
| 1 | nn | 5228 | 12.1 | nn | 5268 | 12.2 | nn | 5382 | 12.4 |
| 2 | dt | 3964 | 9.2 | dt | 3985 | 9.2 | dt | 4078 | 9.4 |
| 3 | atr＋nn◎ | 3163 | 7.3 | atr＋nn◎ | 3274 | 7.6 | atr＋nn◎ | 2983 | 6.9 |
| 4 | jj | 3089 | 7.1 | jj | 2974 | 6.9 | jj | 2789 | 6.4 |
| 5 | in◎＋adv | 2376 | 5.5 | in◎＋adv | 2304 | 5.3 | in◎＋adv | 2333 | 5.4 |
| 6 | in◎＋atr | 1738 | 4.0 | in◎＋atr | 1906 | 4.4 | in◎＋atr | 1880 | 4.3 |
| 7 | rb | 1439 | 3.3 | cd | 1742 | 4.0 | cd | 1458 | 3.4 |
| 8 | cd | 1415 | 3.3 | rb | 1226 | 2.8 | vb | 1347 | 3.1 |
| 9 | vb | 1166 | 2.7 | vb | 1076 | 2.5 | rb | 1260 | 2.9 |
| 10 | prp | 1023 | 2.4 | auxa＋nn◎ | 887 | 2.1 | auxa＋nn◎ | 1006 | 2.3 |
| 11 | auxa＋nn◎ | 914 | 2.1 | atr＋atr＋nn◎ | 834 | 1.9 | prp | 862 | 2.0 |
| 12 | auxa＋atr＋nn◎ | 795 | 1.8 | auxa＋atr＋nn◎ | 780 | 1.8 | auxa＋atr＋nn◎ | 786 | 1.8 |
| 13 | atr＋atr＋nn◎ | 786 | 1.8 | prp | 698 | 1.6 | atr＋atr＋nn◎ | 765 | 1.8 |
| 14 | to◎＋adv | 719 | 1.7 | to◎＋adv | 697 | 1.6 | to◎＋adv | 754 | 1.7 |
| 15 | vb◎＋obj | 536 | 1.2 | vb◎＋obj | 527 | 1.2 | vb◎＋obj | 567 | 1.3 |
| 16 | prp $ | 469 | 1.1 | pos | 484 | 1.1 | prp $ | 437 | 1.0 |
| 17 | pos | 464 | 1.1 | atr＋nn◎＋auxp | 411 | 1.0 | auxa＋nn◎＋auxp | 422 | 1.0 |

续表

| 频序 | E4 模式 | 频次 | % | E5 模式 | 频次 | % | E6 模式 | 频次 | % |
|---|---|---|---|---|---|---|---|---|---|
| 18 | auxa+nn◎+auxp | 424 | 1.0 | prp$ | 397 | 0.9 | atr+nn◎+auxp | 419 | 1.0 |
| 19 | nn◎+atr | 393 | 0.9 | auxa+nn◎+auxp | 393 | 0.9 | pos | 418 | 1.0 |
| 20 | atr+nn◎+auxp | 370 | 0.9 | vb◎+auxp | 380 | 0.9 | nn◎+atr | 400 | 0.9 |
| 21 | vb◎+auxp | 359 | 0.8 | $ | 358 | 0.8 | nn◎+auxp | 381 | 0.9 |
| 22 | nn◎+auxp | 314 | 0.7 | nn◎+auxp | 346 | 0.8 | vb◎+auxp | 375 | 0.9 |
| 23 | $ | 306 | 0.7 | nn◎+atr | 332 | 0.8 | $ | 327 | 0.8 |
| 24 | atr+nn◎+atr | 279 | 0.6 | atr+nn◎+atr | 278 | 0.6 | in◎+coord | 319 | 0.7 |
| 25 | in◎+coord | 276 | 0.6 | in◎+coord | 272 | 0.6 | auxa+atr+nn◎+auxp | 293 | 0.7 |
| 小计 | | | 74.0 | | | 73.6 | | | 74.1 |

# 附表3 句长和频次(句长大于60的未列入)

| 句长 | 中文均值 | C1 | C2 | C3 | C4 | C5 | C6 | 英文均值 | E1 | E2 | E3 | E4 | E5 | E6 |
|---|---|---|---|---|---|---|---|---|---|---|---|---|---|---|
| 2 | 26.7 | 35 | 39 | 27 | 25 | 17 | 17 | 13.0 | 14 | 6 | 11 | 12 | 16 | 19 |
| 3 | 39.2 | 42 | 24 | 47 | 38 | 44 | 40 | 13.2 | 14 | 5 | 12 | 16 | 8 | 24 |
| 4 | 50.7 | 64 | 45 | 49 | 49 | 49 | 48 | 21.3 | 25 | 13 | 17 | 29 | 25 | 19 |
| 5 | 62.0 | 69 | 70 | 66 | 52 | 56 | 59 | 25.2 | 25 | 26 | 28 | 33 | 16 | 23 |
| 6 | 60.5 | 58 | 56 | 66 | 59 | 56 | 68 | 29.8 | 32 | 30 | 24 | 33 | 27 | 33 |
| 7 | 61.7 | 66 | 57 | 60 | 72 | 63 | 52 | 36.2 | 39 | 31 | 36 | 32 | 35 | 44 |
| 8 | 64.3 | 62 | 69 | 70 | 69 | 59 | 57 | 49.5 | 47 | 52 | 57 | 57 | 45 | 39 |
| 9 | 69.3 | 60 | 76 | 54 | 80 | 67 | 79 | 45.5 | 34 | 53 | 45 | 49 | 39 | 53 |
| 10 | 74.0 | 84 | 79 | 69 | 74 | 78 | 60 | 52.7 | 45 | 56 | 53 | 58 | 54 | 50 |
| 11 | 77.0 | 69 | 70 | 81 | 81 | 85 | 76 | 58.2 | 52 | 61 | 55 | 65 | 62 | 54 |
| 12 | 77.8 | 78 | 70 | 69 | 84 | 90 | 76 | 73.0 | 69 | 59 | 76 | 90 | 75 | 69 |
| 13 | 78.3 | 85 | 73 | 70 | 97 | 87 | 58 | 67.7 | 67 | 54 | 66 | 71 | 82 | 66 |
| 14 | 79.0 | 84 | 78 | 71 | 78 | 87 | 76 | 71.2 | 79 | 59 | 72 | 76 | 69 | 72 |

| 句长 | 频次 | | | | | | | | | | | | | |
|---|---|---|---|---|---|---|---|---|---|---|---|---|---|---|
| | 中文均值 | C1 | C2 | C3 | C4 | C5 | C6 | 英文均值 | E1 | E2 | E3 | E4 | E5 | E6 |
| 15 | 77.3 | 67 | 72 | 97 | 64 | 83 | 81 | 74.3 | 77 | 63 | 76 | 69 | 66 | 95 |
| 16 | 74.3 | 58 | 90 | 73 | 75 | 74 | 76 | 74.8 | 73 | 70 | 77 | 72 | 80 | 77 |
| 17 | 82.5 | 74 | 90 | 88 | 98 | 75 | 70 | 78.2 | 65 | 59 | 83 | 86 | 66 | 110 |
| 18 | 70.5 | 69 | 71 | 72 | 76 | 64 | 71 | 78.5 | 75 | 75 | 79 | 79 | 76 | 87 |
| 19 | 72.8 | 75 | 77 | 60 | 75 | 65 | 85 | 69.0 | 83 | 67 | 62 | 76 | 67 | 59 |
| 20 | 63.2 | 65 | 60 | 76 | 60 | 63 | 55 | 80.3 | 90 | 86 | 75 | 84 | 62 | 85 |
| 21 | 64.8 | 71 | 81 | 61 | 42 | 69 | 65 | 70.2 | 62 | 69 | 71 | 73 | 86 | 60 |
| 22 | 54.7 | 46 | 58 | 52 | 62 | 61 | 49 | 79.5 | 76 | 78 | 73 | 83 | 85 | 82 |
| 23 | 53.2 | 77 | 54 | 48 | 41 | 58 | 41 | 81.7 | 86 | 74 | 84 | 75 | 79 | 92 |
| 24 | 59.5 | 55 | 60 | 62 | 52 | 54 | 74 | 68.2 | 73 | 74 | 64 | 61 | 79 | 58 |
| 25 | 51.2 | 54 | 55 | 57 | 51 | 38 | 52 | 66.2 | 70 | 70 | 59 | 63 | 62 | 73 |
| 26 | 45.7 | 48 | 49 | 47 | 41 | 43 | 46 | 66.3 | 60 | 69 | 69 | 57 | 73 | 70 |
| 27 | 47.8 | 47 | 53 | 53 | 48 | 39 | 47 | 59.3 | 56 | 59 | 77 | 41 | 73 | 50 |
| 28 | 42.7 | 51 | 25 | 43 | 40 | 45 | 52 | 56.0 | 58 | 62 | 60 | 58 | 52 | 46 |
| 29 | 40.8 | 40 | 42 | 42 | 42 | 38 | 41 | 54.3 | 50 | 58 | 55 | 54 | 54 | 55 |
| 30 | 36.2 | 36 | 33 | 35 | 42 | 33 | 38 | 47.5 | 40 | 52 | 48 | 60 | 34 | 51 |
| 31 | 40.7 | 40 | 34 | 40 | 48 | 37 | 45 | 48.8 | 38 | 56 | 50 | 43 | 46 | 60 |
| 32 | 29.3 | 26 | 29 | 33 | 35 | 27 | 26 | 39.3 | 35 | 44 | 41 | 29 | 46 | 41 |
| 33 | 29.5 | 26 | 37 | 26 | 30 | 30 | 28 | 33.2 | 33 | 31 | 39 | 41 | 26 | 29 |
| 34 | 23.8 | 21 | 27 | 23 | 22 | 24 | 26 | 28.2 | 26 | 29 | 26 | 38 | 29 | 21 |
| 35 | 23.5 | 29 | 18 | 23 | 23 | 26 | 22 | 26.0 | 28 | 26 | 26 | 26 | 29 | 21 |
| 36 | 22.2 | 27 | 23 | 20 | 15 | 26 | 22 | 26.2 | 31 | 17 | 30 | 27 | 19 | 33 |
| 37 | 21.8 | 22 | 21 | 23 | 23 | 26 | 16 | 25.7 | 23 | 28 | 25 | 23 | 29 | 26 |
| 38 | 17.8 | 19 | 14 | 24 | 22 | 14 | 14 | 20.7 | 16 | 22 | 21 | 19 | 16 | 30 |
| 39 | 18.7 | 21 | 19 | 17 | 15 | 20 | 20 | 15.8 | 22 | 15 | 16 | 14 | 20 | 8 |
| 40 | 14.8 | 15 | 15 | 9 | 19 | 17 | 14 | 15.0 | 11 | 18 | 10 | 25 | 15 | 11 |
| 41 | 12.2 | 8 | 12 | 20 | 6 | 13 | 14 | 12.2 | 13 | 10 | 10 | 12 | 14 | 14 |
| 42 | 13.8 | 14 | 9 | 14 | 18 | 11 | 17 | 12.0 | 17 | 11 | 13 | 13 | 6 | 12 |
| 43 | 11.2 | 14 | 6 | 12 | 11 | 12 | 12 | 8.2 | 10 | 11 | 11 | 6 | 8 | 3 |
| 44 | 10.5 | 9 | 12 | 7 | 12 | 11 | 12 | 7.3 | 11 | 4 | 6 | 9 | 6 | 8 |
| 45 | 6.8 | 3 | 3 | 7 | 6 | 12 | 10 | 6.5 | 6 | 4 | 9 | 10 | 7 | 3 |

续表

| 句长 | 频次 | | | | | | | | | | | | | |
|---|---|---|---|---|---|---|---|---|---|---|---|---|---|
| | 中文均值 | C1 | C2 | C3 | C4 | C5 | C6 | 英文均值 | E1 | E2 | E3 | E4 | E5 | E6 |
| 46 | 11.5 | 11 | 12 | 13 | 15 | 6 | 12 | 4.3 | 2 | 6 | 4 | 5 | 4 | 5 |
| 47 | 6.7 | 8 | 6 | 8 | 3 | 6 | 9 | 3.8 | 5 | 5 | 1 | 1 | 4 | 7 |
| 48 | 7.8 | 9 | 4 | 10 | 12 | 5 | 7 | 4.2 | 6 | 5 | 5 | 2 | 6 | 1 |
| 49 | 7.8 | 7 | 7 | 6 | 8 | 7 | 12 | 3.5 | 4 | 6 | 1 | 4 | 4 | 2 |
| 50 | 7.7 | 7 | 13 | 6 | 5 | 8 | 7 | 1.7 | 2 | 2 | 0 | 1 | 2 | 3 |
| 51 | 4.0 | 1 | 3 | 2 | 4 | 7 | 7 | 4.3 | 4 | 4 | 4 | 3 | 5 | 6 |
| 52 | 3.3 | 2 | 5 | 5 | 2 | 2 | 4 | 1.8 | 1 | 3 | 2 | 2 | 2 | 1 |
| 53 | 3.5 | 6 | 3 | 3 | 2 | 3 | 4 | 1.3 | 1 | 3 | 1 | 2 | 1 | 0 |
| 54 | 4.0 | 6 | 5 | 1 | 4 | 1 | 7 | 1.8 | 3 | 3 | 1 | 0 | 2 | 2 |
| 55 | 3.2 | 2 | 1 | 3 | 4 | 6 | 3 | 1.5 | 3 | 2 | 2 | 0 | 2 | 0 |
| 56 | 3.0 | 4 | 3 | 4 | 1 | 5 | 1 | 1.0 | 2 | 1 | 1 | 1 | 1 | 0 |
| 57 | 4.3 | 5 | 5 | 2 | 6 | 4 | 4 | 1.3 | 1 | 1 | 0 | 2 | 3 | 1 |
| 58 | 1.8 | 2 | 2 | 2 | 2 | 2 | 1 | 0.5 | 1 | 0 | 0 | 0 | 0 | 2 |
| 59 | 1.7 | 1 | 2 | 2 | 2 | 2 | 1 | 0.7 | 1 | 0 | 1 | 1 | 0 | 1 |
| 60 | 3.0 | 3 | 3 | 1 | 6 | 3 | 2 | 0.7 | 2 | 1 | 0 | 0 | 0 | 1 |

## 附表4  句长、平均树宽和平均树高(C1和E1)

| 句长 | C1 | | | 句长 | E1 | | |
|---|---|---|---|---|---|---|---|
| | 频次 | 平均树宽 | 平均树高 | | 频次 | 平均树宽 | 平均树高 |
| 2 | 35 | 1.00 | 2.00 | 2 | 14 | 1.00 | 2.00 |
| 3 | 42 | 1.45 | 2.55 | 3 | 14 | 1.57 | 2.43 |
| 4 | 64 | 1.72 | 3.28 | 4 | 25 | 2.56 | 2.44 |
| 5 | 69 | 2.43 | 3.36 | 5 | 25 | 2.48 | 3.12 |
| 6 | 58 | 2.69 | 3.69 | 6 | 32 | 2.78 | 3.44 |
| 7 | 66 | 2.94 | 4.03 | 7 | 39 | 2.97 | 3.79 |
| 8 | 62 | 3.16 | 4.39 | 8 | 47 | 3.23 | 4.21 |
| 9 | 60 | 3.60 | 4.58 | 9 | 34 | 3.47 | 4.38 |
| 10 | 84 | 3.79 | 4.71 | 10 | 45 | 3.87 | 4.91 |
| 11 | 69 | 4.09 | 4.97 | 11 | 52 | 3.90 | 5.17 |
| 12 | 78 | 4.24 | 5.31 | 12 | 69 | 3.93 | 5.55 |

| 句长 | C1 | | | 句长 | E1 | | |
|---|---|---|---|---|---|---|---|
| | 频次 | 平均树宽 | 平均树高 | | 频次 | 平均树宽 | 平均树高 |
| 13 | 85 | 4.42 | 5.46 | 13 | 67 | 4.24 | 5.69 |
| 14 | 84 | 4.73 | 5.71 | 14 | 79 | 4.35 | 5.96 |
| 15 | 67 | 4.82 | 5.99 | 15 | 77 | 4.64 | 6.17 |
| 16 | 58 | 4.90 | 6.26 | 16 | 73 | 4.74 | 6.88 |
| 17 | 74 | 5.16 | 6.32 | 17 | 65 | 4.71 | 7.06 |
| 18 | 69 | 5.54 | 6.41 | 18 | 75 | 5.04 | 7.12 |
| 19 | 75 | 5.64 | 6.56 | 19 | 83 | 5.01 | 7.24 |
| 20 | 65 | 6.22 | 6.28 | 20 | 90 | 5.52 | 7.47 |
| 21 | 71 | 6.17 | 6.92 | 21 | 62 | 5.76 | 7.03 |
| 22 | 46 | 6.22 | 6.89 | 22 | 76 | 5.42 | 7.93 |
| 23 | 77 | 6.57 | 7.09 | 23 | 86 | 5.73 | 8.24 |
| 24 | 55 | 6.75 | 7.27 | 24 | 73 | 5.84 | 8.37 |
| 25 | 54 | 7.17 | 7.46 | 25 | 70 | 6.17 | 8.49 |
| 26 | 48 | 7.04 | 7.60 | 26 | 60 | 6.33 | 8.70 |
| 27 | 47 | 7.15 | 7.47 | 27 | 56 | 6.23 | 9.23 |
| 28 | 51 | 7.45 | 7.55 | 28 | 58 | 6.66 | 8.72 |
| 29 | 40 | 7.68 | 7.93 | 29 | 50 | 6.46 | 9.38 |
| 30 | 36 | 8.06 | 7.67 | 30 | 40 | 6.80 | 9.10 |
| 31 | 40 | 8.50 | 7.58 | 31 | 38 | 6.82 | 9.34 |
| 32 | 26 | 8.65 | 8.27 | 32 | 35 | 6.74 | 10.03 |
| 33 | 26 | 8.31 | 8.12 | 33 | 33 | 7.45 | 10.09 |

# 人名索引

# 术语索引

# 后　记

　　2012年我准备考博,同时开始翻译莱因哈德·科勒(Reinhard Köhler)教授的《计量句法分析》(*Quantitative Syntax Analysis*),当时觉得整个模型看起来挺复杂挺庞大,但是语言内部的要素探讨得似乎意犹未尽。于是,一个当时看来大胆的想法油然而生——我要整一个自己的模型出来,我要发出我自己的学术声音!

　　科勒教授的协同模型是基于短语结构语法的,而我要把自己的这个协同模型和依存语法结合起来。于是,我开始每日看依存树,看已有的依存树,觉得它们还不够漂亮,就自己画依存树,画完再看。看着看着,依存树儿们似乎就开出来一朵朵花儿来——我知道,那是一朵朵思绪的花儿——我觉得什么都可以成为一个新的单位,都是有意思的属性,也相信它们一定会在真实语言中呈现规律性。

　　然后我开始不断地列举,于是就有了二三十个各种各样在别人看来古怪的语言单位/属性。在之后的几年中,我开始提出一个个假设,再用数据来一一证明。每发现一个语言单位/属性,就感觉自己越发成了依存树的一个部分。

　　我玩得不亦乐乎,我把一个单位/属性拿着翻来覆去地玩,探索它们放在一起的特征,也就是词袋模式——就像是把所有出现的对应单位/属性放在一个袋子里面一样。这还不够,我再继续探索它们在线性语言材料中的特征,也就是动态的语言特征。除了画依存树,我还画时序图,先分析少部分数据的时序图中的一些特征,再提出假设,继而用完整的数据来进行验证。只研究单个的单位/属性还不够,还要研究单位/属性之间的关系。看依存树的一层不够,还要再深入一层,然后再继续深入下一层。

　　就这样,玩着玩着,一个一个的假设得到了验证,数据结果还经常那么如愿,一个个定律仿佛就等着我去发现一般。每当此时,心中总有一种兴奋和成就感油然而生:我又发现了一些新的语言学规律!我距离成为语言科学家的梦想又近了一步!

　　想当一个语言科学家的梦想诞生于2010年10月29日,那时我第一次听到导师刘海涛教授的讲座。今天刚好是那次讲座的第十二周年纪念日,回首往事,导师对我的帮助实在太多太多。

　　刘导师于我和我的众多师兄弟姐妹,是严师,也是慈师,是家长,也是益友。

　　在这个团队里,我收获良多,不仅仅收获了论文,更收获了学术信心;不仅收获了友谊,也收获了更多为人处事的道理。这些都离不开导师的用心指导、悉心关怀和言传身教。我们亲切地称导师为"花格老刘"。

　　花格老刘十分强调语言学研究的科学化和国际化。在指导我们的过程中,导师一再告诉我们，要让国际学术界了解中国学者所做的工作，也要让科学家认可语言学研究。导师所指导的研究均采用科学的研究方法，所以从一开始，我们就接受了科学的训练。

还记得第一次写研究文章的时候，导师通过许多邮件、电话以及面谈，不断地指引我修正文章框架、集中精力攻克一个问题、正确获得和使用相关文献，甚至指导我写论文的自荐信；提醒我注意文献、图表格式，甚至提醒我引用什么刊物的文章可能对于投稿结果产生的影响等。就是通过这一次写作的过程，我对于论文的基本写作流程有了一个清晰的认识。写第二篇文章的时候，就有了许多自己的独特见解了。

整理邮件的时候发现，和导师来来往往的邮件千余封。有导师发过来的推荐参考文献，有论文的修改意见，有论文思路的提示等，也有对我们应该抓紧时间的殷切希望。印象最深刻的有两封。一封是我第一次写文章的时候，导师表扬我，说我好像找到做研究的感觉了，我收到邮件的时候，感觉特别受鼓舞。另一封是导师对我说："希望你能尽快开始做一些真正的研究。要踏踏实实地做，而不是制定许多宏伟的计划，然后又拖拖拉拉的。"

回首这些年，发现导师果然是最了解我的人——我又拖拖拉拉这些年了，每每想起导师的殷切期待，总是惭愧。

博士毕业四年，导师依然关心我，过一段时间就问问我这段时间的研究进展如何。我经常无言以对，因为我曾经迷失在无垠的迷惑中。

现在迷雾散去，看到的是一条清晰的道路，就在脚下。

著名语言学家布里斯南（Bresnan）说做研究要去灌木丛中，而不是停留在花园里。我也走到了野外，去看真实的语言，不同的是，我看的灌木丛似乎长成了树——一棵棵有意思的树，一棵棵叽叽喳喳的想要告诉我很多信息的树。这些树指引着我，要我沿着语言科学家的宽广大道一路前进。

路，就在眼前；路，就在脚下。曾经迷惑的学子不敢再辜负导师的期待，不敢再背弃自己的梦想。

还好，我还可以从现在重新开始！以后不会再迷惘。感谢导师的指导和不放弃，感谢同门的支持和鼓励，感谢家人和同事的陪伴，往后我要做一个坚定的前行者。

最后，感谢国家社会科学基金项目"依存语法视野下的汉英句法协同模型研究"（19BYY109）对本研究的资助。本书出版亦承蒙浙江大学董氏东方文史哲研究奖励基金资助。

章红新

2022 年 10 月 29 日

于文润阁旁